Johann Pechar

Kohle und Eisen in allen Ländern der Erde

Johann Pechar

Kohle und Eisen in allen Ländern der Erde

ISBN/EAN: 9783743301160

Hergestellt in Europa, USA, Kanada, Australien, Japan

Cover: Foto ©Andreas Hilbeck / pixelio.de

Manufactured and distributed by brebook publishing software
(www.brebook.com)

Johann Pechar

Kohle und Eisen in allen Ländern der Erde

DEUTSCHE AUSGABE.

WELT-AUSSTELLUNG 1878
IN PARIS.

Kohle und Eisen

in

allen Ländern der Erde.

(Gruppe V, Classe 43.)

Unter Mitwirkung hervorragender Fachgenossen

herausgegeben von

Joh. Pechar,

Eisenbahn-Director in Teplitz.

BERLIN.
VERLAG VON JULIUS SPRINGER.
1878.

Inhalt.

~~~~~~

Allgemeine Bemerkungen.

D as Zeitalter des Stahls, dessen Herannahen seit der epochemachenden Erfindung Bessemer's verkündigt wurde, dessen Vorboten bereits auf den letzten vier Weltausstellungen erschienen und dessen Morgen auf der Wiener Ausstellung vor 5 Jahren angebrochen war, ringt heute mit dem Eisen um die Herrschaft. Vor unseren Augen sehen wir eine jener grossen Umwälzungen sich vollziehen, durch welche das Menschengeschlecht sich jedesmal auf eine höhere Entwicklungsstufe geschwungen hat.

Die Bodenfunde der neueren Zeit, mittels deren der Forscher die vorhistorischen Perioden in ungezählten Jahrtausenden durchspäht, haben uns in den Stand gesetzt, uns ein klares Bild von den früheren Entwicklungsstufen der Menschheit vor Augen zu stellen. Wir sehen die erste Stufe der menschlichen Cultur beginnen mit rohen Werkzeugen aus Feuerstein, Holz, Knochen, Hirschhorn; wir gewahren, wie die rohe Steinaxt allmälig mittels Schliffes und Politur eine Form gewinnt, aus welcher ihre heutige Gestalt hervorgegangen ist. Wir nehmen an den Ueberbleibseln der früheren Culturperioden, welche uns das Heiligthum der Gräber aufbewahrt hat, wahr, wie während des Stein-Zeitalters die Bronze entdeckt wurde und wie aus ihm heraus allmälig das Zeitalter der Bronze-Werkzeuge und Waffen emporwuchs, bis, nachdem beide Gattungen, vielleicht Jahrtausende, neben einander bestanden, indem die Reicheren der Bronze- und die Aermeren der Stein-Werkzeuge sich bedienten, die letzteren endlich gänzlich verdrängt worden waren. In einem ähnlichen Entwicklungskampf ist zu Anfang der historischen Zeit die Bronze vom Eisen verdrängt worden, und gegenwärtig rollt sich dasselbe culturgeschichtliche Ereigniss ersten Ranges auf's Neue vor unseren Augen ab, — nur dass bei dem heutigen Stand des Wissens und der technischen Hilfsmittel der Process ein weit kürzerer ist.

Erst vor zehn Jahren begannen die einsichtigeren Verwaltungen grosser Eisenbahnlinien allmälig die Stahlschiene an Stelle der Eisenschiene einzuführen. Noch zur Zeit der Wiener Ausstellung, wo diese Bewegung schon

1

stark in Fluss gerathen war und z. B. die Köln-Mindener Eisenbahn bereits
über 300 Kilometer Stahlgeleise besass, die Stahlschiene auch auf den deutschen Reichseisenbahnen in Elsass-Lothringen eingeführt war und auf den
grösseren Linien in Oesterreich Eingang gefunden, traten daselbst noch viele
neue Eisenbahnprojecte in's Leben, welche auf die Eisenschienen berechnet waren. Seitdem hat die Bewegung Dimensionen angenommen, für welche
wir uns vergebens nach einem ähnlichen Beispiel in der Culturgeschichte um-
sehen. Nach dem Vorgange Frankreichs, Russlands und Englands haben fast
sämmtliche Eisenbahnverwaltungen Europa's in diesem Augenblicke sich ent-
schlossen, die Eisenschiene durch die Stahlschiene zu ersetzen, und die Tage
der Ersteren sind gezählt.

Diese zur Zeit der Wiener Ausstellung bereits im Gange befindliche Umwälzung gewinnt noch an tiefgreifender Bedeutung durch eine Anzahl wirthschaftlicher Ereignisse, welche einerseits erschütternd, andererseits segenbrin-
gend wirken oder zu wirken im Stande sind. Wir meinen in erster Linie die
vor 5 Jahren ausgebrochene Handelskrisis, welche unter allen Katastrophen
ähnlicher Art in diesem Jahrhundert die grösste Ausdehnung genommen, das
grösste Elend zur Folge gehabt und insbesondere in Beziehung auf Eisen und
Kohle den tiefsten Preissturz herbeigeführt hat, welchen die Geschichte der
Preise innerhalb so kurzer Zeit verzeichnet. Dies war die nothwendige Folge
der masslosen Preissteigerung in den Jahren 1872 und 1873.

Gegenwärtig hat der Werth des Roheisens den Durchschnitt der 1860er
Jahre wieder erreicht. Der Preis des schottischen Roheisens ist nämlich
von dem Durchschnittssatze von 5 £ 16 sh. 11 d. per Tonne im Jahre
1873 auf 2 £ 14 sh. 4 d. im Jahre 1877 gefallen. Diese Preisermässigung
hat aber wesentlich dazu beigetragen, den Verbrauch, welcher durch die Ueber-
speculation der vorhergegangenen Jahre und die damit zusammenhängende
abnormale Preissteigerung in's Stocken gerathen war, wieder zu beleben. Die
Eisenindustriellen haben übrigens sowohl in Oesterreich wie in Deutschland,
in England wie in den Vereinigten Staaten diese Katastrophe, welche über
sie hereingebrochen, zum grössten Theil ihrer eigenen Unvorsichtigkeit beizu-
messen, denn die Hütten waren über alles Mass vermehrt und erweitert worden. So wurden z. B. in Preussen allein vom Jahre 1870 an, einer officiellen
statistischen Aufstellung zufolge, ungefähr ebenso viele neue Actiengesellschaften für Hüttenbetrieb errichtet, als seit Anfang des Jahrhunderts. Die Industriellen sollten sich die üble Erfahrung der aus Uebertreibung hervorge-
gangenen Reaction umsomehr zu Herzen nehmen, als einerseits die Leichtigkeit, mit welcher das Hüttenwesen mit Hilfe des vereinigten Capitals und der
neuen technischen Fortschritte einer raschen Vergrösserung fähig ist, einen
grossen Reiz ausübt, andererseits aber die Gefahr neuer bahnbrechender Erfindungen, welche zu einer Veränderung der Anlagen und des Betriebs zwingen,
in neuerer Zeit viel grösser ist.

Gerade seit der Wiener Ausstellung sind mehrere Erfindungen und Verbesserungen aufgetaucht, welche in das künftige Schicksal der Eisen- und
Stahlindustrie tief einzugreifen geeignet sind.

Es würde zu weit führen, von dem Siemens-Martin'schen Verfahren
der Gussstahlbereitung hier eingehender zu sprechen, welches gegenwärtig dem
Bessemer-Process die meiste Concurrenz macht. Nun ist es nach den vorliegenden Berichten dem einen dieser Erfinder, dem Präsidenten des britischen
Eisen- und Stahl-Instituts, Dr. Siemens, auf seinem Werke zu Landore
gelungen, eine weitere Verbesserung zu bewerkstelligen, indem er, statt wie
beim Siemens-Martin-Process Eisen- und Stahlabfälle, sehr reine Erze dem geschmolzenen Roheisen zusetzt. Nach einer Mittheilung, welche der frühere
Präsident des Instituts der Maschinenbauer, Herr Bramwell, im Anfang des
Jahres 1877 im königlichen Institut zu London gemacht hat, bestehen die
wesentlichen Eigenheiten und Vortheile dieses bis jetzt sogenannten Landore-
Processes in Folgendem: Nachdem in dem Siemens'schen Gasofen (Regenerator)

das Eisenerz dem flüssigen Gusseisen beigemischt ist, reagiren beide auf einander, indem der Kohlenstoff des Gusseisens und der Sauerstoff des Erzes sich vereinigt in der Art, dass dem Gusseisen der Kohlenstoff entzogen und das Eisenerz entoxydirt wird. Das Resultat ist flüssiges Schmiedeeisen, welches kaum noch eine Spur von Kohlenstoff mehr enthält. Von Zeit zu Zeit kann eine kleine Probe aus dem Ofen genommen werden, um zu sehen, ob der Process vollständig ist. Ist dies der Fall, dann wird eine geeignete Menge Spiegeleisen dem Bade beigefügt, und das flüssige Metall ist in Stahl verwandelt. Durch dieses Probiren während des Gusses ist man im Stande, mit Sicherheit diejenige Qualität Stahl zu erhalten, welche man wünscht. Darin besteht ein wesentlicher Vortheil, den der neue Siemens-Process vor dem Bessemer-Verfahren voraus hat. Denn wenn auch der heutige Bessemer-Gussstahl, Dank den neuen verbesserten Methoden und insbesondere auch in Folge des Gebrauches phosphorfreier Erze (aus Spanien und Algerien) ein weit zuverlässigeres Product ist, als er vor zehn Jahren war, wo er mehr Phosphor enthielt und leicht sprang, so ist doch die Ungleichheit seiner Beschaffenheit ein Haupthinderniss gegen die allgemeine Einführung der Stahlschienen. Dieser Misstand des Bessemer-Processes, dass man die Qualität der einzelnen Güsse nicht absolut in der Gewalt hat und dass manche spröder gerathen, als beabsichtigt ist, wird beim Landore-Verfahren vollkommen vermieden, weil mittels desselben der Stahl beliebig weich gemacht werden kann. Die englische Admiralität z. B. verlangt, dass jedes Stahlmuster, wenn es 20 Centimeter lang ist, um 20 % soll gestreckt werden können, ehe es einen Bruch bekommt und ebenso dass jedes Muster, nachdem es geglüht und wieder im kalten Wasser abgekühlt war, kalt auf ³/₄ seiner Dicke soll gebogen werden können, ohne dass es Schaden leidet. Von 14.000 Proben, welche in der Landore-Hütte bei Swansea in Süd-Wales gemacht worden sind, hat jede einzelne diesen Bedingungen entsprochen.

Während der Bessemer-Stahl wegen der Unsicherheit seiner Qualität für solche Zwecke, wo es wegen der möglichen Gefährdung von Menschenleben auf besondere Zuverlässigkeit ankommt, insbesondere bei Eisenbahnbrücken und beim Schiffbau nur ausnahmsweise oder gar nicht zur Anwendung gelangt, hat die englische Admiralität schon vor einem Jahre nicht weniger als acht neue Kriegsschiffe aus Landore-Stahl bestellt. Der oben genannte Ingenieur Bramwell kennzeichnete den Unterschied zwischen beiden Methoden mit den bemerkenswerthen Worten: „Bei dem Bessemer-Processe können zuverlässige Ergebnisse erlangt werden, wenn er von geschickten Leuten geleitet wird, die ihre Aufgabe durch und durch kennen. Bei dem Siemens'schen Verfahren dagegen erfordert es grosse Geschicklichkeit, um ein nicht zuverlässiges Resultat zu erzielen." Ein Hinderniss gegen die allgemeine Einführung dieses Processes scheint noch in den höheren Herstellungskosten zu liegen und dass nur sehr reiche Erze bis jetzt dazu in Verwendung kommen können. Wie aus einer auf der Jahresversammlung des Eisen- und Stahl-Instituts in Newcastle im September 1877 von Dr. Siemens verlesenen Denkschrift hervorgeht, ist er auf seinen Werken in Birmingham und in Towcester fortwährend bemüht, die Frage der Production von Eisen und Stahl durch directen Process zur endgiltigen Lösung zu bringen, und es wurde sein Verfahren in der genannten Versammlung für einen unzweifelhaften Fortschritt in der rechten Richtung erklärt. Gleichzeitig legte das Parlamentsmitglied J. Lowthian Bell ein Verfahren vor, um beim Bessemer-Process den Phosphor auszuscheiden und zwar mittels Anwendung von Eisenoxyd bei starker Umrührung des Gusses in weniger hoher Temperatur. Bell ist ein Gegner des Siemens'schen Ofens und ein lebhafter Vertheidiger der bisherigen Hohöfen einschliesslich der Bessemer Convertoren, denen das Gelingen seiner Erfindung unstreitig wieder die Behauptung ihrer jetzigen Stellung erleichtern würde. Die gleichzeitigen unabhängig von einander geführten Bestrebungen dieser beiden Männer können daher kaum verfehlen, früher oder später zur Beseitigung der letzten Hindernisse zu führen, welche einer billigeren Herstellung und allgemeineren Verbreitung des Stahles in der erforderlichen Güte und Geschmeidigkeit noch im Wege stehen.

Sobald es gelingt, den Phosphor während des Processes des Stahlgusses zu entfernen, oder Siemens sich am Ziel seines Wunsches sieht, das Landore-Verfahren billiger zu gestalten, so wird auch der Einwand oder das Vorurtheil schwinden, die jetzt noch der allgemeinen Einführung einer anderen Neuerung im Wege stehen, welche letztere ebenfalls für das Eisenbahnwesen epochemachend zu werden verspricht. Wir meinen die Anwendung eiserner Eisenbahnschwellen. Das Hauptbedenken gegen den Gebrauch derselben war der oben erwähnte Umstand, dass einzelne Partieen von Bessemer-Schienen früher von so spröder Beschaffenheit waren, dass sie leicht sprangen, eine Gefahr, die durch Anwendung gusseiserner Schwellen wesentlich erhöht würde. Diese Gefahr wird durch die Anwendung weicheren, geschmeidigeren Stahles vollständig entfernt. Schon jetzt wird indessen die Neuerung für so wichtig gehalten, dass der preussische Handelsminister im Frühjahr 1877 die Verwaltungen der preussischen Staatsbahnen angewiesen hat, fortan nur noch eiserne Schwellen zu verwenden. Dieselben bieten nach zwei Seiten hin wesentliche Vortheile. Einerseits wird der überhandnehmenden Verwüstung der Wälder gesteuert, andererseits eine bedeutende Ersparniss erzielt, weil die eisernen Schwellen, obwohl deren Anschaffungspreis durchschnittlich höher ist, doch durch die weit längere Dauer ihrer Verwendbarkeit billiger zu stehen kommen als hölzerne, besonders bei der gegenwärtigen Preisconjunctur. Die aus L-Eisen gebildete Form der Schwellen erleichtert wesentlich die Ersparniss an Material. Ueberdies sind erst gegen Ende 1877 Patente auf neue Schwellenconstructionen genommen worden, welche in dieser Hinsicht besondere Vorzüge besitzen, indem die Verbindung mit den Schienen in einer Form bewerkstelligt wird, dass an den letzteren gegen 40 % des Materials erspart werden kann.

Zu diesen Ersparnissen kommt aber ein Umstand, welcher diesen Vortheil noch wesentlich zu erhöhen verspricht, indem er den Schwellen eine fast unbegrenzte Dauerhaftigkeit verleiht. Es ist dies die neue Erfindung des Professor Barff, welcher nach den Mittheilungen, die schon im Winter 1877 im Eisen- und Stahl-Institut zu London gemacht wurden, ein wirksames Mittel gegen den Rost gefunden hat. Bekanntlich gibt man sich bis jetzt nur bei Gegenständen, wo Menschenleben in höchster Gefahr stehen, die Mühe, Mittel zum Schutze des Eisens vor Rost anzuwenden, z. B. bei Gitterbrücken und Dampfschiffen. Die Cramer-Klett'sche Brückenbau-Anstalt zu Nürnberg legt z. B. jeden zur Herstellung ihrer Fischbauchbrücken erforderlichen Eisentheil in Oel, welches bis auf 800⁰ Fahrenheit erhitzt wird. Ausserdem muss bei diesen Gegenständen der Oelanstrich sorgfältig erneuert werden. An der Britannia-Brücke bei Bangor in Nord-Wales ist der Anstreicher in Permanenz beschäftigt. Trotz dieser kostspieligen Vorsicht lassen sich heimliche Roststellen doch nicht vermeiden. Das Alter der Gitterbrücken ist freilich noch zu kurz, um daraus auf die grössere oder geringere Möglichkeit von Unglücksfällen schliessen zu können. Der oben genannte Professor der Chemie an der königlichen Academie zu London hat nun ein Verfahren gefunden, Eisen vor Rost zu bewahren, indem er es erst in einen Mantel seines eigenen Magnetoxyds einhüllt. Jeder eiserne Gegenstand, welcher im geschlossenen Raume der Wirkung überhitzten Dampfes ausgesetzt wird, überzieht sich nach und nach mit einer Haut dieses schwarzen Oxydes, deren Dicke von der Höhe des angewandten Wärmegrades und der Länge des Processes abhängig ist. Wird der zur Ausführung des Verfahrens verwendete Behälter bis zu 500⁰ Fahrenheit erhitzt, bezw. der zu behandelnde Eisentheil einem so hochgradig überhitzten Dampfe 5 Stunden lang ausgesetzt, so wird ein hermetischer Ueberzug gewonnen, welcher längere Zeit dem Schmirgelpapier widersteht und das Eisen unter Dach, auch wenn es der Feuchtigkeit ausgesetzt ist, vollkommen schützt. Wird der eiserne Gegenstand aber der Wirkung überhitzten Dampfes von

1200° Fahrenheit 6 bis 7 Stunden lang unterworfen, dann widersteht der Magnetoxydüberzug selbst jedem mechanischen Angriff und kann gefahrlos jeder Art von Witterung ausgesetzt werden. Das Magnetoxyd ist härter als das betreffende Eisen selbst und haftet auf dessen Oberfläche sogar noch fester, als die Eisenatome unter einander, so dass nicht blos an chemischer, sondern auch an mechanischer Widerstandskraft dadurch gewonnen wird. Ueberdies ändert die Oxydation nichts an der Oberfläche. Eine rauhe Schmiedearbeit behält ihre Unebenheit, eine polirte Fläche ihre Glätte. Entfernt man den Ueberzug an einem Flecke, so wird dieser rosten, aber nicht weiter als das Magnetoxyd beseitigt ist.

Diese Erfindung ist, wenn die Versuche in der Praxis ihre Bestätigung finden, von grosser Tragweite. Fast möchte man glauben, dass die Lücke, welche durch die phänomenale Ausbreitung des Stahles in die Eisenindustrie gerissen wird, wenigstens für eine längere Periode dadurch wieder ausgefüllt werden soll, dass das Eisen mit Hilfe dieser neuen Erfindung in demselben oder in noch grösserem Massstabe, wie es durch den Stahl verdrängt wird, seinerseits an die Stelle des Holzes tritt. Durch die gründliche Verhütung des Rostes wird in Zukunft, namentlich bei allen Bauconstructionen, das Eisen das Holz ersetzen können, nachdem dasselbe bereits jetzt den Eingang gefunden hat. Dachstühle können durch die Anwendung von T-Eisen eben so leicht gemacht werden, als von Holz.

Glauben wir bei allen diesen Umständen die gegenwärtige gedrückte Lage der Eisenindustrie nur für eine vorübergehende Conjunctur halten zu sollen, so werden wir in dieser Meinung noch durch folgende Momente bestärkt. Einmal durch die Thatsache, dass die Eisenbahnen seit Ausbruch der Krisis mehr gespart haben, als es für die regelrechte Erneuerung des Oberbaues angemessen ist, und daher bald gezwungen sein werden, Aufgeschobenes nachzuholen, und ferner durch den Umstand, dass vermöge der neueren Erfahrungen und Verbesserungen im Eisenbahnbau die Errichtung von Localbahnen in einer Weise erleichtert wird, welche für die Herstellung des Netzes der Linien zweiten und dritten Ranges eine lange Bauthätigkeit in Aussicht stellt. Der Bau der Localbahnen konnte bisher nicht in der gewünschten Weise um sich greifen, weil wegen verschiedener Umstände nur selten die erforderliche Rentabilität erzielt wurde. Ein Haupthinderniss, welches indessen nur bei dem System der Privatbahnen vorkommt, liegt darin, dass die gut rentirenden Richtungen durch stark bevölkerte, industriereiche Gegenden von den Unternehmern zuerst in Beschlag genommen werden und dass sich dann für die übrig bleibenden Bahnen das erforderliche Privatcapital nur unter der Bedingung darbietet, dass von Seiten des Staates, der Provinz, der Gemeinde oder der Adjacenten grössere oder geringere Opfer gebracht werden. Beim System des Staatseigenthums der Eisenbahnen dagegen können die Ueberschüsse der reichen Linien zur Deckung des Deficits der schlecht rentirenden Localbahnen verwendet werden. Es kann also bei diesem System in Folge der reicher zu Gebote stehenden Mittel ein vollständigeres Eisenbahnnetz ausgebaut werden. Da nun sowohl in Folge der Staatsverträge wie der ganzen Richtung, welche gegenwärtig die Eisenbahnpolitik in verschiedenen Ländern genommen hat, in der Zukunft, wenigstens in Europa, das System der Staatseisenbahnen zur überwiegenden oder sogar ausschliesslichen Herrschaft gelangen wird, so ist aus diesem Grunde eine lebhafte Thätigkeit auf diesem Gebiete zu erwarten. Von weit unmittelbarerer Wirkung sind andererseits die Erfahrungen und Fortschritte, welche in technischer Beziehung gemacht worden sind und für die Herstellung der Localbahnen benützt werden können. Ein Haupthinderniss, auf welches der Bau der Localbahnen bis jetzt gestossen ist, lag in der Tradition. Man glaubte längere Zeit, nicht von der Schablone abgehen zu können, welche der Continent von England übernommen hat und welche bei dem Bau der grossen internationalen Linien angewendet worden ist. Diese Methode bestand darin, dass alle Eisenbahnen gleichsam unter der Voraussetzung angelegt wurden, dass sie sämmtlich zur Bewältigung ihres künftigen Verkehres früher oder später ein zweites Geleise bedürfen, und dass Ober- und Unterbau so solid construirt sein müssten, um Schnellzüge und die grössten Lasten befördern zu können. Bei vielen Localbahnen stellt sich dieses Bedürfniss niemals ein und bei vielen erst so spät, dass aus dem Zinsverlust des in Gestalt des doppelten Bahndammes und des zu kostspieligen Oberbaues nutzlos angelegten Capitals dann eine ganz neue Linie errichtet werden könnte. Man hat daher früher schon begriffen, dass der Unterbau der Localbahnen nur auf ein Geleise berechnet werden sollte. Aber erst in neuerer Zeit hat sich in Folge der Fortschritte im Maschinenbau die Ueberzeugung Bahn gebrochen, dass der Bau der Localbahnen mit weit geringeren Kosten als bisher bewirkt werden kann, indem unter Anwendung leichter Locomotiven in der Voraussetzung, dass diese Bahnen nur mit gewöhnlicher Schnelligkeit und mit leichten Lasten zu verkehren haben, grosse Steigungen und starke Krümmungen angewendet, dadurch aber eine bedeutende Anzahl von Durchschnitten, Tunnels, Aufdämmungen und Brücken gespart und auch der Oberbau und die Schienen weit leichter genommen werden können. Wir bemerken an dieser Stelle ausdrücklich, dass wir dabei normalspurige Bahnen im Auge haben und von schmalspurigen Bahnen ganz Umgang nehmen. Die Erfahrung hat gelehrt, dass die Locomotiven der Letzteren verhältnissmässig mehr Betriebskosten erfordern, da ja feststeht, dass kleine Dampfmaschinen mehr Brennmaterial verzehren als grosse, ausserdem aber bringt die Nothwendigkeit des Umladens Zeitverlust und Kosten mit sich.

Die Eisen- und Stahlindustrie wird sich, sobald der Frieden wieder gesichert ist, in nicht allzu langer Zeit von der Lähmung erholen, in welche sie durch den Ausbruch der Krisis von 1873 versetzt worden ist. Die durch den überhandnehmenden Gebrauch des Gussstahles bewirkte Umwälzung wird aber nicht blos fortdauern, sondern immer grössere Dimensionen annehmen, bis sie zur gänzlichen Verdrängung des Eisens in den meisten Verwendungsarten durch den Stahl geführt haben wird. Die Einführung des eisernen Oberbaues bei den Eisenbahnen an Stelle der Holzschwellen, sowie der Ausbau des Netzes der Localbahnen dient für die nächsten Jahrzehnte wie eine von der Gunst des Schicksals gewährte Frist, während welcher die Eisenhüttenbesitzer vollständig Gelegenheit haben, ihre Werke zu amortisiren und zur Gussstahlerzeugung überzugehen. Auch die Ausführung der zahlreichen Canal- und Flussregulirungsprojecte, mit denen man sich gegenwärtig auf dem europäischen Continent trägt, in Verbindung mit der immer wahrscheinlicher werdenden Verdrängung des Pferdebetriebes durch den Dampfbetrieb erhöht den Verbrauch von Eisen und Stahl für eine lange Periode noch bedeutend. Ebenso wird in der überseeischen Schifffahrt, wo die Eisendampfer den Holzschiffen einen steigenden Tonnengehalt entreissen, der Gebrauch von eisernen und stählernen Fahrzeugen immer mehr überhand nehmen. Allerdings sind noch zwei Drittheile der bewohnten Erde und auch von Europa fast noch die grössere Hälfte dem Eisenverbrauch erst zu erschliessen, immerhin aber wird die Eisen-, bezw. Stahlindustrie gut daran thun, sich in Bezug auf den Umfang der Production in Zukunft selbst rechtzeitig eine Beschränkung aufzuerlegen, um zu verhüten, dass eine solche wieder durch eine gewaltsame Krisis, d. h. durch theilweises Versiegen der Absatzwege und durch Schleuderpreise erzwungen werde. Diese Gefahr ist bei der Eisen- und Stahlindustrie mehr wie bei einem anderen Gewerbe vorhanden, weil der Haupthilfsstoff derselben, der Eisenstein, in verhältnissmässig unbegrenzter Fülle vorhanden ist und mittels der sich ausbreitenden Schifffahrtsgelegenheit immer billiger nach den Werken geschafft werden kann, deren Gruben erschöpft sind.

Dieser Zweig der Metallurgie könnte weit eher eine stoffliche Grenze finden in der Vertheuerung der Steinkohle.

Die Krisis und die ihr vorausgegangene Ueberproduction, an welcher der Eisenindustrie der hervorragendste Antheil zubeschieden war, hat seit unserem letzten Berichte für die Wiener Weltausstellung die Production der mineralischen Kohle in kaum geringerem Masse heimgesucht. Der Preis, welcher gleich dem des Roheisens in's Masslose gestiegen war, ist nach dem Ausblasen von vielen Hunderten von Hohöfen, nach der Schliessung so vieler Fabriken und nach der Betriebsreduction bei so vielen anderen Unternehmungen in demselben Verhältniss wieder gesunken, ohne dass diese colossale Preisermässigung des nothwendigsten Hilfsstoffes bis jetzt den Verbrauch wieder gehoben hätte. Der Massenconsum der Kohle ist indessen so eng mit dem Schicksal der Metallurgie und der Eisenbahnen verwoben, dass das Wiederaufleben des Unternehmungsgeistes in den letzten Industriezweigen nothwendig auch wieder neue Regsamkeit in die Kohlenausbeute bringen muss. Der Preis der Kohle hat nämlich mit dem des Roheisens während der kritischen Epoche merkwürdige Wahlverwandschaft gezeigt. Derselbe stand in denjenigen Districten Englands und Schottlands, welche als tonangebend betrachtet werden, wie folgt:

	Yorkshirer Steinkohle mittlerer Qualität	Schottisches Roheisen
	per englische Tonne	
Dezember 1871............	— £ 11 sh. 6 d.	2 £ 18 sh. 11 d.
„ 1872............	1 „ 3 „ — „	5 „ 1 „ 10 „
„ 1873............	1 „ 4 „ 6 „	5 „ 16 „ 11 „
„ 1877............	— „ 10 „ 4 „	2 „ 14 „ 4 „

Nichts vergegenwärtigt mehr als diese Preisbewegung die ungeheuere Springfluth, welche während der letzten Speculationsperiode mehrere Jahre hindurch den natürlichen Kreislauf der Volkswirthschaft ausser Rand und Band gebracht hat. Nach dem kurzen Unternehmungsrausche sind die Preise wieder in ihr regelrechtes Durchschnittsgeleise zurückgekehrt, und es ist nur zu hoffen, dass sie dasselbe nie wieder in so unerhörter Weise verlassen mögen, denn der Schaden ist weit grösser und allgemeiner, als der geträumte Nutzen nur hätte werden können. Wir haben in Beziehung auf die Eisenindustrie oben die Gründe angeführt, warum wir an die baldige Wiederkehr einer dauernden Prosperität glauben, wofern die Unternehmer das verständige Mass einhalten. Die Kohlenindustrie geht bis auf einen gewissen Grad mit ihr Hand in Hand. Indessen ist hier die Gefahr grösser, dass der Vorrath im westlichen Europa im Laufe der nächsten Jahrhunderte erschöpft wird. Für Grossbritannien wenigstens ist die Berechnung aufgestellt worden, dass die Kohlenbergwerke der Insel bei der Fortdauer des Betriebes im jetzigen Umfang nur noch gegen zweihundert Jahre reichen, durch das Tiefertreiben der Schächte unter das bisher gebräuchliche Mass mit Hilfe der neuen verbesserten Maschinerie in den unteren Schichten vielleicht noch auf ein drittes Jahrhundert lohnende Ausbeute geben würden. Wir wollen hier die Frage nicht untersuchen, ob es nicht wie für die englische, so für die europäische Wirthschaft überhaupt nützlicher wäre, wenn der Staat die Kohlenbergwerke erwerben und in ärarischen Betrieb nehmen würde, um durch die Aufrechterhaltung eines ständigen höheren Preises die Consumenten zu grösserer Sparsamkeit zu zwingen. Unstreitig würde dadurch der Zweck eines längeren Vorhaltens der eigenen Lager, eines gleichmässigeren Preises, sowie die Vermeidung ungestümer Schwankungen und Krisen erreicht. Will man sich indessen die Schwankungen' in der Production und im Preise gefallen lassen, so wird allerdings durch die natürliche Bewegung des Marktes schliesslich dasselbe Ziel erreicht, denn sobald die Vorräthe in England schwinden, wird der Preis so steigen, dass der Erschluss neuer Kohlengruben auf dem europäischen und amerikanischen Continent, insbesondere in Deutschland, Russland und in den Vereinigten Staaten sich mehr und mehr lohnt, wo die Schichten noch für Jahrtausende vorhalten werden, wenn man einen Betrieb vom jetzigen oder sogar noch bedeutenderen Umfang voraussetzt.

Was dann später werden soll, ist eine Frage, welche unser leichtlebiges und auf die Fortschritte der Naturwissenschaften bauendes Jahrhundert nur wenig kümmert. Indessen greift auch diese Frage in gewisser Beziehung in die heutige Wirthschaft ein, so dass sie die Speculation nicht ganz gleichgiltig lassen kann.

Die Technik ist unausgesetzt am Werk, auf neue Einrichtungen zu sinnen, durch welche Ersparnisse im Kohlenverbrauch erzielt werden. Man heizt gegenwärtig stehende Kessel und sogar Locomobilen mit Material, welches vor 30 Jahren unter den Schutt geworfen wurde. Es ist eine permanente Aufgabe, welche sich die Maschineningenieure gestellt haben, den Verbrauch an Brennmaterial der Dampfmaschinen bei möglichster Steigerung des Nutzeffectes auf das geringste Mass zu reduciren. Die englischen und französischen Heizerschulen haben es dahin gebracht, Maschinisten zu erziehen, welche ganz erstaunliche Quantitäten von Brennmaterial gegen den gewöhnlichen Durchschnitt ersparen. Die Prämien, welche die Eisenbahnen für die Kohlenersparniss den Heizern auszusetzen pflegen, wirken in der gleichen Richtung. Eine ähnliche Tendenz ist in den Feuerungseinrichtungen der einzelnen Haushaltungen zu beobachten. Durch die Einrichtung der russischen Centralheizungen und die Verbreitung der schwedischen und norddeutschen Oefen, sowie der Meidingerschen Füllöfen, welche die mittelalterlichen holzfressenden Kachelöfen und Camino bereits aus der nördlichen Hälfte des europäischen Continentes verdrängt haben und wovon die ersteren nur noch in der Schweiz und in Tirol, die letzteren in Frankreich, Italien und Spanien ihr Dasein fristen mit einer Hartnäckigkeit, die einer besseren Sache würdig wäre, wird allmälig eine sparsamere Wirthschaft mit dem Brennmaterial eingeführt. Solche Bewegungen pflegen indessen sich so langsam zu entwickeln, dass sie mit der Vermehrung der Bevölkerung und mit dem Anwachsen der Industrie nicht gleichen Schritt zu halten vermögen. Der Kohlenverbrauch wächst rascher als jene Ersparniss.

Hingegen treten auch Entdeckungen und Erfindungen auf, welche einen plötzlichen Umschwung herbeizuführen im Stande sind. Einen solchen haben wir seit den letzten 15 Jahren erfahren durch die rasche allgemeine Einführung des Petroleums. Es kann keinem Zweifel unterliegen, dass der Gasproduction durch das Petroleum eine bedeutende Schranke gesetzt worden ist, welche rückwirkend nothwendigerweise auch von der Kohlenproduction empfunden werden musste.

Eine andere Schranke liegt in der von der Zukunft zu erwartenden besseren Ausnutzung der Wassertriebkräfte, welche bis jetzt nur in ihrer Kindheit gewesen zu sein scheint. Wir können hier nicht auf alle Projecte und Verbesserungen eingehen, durch welche man in neuerer Zeit das Wasser in grösserem Masse als Motor heranzuziehen sucht; wir erlauben uns aber doch daran zu erinnern, dass die auf der Pariser Ausstellung von 1867 zum ersten Male vorgeführte Erfindung von Siemens, Triebkraft auf elektromagnetischem Wege auf weite Entfernungen fortzupflanzen, wodurch die grössere Ausnützung der Wasserfälle und Strömungen ermöglicht wird, doch nicht eine theoretische Spielerei zu bleiben scheint, sondern bereits in das Stadium der practischen Versuche getreten ist.

Lassen wir aber auch die Zukunftsprojecte und halten wir uns blos an practisch bewährte Einrichtungen, so finden wir, dass in Folge der Herstellung und Verbreitung der elektromagnetischen Lichtmaschinen, welche gegenwärtig hauptsächlich von Gramme in Paris und Siemens in Berlin gemacht werden, ein ungeheuerer Umschwung vorbereitet wird.

Nach den Berechnungen, welche mit diesem durch Maschinen erzeugten elektrischen Lichte angestellt worden sind und deren Hauptresultat in Dingler's polytechnischem Journal mitgetheilt wird, kommt dieses Licht bei 6mal stärkerer Leuchtkraft auf die Dauer 33mal billiger zu stehen als das Gas. Gegenwärtig ist das elektrische Maschinenlicht erst in einer Anzahl von Fabriken zu Paris und Mülhausen, auf Güterbahnhöfen und in Häfen, auf dem Platz des Wiener Eislaufvereines und in einigen Hüttenwerken Frankreichs eingeführt. In England wurde auf dem Dampfer Faraday, während er vor Gravesend vor Anker lag, ein Versuch mit einer Siemens'schen dynamo-elektrischen Lichtmaschine angestellt, welche ein Licht von 4000—6000 Normalkerzen gab. Diese Maschine wurde von einer besonderen Dampfmaschine an Bord getrieben. Die Lampe, welche sich an der Landseite befand, beleuchtete das Ufer soweit hin, dass man in einer Entfernung von über 400 Meter bequem Geschriebenes lesen konnte. Auf der See wird die Lampe an der Mastspitze befestigt und macht so das Schiff nicht nur anderen Fahrzeugen besser sichtbar, sondern lässt auch vom Schiffe aus entfernte Gegenstände deutlicher erkennen und gestattet bei Nacht die verschiedensten Arbeiten an Bord. In manchen Fabriken von Paris, deren Productionszweig besonders scharfe Beleuchtung erfordert, ist die Nachtarbeit erst durch das elektrische Maschinenlicht möglich geworden. Es kann schon angesichts der bis jetzt gemachten Erfahrungen keinem Zweifel mehr unterliegen, dass das Gaslicht nicht blos in den Fabriken und in anderen öffentlichen Anstalten, sondern auch bei den städtischen Beleuchtungen allmälig wird verdrängt werden.

Dadurch aber wird eine Ersparniss im Kohlenverbrauch erzielt werden, welche nothwendig einen fühlbaren Einfluss auf die Production äussern muss. Zum Betriebe der durch den russischen Physiker Tablohkoff neuerdings wieder verbesserten elektromagnetischen Lichtmaschinen werden zwar in der Regel Dampfmaschinen gebraucht, allein die zu deren Heizung erforderliche Kohlenquantität steht in verschwindendem Verhältniss zu dem Kohlenverbrauch der Gasöfen.

Die erwähnten Thatsachen führen zu dem Schlusse, dass im Kohlengeschäft, wo sich übrigens schon in ziemlich kurzer Zeit der normale Absatz wieder einstellen wird, in gleichem Masse wie noch beim Eisengeschäft Vorsicht in der Gründung neuer Unternehmungen geboten ist, wenn man sich nicht der Wiederholung ähnlicher Rückschläge aussetzen will.

Nach diesen allgemeinen Bemerkungen und bevor wir den Blick den einzelnen Ländern unseres Planeten zuwenden, sei es gestattet, zunächst in zwei übersichtlichen Tableau's zu zeigen, wie sich die Production von mineralischen Kohlen und von Roheisen auf der ganzen Erde in dem letzten Decennium entwickelt hat. Hierauf möge eine summarische Statistik der heutigen Bessemerstahl-Fabrication Platz finden und an diese sich endlich eine Tabelle anschliessen über die Ausdehnung der Eisenbahnen in allen Theilen der Welt.

Kohlenproduction der Erde.

Länder	Production				Zunahme in Procenten
	Im Jahre	metr. Tonnen	im Jahre	metr. Tonnen	
Grossbritannien	1866	103.069.804	1876	135.611.788	31.51
Deutschland	„	28,102.805	1877	48,296.307	71.48
Frankreich	„	12,234.455	„	16,889.201	38.04
Belgien	„	12,774.662	1876	14,329.578	12.17
Oesterreich-Ungarn	„	4,893.933	„	13.862.586	175.50
Russland	„	271.533	1875	1,709.269	529.57
Spanien	„	432.664	1876	706.814	63.36
Italien	„	70.000	1875	102.140	45.91
Schweden	„	36.467	1876	92.352	153.25
Uebrige Länder Europa's	.	?	.	80.000	?
Vereinigte Staaten	1866	21,856 841	1875	48,273.447	120.65
Canada	„	558.519	1876	709.646	27.05
Uebrige Länder Amerika's	.	?	.	400.000	?
Asien	.	?	.	4,120.000	?
Afrika	.	?	.	100.000	?
Australien	1866	774.000	1876	1,380.000	78.29
Summa . . .	.	185,135.686	.	286,163.188	.

Roheisenproduction der Erde.

Länder	Production				Zunahme in Procenten
	Im Jahre	metr. Tonnen	im Jahre	metr. Tonnen	
Grossbritannien	1866	4,590.279	1876	6.600.893	44.72
Deutschland	„	1,000.492	„	1.614.687	61.38
Frankreich	„	1,260.348	1877	1,453.112	15.30
Belgien	„	482.404	1876	490.508	1.48
Russland	„	314.850	1875	426.896	35.17
Oesterreich-Ungarn	„	284.426	1876	400.426	40.48
Schweden	„	230.670	„	351.718	52.48
Luxemburg	„	46.460	„	231.658	398.41
Spanien	„	39,254	1873	42.825	8.71
Italien	„	23.200	1875	20.278	--
Uebrige Länder Europa's	.	?	1876	60.000	?
Vereinigte Staaten	1866	1,225.031	1877	2,351.618	91.96
Uebrige Länder Amerika's	.	?	.	115.000	?
Asien	.	?	.	60.000	?
Afrika	.	?	.	30.000	?
Australien	.	?	.	15.000	?
Summa . . .	.	9.502.626	.	14,324.619	.

Die Kohlenproduction der Erde berechnet sich nach der nebenstehenden Uebersicht für das Jahr 1876 auf etwa 286 Millionen Tonnen. Gegenüber dem Jahre 1866 ergibt sich, wenn man von Amerika (exclusive der Vereinigten Staaten), Asien und Afrika, für welche auch nur annäherungsweise entsprechende Ziffern über die Kohlengewinnung des Jahres 1866 nicht vorliegen, absieht, eine Zunahme der Kohlenproduction des Erdballs für das zwischenliegende Decennium von beiläufig 52.0 %. Den grössten Antheil an der Kohlenproduction der Erde nimmt

Grossbritannien mit. . . . . 135,611.788 Tonnen $=$ 47.4 %,
in weitem Abstande folgen dann
Deutschland mit . . . . 48,296.367 „ $=$ 16.9 „
und die Vereinigten Staaten mit . 48,273.447 „ $:$ 16.0 „.

Ihnen reihen sich Frankreich, Belgien und Oesterreich-Ungarn an. Das stärkste Wachsthum der Förderung innerhalb der angedeuteten 10 Jahre zeigt (Russland und Schweden, die mit ihren geringen Mengen weniger in Betracht kommen, ausgeschlossen) Oesterreich-Ungarn mit 175.08 % und die Vereinigten Staaten mit 120.85 %. Die schwächste Steigerung ihrer Kohlengewinnung haben Belgien (12.17 %) und — Grossbritannien (31.57 %) aufzuweisen. —

Die Roheisenproduction der Erde betrug im Jahre 1876 rund 14.3 Millionen Tonnen. Der Fortschritt der Eisenindustrie in Betreff der producirten Mengen hat nahezu gleichen Schritt mit der Entwicklung der Kohlenindustrie gehalten, denn die Roheisenproduction der Welt ist von 1866 bis 1876 um circa 47.8 % gestiegen. Auch hier zeigt sich die Machtstellung Englands, welches mit 6,660.893 Tonnen, daher mit 46.5 % an der Roheisenproduction der Erde participirt. An Grossbritannien schliessen sich an:

Die Vereinigten Staaten mit 2,351.618 Tonnen $=$ 17.1 %
Deutschland mit . . . . . 1,614.687 „ $=$ 11.3 „
Frankreich „ . . . . . 1,453.112 „ $=$ 10.2 „

Die intensivste Zunahme in der Production zeigten, Luxemburg und Schweden ausser Betracht gezogen, die Vereinigten Staaten mit 91.96 %, Deutschland mit 61.38 % und England mit 44.92 %. —

Der gegenwärtige Stand der Bessemerstahl-Fabrication der Erde wird durch folgende Uebersicht veranschaulicht.

Bessemerstahl-Fabrication.

L ä n d e r	Bessemer Stahlwerke	mit Convertern	mit einer Stahlproduction von metr. Tonnen	In Procenten
Grossbritannien	25	114	762.000	36.1
Vereinigte Staaten von Nord-Amerika . . .	11	27	534.412	25.3
Deutschland	18	81	390.434	18.5
Frankreich	7	26	218.000	10.4
Oesterreich-Ungarn	13	32	97.470	4.6
Belgien	2	12	76.358	3.6
Schweden	19	38	22.138	1.1
Russland	2	4	8.036	0.4
Summa . . .	97	334	2.108.384	100.0

Es existiren jetzt hiernach auf der Erde 97 Bessemerhütten mit 334 Convertern. Die Gesammt-Fabrication an Bessemerstahl beläuft sich auf 2.1 Millionen Tonnen. Auch in dieser Fabricationsbranche dominirt Grossbritannien (mit 36.1 %); sodann folgen die Vereinigten Staaten, Deutschland und Frankreich. —

Ueberall hängt die Entwicklung des Eisenbahnnetzes auf das Innigste mit der Kohlen- und Eisenindustrie zusammen. Deshalb sind statistische Daten in dieser Richtung nicht ohne Interesse. Es betrug die Länge der Eisenbahnen auf der Erde

im Jahre 1850   41.897 Kilometer,
„   „   1860   108.626   „
„   „   1870   211.109   „
„   „   1873   268.323   „
„   „   1875   293.813   „
„   „   1877   321.272   „

Die Details für das Jahr 1877 (Stand vom 31. December) sind der folgenden Zusammenstellung zu entnehmen.

Das Eisenbahnnetz der Erde Ende 1877
(nach Prof. Dr. Stürmer in Bromberg.)

Länder	Eisenbahnen Ende 1877	Es kommen Eisenbahnen	
		auf 100 Qu.-Kilometer	auf je 10.000 Einwohner
	in Kilometern		
Deutschland	30.303	6.4	7.4
Grossbritannien	27.540	8.7	8.1
Frankreich	23.383	4.4	6.3
Russland	20.467	0.39	2.8
Oesterreich-Ungarn	18.058	2.3	4.9
Italien	8.210	2.8	3.9
Spanien	6.199	1.2	3.7
Schweden	4.791	1.1	10.5
Belgien	3.710	12.4	6.8
Schweiz	2.565	6.2	9.4
Niederlande und Luxemburg	1.974	5.5	4.9
Türkei	1.537	0.48	1.4
Dänemark	1.446	3.8	7.4
Rumänien	1.233	1.40	2.4
Portugal	968	1.11	2.3
Norwegen	802	0.25	4.4
Griechenland	12	0.0074	0.06
Europa	153.198	1.5	4.9
Asien	13.096	0.03	0.16
Afrika	3.255	0.01	0.11
Vereinigte Staaten	128.187	1.3	32.9
Uebrige Länder Amerika's	18.752	.	.
Amerika	146.939	0.25	17.1
Australien	4.784	0.06	10.4
Totalsumme. . .	321.272	0.24	2.3

EUROPA.

Grossbritannien.

(315.325 Quadrat-Kilometer. — 32,800.000 Einwohner.)

Kohle.*)

Urkundlich wird der Verbrauch von Steinkohlen in England erst im 13. Jahrhundert erwähnt. König Heinrich III. ertheilt 1233 den Bewohnern von Newcastle am Tyne die Freiheit, „Steine und Kohlen zu graben und dieselben zu ihrem Vortheil anzuwenden". In einem Lande, das noch heute zu Tage auslaufende, wenn auch nicht mehr abbauwürdige Kohlenflöze enthält, wird der Werth und die Verwendung der mineralischen Brennstoffe schon viele Jahrhunderte zuvor bekannt gewesen sein und ist die Behauptung, dass schon die Römer bei der Eroberung Englands den Abbau der Steinkohlen vorgefunden, zwar nicht historisch nachgewiesen, jedoch sehr glaubwürdig. Schon während der Regierung Eduards I., des Nachfolgers Heinrichs III., fangen die Gewerke der Stadt London an, statt Holz Steinkohlen zur Heizung zu verwenden. Der Adel beschwert sich dagegen, da der Rauch der Gesundheit nachträglich sei, und König Eduard erlässt eine geharnischte Verordnung gegen den Verbrauch von Steinkohlen, bis der später eintretende Holzmangel, andere Heizvorrichtungen, vor allen Dingen aber die bessere Erkenntniss und die Gewöhnung an die Neuerung die Wiederaufhebung des Verbots herbeiführen lassen. Das sind die Anfänge des Steinkohlenbergbaues in einem Lande, das gegenwärtig pro Jahr über 130 Millionen Tonnen Steinkohlen producirt, eine Dampfkraft verwendet, welche der Arbeitskraft von etwa 800 Millionen Menschen gleichzustellen ist und in der Ausdehnung, wie in der Vielseitigkeit seiner Industrie alle anderen Staaten übertrifft.

---

*) Literatur. Mineralische Kohle von J. Pechar und Dr. Peez, Officieller Bericht der Wiener Weltausstellung (Wien 1874). — Report of the Commissioners relating to Coal in the United Kingdom (London 1871). — E. Hull, the Coal-fields of Great-Britain (London, 1873). — Warrington, W. Smyth, Coal and Coalmining (London 1872). — Mineral statistics of the United Kingdom of Great-Britain and Ireland, for the years from 1853 to 1876. By Robert Hunt, Keeper of Mining Records London). — Geinitz, Fleck und Hartig, Die Steinkohlen (München 1865). — Jahresberichte des Vereins für die bergbaulichen Interessen in Dortmund. — Dr. Frantz, Zeitschrift für Handel, Gewerbe und Volkswirthschaft (Beuthen). — Zincken, Die Braunkohle (Hannover 1867).

Geographische und geologische Verhältnisse.

Die Kohlenformation Grossbritanniens erstreckt sich auf eine Fläche von nahezu 7000 englischen Quadratmeilen (über 1,800.000 Hectar), von denen etwa 72 % auf England, 26—27 % auf Schottland, der Rest mit 1—2 % auf Irland entfällt.

In Betrieb waren:

Im Jahre 1854 . . 2.397 Gruben mit einer Förderung von 65 Mill. metr. Tonnen

„	„	1857 . .	2.867	„	„	„	„	„	66	„	„	„
„	„	1860 . .	3.009	„	„	„	„	„	85	„	„	„
„	„	1863 . .	3.160	„	„	„	„	„	89	„	„	„
„	„	1872 . .	3.850	„	„	„	„	„	125	„	„	„
„	„	1875 . .	3.933	„	„	„	„	„	133	„	„	„
„	„	1876 . .	4.002	„	„	„	„	„	135	„	„	„

In den Uebersichten für 1876 sind 22 Productionsreviere angegeben, von denen 4 weniger als 1 Million metr. Tonnen förderten, 8 über 1 Million und weniger als 5 Millionen, 4 zwischen 5 und 10 Millionen und der Rest zwischen 10 und 20 Millionen Tonnen, und zwar:

South Durham	19,721.701	metr. Tonnen
Yorkshire	15,296.160	„ „
North Durham und Northumberland	12,781.788	„ „
South Wales	12,164.909	„ „
Scotland (East)	11,854.330	„ „
South Staffordshire und Worcestershire . .	10,242.364	„ „
West Lancashire	9,271.000	„ „
North und East Lancashire	8,397.240	„ „
Derbyshire	7,137.756	„ „
Scotland (West)	7,109.870	„ „
Monmouthshire . . , ...	4,571.985	„ „
Staffordshire (North)	4,142.789	„ „
Nottinghamshire	3,469.541	„ „
North Wales	2,242.566	„ „
Cumberland und Westmoreland	1,424.028	„ „
Gloucestershire	1,277.674	„ „
Shropshire	1,070.919	„ „
Leicestershire	1,021.080	„ „
Warwickshire	898.906	„ „
Somersetshire	660.821	„ „
Cheshire	593.730	„ „
Ireland	126.935	„ „

Die Zahl der Kohlenbergwerke steht in den einzelnen Revieren keineswegs in einem bestimmten Durchschnitts-Verhältnisse zur Gesammtförderung. So hat unter den grossen Kohlengebieten des Nordens in England South Durham 185 Bergwerke und producirt 19 Millionen Tonnen, North Durham 183 Werke, welche nur 12 Millionen produciren. Leicestershire mit einer geringen Anzahl Werke fördert mehr Kohlen als Warwickshire mit einer grösseren Zahl. Nottinghamshire fördert dreimal so viel Kohlen als Somersetshire, obschon es nur 3 Zechen mehr hat. Auch die Zu- und Abnahme der Zechen schliesst nicht immer eine Zu- oder Abnahme der Production in sich. Im nördlichen Gebiete vermehrte sich die Zahl der Werke, aber die Förderung war eine geringere. In Lancashire nahm die Zahl der Zechen ab, aber die Förderung stieg.

Unter den Kohlen erzeugenden Bezirken war das „grosse nördliche Kohlenfeld in Durham und Northumberland" von jeher das wichtigste. Seit der Regierung der Königin Elisabeth bis zu Anfang dieses Jahrhundertes waren selbst die südlicheren Provinzen, London eingeschlossen, mit ihrem Bedarf vorzugsweise auf dieses Gebiet angewiesen. Seitdem hat sich aber die

Production auch in den anderen Bezirken ausserordentlich gehoben und sind hierbei die nach den Kohlenbezirken geführten Eisenbahnen und Canäle von ausserordentlichem Einflusse gewesen. Selbstverständlich sind in Bezug auf die Production unter den einzelnen Bezirken allein im Laufe der letzten Jahrzehnte mancherlei Veränderungen und Verschiebungen eingetreten. Namentlich haben Schottland und Wales, Yorkshire, Stafford- und Worcestershire ihre Production in den Jahren von 1860 ab erheblich gesteigert, während andere Bezirke, wie Shropshire, Cheshire, das gleiche procentuale Wachsthum nicht aufzuweisen haben. Irland ist auf seiner niedrigen Productionsziffer constant stehen geblieben.

Geographisch werden die Kohlenfelder gewöhnlich in drei grosse Gruppen zerlegt, und zwar:

1. in die Kohlen des Nordens: Durham, Northumberland, Cumberland, Schottland;
2. in die des Centrums: Yorkshire, Derbyshire, Lancashire, Staffordshire, Cheshire, Nottinghamshire, Worcestershire, Leicestershire, Warwickshire;
3. in die des Westens: Süd-Wales und die kleineren Becken im Süden;
4. in die Kohlen Irlands.

In Bezug auf die geologischen Verhältnisse lässt sich jedoch diese Eintheilung kaum aufrechthalten, ebensowenig in Betreff der Qualität der in den einzelnen Bezirken gewonnenen Kohlen. Ihrer Bedeutung nach rangiren die Gruppen etwa in folgender Weise:

1. Durham und Northumberland. Dieses Revier producirt allein fast $^1/_4$ der gesammten Kohlenförderung Grossbritanniens. An der Ostküste, südlich von der schottischen Grenze gelegen, erstreckt es sich auf eine Länge von 80 und auf eine Breite bis zu $32^1/_2$ Kilometer über eine Oberfläche von circa 1140 Quadrat-Kilometer. Hier liegen zwischen Tyne und Wear die besonders für den Hausbrand beliebten Wallsendkohlen; vom Tyne nördlich die dichte Maschinenkohle, im Westen eine ausgezeichnete, für den Hohofenbetrieb besonders geeignete Cokekohle. Das Kohlenlager enthält im Durchschnitt 12 Flöze mit zusammen 12—18 Meter Mächtigkeit. Die Lagerung der Flöze ist für den Abbau nicht ungünstig, das Deckgebirge ziemlich fest, sodass für viele Schächte nur wenig Abzimmerung nöthig ist. Dagegen liegen manche Flöze so tief, dass die Anlagekosten sich sehr hoch stellen und für den Betrieb die Beseitigung der nicht selten massenhaft zuströmenden Wässer grosse Schwierigkeiten verursacht. In solchen Schächten sind auch die gefürchteten schlagenden Wetter nicht selten. Technisch stehen hier die Vorrichtungen für Wetterzuführung, Wasserhebung, Förderung, wie für sämmtliche Anlagen innerhalb und ausserhalb des Schachtes anerkannt auf einer hohen Stufe, auch die Arbeiterverhältnisse sind im Allgemeinen hier günstiger, als in den meisten andern Kohlenbezirken.

Die Lage des Kohlengebietes an der See, gestützt auf die Häfen Newcastle, Sunderland, Hartlepool, die vorzüglichen Einrichtungen für Ein- und Ausladungen am Tyne, der rege Seeverkehr mit circa 80.000 Seeleuten, die allein für die Küstenschifffahrt der nördlichen Kohlenhäfen thätig sind, sie haben ermöglicht, dass die Kohlenwerke von Durham und Northumberland im Versand der Kohle für In- und Ausland die erste Stelle einnehmen. Durchschnittlich werden von hier aus jährlich 14—15 Millionen Tonnen Kohlen verschifft. Ausserdem hat sich in der Nähe eine sehr bedeutende Industrie entwickelt, von der in erster Linie der Hohofen- und Walzwerkbetrieb, Locomotiven-, Schiffs- und Maschinenbau, die Fabrication von Chemicalien aller Art, besonders Soda, Glasindustrie und andere zu nennen sind.

Im Becken von Durham und Northumberland wurden an Kohlen gefördert:

Im Jahre 1854	. . . .	15.4	Mill. metr. Tonnen	$=$	100.0	%
„ „ 1864	. . . . . .	23.3	„ „	„	$=$	151.3	„
„ „ 1870	. . . . . .	27.7	„ „	„	$=$	179.9	„
„ „ 1876	. . . . . .	32.4	„ „	„	$=$	210.4	„

2. Yorkshire und Derbyshire. Ziemlich in der Mitte Englands mit einer schwachen Neigung nach Westen gelegen, erstrecken sich die dortigen Lager in einer Länge von 105 und einer Breite von 11—33 Kilometer zwischen Leeds und Nottingham auf circa 1290 Quadrat-Kilometer. Durchschnittlich finden sich in 10, 12 bis 16 Flözen mit je 1.5—2.6 Meter Mächtigkeit zusammen etwa 14 Meter Kohle, darunter die bewährte Kohle von Süd-Yorkshire, die Schwarzschale von Derbyshire und die für den Hausbrand sehr renommirte Kilburnkohle. Der Bezirk ist an dem Export der Kohle weniger betheiligt als Northumberland und Durham, findet vielmehr seinen Hauptabsatz in der reichentwickelten Industrie des mittleren Englands.

Die Production betrug:

Im Jahre 1854 . . . . 7.6 Mill. metr. Tonnen = 100.0 %
„   „   1870 . . . . 15.1 „   „   „   = 198.7 „
„   „   1876 . . . . 22.4 „   „   „   = 294.7 „

3. Schottland. Das Revier erstreckt sich, wenn auch mit sehr ungleicher Stärke der Flöze und vielfach durch das Zutagetreten plutonischer Gesteinsarten und Verwerfungen unterbrochen, von der Ostküste Schottlands rings um den Firth of Forth bis zur Westküste bei Ayr. Als industrieller Mittelpunkt ist Glasgow anzusehen. In dem westlich gelegenen Ayrshire und Lanarkshire kommen sehr renommirte Gaskohlen, auch die für den Hohofenbetrieb gesuchten Splintkohlen vor. Die Zahl der Flöze ist wechselnd. Das stärkste sogenannte „grosse" Flöz, das indessen gleichfalls häufig unterbrochen oder wenigstens noch nicht überall nachgewiesen ist, erreicht eine Mächtigkeit von 2.2—3.2 Meter. An manchen Orten kommen bis zu 12 Flöze von je 0.6—1.5 Meter Mächtigkeit vor, unter anderen in dem ergiebigen Midlothian-Becken östlich von Edinburg. Einen vorzüglichen Abnehmer finden die Kohlenwerke dieses Reviers in der grossartig entwickelten schottischen Eisenindustrie, welche auf die in der Nähe vorkommenden kohlenhaltigen Eisensteine (Blackband) basirt ist.

Die Production betrug:

Im Jahre 1854 auf 367 Werken 7.7 Mill. metr. Tonnen = 100.0 %
„   „   1870 „ 411 „   15.1 „   „   „   = 201.3 „
„   „   1876 „ 482 „   18.9 „   „   „   = 252.0 „

4. Wales, Monmouthshire, Gloucestershire. Die südlichen Kohlenlager von Wales sind hiervon die bedeutendsten. Sie erstrecken sich über 1.450 Quadrat-Kilometer und enthalten — allerdings meist in grosser Tiefe (bis zu 600 Meter) — 8, jedoch auch 15, und sogar 18 Flöze mit 5.5, 8.5 und 22.5 Meter Mächtigkeit. Die nur wenig Rauch gebende Kohle von Aberdare ist als Maschinenkohle viel begehrt. Cardiff und Swansea bilden ihre Ausfuhrhäfen, der grösste Theil der Förderung wird indessen in Wales von den grossen Hüttenwerken auf Eisen, Zinn und Kupfer beansprucht. Die besten Flöze sollen hier jedoch bereits ihrer Erschöpfung entgegengehen.

Das Kohlengebiet in Nord-Wales (auch das Kohlenfeld von Denbighshire genannt) liegt im Nordosten von Wales und producirte in 1860 mit 39 Kohlengruben 1.1 Millionen, 1869 mit 31 Gruben 1.4 Millionen, 1876 2.2 Millionen Tonnen.

Das Monmouthshire-Kohlenbecken (Production in 1876 4.5 Mill. Tonnen) wird, weil gewisse Uebereinstimmungen in der geologischen Lagerung vorhanden sind, gewöhnlich den Kohlenfeldern von Wales zugezählt.

Dasselbe ist auch bisweilen der Fall mit den Kohlenfeldern von Gloucestershire in der Nähe von Bristol und Bath. Geologisch ist dies kaum zu rechtfertigen, den Lagerungsverhältnissen nach nähert sich vielmehr dieses Revier eher dem belgischen, als dem englischen Typus. Es fehlt nicht an recht störenden Verwerfungen, auch sind die Flöze meist von nur geringer Mächtigkeit. Eine Ausnahme macht das kleine Becken „Forest of Dean", das 11 Flöze mit zusammen über 8 Meter Kohlen enthält. Die Production von Gloucestershire betrug in 1876 1.27 Mill. Tonnen.

In den beiden grössten Becken der Gruppe, in Süd-Wales und in Monmouthshire, wurden gefördert:

Im Jahre 1854. . . . 8.6 Mill. metr. Tonnen $= 100.0$ %
„ „ 1864. . . . 11.1 „ „ „ $= 129.0$ „
„ „ 1870. . . . 15.8 „ „ „ $= 183.7$ „
„ „ 1876. . . . 16.7 „ „ „ $= 194.2$ „

5. Lancashire. Der Flächeninhalt dieses Reviers ist zu nur etwa 360 Quadrat-Kilometer anzunehmen. Die Flöze sind nicht sehr mächtig, ausnahmsweise in der Nähe von Manchester bis zu 16 Flöze mit einer Gesammtmächtigkeit von 20.5 Meter Kohle. In Folge einer wenig regelmässigen Lagerung hat auch der Betrieb mit manchen Schwierigkeiten zu kämpfen. Reichlich wird dies aber durch die meist gute Qualität der Kohle — auch die bekannte Cannelkohle gehört dem Revier an — ausgeglichen. Dazu kommt nun noch, dass neben einer namhaft entwickelten Eisenindustrie die grosse englische Baumwollspinnerei und Weberei hier ihren wichtigsten Concentrationspunkt besitzt. Man braucht nur die Hauptplätze Manchester, Liverpool, Bolton, Rochdale, Oldham zu nennen, um sofort zur Erkenntniss zu bringen, dass allein der Bedarf der riesig entwickelten Industrie eine sehr starke Nachfrage nach fossilen Brennstoffen unterhalten muss. Ebenso bekannt ist, welche Stellung der Hafenplatz Liverpool im englischen Kohlenhandel einnimmt. Producirt wurden:

Im Jahre 1854 . . . 9.2 Mill. metr. Tonnen $= 100.0$ %
„ „ 1870 . . . 14.0 „ „ „ $= 152.3$ „
„ „ 1876 . . . 17.6 „ „ „ $= 191.3$ „

6. Staffordshire, Worcestershire, Cheshire. In der Regel werden Nord-Staffordshire und Cheshire, andererseits Süd-Staffordshire und Worcestershire zusammengenannt und entspricht dies den Absatzverhältnissen, bis zu einem gewissen Grade auch der geologischen Lagerung der Kohlengebirge. Der nördliche Theil dieser Gruppe ist recht reich an Flözen, die an manchen Stellen mit einer Gesammtmächtigkeit von 30—42 Meter Kohle auftreten. Ueber diesen Flözen liegt nicht selten der bekannte Blackband-Eisenstein, darüber wiederum die grossen Thonlager, auf welche die Steingut- und Thonwaarenindustrie Englands gegründet ist. In Cheshire finden sich die grossen englischen Salzlager, das Fundament der riesig entwickelten chemischen Industrie Grossbritanniens.

In Süd-Staffordshire und Worcestershire ist die Zahl der Flöze nicht so gross, wie im nördlichen Bezirk, doch ist die Mächtigkeit einzelner Flöze um so bedeutender, bis zu der ausserordentlichen Stärke von 8—11 Meter ansteigend. Die Kohlen liegen theilweise nicht so tief, wie in den meisten andern Revieren, die Anlagen sind deshalb nicht so kostspielig wie im Norden, und die Oberfläche ist mit einer grossen Anzahl von Schächten und Schornsteinen der Kohlenzechen bedeckt. Freilich will man auch behaupten, dass der Betrieb hier weniger rationell und nicht so sparsam wie im Norden geführt werde.

Auch dieser Bezirk findet in der inmitten desselben liegenden Eisenindustrie, in den Hohöfen, Eisengiessereien, Schmieden, Hammerwerken und den sonstigen industriellen Anlagen direct guten Absatz. Für den Versand der Kohlen nach der Ferne sorgen auch in diesem durch die vielen Werke in Kohlenstaub gehüllten „Schwarzen Lande" zahlreiche Bahn- und Canalverbindungen. Die Förderung betrug:

Im Jahre 1854 . . . . . . 8.4 Mill. metr. Tonnen $= 100.0$ %
„ „ 1870 . . . . . . 14.4 „ „ „ $= 171.4$ „
„ „ 1876 . . . . . . 14.9 „ „ „ $= 177.4$ „

7. Nottinghamshire, Leicestershire, Warwickshire gehören geographisch den Kohlenbecken des mittleren Englands an, sind auch in geologischer Hinsicht von den Revieren von Yorkshire und Derbyshire nicht sehr verschieden. Im Jahre 1860 fanden sich in Nottinghamshire 21, in Leicestershire 14, in Warwickshire 17 Kohlengruben, im Jahre 1869 für dieselbe Reihenfolge 26, 10, 16, zusammen 52 Kohlengruben.

Gefördert wurden:

Im Jahre 1854	1.2 Mill. metr. Tonnen	= 100.0 %
„ „ 1869	2.9 „ „	„ = 241.6 „
„ „ 1876	5.4 „ „	„ = 450.0 „

8. Cumberland und Westmoreland. Im nordwestlichen Theile von England gelegen, repräsentirt dieses Gebiet, das sich über 3 Kilometer bis unter den Meeresgrund (St. Georgs-Canal zwischen England und Irland) erstreckt, ein circa 48 Kilometer langes und 9 Kilometer breites Kohlenfeld. Hinter den benachbarten Bezirken von Durham und Northumberland steht es in der Mächtigkeit seiner Flöze, auch in der Qualität seiner Kohlen zurück. Letztere eignen sich unter Anderm weniger gut zur Vercokung, wesshalb die in Cumberland mit vorzüglichen Erzen ausgestattete Eisenindustrie veranlasst ist, für den Bessemerprocess und die Stahlproduction bestimmte Kohlen aus dem Durham-Revier zu beziehen. Whitehaven ist der Verschiffungsplatz des Reviers.

Producirt wurden:

Im Jahre 1854	0.9 Mill. metr. Tonnen	= 100.0 %
„ „ 1870	1.4 „ „	„ = 155.5 „
„ „ 1876	1.4 „ „	„ = 155.5 „

Die übrigen Reviere S h r o p s h i r e, S o m e r s e t s h i r e, schliesslich I r l a n d sind in ihrer Production noch geringer und kommen mit ihrem Absatz über den localen Verkehr nur wenig hinaus, wenigstens nicht in dem Masse wie die vorerwähnten Bezirke. In Shropshire wurden 1873 grössere Lager von Hämatit-Erzen entdeckt, welche den hier vorhandenen, allerdings schon stark abgebauten Kohlenlagern erhöhte Wichtigkeit verliehen haben.

Braunkohlen und Torf.

Gegenüber dem grösseren Heizwerth und dem massenhaften Vorkommen der Steinkohle sind die vorhandenen B r a u n k o h l e n- und T o r f l a g e r stark vernachlässigt worden, was unter den obwaltenden Umständen auch wirthschaftlich richtig gewesen sein mag. Bis auf ganz vereinzelte Vorkommen sind die englischen Braunkohlen meist auch von untergeordneter Qualität und lassen z. B. mit den ausgezeichneten Sorten des durch den Braunkohlenbergbau berühmten Beckens im nordwestlichen Böhmen auch nicht entfernt einen Vergleich zu.

Am bekanntesten ist das seit etwa 100 Jahren benutzte Braunkohlenbecken von Bovey (Devonshire), mit 10 Flözen von in Summa etwa 30 Meter Kohlenmächtigkeit. Lignite finden sich sodann bei Bothfield, Heathfield, Downholme, Hudswell in der Grafschaft Sussex, in Irland bei Lough Neagh (3 Flöze mit 10 Meter Gesammtmächtigkeit), Ballintoy (7 Meter), Ball macadam, in Schottland an der Mündung des Broraflusses, auf den Inseln Skye und Wight u. a. O.

Ausgedehnte Torflager finden sich im schottischen Hochland, vorzugsweise aber in Irland, wo die Unterscheidung, ob man Torf oder Braunkohlen vor sich hat, oft sehr schwierig ist. Dies sind die Sorten, auf welche sich meist die bekannte Verwerthung des Torfs oder der erdigen torfartigen Braunkohle zu den Destillationsproducten des Paraffins und Stearins, des Photogens und Solaröls gründet.

Gesammtproduction Grossbritanniens an Steinkohlen.

Ueber die Productionen der Steinkohlen weichen die älteren Angaben insofern von einander ab, als manche statistische Aufstellungen diejenigen Kohlenquantitäten, welche von den Werken selbst für ihre Förder- und Wasserhaltungsmaschinen, überhaupt für den Betrieb verbraucht worden sind, nicht berücksichtigen und nur das zum Verkauf gebrachte Kohlenquantum berechnen, während andere Aufstellungen die gesammte Förderung angeben. In der folgenden Tabelle ist, so weit dies für die früheren Jahrgänge zu ermitteln war, die gesammte Kohlenförderung (einschliesslich des eigenen Verbrauchs der Werke) berechnet worden. Die Production betrug:

im Jahre	metr. Tonnen	Werth $\mathcal{M}$	im Jahre	metr. Tonnen	Werth $\mathcal{M}$
1840 ..	34,572.000	.	1865 ..	99,662.106	501,057.792
1850 ..	45,328.000	.	1866 ..	103,069.804	518,823.907
1854 ..	65,695.984	306,308.168	1867 ..	105,982.862	533,475.461
1855 ..	65,297.794	329,235.744	1868 ..	104,600.626	526,535.601
1856 ..	67,533.050	340,274.796	1869 ..	109,231.448	548,417.673
1857 ..	66,279.267	333,839.433	1870 ..	110,784.572	563,751.235
1858 ..	65,887.173	331,867.882	1871 ..	119,247.714	718,898.515
1859 ..	72,966.100	366,536.958	1872 ..	125,473.273	945,673.540
1860 ..	85,387.381	408,617.963	1873 ..	129,049.015	972,630.738
1861 ..	86,829.031	426,957.696	1874 ..	127,043.949	936,240.541
1862 ..	84,796.905	416,761.990	1875 ..	133,976.778	942,658.384
1863 ..	89,523.213	440,520.660	1876 ..	135,611.788	953,015.041
1864 ..	94,394.501	473,701.118			

Für die Jahre vor 1840 liegen vielfache Angaben sowohl über die Production einzelner Kohlenreviere wie über den Absatz vor und reichen derartige Zusammenstellungen, beispielsweise über die Zufuhr von Kohlen nach London, über die Verschiffung aus bestimmten Häfen, die Förderung einzelner Werke u. s. w. bis fast zu dem Jahr 1700 zurück. Man hat danach die Höhe der Production auch für frühere Jahre, als in der vorliegenden Tabelle angegeben, abzuschätzen versucht, doch sind alle diese Ziffern von mehr oder weniger zweifelhaftem Werth. Sobald es sich um Erhebungen handelt, welche von mehreren Tausend Werken über Gewichtsobjecte von über Hundert Millionen Tonnen und über Werthe von vielen Millionen Pfund Sterling einzuholen sind, bleiben grössere oder kleinere Fehler unvermeidlich, und deshalb sind auch die für die letzten Jahre gegebenen Gewichts- und Werthziffern, so sorgfältig sie gesammelt sein mögen, nicht absolut, sondern nur annähernd richtig. Je weiter man indessen zurückgeht, um so mehr bleibt man dann der Vermuthung oder einer sehr unsicheren Wahrscheinlichkeitsberechnung überlassen. Auch die für die Jahre 1840 und 1850 notirte Production ist, obgleich die etwaigen Fehler nicht gross sein können, noch mit Vorsicht aufzunehmen. Zuverlässiger ist die englische Kohlenstatistik erst vom Jahre 1854 ab.

Für die Zunahme der Production ergeben sich nach vorstehender Tabelle folgende Procentualziffern:

Die Production ist gestiegen (Anfangsziffern jeder Periode = $100^0/_0$)

	dem Gewicht nach	dem Werth nach
von 1854—1860	129.8 $^0/_0$	134.1 $^0/_0$
„ 1854—1870	168.6 „	184.0 „
„ 1854—1876	206.4 „	311.1 „
„ 1860—1870	129.6 „	138.0 „
„ 1860—1876	159.1 „	233.2 „
„ 1870—1876	122.5 „	169.1 „

Seit dem Jahre 1840 hat sich die englische Kohlenproduction ungefähr vervierfacht, seit 1857 verdoppelt. Von dem ungeheuren Quantum von über 130 Millionen Tonnen wird man sich kaum eine richtige Vorstellung machen können. Eine einzige Jahresförderung würde ausreichen, um das ganze Königreich England einschliesslich Wales längs der ganzen Seeküste im Süden, Osten und Westen, im Norden längs der schottischen Grenze mit einer Mauer von 4 Meter Höhe und 1 Meter Breite zu umgeben. Wollte man daraus eine Säule bauen, welche 50 Meter im Durchmesser besässe, sie würde so hoch ausfallen, dass sie in unseren Breiten mit ewigem Schnee bedeckt wäre.

Qualität der Kohle.

Wie bereits erwähnt, ist die Qualität der englischen Kohle sowohl nach den Revieren, wie nach den einzelnen Schächten sehr verschieden. Es fehlt durchaus nicht an geringen Sorten von nur mässigem Brennwerthe, an erdigen oder steinigen Kohlen, an Qualitäten, welche leicht zerfallen, der Verwitterung schnell unterliegen, und was derartige Untugenden einer weniger guten oder schlechten Kohle mehr sein mögen. Im Allgemeinen überwiegen aber doch die besseren Sorten erheblich und alle die wechselnden Ansprüche, welche an die Kohlen je nach deren Verwerthung überhaupt nur gemacht werden können, werden durch die englischen „schwarzen Diamanten" im höchsten Masse befriedigt. Wir geben nachstehend die Analysen von 16 Kohlensorten besserer Qualität:

Chemische Analysen.

Englische Kohle	In 100 Gewichtstheilen getrockneter Substanz						In 100 Gewichtstheilen aschenfreier Substanz				Verhältniss		Analytiker
	Kohlenstoff	Wasserstoff	Sauerstoff	Stickstoff	Schwefel	Asche	Kohlenstoff	Wasserstoff	Sauerstoff	Stickstoff	des disponiblen	des nicht-disponiblen Wasserstoffs zum Kohlenstoffe 100	
1. Stückkohle von Westhartley (Norden) . . .	84.33	5.10	5.03	1.73	0.18	3.13	87.14	5.90	5.23	1.13	58.03	9.36	Grundmann
2. Beste Kohle von Newcastle (Norden) . . .	84.31	5.00	7.34	1.43	0.13	1.73	85.93	5.10	7.38	1.51	47.39	12.94	„
3. Cannelkohle von Newcastle (Norden) . . .	86.17	5.91	3.71	1.14	0.01	3.11	88.99	6.00	3.83	1.13	60.36	7.03	„
4. Seaton-Dampf-kessel-Kohle (Norden) . . .	78.43	4.43	14.31	.	0.55	2.99	80.54	4.76	14.10	.	36.17	22.94	Dick
5. Low-Main-Flöz-kohle (Norden)	78.43	6.00	10.07	2.31	1.51	1.36	81.01	6.17	10.39	2.44	56.41	19.75	Taylor
6. Nusskohle von Sunderland (Norden) . . .	74.94	5.13	5.13	1.33	0.17	12.44	86.59	5.98	5.91	1.44	58.31	10.77	Grundmann
7. Schmiede-Kohle (Norden) . .	82.73	5.34	6.33	1.43	0.34	3.33	80.36	5.47	6.41	1.37	51.34	11.03	„
8. Nusskohle von Hartlepool (Norden) . . .	74.73	4.90	10.73	1.44	0.73	7.76	81.49	5.36	11.76	1.31	45.77	19.93	„
9. Maschinenkokle von Grimsby (Süd-Wales) .	82.34	5.73	7.41	1.74	0.17	3.09	85.03	5.93	7.44	1.30	56.40	13.14	„
10. Eliveinkohle (Süd-Wales) .	82.34	5.34	8.33	1.43	0.13	1.46	84.43	5.49	8.40	1.70	49.99	14.93	Noad
11. Kohle von Dowlais (S.-Wales)	89.33	4.43	3.33	1.34	0.53	1.90	90.93	4.11	3.90	1.34	43.33	6.37	Riley
12. Kohle von Wolverhampton (Staffordshire) .	78.51	5.39	12.90	1.94	0.39	1.03	79.90	5.34	13.03	.	46.13	20.53	Vaux
13. Wigan Cannelkohle (Lancashire)	84.07	5.71	7.93	.	.	2.40	85.91	5.43	8.34	.	52.91	15.94	Regnault
14. Kohle von Ayrshire (Schottland) .	76.09	3.31	13.33	2.09	1.33	1.96	78.39	5.49	13.77	2.13	44.33	25.93	Rowney
15. Splintkohle aus den Elgingruben (Schottland)	80.43	6.16	10.41	1.77	0.94	1.43	82.50	6.39	10.43	1.34	45.34	18.13	„
16. Bogheadkohle .	61.04	9.33	4.40	0.11	0.73	24.13	80.90	12.43	5.43	1.03	44.03	10.73	Matter

In keinem Lande ist wohl auch die Technik der Kohlenverwerthung so ausgebildet wie hier. Jeder Grubenbesitzer hat entweder aus eigenem Studium oder durch seine Abnehmer die genaueste Kenntniss darüber erlangt, ob seine Kohlen sich besser zum Hausbrand oder zur Kesselfeuerung, zur Gasbereitung oder für den Hohofenbetrieb eignen, ob sie für die Heizung auf Dampfschiffen passen und ob ihre Structur und Festigkeit den Export gestatten. Jede Industriebranche, jede specielle Heizungsmethode stellt an die Kohlen andere Ansprüche: der englische Kohlenbergbau kann sie sämmtlich befriedigen, denn unter den vielen Tausend verschiedenen Sorten und Qualitäten haben sich stets auch solche mitbefunden, welche den weitgehendsten, wenn nur sonst noch gerechtfertigten Anforderungen entsprechen.

Interessant sind die Versuche*, welche die kaiserl. deutsche Admiralität im Jahre 1876 über den Heizwerth und die Brauchbarkeit englischer, besonders für Dampfschiffsheizung geeigneter Kohlen im Vergleich mit westfälischen Kohlen auf der Marinestation zu Wilhelmshafen angestellt hat. Es handelte sich hierbei nicht um die Frage, ob die englischen Kohlen überhaupt für die deutsche Marine brauchbar seien — dies wurde von vornherein bejaht, nachdem die deutschen Kriegsschiffe bisher ausschliesslich englische Kohlen verbraucht hatten, — sondern um die Untersuchung, ob die besten deutschen Kohlen den englischen gleichkommen würden. Diese Probeversuche sind nicht etwa in einem Laboratorium mit kleinen ausgewählten Musterstücken, sondern auf grossem practischen Fusse vermittels eines Schiffsdampfkessels und unter genau den gleichen Verhältnissen bei jeder Kohlensorte angestellt worden: sie sind daher im strengsten Sinne des Wortes als vergleichende zu betrachten. Von den englischen wie von den westfälischen Kohlen wurden die für den genannten Zweck bestbekannten Kohlensorten ausgewählt. Wir geben in der folgenden Tabelle nur die Hauptresultate.

Bezeichnung der Kohlen	Gewicht eines Cubm. zerschlagener Kohlen	Erhaltene unverbrannte Rückstände. Asche, Schlacke	Relative Cohäsion	Heizkraft Stündlich sind per Quadr.-Meter Rostfläche Kohlen verbrannt		pr. Kg. Kohlen ist Wasser von 0° verdampft	Zeitdauer des Rauches
					Wasser von 0° verdampft		
	Kg.	°/₀	°/₀	Kg.	Kg.	Kg.	Minuten
Englische 1)	720.1	10.048	51.60	81.47	705.82	8.655	5—5¹/₂
2)	746.3	10.012	48.08	89.11	755.76	8.452	5—6¹/₂
Süd-Wales 1)	729.7	7.213	46.26	110.43	922.14	8.350	5 6
2)	741.8	10.129	49.76	104.57	833.8	7.973	5—7
3)	837.3	7.219	46.90	103.03	831.5	8.072	5—7
4)	744.66	5.604	48.80	109.6	921.9	8.412	5—6
Westfälische 1)	—	3.910	—	92.4	808.1	8.748	3—4
2)	724.0	3.250	35.90	79.6	684.1	8.595	1¹/₂
3)	745.8	7.340	40.56	93.95	798.7	8.502	3—4
4)	720.2	7.162	47.56	91.70	687.5	8.432	1—2
5)	752.5	5.107	—	79.87	674.7	8.498	2
6)	737.92	6.160	33.52	88.4	751.5	8.500	4—5
7)	716.48	6.38	34.66	88.0	741.6	8.420	4—5
8)	762.5	8.692	42.88	92.38	793.9	8.156	4—5

---

*) Diese Versuche sind, insofern sie andere als englische und westfälische Kohlen betreffen, nicht von entscheidender Autorität in ihren Resultaten. Was oben von der westfälischen Kohle gesagt ist, hat sich längst practisch bewährt.

Man ersieht aus diesem Auszug, dass bezüglich Heizkraft, Aschengehaltes, verbrannten Quantums und Zeitdauer des Rauches die westfälische Kohle diejenige Englands in Qualität übertrifft. Bezüglich der relativen Cohäsion steht in den hier gegebenen Beispielen die westfälische Kohle der englischen dagegen nach (nicht aber die oberschlesische, welche nach denselben Versuchen beide an Cohäsion übertrifft).

Arbeiterverhältnisse.

Im Jahre 1872 waren in Grossbritannien bei der Kohlenförderung direct 413.344, im Jahre 1875 422.000 Arbeitskräfte beschäftigt. Indirect werden indessen durch die Kohlenindustrie die Arbeiter der in England besonders ausgedehnten Transportgewerbe, Eisenbahnen und Schifffahrt, letztere sowohl in der Binnen- wie in der Seeschiffahrt, eine grosse Anzahl von Fuhrleuten, sodann Maschinenbauer, Schmiede, Schiffsbauer u. s. w. in Anspruch genommen, sodass die Ziffer der überhaupt betheiligten Arbeitskräfte sehr erheblich zu erhöhen sein wird.

Der englische Arbeiter ist im Allgemeinen von kräftiger Constitution. Seine Ernährung, bei welcher Fleischkost und der Genuss anderer proteïnhaltiger Stoffe vorwiegen, gibt ihm unter normalen Lohnverhältnissen vollen Ersatz der aufgebrauchten Kraft und durch seine physische Arbeitsleistung übertrifft er — immer im grossen Durchschnitt — fast alle anderen Arbeiter des europäischen Continents, vielleicht auch die der andern Erdtheile. Obgleich sehr oft ohne Schulunterricht aufgewachsen, also mit theoretischem Wissen nur wenig ausgestattet, ist er doch intelligent genug, um sich in und mit der übertragenen Arbeit bald zurechtzufinden; vor allen Dingen ist ihm der practische Blick, die rasche Erkenntniss, wie eine bestimmte Arbeit genau nach Auftrag, aber auf die leichteste und beste Weise auszuführen sei, in hohem Grade eigen. Die grossartige Concentration der englischen Industriebranchen, die in andern Ländern in gleicher Weise noch lange nicht ausgebildet ist, hat ferner dazu geführt, dass jedes industrielle Etablissement, jedes Hütten- oder Bergwerk seinen festen Arbeiterstamm besitzt, der wenigstens bis vor kurzer Zeit den vom Vater und Grossvater übernommenen Arbeitsplatz ohne dringende Veranlassung nicht wechselte, und wo auch die neu herangewachsene Generation, sobald sie nur irgend leistungsfähig geworden war, in Arbeit trat. Der englische Arbeiter mag insofern einseitig sein, als er nur für eine ganz bestimmte Leistungsfähigkeit eindressirt und zugeschnitten ist, beziehungsweise sich selbst dazu herausgebildet hat; an seinen richtigen Platz gestellt, leistet er aber in seinem Fach mehr, als ein Arbeiter jeder andern Nation. Unter solchen Umständen ist es nur zu erklärlich, warum die englische Grossindustrie mit so vorzüglichen Arbeitskräften ausgestattet und unter der Gunst anderweitig bevorzugter Productionsbedingungen einen Aufschwung nehmen konnte, mit dem andere Völker gleichen Schritt bis jetzt nicht zu halten vermochten. Dem Kohlenbergbau sind diese Vortheile gleichfalls in hervorragender Weise zu Statten gekommen.

Seit einigen Jahren ist indessen auch in den englischen Arbeiterverhältnissen ein Umschwung eingetreten, welcher zu ernsten Bedenken Veranlassung gibt. Die ersten Anfänge machten sich schon seit etwa 1850 bemerkbar. Seit dem Ende des deutsch-französischen Krieges im Jahre 1871 haben sie sich erheblich verschärft. In der Hoffnung auf eine lange Friedenszeit nahmen Handel und Verkehr in allen Ländern — selbst sogar in Nord-Amerika, das damals den Ausbau seines Eisenbahnnetzes nahezu überstürzte, — einen in gleicher Weise kaum je zuvor beobachteten Aufschwung. Sämmtliche Preise stiegen, vor allen Dingen die des Eisens, das damals massenhaft begehrt wurde. Die verstärkte Production vermehrte die Nachfrage nach Kohlen und steigerte deren Preise in geradezu rapider Weise. Jetzt hielten auch die Kohlenarbeiter, durch ein gleiches Vorgehen der Eisenarbeiter ermuthigt, die Zeit für gekommen, ihre seit Jahren schon vorgebrachte Forderung höherer Löhne durchzusetzen. Niemand wird den Arbeitern verdenken, dass sie ihre öconomische Lage zu verbessern suchten, so lange ihre Ansprüche nicht unbillig waren. Man darf nicht ausser Acht lassen, dass die Arbeit in den englischen Kohlengruben schwierig und gefährlich ist, schwieriger und gefährlicher als in den meisten Kohlengruben in Deutschland, Oesterreich und Frankreich, selbst auch in Belgien. Die Zahl der tödtlichen Unfälle in den englischen Gruben beläuft sich jährlich auf 1050 bis 1100, in besonders unglücklichen Jahren noch weit höher. Auf je 120.000 Tonnen Förderung fällt durchschnittlich ein Menschenleben zum Opfer. Die grosse Tiefe der Gruben vermehrt die Gefahren, denen der Kohlenarbeiter ausgesetzt ist; die oft geringe Mächtigkeit der Flöze, die nicht selten eine Bearbeitung in liegender Stellung erfordert, bringt für den Arbeiter manche Beschwerden, die durch die hohe Temperatur keineswegs gemildert werden. In Bezug auf Ventilation und die sonstigen technischen Einrichtungen lassen manche Gruben — besonders die der kleineren Besitzer — Vieles zu wünschen übrig, da selbst der englische Ingenieur oft ohne ausreichende technische Vorkenntnisse von der Pike auf gedient hat und im grossen Durchschnitte die wissenschaftliche Leitung, welche unter Anderm bei den Kohlenwerken in Deutschland, Oesterreich, auch in Frankreich fast niemals fehlt, in England noch zu wünschen übrig lässt.

Bis etwa zum Jahre 1870 waren die Lohnsätze der Kohlenarbeiter noch mässig zu nennen. In den Jahren 1865—68 verdiente in den Revieren Durham und Northumberland ein gewöhlicher Grubenarbeiter bei zwölfstündiger Arbeitszeit 3³/₄, 4—4¹/₄ sh. (3.83, 4.08—4.67 ℳ.) pro Tag, ein Häuer bei zehnstündiger Arbeitszeit 4¹/₂, 5—5¹/₂ sh. (4.59, 5.11—5.61 ℳ.). In Wales stellten sich die Löhne um circa 12—15¹/₀, in Schottland um 10—12⁰/₀ niedriger. Das sind allerdings Lohnsätze, wie sie den Kohlenarbeitern in andern Ländern nicht gezahlt wurden, und doch haben wir sie mässig zu nennen, einerseits weil die Leistung des englischen Arbeiters erheblich grösser, andererseits weil der Lebensunterhalt in England theurer, mit anderen Worten weil der Werth des Geldes geringer ist.

Als die Eisenarbeiter im Jahre 1871 die Erhöhung ihrer Löhne durchgesetzt hatten, verlangten auch die Kohlenbergleute eine entsprechende Aufbesserung. Allein dabei blieben sie nicht stehen, selbst dann nicht, als die Werkleute bei nur vier Arbeitstagen bis zu 2 £ (40.84 ℳ.) die Woche und darüber, also pro Arbeitstag 10 sh. (10.21 ℳ.) erhielten. So oft als möglich griffen sie zu der in England nur zu bekannten Waffe der Arbeitseinstellung, zu den Strikes, und gerade in den Jahren 1872—1874, in denen die Löhne am höchsten standen, sind die Kohlenbergleute so unzufrieden und anspruchsvoll gewesen, wie nie zuvor. Zu erinnern ist beispielsweise an den grossen Strike in Süd-Wales, wo von 65.000 Arbeitern der dortigen Kohlen- und Eisenwerke circa 60.000 vom 1. Dezember 1872 bis Mitte Februar 1873 die Arbeit einstellten und allein 118 Kohlenwerke zum Stillstand gezwungen waren. Der Ausfall in der Kohlenförderung während dieser Zeit ist zu 1,170.000 Tonnen, der Gesammtverlust der Kohlenzechen, der Eisenwerke und der Arbeiter zu rund 2,000.000 £ (40,840.000 ℳ.) berechnet worden. An Arbeitslöhnen betrug der Ausfall allein 800.000 £ (16,336.000 ℳ.).

Bekanntlich fand der Aufschwung der Industrie schon vom Jahre 1873 ab ein jähes Ende und in dem Masse, als sich der Absatz mehr und mehr verschlechterte, mussten auch die Kohlenpreise der allgemeinen Strömung folgen. Von 1875, noch mehr 1876 ab trat, wie noch nachgewiesen werden wird, der Rückschlag auch für die Kohlenbranche ein, und Anfang 1878 befindet sich dieselbe nicht blos in Grossbritannien, sondern in allen Industriestaaten in überaus ungünstiger Situation, um nicht zu sagen: in sehr schwer bedrohter Lage. Schritt für Schritt haben auch die englischen Kohlenarbeiter ihre Lohnansprüche ermässigen müssen, und heute trifft man in den sämmtlichen Revieren nahezu wieder auf dieselben Lohnsätze, die bis zum Jahre 1870 gezahlt wurden. Entrichtet wurden im Sommer 1877 auf den Werken von Durham und Northumberland pro Tag dem Grubenarbeiter $4^1/_4$, $4^3/_4$—$4^7/_8$ sh. (4.34 —4.85—5.23 $\mathcal{M}$), dem Häuer 5, $5^1/_4$—6 sh. (5.10, 5.36—6.13 $\mathcal{M}$), je nach der persönlichen Leistung; in Wales stellten sich die Löhne zu 4—$4^1/_2$ sh. (4.08 —4.67 $\mathcal{M}$) für Werkarbeiter, zu 5—$5^1/_4$ sh. (5.10—5.36 $\mathcal{M}$) für Häuer. Seitdem sind die Arbeitslöhne noch weiter gesunken.

Trotzdem ist aber der frühere Zustand noch nicht wieder hergestellt, vielmehr ist der Verkehr mit den Arbeitern sehr schwierig geworden und die zunehmende Entfremdung zwischen Arbeitgeber und Arbeitnehmer und die daraus entspringende Unsicherheit der Productionsverhältnisse wirken vielleicht noch weit nachtheiliger ein, als die Erhöhung der Lohnsätze. Sehr bedenklich bleibt, dass die Leistungen geringer geworden sind, dass die Arbeiter sich, so weit nur irgend möglich, der Arbeit entziehen, die Accordarbeit verweigern, die Arbeitszeit vermindern, kurz für möglichst hohen Lohn möglichst wenig leisten wollen. Wenn irgend eine Zeit zur Erhöhung der Lohnsätze ungeeignet und die Durchführung eines Strikes unzweckmässig und ungerechtfertigt erscheinen konnte, so war es die überaus trübe Geschäftsperiode im Laufe des Jahres 1877. Trotzdem kamen in diesem Jahre in Grossbritannien allein 191 planmässig vorbereitete grössere Arbeitseinstellungen vor, darunter 21 in der Kohlenindustrie. Unter Andern strikten die Kohlenarbeiter von Soundersfort in Südwales 7 Monate lang zur Erreichung höherer Löhne und mussten sich endlich doch zur Annahme der früher gewährten Lohnsätze verstehen. Ebenso erging es den Kohlenbergleuten in Fife und Clockmannan, welche 9 Monate, denen von Dodsworth, welche 7 Monate, und von Dronfield, welche sogar $7^1/_2$ Monate strikten.

Bis zum Jahre 1823 bestand für Steinkohlen ein Ausfuhrzoll von 7 sh. 2 d. (7.32 $\mathcal{M}$) pro englische Tonne (1016 Kg.); von 1825—31 wurde derselbe auf 4 sh. (4.08 $\mathcal{M}$) ermässigt, von 1831—42 auf 5% des Werthes festgesetzt, von 1842 ab wiederum zu 4 sh. (4.08 $\mathcal{M}$) per Tonne für fremde, zu 2 sh. (2.04 $\mathcal{M}$) für englische Schiffe abgeändert, bis endlich 1845 die Aufhebung dieses lästigen und vollständig ungerechtfertigten Zolles erfolgte.

Wir schicken diese Bemerkungen den Angaben der Kohlenpreise voraus, da ein so hoch normirter Ausfuhrzoll bis zum Jahre 1845 auf die Preise der Kohlen nicht ohne Einfluss geblieben sein wird.

Für die beste Newcastle-Wallsend-Kohle, die für den Hausbrand am meisten gesucht wird, wurden in London einschliesslich Steuer, Ueberladen und Zufuhr (zusammen 5—$7^1/_4$ sh. [5.10—7.41 $\mathcal{M}$] pro engl. Tonne (1016 Kg.) gezahlt:

Im Jahre	1805	45.7 $\mathcal{M}$		im Jahre	1868	16.2 $\mathcal{M}$
„ „	1810	52.8 „		„ „	1869	17.8 „
„ „	1820	43.7 „		„ „	1870	17.7 „
„ „	1830	37.1 „		„ „	1871	19.6 „
„ „	1840	24.0 „		„ „	1872	25.4 „
„ „	1850	17.4 „		„ „	1873	46.6 „
„ „	1860	20.5 „		Ende	1874	31.2 „
„ „	1865	20.6 „		„	1875	25.9 „
„ „	1866	18.1 „		„	1876	20.1 „
„ „	1867	18.6 „		„	1877	19.9 „

Der höchste Preis für Wallsend-Kohlen wurde in London am 12. Februar 1873 mit 52 sh. (53.09 $\mathcal{M}$) bezahlt. Ende 1873 waren sie bereits auf $38^1/_2$ sh. (39.31 $\mathcal{M}$) zurückgegangen.

Die andern Kohlensorten zeigen einen ähnlichen Verlauf der Preisbewegung, wenn auch je nach Qualität und Begehr mit andern Anfangs- und Endziffern. Für alle ohne Ausnahme machte sich die Erscheinung geltend, dass, während in den Jahren von 1865 bis etwa Mitte 1871 für die Fluctuationen des Kohlenmarkts erheblich grosse Differenzen nicht vorhanden waren, von 1871 ab eine sprungweise Steigerung der Preise bis auf das Doppelte (von 100 auf 200—250), für manche Sorten noch höher, in dem Zeitraum von 1—1½ Jahren eintrat.

In Süd-Wales stiegen Maschinenkohle vom Juni 1871 bis März 1873 um 112 Procent, Coke um 162 Procent. Für Yorkshire gibt eine Vergleichung der Preise je am Schluss der Jahre 1871, 1872, 1873 und 1877 folgendes Resultat.

Gezahlt wurden für:

,	December 1871	December 1872	December 1873	December 1877
Beste Kohle	13.3 ℳ	24.3 ℳ	26.2 ℳ	11.4 ℳ
II. Qualität	11.7 „	23.5 „	25.5 „	10.5 „
III. Qualität	8.5 „	20.6 „	18.7 „	7.3 „

Metallurgische Kohle, die 1870 höchstens mit 12½ sh. (12.76 ℳ) bezahlt wurde, war Anfang des Jahres 1873 kaum zu 42½ sh. (43.39 ℳ) zu erhalten.

Um die Ursachen dieser ausserordentlichen Preissteigerung zu erforschen und zugleich die Mittel in Erwägung zu ziehen, die Preise auf ein richtiges Mass zurückzuführen, wurde im März 1873 eine besondere Kohlencommission niedergesetzt, welche sich in zwanzig Sitzungen ihrer Aufgabe unterzog. Als Ursachen der Preissteigerung bezeichnete die Commission hauptsächlich folgende:

1. Die Entwicklung der englischen Eisenindustrie, hervorgerufen namentlich durch die vermehrte Nachfrage in Deutschland und Amerika, sowie durch den vermehrten Bau von eisernen Schiffen.
2. Der gesteigerte Consum aller übrigen Industriezweige, namentlich der Fabriken für die Herstellung chemischer Producte und der Textilindustrie.
3. Der 13wöchentliche Strike in Süd-Wales, in Folge dessen zum ersten Male die Production hinter der Nachfrage zurückblieb.
4. Die Abkürzung der Arbeitszeit namentlich durch das Grubengesetz (Mines Regulation Act) vom Jahre 1872, welches die Arbeitszeit der jugendlichen Arbeiter auf 24 Stunden wöchentlich beschränkte.
5. Die Steigerung der Arbeitslöhne, die so weit ging, dass in einzelnen Bergbaudistricten ein Durchschnittslohn von 2 £ (40.84 ℳ) per Woche gezahlt wurde.

Der Rückschlag konnte nicht ausbleiben. Er begann bereits in der zweiten Hälfte des Jahres 1873, dauerte bis zum Schluss des Jahres 1874, auch noch in der ersten Hälfte 1875 in mässigen Progressionen, von da an aber mit stärkeren Preiserniedrigungen, derart, dass Ende 1877 die Kohlenpreise niedriger waren, als vor dem Beginn der Hausseperiode. Gegenwärtig, Anfang 1878, verkaufen die meisten englischen Kohlenwerke zu den Selbstkosten, viele noch darunter, und noch dazu können sie bei dem Darniederliegen der einheimischen Hohöfen, der Hütten- und Walzwerke und Angesichts der gestiegenen Production in solchen Ländern, wohin England seine Kohlen exportirte, ihre Förderung nur mit grösster Mühe absetzen.

Grossbritanniens Kohlenhandel.

Von dem grossen Productionsquantum von über 130 Mill. metr. Tonnen bleibt der grösste Theil in Grossbritannien und wird hier verbraucht. Zum Export gelangen nur etwa 11 % (⅑ der gesammten Production); 89 % dienen zu Zwecken der inländischen Consumtion.

Im Jahre 1872 wurden 125.4 Millionen metr. Tonnen gefördert und davon verbraucht:

Von der Eisenindustrie . . .	40.6	Mill. metr. Tonnen	—	32.40	%
„ Fabriken	27.4	„	„	„	=:	21.87	„
„ Haushaltungen	20.5	„	„	„		16.36	„
„ Gas- und Wasserwerken .	8.1	„	„	„	=:	6.46	„
„ Bergwerken	8.0	„	„	„	=:	6.38	„
„ Dampfschiffen	3.6	„	„	„		2.87	„
„ Eisenbahnen	2.2	„	„	„	:	1.76	„
„ Kupferwerken	0.9	„	„	„	=-	0.72	„
„ Verschiedenen	0.9	„	„	„	—	0.64	„
Export	13.2	„	„	„	=	10.54	„

Zusammen 125.4 Mill. metr. Tonnen = 100.00 %.

Die riesenhafte englische Eisenindustrie verbrauchte demnach fast ein Drittel oder 32.4 % der gesammten englischen Kohlenförderung, während für Hausbrand nur ein Sechstel oder 16.36 % verwendet wurden.

Die günstigsten Transportverhältnisse stehen dem englischen Kohlenhandel zur Seite und gestatten nach allen Richtungen eine auch durch die niedrigen Frachttarife sehr erleichterte Kohlenabfuhr.

Was zunächst die Eisenbahnen betrifft, so haben sich die Bahnverwaltungen ein so dankbares Object der Massenfracht, wie Kohlen sind, nirgends entgehen lassen und sind sämmtliche Kohlenreviere von Eisenbahnen mit zahlreichen Anschlussgeleisen durchzogen.

Seit dem 27. September 1825, da die erste öffentliche Eisenbahn, die „Stockton- and Darlington Railway" eröffnet wurde, hat sich das Schienennetz in Grossbritannien in nachstehender Weise entwickelt. Grossbritannien besass an Schienenwegen:

Im Jahre	1840. . .	2.141	Kilometer	im Jahre	1871. . .	24.755	Kilometer
„ „	1845. . .	3.768	„	„ „	1872. . .	25.460	„
„ „	1850. . .	10.142	„	„ „	1873. . .	25.892	„
„ „	1855. . .	13.406	„	„ „	1874. . .	26.472	„
„ „	1860. . .	16.792	„	„ „	1875. . .	26.870	„
„ „	1865. . .	21.362	„	„ „	1876. . .	27.380	„
„ „	1870. . .	24.692	„	„ „	1877. . .	27.540	„

Nächst Belgien gibt es kein Land, in dem auf den Kopf der Bevölkerung und auf jeden Quadrat-Kilometer der Oberfläche eine so bedeutende Anzahl von Eisenbahn-Kilometern entfällt, als in Grossbritannien. Diese Ausbreitung des Eisenbahnwesens hat in England auf die Verwerthung der Kohlenlager den günstigsten Einfluss ausgeübt. Auf der ganzen Insel ist kaum noch ein Platz mit nennenswerthem Verkehr vorhanden, der nicht in das Eisenbahnnetz hineingezogen wäre. Die Concurrenz zwischen den einzelnen Linien hat die Frachttarife längst auf die niedrigsten Sätze herabgedrückt, und es sind die Eisenbahnen sogar mit der Küstenschifffahrt schon seit den Jahren von 1860 ab nicht ohne Erfolg, seit 1875 siegreich, in Mitbewerbung getreten. So wurden in London eingeführt:

		zur See			pr. Eisenbahn, Canal und Achse	
Im Jahre 1863 . .	3,335.174	metr. Tonnen		1,791.932	metr. Tonnen
„ „ 1864 . .	3,116.703	„	„	2,339.723	„	„
„ „ 1876 . .	3,273.442	„	„	5,177.933	„	„
„ „ 1877 . .	3,273.442	„	„	5,421.081	„	„

Schon im Jahre 1867 berechnete man, dass die auf den Bahnen verfrachteten Kohlen eine doppelt so grosse Menge repräsentiren, als sämmtliche andere auf Eisenbahnen transportirte Güter. Die wichtigsten englischen Kohlenbahnen beförderten an Kohlen:

Im Jahre	North Eastern	Midland	London and North Western	Caledonian	Lancashire and Yorkshire	North British
	metrische Tonnen					
1870.........	9,098.979	6,637.041	6,592.012	4,097.740	3,337.328	3,969.577
1872.........	16,285.538	9,462.230	11,204.170	5,726.616	4,301.715	3,576.828
1876.........	19,737.150	10,369.960	13,659.792	6,130.680	5,287.228	4,631.139
1877.........	19,447.499	10,807.498	15,516.691	6,435.582	5,391.404	4,768.147

Im Jahre	Great Western	Great Northern	Manchester Sheffield and Lincolnshire	Glasgow and S. Western	North Staffordshire
	metrische Tonnen				
1870.........	3,742.578	2,155.486	2,129.892	1,717.244	554.868
1872.........	6,380.027	2,227.072	4,873.901	2,118.252	835.958
1876.........	10,849.160	2,738.912	.	2,260.923	1,456.767
1877.........	.	2,970.457	.	.	.

Ströme von namhafter Grösse sind in England nicht vorhanden, selbst die Themse steht in Bezug auf die Länge ihres Laufs, die Ausdehnung ihres Flussgebiets und ihren (eigenen) Wasserreichthum hinter den meisten Strömen des europäischen Continents zurück. Das Meer ersetzt indessen durch die vielen Einbuchtungen den etwaigen Ausfall reichlich, ja es macht sogar kleinere Gewässer, die sonst nur Bäche genannt werden könnten, durch die weit hinaufsteigende Fluthwelle zu schiffbaren Verkehrsadern, es wandelt flache Küstenflüsse zu den prächtigsten Seehäfen um. Und was darin etwa die Natur noch versäumte, hat die Technik mit ihren Canalbauten, ihren vorzüglich ausgedachten und eben so trefflich durchgeführten Regulirungsarbeiten, Uferbefestigungen, Ein- und Auslade-Vorrichtungen und dergl. nachgeholt. Vor etwa 40 Jahren war der Tyne bei Newcastle eine kaum für flachgehende Boote mit 2—300 Tonnen Tragfähigkeit zu benutzende Wasserstrasse. Heute hat die Technik mit weiser Benutzung der Ebbe und Fluth daraus einen Seehafen ersten Ranges und eine schiffbare Strasse geschaffen, die von Kohlenfeldern eingerahmt, dicht gedrängt mit industriellen Etablissements besetzt ist, wie überall da, wo die belebende Kraft der Kohle mit einer leistungsfähigen Verkehrsstrasse zusammentrifft, die industrielle Thätigkeit sich zu vollster Blüthe entfaltet hat.

Und endlich Englands Seeverkehr! Die englische Kohle geht heute nach fast 900 Häfen*); sie beherrscht nahezu alle Küsten und dringt in den Mündungen der Ströme aufwärts. Die Ostsee und die Nordsee betrachtet der englische Kohlenhandel trotz der erwachenden deutschen Concurrenz als seine Domaine; er versorgt Frankreichs Küsten bis tief in das Innere, dringt in das Mittelmeer bis zu dessen östlichen Grenzen, bis zur Türkei und Aegypten, vor, wendet sich aber gleichfalls nach den überseeischen Plätzen, in der einen Hauptrichtung um das Cap der guten Hoffnung oder durch den Suezkanal bis nach Ostindien und China, in der anderen Richtung Westindien, Mittel-Amerika, Brasilien und die übrigen Häfen des Atlantischen und Grossen Oceans anlaufend.

Die Interessen der Kohlenproduction und des Seehandels stehen in England in harmonischer Wechselwirkung. Kohle ist an und für sich schon ein Frachtobject von namhafter Bedeutung. Dieselbe Kohle, die in Newcastle mit 10 sh. (10.$_{21}$ $\mathscr{M}$.) pro englische Tonne bezahlt wird, kostet nach Bordeaux geliefert bereits 20—25 sh. (20.$_{42}$—25.$_{53}$ $\mathscr{M}$.), in den Häfen des Mittel-

*) Diesen ungeheuern Seeverkehr erzielt Grossbritannien aus ungefähr 100 eigenen Häfen, wobei ja nicht zu übersehen ist, dass diese, bis auf etwa 10, unmittelbar in der Nähe der Kohlenfelder liegen, so dass der See-Export gewissermassen direct von den Kohlengruben erfolgt, während in allen andern Kohlenländern dieser commercielle Vortheil fehlt.

meeres bis zu 30 sh. (30.₆₃ ℳ), in den überseeischen Plätzen 50, 60—70
sh. (51.₀₅, 61.₂₆—71.₄₇ ℳ) Je nach der Entfernung steigt ihr Marktpreis
bis auf das Sechs- und Siebenfache, und diese Preiserhöhung ist nichts Anderes, als gut bezahlte Arbeit für die Leistungen der Rhederei, welche auch
noch das Verdienst in Anspruch nehmen kann, der einheimischen Production
den Absatz erleichtert zu haben. Im Jahre 1877 sind dem Werthe nach für
8.₉ Mill. £ (181,738.000 ℳ) englische Kohlen exportirt worden. Dieser Betrag — abzüglich einer wahrscheinlich nicht hohen Summe für die Transportkosten von der Grube bis zum Schiff — wurde den Kohlenwerksbesitzern
gezahlt als Rente ihrer Anlage- und Betriebscapitalien, als Rückerstattung
der ausgelegten Arbeitslöhne und (je nach den erzielten Preisen) als Unter-
nehmergewinn. Der Seehandel verfrachtet diese Kohlen nach allen Theilen
der Erde, er erhöht den Verkaufswerth von 8.₉ Millionen £ (181,738.000 ℳ)
auf das Doppelte bis Dreifache und erreicht als Resultat dasselbe, als wenn
der Rohstoff durch die einheimische Arbeit veredelt und in seinem Werthe
erhöht worden wäre. Kohle ist allein durch die Verfrachtung nach der Ferne
ein viel werthvollerer Artikel geworden.

Dieselbe Kohle spielt indessen in den englischen Handelsbeziehungen
noch eine andere ungleich wichtigere Rolle. Sie dient nach solchen Häfen,
von denen England seine Rohstoffe bezieht, zum Austausch aber nur seine
zwar hochwerthigen, jedoch wenig in's Gewicht fallenden Fabricate versenden
könnte, als Ballast. Die Frachten stellen sich für den englischen Industriellen
deshalb so billig, weil nach fast allen Häfen der Erde, von denen der englische Fabricant irgend welche Stoffe beziehen will, Kohle zur Hinfahrt als
noch dazu werthvoller Ballast eingenommen werden kann. Die Ueberlegenheit der englischen Industrie beruht zum grossen Theil auf diesen durch den
ausgebreiteten Kohlenhandel erst ermöglichten Frachten, welche ähnlich wie
eine Exportprämie wirken, nicht minder darin, dass ihre producirten Werthe
zum grossen Theile aus umgesetzter Kohle bestehen.

Auch über die englische Handelsbilanz, welche seit Jahren ein kaum
zu erklärendes Ueberwiegen der Einfuhrwerthe über die Ausfuhr ziffermässig
nachweist, erhält man ein ganz anderes Bild, sobald man den auf englischem
Boden ermittelten Werthen der Ausfuhrobjecte die sehr beträchtlichen Preis-
erhöhungen hinzufügt, welche durch die Rhederei, also gleichfalls durch englische Arbeitsleistungen und durch englisches Capital, verdient werden.

Die Entwicklung der Seeschifffahrt erfolgt seit etwa 10—15 Jahren in
den meisten Ländern nach der Richtung hin, dass die Segelschiffe mehr und
mehr reducirt und durch Dampfschiffe ersetzt werden. Auch dieser Umstand
ist für die Kohlenproduction von Vortheil. Denn jede Vermehrung der Dampfer
ist mit einer Steigerung des Kohlenexports verbunden, und so lange die englische Kohle die Seehäfen beherrscht, wird die Versorgung der bereits in allen
Weltheilen angelegten zahlreichen Kohlenstationen vorzugsweise, wenn nicht
ausschliesslich der englischen Kohlenindustrie zufallen. Zur Zeit sind Deutschland und Nord-Amerika die einzigen Länder, welche vielleicht als Concurrenten
in Frage kommen könnten, in beiden Staaten sind aber noch andere sehr wichtige Vorbedingungen zu erfüllen, ehe man zu einer Aufgabe schreiten könnte,
die dem begünstigten England gegenüber durchaus nicht leicht genannt werden kann.

In welcher Weise übrigens die englische Handelsflotte sich in den letzten
Jahren entwickelt hat, zeigen folgende Ziffern. Grossbritannien besass:

	Segelschiffe		Dampfschiffe	
	Zahl	Tonnen	Zahl	Tonnen
Im Jahre 1860	25.663	4,204.360	2.000	454.327
„ „ 1870	23.165	6,993.153	2.426	1,651.767
„ „ 1873	20.832	5,320.089	3.061	2,624.431
„ „ 1875	20.538	5,383.763	3.002	3,015.773
„ „ 1877	17.765	5,526.930	3.133	3,283.910

Sämmtliche seefahrende Nationen in Europa und die Vereinigten Staaten von Amerika waren 1877 im Besitze von

51.912 Segelschiffen mit 14,799.139 Tonnen und
5.471 Dampfschiffen „ 5,507.699 „

Demnach besitzt England, die „Beherrscherin der Meere“, mehr als die Hälfte aller Dampfschiffe, und ein Drittel der Segelschiffe führt die Flagge dieses Landes.

Wie bereits erwähnt, führt Grossbritannien circa $\frac{1}{11}$ seiner geförderten Kohlen aus. Die Kohlenausfuhr betrug

im Jahre	1821	173.676 metr. Tonnen		im Jahre	1869	10,757.840 metr. Tonnen
„	„	1831	362.122	„	„	„	„	1870	11,688.544	„	„
„	„	1841	1,521.152	„	„	„	„	1871	12,750.672	„	„
„	„	1851	3,524.042	„	„	„	„	1872	13,199.113	„	„
„	„	1856	5,973.855	„	„	„	„	1873	12,536.582	„	„
„	„	1861	7,976.854	„	„	„	„	1874	14,150.040	„	„
„	„	1866	10,112.971	„	„	„	„	1875	14,706.637	„	„
„	„	1867	10,582.430	„	„	„	„	1876	16,559.862	„	„
„	„	1868	11,011.209	„	„	„	„	1877	16,604.569	„	„ *

Im Jahre 1861 waren die stärksten Abnehmer: Amerika mit 1,080.776 metr. Tonnen, Frankreich 1,459.139, Dänemark 551.247, Hamburg 522.758, Preussen 446.122, Italien 424,311, Spanien und Canarische Inseln 409.690, Russland 347.993, Niederlande 267.074, Schweden 217.429, Ostindien 202.254, Türkei 177.481, Norwegen 137.385, Malta 117.583 Tonnen.

Seit 1861 hat sich nicht blos das Absatzquantum (von 7.9 Mill. auf 15.5 Mill. metr. Tonnen) erheblich geändert, auch in den Absatzgebieten ist eine wesentlich andere Reihenfolge in der Grösse der exportirten Kohlenmengen eingetreten. Für 1876 und 1877 geben wir die Details der Ausfuhr von Kohlen und Coke nach den im „Economist“ veröffentlichten Nachweisen des Board of trade:

Ausfuhr	Gewicht metr. Tonnen		Werth $\mathcal{M}$	
	1876	1877	1876	1877
Nach Russland	1,206.012	1,061.084	14,263.921	11,522.761
„ Schweden und Norwegen	1,166.995	1,215.116	13,067.513	12,706.468
„ Dänemark	792.300	778.071	8,318.148	7,732.441
„ Deutschland	2,315.367	2,061.706	22,924.840	19,476.024
„ Niederlande	488.585	418.242	5,571.863	4,364.060
„ Frankreich	3,302.573	3,030.090	32,768.301	27,444.603
„ Spanien und den Canarischen Inseln	774.770	837.053	9,410.373	9,770.317
„ Italien	1,233.032	1,082.634	13,032.759	10,517.525
„ Türkei	295.102	217.643	3,316.473	2,321.141
„ Aegypten	554.062	530.525	6,613.058	5,772.938
„ Brasilien	331.777	345.524	4,438.226	4,207.031
„ Malta	307.717	282.792	3,694.141	3,142.372
„ Britisch-Indien	772.013	910.513	9,327.100	10,094.627
„ anderen Ländern	3,019.557	2,833.576	35,082.418	30,785.600
Sa. .	16,559.862	15,604.569	181,829.134	159,857.908

---

* Zu diesem Export tritt noch der von Schiffen, welche im Aussenhandel beschäftigt sind, für eigenen Bedarf (coal etc. shipped for the use of steamers engaged in the foreign trade), nämlich

1874 . . 3,140.383 Tonnen 1876 . . 3,564.524 Tonnen
1875 . . 3,278.249 „ 1877 . . 3,661.552 „

Interessant ist der Vergleich dieses Verbrauchs mit der Dampferflotte Englands.

Als „andere" speziell nicht genannte Länder sind nach der Grösse ihres Imports anzuführen: Westindien, Britisch-Nordamerika, Peru, Chile, China, Uruguay, Oesterreich (Triest und Dalmatien), die Küsten des Schwarzen Meeres, auch, wiewohl in immer geringeren Quantitäten, die Vereinigten Staaten von Nord-Amerika.

Aussichten für die Zukunft.

Die Lage der Kohlenindustrie ist gegenwärtig überall eine höchst ungünstige, und auch Grossbritannien macht darin keine Ausnahme. In Folge sehr schlechten Geschäftsganges verbraucht das Grossgewerbe, vor allen Dingen die in der Consumtion der Brennstoffe den ersten Rang einnehmende Eisenindustrie jetzt weit weniger Kohlen. Diesem Minderverbrauch steht eine bis etwa Mitte 1877 stetig gestiegene Förderung von Kohlen als Ueberproduction gegenüber, deren nachtheiliger Einfluss nicht eher zu beseitigen sein wird, bis entweder durch die Rückkehr des geschwundenen Vertrauens der Consum wieder steigt, oder bis die Kohlenwerke ihre Production in einer dem jeweiligen Bedarf entsprechenden Weise reduciren. Die Nothlage hat die Werke bereits gezwungen, den letzteren Weg zu betreten. Wie lange die sehnlichst erwartete Steigerung des Consums, veranlasst durch die Wiederkehr besserer Zustände für Industrie, Handel und Verkehr, noch auf sich warten lassen wird, liegt im Schoss der Zukunft verborgen. Sicher ist indess, dass auch diese schwere Krisis ihr Ende nehmen und die Kohlenindustrie wieder zu normalen Zuständen mit geregeltem und lohnendem Absatze gelangen wird.

Von den erlittenen und etwa noch zu erleidenden Verlusten wird sich die englische Kohlenindustrie seiner Zeit voraussichtlich rascher erholen, als die gleichfalls schwer bedrängten Kohlenwerke in den meisten anderen Ländern. Der ausserordentlich erleichterte Absatz, grosser Capitalreichthum, altbewährtes Renommé, gut eingeschulte Arbeitskräfte, sie bieten neben einer das Wohl der Industrie und des Handels stets im Auge behaltenden Regierungspolitik die sicherste Bürgschaft für die kräftige Weiterentwicklung des englischen Kohlenbergbaues.

Richtet man jedoch den Blick auf die ferne Zukunft, so lassen sich gewisse Besorgnisse nicht zurückdrängen, und sind es vorzugsweise zwei Gesichtspunkte, deren schwerwiegende Bedeutung selbst in England nicht mehr verkannt wird.

Der wichtigste ist die befürchtete Erschöpfung der englischen Kohlenlager, die, wenn auch heute noch in gewisser Ferne, dennoch die Gemüther vielfach beschäftigt und deprimirend eingewirkt hat. Schon im Jahre 1846 berechnete Greenwell, dass die grossen Kohlenlager der Bezirke Durham und Northumberland bei einer Jahresproduction, die indessen seitdem verdoppelt ist, nur noch 331 Jahre ausreichen würden. Edward Hull kam dagegen mit seinen Berechnungen des Kohlengehalts sämmtlicher englischer Kohlenbezirke im Jahre 1859 zu einem Resultat, nach welchem mit Rücksicht auf die inzwischen gestiegene Förderung die englischen Kohlenfelder in etwa 100 Jahren vollständig abgebaut sein würden. Nach andern Berechnungen nahm Jevons das Jahr 1965, Armstrong das Jahr 2072 als Endpunkt der englischen Kohlenproduction in Aussicht. Das englische Parlament erachtete begreiflicher Weise die Angelegenheit für wichtig genug, um mit der Untersuchung eine Commission zu beauftragen. Nach deren Ansicht soll der bis jetzt bekannte Kohlenvorrath bis zum Jahre 3100 ausreichen.

Mag nun die eine oder andere Ansicht die richtige sein, Thatsache ist allerdings, dass schon jetzt manche englische Kohlenbecken ihrer Erschöpfung mit raschen Schritten entgegengehen. Selbst nur angenommen, dass der Vorrath der englischen Kohlen noch für Jahrhunderte ausreiche, so wird man doch mit den Schächten, die jetzt schon bis zu 640 Meter hinabsteigen, tiefer und tiefer gehen müssen, und dann wird die Förderung noch beschwerlicher und ungleich kostspieliger werden. Drei, vier Jahrzehnte können noch vergehen, ehe dies für die englische Kohlenindustrie bedrohlich wird, in welchem Masse aber die höheren Productionskosten auf die Rentabilität und den Absatz der Kohlen einwirken werden, wird ganz davon abhängen, ob und inwieweit die ausländische Concurrenz sich gekräftigt haben wird.

Mit dieser ausländischen Concurrenz berühren wir den zweiten Gesichtspunkt. In allen Ländern, welche in der Kohlenproduction überhaupt eine Rolle spielen, hat während des letzten Jahrzehnts gleichfalls eine Steigerung der Kohlenförderung stattgefunden, in nicht wenig Fällen procentual in noch höherem Grade als in Grossbritannien. Am meisten gilt dies von Deutschland und Nord-Amerika. Während Frankreich und Oesterreich noch auf Jahre hinaus zu thun haben werden, um nur den einheimischen Bedarf an Kohlen zu decken, während Belgien mit der Versorgung der Niederlande und des Nordens von Frankreich vollauf beschäftigt ist, fängt die deutsche Kohle an, zunächst Englands Kohlenhandel aus den deutschen Küstengebieten zurückzudrängen, und nachdem ihr dies gelungen sein wird, wird es ganz von der Energie der Kohlenwerke, von dem Entgegenkommen der Transportgesellschaften und von der Unterstützung der deutschen Regierung abhängen, ob und inwieweit die deutsche Kohle die englische aus den übrigen Küstenländern der Ost- und Nordsee zurückdrängen kann.

Von da bis zur Versorgung der französischen und der Mittelmeerküsten wäre nur ein weiterer, keineswegs unmöglicher Schritt. Was für Europa von der deutschen Kohle gilt, könnte für die Häfen von Mittel- und Süd-Amerika von dem Kohlenhandel der Vereinigten Staaten erwartet werden; mindestens wird mit Rücksicht auf die in Aussicht stehenden höheren Gestehungskosten der englischen Kohlen die zu erwartende Concurrenz der Kohlen aus Deutschland und Nord-Amerika nicht zu unterschätzen sein. In England ist man sich allem Anschein nach dieser Eventualitäten jetzt schon voll bewusst.

Eisen*).

Grossbritannien producirte im Jahre 1876 an Roheisen 6,660.892 metr. Tonnen, d. i. 59 % oder mehr als die Hälfte der gesammten Roheisenproduction Europa's und circa 47 %, also etwas über die Hälfte der Eisenerzeugung der ganzen Erde. Zu Anfang des 16. Jahrhunderts war Englands Eisenproduction noch so unbedeutend, dass der damals freilich sehr geringe Bedarf vorwiegend von auswärts und zwar meist aus Deutschland und dem heutigen Belgien gedeckt wurde. Bis dahin war die deutsche Hansa Beherrscherin der Meere wenigstens in der nördlichen Hälfte von Europa; sie vermittelte Englands Ein- und Ausfuhr und besass unter Anderm in dem „Stahlhof" in London grosse Niederlagen, aus denen England mit ausländischen Fabricaten versorgt wurde — das vollständig umgekehrte Bild der heutigen Handelsbewegung.

Der Aufschwung der englischen Eisenindustrie datirt von dem Jahre 1717 ab, als man begann, Roheisen mit Steinkohlen und später mit Coke zu erblasen, und als gleichzeitig England zum Schutze seiner einheimischen Industrie gegen die ausländische Concurrenz Eisenzölle einführte. Wäre jene wichtige Erfindung nicht mit einer Aenderung der englischen Handelspolitik zusammengetroffen, es wäre sehr fraglich, ob die Eisenindustrie Grossbritanniens trotz

---

*) Literatur. Mineral Statistics of tho United Kingdom of Great-Britain and Ireland. — Publicationen des englischen Iron and Steel-Instituts. — W. v. Lindheim, Kohle und Eisen (Wien 1877). — Wedding, Handbuch der Eisenhüttenkunde. — Preussische Zeitschrift für das Berg-, Hütten- und Salinenwesen. — Publicationen des Vereins deutscher Eisen- und Stahlindustriellen. — Veröffentlichungen des englischen Handelsamtes über Ein- und Ausfuhr im „Economist".

ihrer sehr günstigen Productions- und Absatzverhältnisse zu der heutigen colossalen Bedeutung gelangt wäre. Und doch ging die Entwicklung noch im vorigen Jahrhundert, dem geringen Eisenverbrauch entsprechend, nur langsam vorwärts. Im Jahre 1740 wurden in den vereinigten Königreichen von 59 Hohöfen nur ca. 17.000 Tonnen erzeugt, ein Quantum, das heute von einem einzigen Hohofen producirt werden kann. Bis 1796 war die jährliche Roheisen-Erzeugung auf 125.000 Tonnen, die Zahl der Hohöfen inzwischen auf 130 gestiegen. Erst im Jahre 1835 wurde die Ziffer von 1 Million Tonnen erreicht, die im Jahre 1840 auf 1,399.800 metr. Tonnen mit einem Kohlenverbrauch von 4,945.366 metr. Tonnen angewachsen war. Der rasch zunehmende Verbrauch des Eisens für die in ihrer Meilenzahl ausserordentlich wachsenden Eisenbahnen, für Maschinen, für Schiffe, zu Bauzwecken aller Art, endlich die mit jedem Jahre steigende Anwendung des Eisens als Surrogat für Holz und Stein, sie waren etwa von 1840 ab die wesentlichsten Factoren für die überraschend schnelle Entwicklung einer Industrie, die in den reichen Erz- und Kohlenlagern der Heimat, in dem grossen Capitalreichthum des Landes, in vorzüglichen, seit mehr als einem Jahrhundert von Generation zu Generation besser eingeübten Arbeitskräften, in dem altbewährten Renommé ihrer Leistungen, in ausserordentlich erleichterten Transportverhältnissen, in dem riesig grossen Absatzgebiet der englischen Colonien, in der dominirenden Stellung der britischen Handelsflagge, schliesslich auch in der die materiellen Interessen stets berücksichtigenden englischen Politik Hilfsquellen besass, wie solche in gleichem Masse und in gleichem Zusammentreffen niemals einem andern Volke geboten worden sind. Obgleich die englische Industrie schon Anfang dieses Jahrhunderts so gekräftigt war, dass sie die Concurrenz mit allen andern Ländern ohne jede Gefahr aufnehmen konnte, war doch die englische Regierung vorsichtig genug, den jugendlichen Streber erst zum kräftigen Manne erwachsen zu lassen, ehe sie ihm den Zollschutz entzog. Im Jahre 1718 betrug der Zoll für Roh- und Walzeisen 2 sh. (2.04 ℳ) pro Ctr. (50.8 Kilogramm); 1782 2³/₄ sh. (2.81 ℳ); 1797 3¹/₄ sh. (3.23 ℳ); 1802 3³/₄ sh. (3.83 ℳ); 1825 sogar 6¹/₂ sh. (6.64 ℳ), und, wenn auf fremden Schiffen eingeführt 7¹/₂ sh. (7.66 ℳ). Von da ab sind die Eisenzölle stetig ermässigt worden; aber erst dann als die einheimische Eisenindustrie dem inländischen Bedarf nicht blos vollkommen genügte, sondern auch die vollste Gewissheit vorhanden war, dass von der ausländischen Concurrenz auch nicht die geringste Beeinträchtigung der englischen Eisenindustrie zu erwarten war: erst dann sind die Eisenzölle — die letzten Reste bei dem Abschlusse des englisch-französischen Handelsvertrages im Jahre 1862 — gänzlich gefallen.

Heute dictirt die englische Eisenindustrie in allen Ländern der Erde, deren Grenzen nicht durch Zölle geschützt sind, die Preise der Eisen- und Stahlartikel, und selbst da, wo das Eisen noch geschützt ist, regulirt sich der Marktpreis unter Aufrechnung des Zollzuschlags nach den englischen Notirungen. Unter dem Einfluss seiner ausserordentlich begünstigten Production und seiner vorzüglichen Transportverhältnisse hat Grossbritannien zur Zeit keinen Rivalen, der ihm nur einigermassen ebenbürtig wäre. Mit seiner Massenproduction in Kohle und Eisen hat der mächtige Inselstaat seine dominirende Stellung im Welthandel nahezu unangreifbar gemacht; ob für immer? — das ist zu bezweifeln.

Eisenerze.

Die Ueberlegenheit der englischen Eisenindustrie gründet sich in erster Linie auf den grossen Reichthum vorzüglicher Erze, die noch dazu meist direct neben oder doch in nicht grosser Ferne von den Kohlengruben und den Lagerstätten der kalkhaltigen Zuschläge gefunden werden. Der Quantität nach überwiegt in der Förderung das bekannte C l e v e l a n d - Erz in Yorkshire, sodann kommen die **Thon-** und **Kohleneisensteine** in Schottland, Staffordshire, Yorkshire, Wales und Shropshire; der **Brauneisenstein** in Devonshire, Gloucestershire, Wiltshire, Northamptonshire und Shropshire; **Rotheisenstein** in Lancashire und auf der Insel Man; **Spatheisenstein** in Northumberland, Durham und Somersetshire. Bei der Schilderung des Kohlenbergbaues sind wir meist schon denselben Namen der Grafschaften begegnet; ein besonders gütiges Geschick fügte es, dass die meisten erzführenden Districte auch die mineralischen Brennstoffe zu deren Verhüttung enthalten. Die Qualität der Erze ist, wie überall, so auch in England ausserordentlich verschieden, hier und da selbst in ein und derselben Grube wechselnd. In seinem berühmten Handbuch der Eisenhüttenkunde gibt **Wedding** eine grosse Anzahl von Analysen englischer Eisenerze, und noch reichhaltiger finden sich dieselben in dem auf Kosten der englischen Regierung veröffentlichten Werke „Die Eisenerze von Grossbritannien" zusammengestellt. Beschränken wir uns blos auf die in den Eisenerzen vorkommende Gesammtmenge des Eisens, auf das für die Qualität des Eisens ziemlich einflussreiche Mangan, sodann auf die Angabe des Gehaltes an Phosphor und Schwefel, als denjenigen Bestandtheilen, welche die Qualität des Roheisens beeinträchtigen und nur zu gern in jedem Eisenerz vermisst werden, so finden sich im grossen Durchschnitt

	Eisengehalt	Mangan-Oxydul	Phosphorsäure	Schwefeleisen
	Procent			
im Magneteisenstein .	57.00—68.90	0.14— 1.88	0.01—0.70	0.07—0.80
„ Rotheisenstein . .	47.50—66.60	0.01— 1.13	Spur—1.02	0.03—0.06
„ Brauneisenstein . .	11.98—63.04	0.00— 1.60	0.00—3.17	0.02—0.17
„ Spatheisenstein . .	13.98—49.78	1.93—12.64	Spur—0.22	0.03—0.11
„ Sphärosiderit . . .	24.80—43.40	0.90— 3.30	Spur—1.40	0.05—0.21
„ Thoneisenstein . .	17.34—49.17	0.00— 1.30	0.00—5.05	0.05—1.60

Selbstverständlich können diese summarischen Angaben über die Qualität der englischen Erze nur eine annähernd richtige Vorstellung verschaffen. Im Allgemeinen sind dieselben, wie die meist hohen Procentziffern des Eisengehaltes nachweisen, als ziemlich reiche Erze zu betrachten. Die Phosphorbeimischung, für manche Eisensorten, z. B. Giessereiroheisen, zwar nicht beliebt, aber doch weniger bedenklich, ist dagegen für Roheisen, das zu Bessemerstahl umgearbeitet werden soll, nur in sehr geringen Quantitäten zulässig. Auch Schwefel ist in der Eisenindustrie ein sehr unangenehmer, leider oft recht aufdringlicher Geselle. Grossbritannien besitzt von sehr guten und von mittleren Erzen leicht zu verarbeitenden Erzen einen grossen Vorrath. Es ist daher in die Lage versetzt, einerseits ein zwar geringes, aber dann auch ausserordentlich billiges Eisen zu produciren, andererseits finden sich auch die für die bessern Eisensorten tauglichen Erze in grösserer Menge, als in vielen anderen Ländern. Speciell für die Herstellung des Bessemerstahls stehen der englischen Eisenindustrie sehr geeignete Erze zu Gebote, was jedoch nicht ausschliesst, dass von Elba, Algier, aus Spanien und neuerdings sogar aus Nord-Amerika taugliche, besonders phosphorfreie Erze eingeführt werden.

Die Production der Eisenerze ist in Tabelle I, Seite 34, enthalten.

Die Production stieg demnach von 1860—70 dem Gewichte nach um 179.0 %, von 1860—76 um 209.9 %.
Die Ein- und Ausfuhr von Eisenerzen zeigt Tabelle II, Seite 34.

Seit dem Jahre 1860 ist demnach die Einfuhr von 23.482 metr. Tonnen bis auf 1,158.680 metr. Tonnen gestiegen, in welchem Quantum vorzugsweise wenn nicht ausschliesslich Bessemer-Erze enthalten sein werden. Die verschwindend kleine Erzausfuhr beweist dagegen, dass England vorzieht, seine mineralischen Bodenschätze nicht als solche, sondern als Fabricate mit dem Preisaufschlag der Arbeits- und Capitalrente zu exportiren.

I.

Eisenerz - Production	in metr. Tonnen	Werth in ℳ
Im Jahre 1860	8,152.592	50,374.690
„ „ 1866	9,819.852	63,691.980
„ „ 1867	10,181.395	65,550.201
„ „ 1868	10,331.938	65,274.572
„ „ 1869	11,692.661	76,218.875
„ „ 1870	14,600.584	101,103.912
„ „ 1871	16,596.247	156,633.060
„ „ 1872	16,850.215	158,762.927
„ „ 1873	15,826.739	154,654.464
„ „ 1874	15,082.455	149,437.011
„ „ 1875	16,074.197	122,017.872
„ „ 1876	17,111.049	139,380.896

II.

Eisenerze	Einfuhr		Ausfuhr	
	metr. Tonnen	Werth in ℳ	metr. Tonnen	Werth in ℳ
Im Jahre 1860	23.482	309.465	127	3.655
„ „ 1866	57.596	1,002.234	356	18.215
„ „ 1867	87.954	1,413.432	365	10.986
„ „ 1868	116.226	1,932.140	334	9.291
„ „ 1869	133.422	2,075.570	672	26.526
„ „ 1870	211.643	3,393.600	919	26.464
„ „ 1871	329.219	7,007.633	260	6.289
„ „ 1872	814.327	20,723.074	1.142	71.307
„ „ 1873	983.017	26,102.437	1.720	47.068
„ „ 1874	766.207	20,858.642	1.109	30.650
„ „ 1875	466.012	11,916.520	2.497	60.321
„ „ 1876	685.993	16,299.346	652	18.500
„ „ 1877 . . .	1,158.681	25,318.840	.	.

Wie für die Kohlengruben hat auch die einmal rege gemachte Besorgniss eine bevorstehende Erschöpfung der englischen Erzlager zur Sprache gebracht. Mag nun auch eine Jahresförderung von 17 Mill. Tonnen mit mancher Lagerstätte bereits aufgeräumt haben, so lässt doch der noch vorhandene Erzreichthum eine derartige Befürchtung kaum ernstlich aufkommen. Ob dasselbe auch für die Qualität der Erze gilt, mit andern Worten, ob in grösseren Tiefen und bei spätern Aufschlüssen die Erze dasselbe Ausbringen geben werden, darüber liegen zur Zeit ausreichende Untersuchungen nicht vor.

Verbraucht wurden an Eisenerzen mit Einschluss der Einfuhr:

	Production	Werth	Einfuhr	Totalverbrauch
	metr. Tonnen	ℳ	metr. Tonnen	
Im Jahre 1869 . .	11,692.661	76,218.875	133.403	11,826.064
„ „ 1872 . .	16,850.215	158,762.927	812.927	17,663.142
„ „ 1876 . .	17,111.049	139,380.876	685.993	17,797.042

Der Verbrauch an Eisenerzen stieg demnach von 1869—1872 um 149.8, von 1869—1876 um 150.8 %.

Roheisen.

Der englische Hohofenbetrieb verbraucht im grossen Durchschnitte zur Production einer Tonne Roheisen je nach Qualität 2,4 — 2,8 (ausnahmsweise über 3) Tonnen Eisenerz, 2³/₄—3³/₄ Tonnen Kohlen beziehungsweise Coke, ³/₄—1¹/₄ Tonnen kalkhaltige Zuschläge. Obgleich die Fundorte dieser drei Materialien selten weit von einander entfernt sind, so ist doch der etwas stärkere Verbrauch der Steinkohlen für die Wahl des Orts einer Hohofenanlage mehr und mehr massgebend geworden und transportirt man vortheilhafter das geringere Erzquantum in die Nähe der Kohlengruben, als den stärkeren Kohlenbedarf zu den Erzlagerstätten. Dass hierin mancherlei Ausnahmen, namentlich bei Hohofenanlagen aus früheren Jahrzehnten vorkommen, braucht kaum erwähnt zu werden, vorzugsweise gilt dies von den Eisenproductionsbezirken in Cumberland, Lancashire und Lincolnshire, in denen die Transportkosten für das Brennmaterial weit höher ansteigen als die Erzfrachten.

Nach einer Ende 1877 in „The Colliery-Guardian" erschienenen Zusammenstellung betragen die Frachtkosten für die Materialien zur Production von einer Tonne Roheisen:

	Brennmaterial	Erze	Kalkstein	Total
		.*M.*		
West-Schottland .	1.82	3.82	1.19	6.80
"	1.95	4.16	1.70	7.82
Süd-Staffordshire .	1.63	2.80	0.51	5.10
Cumberland	9.77	4.59	0.59	14.96
Lancashire	10.20	4.59	0.59	15.38
Lincolnshire	9.94	2.80	.	12.75
Süd-Wales	1.83	13.77	0.76	16.32
Middlesbrough. . .	3.06	4.08	1.53	8.67
durchschnittlich .	5.01	5.10	0.85	10.98

In Nord-Amerika stellen sich nach den Berechnungen aus 14 Bezirken dieselben Frachtkosten pro 1 Tonne Roheisen auf 26 sh. 2 d. (26.72 *M.*), für die deutschen Roheisenhütten in Westfalen und Rheinland auf 18¼—26⅛ sh. (18.63 bis 26.72 *M.*), in Oberschlesien auf 15⅛—15⅞ sh. (15.44 — 16.21 *M.*), und geht hieraus wiederum die grosse Ueberlegenheit der englischen Eisenindustrie hervor.

Die Production von Roheisen umfasste:

	Werke	Hohöfen		Roheisen-Production	Kohlenverbrauch
	Anzahl	überhaupt	in Betrieb	metr. Tonnen	
In 1869:					
England. . . .	138	550	350	3.511.555	. .
Wales.	32	186	118	852.934	. .
Schottland. .	29	165	132	1,168.400	. .
	199	901	600	5,532.889	. .
In 1872:					
England. . . .	165	657	450	4,668.128	11,570.555
Wales.	36	165	122	1,074.232	2.649.613
Schottland. .	27	154	130	1,107.440	3,266.948
	228	876	702	6,849.800	17,487.116
In 1876:					
England. . . .	159	626	393	4,738.779	11,045.653
Wales.	24	145	73	801.465	1,703.502
Schottland. .	26	156	119	1,120.648	3,098.800
	209	927	585	6,660.892	15,847.955

Die einzelnen Bezirke waren in England (ausser Wales und Schottland) bei der Gesammtproduction von 4,738.779 metr. Tonnen Roheisen während des Jahres 1876 in folgender Weise betheiligt:

Werke	Hohöfen		Roheisen-Production
	überhaupt	in Betrieb	metr. Tonnen
Northumberland . .	1	4	1	836.343
Durham	13	69	50	
Yorkshire Nord . . .	19	86	75	1,281.189
„　West . .	16	49	34	239.218
Derbyshire	12	54	35	305.531
Lancashire	9	47	30	561.832
Cumberland	12	49	27	443.877
Shropshire	10	24	16	108.418
Staffordshire Nord .	8	37	25	216.986
„　Süd . .	41	147	65	473.401
Northamptonshire .	7	20	11	86.274
Lincolnshire	6	21	16	127.201
Gloucestershire . . .	3	10	5	28.558
Wiltshire,Hampshire und Somersetshire .	2	9	3	29.951
	159	626	393	4,738.779

In der geringen Ziffer der in 1876 in Betrieb gewesenen Hohöfen spiegelt sich der schlechte Geschäftsgang der Eisenindustrie wieder, der bekanntlich sich bis jetzt (Anfang 1878) noch nicht gebessert, weit eher verschlechtert hat. Allerdings hat sich im Laufe der Jahre auch die Zahl der Hohöfen vermindert, dafür aber deren Leistungsfähigkeit gesteigert. So kam im Jahre 1860 auf 1 Hohofen eine durchschnittliche Jahresproduction von 6.680, in 1876 von 11.386 metr. Tonnen.

Für das Jahr 1877 liegen sichere Angaben nur erst aus einzelnen Bezirken vor, darunter die wichtigen Gebiete von Cleveland und Schottland.

In Cleveland und den angrenzenden Bezirken von Nord-Yorkshire und Durham waren nach Berichten aus Middlesbrough an Hohöfen:

	vorhanden	in Betrieb	ausserBetrieb
Im Jahre 1877	162	106	56
„　„　1876	158	111	47
„　„　1875	159	116	43
„　„　1874	155	125	30

Es betrugen ferner	1877	1876	1867
die Production metr. Tonnen: . . .	2,158.828	2,108.774	1,166.266
„　Vorräthe　„　„	309.674	185.462	177.190
„　Exporte und zwar:			
nach Deutschland　metr. Tonnen . .	110.947	118.453	16.063
„　Niederlande*)　„　„　. .	71.327	78.918	12.714
„　Belgien*)　„　„　. .	43.947	55.702	44.588
„　Frankreich　„　„　. .	72.426	60.089	40.073
„　Spanien　„　„　. .	26.232	7.873	5.220
„　Italien　„　„　. .	4.740	2.162	1.386
„　Scandinavien　„　„　. .	30.538	28.215	8.985
„　Russland　„　„　. .	9.258	9.661	5.423
„　Amerika　„　„　. .	.	122	2.697
„　anderenLändern„　„　. .	1.323	1.853	1.409
„　Britischen Häfen verschifft　„　„　. .	465.092	392.824	.

*) meist Transit nach Deutschland.

Die Exportziffern umfassen die Verschiffungen von der Tees, Tyne, Wear und den Hartlepools.

In Schottland waren Anfang 1877 119 Hohöfen in Betrieb, von denen indessen 33 bis zum Jahresschluss ausgeblasen wurden, so dass das Jahr 1878 mit nur 86 Hohöfen eröffnet wurde. Nach den vergleichenden Zusammenstellungen von Colvin betrug die Production der schottischen Eisenindustrie seit 1873 in metr. Tonnen:

	1873	1874	1875	1876	1877
Jährl. Production	947.928	818.896	1,066.800	1,120.648	997.712
Auswärtig verschifft . . .	405.232	301.552	374.348	308.429	278.790
Nach der engl. Küste . .	217.486	168.762	176.841	168.849	172.720
Gesammtverschiffung . . .	622.718	470.314	551.189	477.461	451.510
Consum in Schottland . .	378.968	322.072	365.760	375.920	340.360
Stock am 31. December .	121.920	97.536	172.720	368.808	513.080
Durchschnittl. Zahl der Hohöfen im Betriebe . .	119	96	117	116	103
Hohöfen Ende December	122	121	113	116	88
Durchschnittl. Jahrespreis $\mathcal{M}$	119.$_6$	89.$_4$	67.$_3$	59.$_n$	55.$_7$
Preis 31. December	120.$_1$	77.$_6$	65.$_9$	59.$_3$	52.$_7$
Production von Schmiedeeisen	192.339	182.880	199.136	233.680	221.488
Einfuhr von engl. Roheisen	127.000	203.200	223.520	289.560	358.648

Production und Verschiffung schottischen Roheisens sind nach dieser Zusammenstellung im Jahre 1877 geringer, als in den Jahren 1875 und 1876, was zunächst der Abnahme des auswärtigen Bedarfs, ausserdem aber der Concurrenz von Middlesbrough zugeschrieben wird.

Die Gesammtproduction an Roheisen in Grossbritannien wird angegeben zu:

	metr. Tonnen	Werth in $\mathcal{M}$.	Hohöfen in Betrieb
Im Jahre 1860	3,887.980	195,855.690	582
„ „ 1866	4,596.279	230,944.932	618
„ „ 1867	4,837.199	243,050.214	551
„ „ 1868	5,049.729	252,825.738	560
„ „ 1869	5,532.889	278,005.987	600
„ „ 1870	6,058.931	304,437.430	664
„ „ 1871	6,733.214	340,359.478	673
„ „ 1872	6,849.800	378,593.008	702
„ „ 1873	6,671.514	368,739.030	683
„ „ 1874	6,087.270	336,447.516	649
„ „ 1875	6,467.319	319,486.705	629
„ „ 1876	6,660.893	327,989.961	585

	dem Gewichte nach	dem Werthe nach
Die procentuale Steigerung betrug in den Jahren 1860—1870	155.8 %	155.2 %
„ „ „ 1870—1870	109.9 „	107.7 „
„ „ „ 1860—1876	171.5 „	168.0 „

Die höchste Production von Roheisen fällt auf das Jahr 1872, d. h. auf die Periode, in welcher in allen cultivirteren Ländern ein ausserordentlich lebhafter Geschäftsgang vorherrschte, der Bau von Maschinen, eisernen Schiffen, namentlich aber die Erweiterungen der Schienenwege, auch die stärkere Verwendung des Eisens zum Bau der Häuser eine sehr starke Nachfrage auf dem Eisenmarkte hervorriefen und die Preise rapid steigerten. Binnen Jahresfrist stiegen die Notirungen für ordinärere Marken — in Qualitätseisen steht in gewissen Sorten England hinter anderen Ländern, z. B. hinter Schweden und Deutschland, zurück — um mehr als das Doppelte, und es entstand eine Haussebewegung, welche, vorzugsweise vom Eisen ausgehend, mit Sturmeslauf auch die anderen Industriebranchen ergriff und eine grossartige Veränderung fast aller Preise zur Folge hatte.   Der Rückschlag trat auch zuerst wieder bei dem Eisen ein.   Im Jahre 1873 waren zwar die Notirungen noch höher, aber die Kohlen-, Erz- und Kalkpreise, die Löhne und Frachtsätze hatten sich der Haussebewegung bereits derart angeschlossen, dass selbst die höheren Notirungen für Eisen und Eisenartikel aller Art dem Producenten nur einen mässigen Nutzen liessen.   Inzwischen hatten auch in anderen Ländern die Hüttenwerke ihre Production gesteigert, und als durch bekannte Vorgänge das Vertrauen plötzlich schwand und die Nachfrage ermattete, ergab sich, dass weit mehr Eisen producirt wurde, als begehrt war.   Ob nun die Schuld mehr in der gesteigerten Production oder in der verminderten Consumtion zu suchen sein mag, ändert an der Thatsache nichts, dass die Eisenindustrie aller Länder unter der internationalen Eisen-Ueberproduction leidet, wobei wiederum streitig bleibt, welche Länder dabei am särksten betheiligt gewesen sind.   Da England allein nahezu die Hälfte des sämmtlichen (auf der ganzen Erde verbrauchten) Roheisens erzeugt, ist man in anderen Staaten nur zu leicht geneigt, gegen die englische Eisenindustrie anklagend aufzutreten, und dieser Vorwurf erlangt in der That einige Berechtigung, sobald man erwägt, dass trotz weichender Preise und trotz des erschwerten Absatzes Grossbritannien seine Roheisenproduction von 1874 bis 1876 wiederum um den erheblichen Posten von 573.623 metr. Tonnen erhöht hat.   Auch noch in 1877 hat, wie oben bereits nachgewiesen worden ist, Cleveland mehr Eisen erblasen, als in 1876, während die schottischen Hohofenwerke in besserer Würdigung der Zeitverhältnisse erkannt haben, dass zur Wiedererlangung normaler Geschäftsverhältnisse vor allen Dingen nothwendig ist, durch Reductionen des Betriebs Angebot und Nachfrage in besseren Einklang zu bringen.

    Was die Preise betrifft, so wählen wir dafür die Notirungen für schottisches Roheisen, bekanntlich eine auch ausserhalb Englands vielbegehrte Marke, umsomehr da deren Warrants bis zu einem gewissen Grade auch für die Preise der anderen Eisensorten (etwa Bessemer-Roheisen ausgenommen) massgebend zu sein pflegen.

    Die Durchschnittspreise für schottisches Roheisen stellten sich pro englische Tonne für Warrants (Certificate au porteur, lautend auf die Hauptmagazine in Glasgow) so, wie es Tabelle I, Seite 39, zeigt.

    Für die Ausfuhr ihrer Fabricate ist die englische Eisenindustrie gleichfalls sehr günstig situirt.   Die Vortheile eines durch zahlreiche Bahnlinien und Wasserstrassen vorzüglich unterstützten Binnenverkehrs, die billigsten Frachten zur See, die Möglichkeit, innerhalb der kürzesten Frist Frachtgelegenheit nach fast jedem Seehafen der Erde zu finden, der erleichterte Absatz in den ausgedehnten englischen Colonien, sie allein sichern den englischen Eisenwaaren schon den ausgedehntesten Export, auch wenn dieselben nicht zu den denkbar billigsten Kosten hergestellt werden könnten.   Wie mit seinen Kohlen, so versorgt England mit den Artikeln „Eisen, Eisen- und Stahlwaaren" die ganze Welt.

    Von seiner Roheisenproduction führte Grossbritannien in den letzten Jahren durchschnittlich $\frac{1}{6}$—$\frac{1}{7}$ (in 1876 15.2 %) aus. Für die Jahre 1860—1877 ist die Ein- und Ausfuhr von Roheisen in Tabelle II, Seite 39, angegeben.

    Die procentuale Zunahme der Ausfuhr macht Tabelle III, Seite 39, ersichtlich.   Von den im Jahre 1877 ausgeführten 895.545 metr. Tonnen gingen 238.009 Tonnen nach Deutschland direct, 202.183 Tonnen nach den Niederlanden,

I. Durchschnittspreis für Roheisen	ℳ.	Durchschnittspreis für Roheisen	ℳ.
im Jahre 1845	77.58	im Jahre 1861	50.27
„ „ 1846	73.14	„ „ 1862	54.10
„ „ 1847	66.36	„ „ 1863	56.90
„ „ 1848	45.25	„ „ 1864	58.43
„ „ 1849	46.60	„ „ 1865	55.88
„ „ 1850	45.09	„ „ 1866	61.77
„ „ 1851	40.56	„ „ 1867	54.61
„ „ 1852	46.02	„ „ 1868	53.84
„ „ 1853	63.55	„ „ 1869	54.35
„ „ 1854	81.30	„ „ 1870	55.45
„ „ 1855	72.22	„ „ 1871	60.13
„ „ 1856	74.01	„ „ 1872	123.97
„ „ 1857	70.61	„ „ 1873	139.36
„ „ 1858	55.45	„ „ 1874	89.33
„ „ 1859	52.82	„ „ 1875	67.12
„ „ 1860	54.61	„ „ 1876	59.67
		„ „ 1877	55.45

II. Roheisen	Einfuhr		Ausfuhr	
	metr. Tonnen	Werth ℳ.	metr. Tonnen	Werth ℳ.
Im Jahre 1860	12.035	1,638.623	348.047	19,890.407
„ „ 1866	17.340	1,970.101	508.508	31,490.601
„ „ 1867	25.430	2,764.950	574.662	33,606.951
„ „ 1868	25.046	2,240.135	561.847	32,312.424
„ „ 1869	22.800	1,911.148	722.026	41,964.591
„ „ 1870	40.362	3,648.033	765.392	45,517.099
„ „ 1871	56.527	6,109.786	1,074.377	65,944.511
„ „ 1872	102.170	14,072.116	1,352.441	137,070.863
„ „ 1873	75.966	12,275.197	1,160.338	145,350.315
„ „ 1874	57.850	8,498.763	788.534	75,017,648
„ „ 1875	48.367	6,984.885	962.992	70,447.285
„ „ 1876	31.952	4,476.533	924.565	58,042.502
„ „ 1877	.	.	895.545	51,557.580

III. Zunahme der Ausfuhr		dem Gewicht nach	dem Werth nach
In den Jahren 1860 — 1870		219.5 %	228.8 %
„ „ „ 1870 — 1877		117.3 „	113.6 „
„ „ „ 1860 — 1877		258.8 „	259.8 „

100.406 Tonnen nach Belgien (die in belgischen und holländischen Häfen ausgeschifften Posten gelangen zum grössten Theil gleichfalls nach Deutschland), nach Frankreich 109.118 Tonnen, nach den Vereinigten Staaten von Nord-Amerika 36.478, nach Britisch-Nord-Amerika 21.575, nach anderen Ländern 187.775 metr. Tonnen.

Stahl.

Die Stahlproduction hat durch Bessemer's bekannte Erfindung eine fast totale Umänderung erfahren, mindestens sind die anderen Stahlsorten, obgleich nach wie vor begehrt, der Massenfabrication des Bessemerstahls gegenüber mehr und mehr in den Hintergrund getreten. Grossbritannien hat sich dieser

Erfindung sofort bemächtigt, umsomehr da die hierzu erforderlichen phosphor-freien, sogenannten Hämatiterze unter billigen Gewinnungskosten (namentlich in Westcumberland, wo eine erhebliche Anzahl von Hohöfen Bessemer - Roh-eisen produciren,) im Lande selbst zu erlangen sind, andererseits von den meist an der Seeküste gelegenen Stahlwerken vorzügliche Bessemer-Erze zu sehr mässigen Frachtsätzen aus Elba, Spanien, Algier, neuerdings sogar aus Nord-Amerika, als Ballast der rückkehrenden Kohlenschiffe bezogen werden können.

Während im Jahre 1869 auf 18 Werken erst 57 Bessemer-Converter vorhanden waren, hatte sich im Jahre 1872 die Zahl der Werke um 1, somit auf 19, die der Converter bis auf 91 vermehrt. Ende 1877 betrug sogar die Zahl der Werke 25 und die der Converter 114. Davon gehören allein 18 der Barraw Haematite Steel Compagny in Barraw, 10 den Mersey Steel and Iron Works in Liverpool an.

Ueber die Höhe der Production liegen ganz sichere Angaben nicht vor. Für 1877 wurde die Bessemerstahl-Production Grossbritanniens auf 762.000 metr. Tonnen, die Stahl-Production überhaupt auf 905.154 Tonnen geschätzt. 1875 bezifferte man die Letztere mit 723.392 metr. Tonnen.

Die Ein- und Ausfuhr von Stahl betrug

	Einfuhr		Ausfuhr	
	metr. Tonnen	Werth ℳ	metr. Tonnen	Werth ℳ
im Jahre 1820	.	.	445	404.500
„ „ 1830	.	.	845	.
„ „ 1840	780	.	2,624	.
„ „ 1850	50	.	10.762	.
„ „ 1860	3.848	1,538.238	32.688	20,138.776
„ „ 1866	4.522	1,373.163	34.963	22,970.805
„ „ 1867	8.774	2,631.321	33.208	21,759.838
„ „ 1868	7.776	2,310.126	31.864	20,610.764
„ „ 1869	10.940	3,280.575	34.097	21,251.237
„ „ 1870	8.199	2,314.975	35.521	22,542.372
„ „ 1871	7.732	1,789.008	39.816	24,471.900
„ „ 1872	7.666	2,257.329	45.689	30,195.810
„ „ 1873	9.677	3,016.851	40.049	29,871.540
„ „ 1874	7.451	2,621.520	31.943	24,567.895
„ „ 1875	7.629	2,434.554	30.336	21,925.628
„ „ 1876	9.412	2,831.580	26.189	17,937.173
„ „ 1877	5.100	1,444.164	24.792	16,502.403

Dem Gewichte nach stellte sich die Ausfuhr procentual (die Anfangszahlen jeder Periode = 100):

$$\text{Von } 1840 - 1860 \text{ auf } 1.245.6 \,^0/_0$$
$$\text{„ } 1860 - 1870 \text{ „ } 108.7 \text{ „}$$
$$\text{„ } 1870 - 1877 \text{ „ } 69.9 \text{ „}$$
$$\text{„ } 1840 - 1877 \text{ „ } 945.7 \text{ „}$$

Von den im Jahre 1877 exportirten 24.792 metr. Tonnen (unverarbeiteten) Stahls gingen 2.901 Tonnen nach Frankreich, 6.383 Tonnen nach Nord-Amerika, 15.509 Tonnen nach andern Ländern.

Schmiede- und Walzeisen, Schienen, Bleche.

Vorhanden waren an Walzwerken (in Betrieb):

Im Jahre 1869	245	Werke mit	6.243	Puddelöfen und	859	Walzenstrassen.			
„ „ 1872	276	„ „	7.311	„	„	1.015	„	„	
„ „ 1873	285	„ „	7.264	„	„	939	„	„	
„ „ 1875	314	„ „	7.575	„	„	909	„	„	
„ „ 1876	312	„ „	7.259	„	„	942	„	„	

Im Jahre 1876 vertheilten sich diese Werke auf die einzelnen Districte in folgender Weise:

	Werke	Puddelöfen	Walzenstrassen
Northumberland und Durham	28	1.347	80
Yorkshire mit Cleveland, Leeds, Bradford, Sheffield u. Rotherham	45	1.365	168
Derbyshire	5	69	14
Lancashire	26	421	78
Cumberland	5	80	11
Shropshire	9	175	24
Nord-Staffordshire	9	433	39
Süd-Staffordshire	129	2.009	342
Gloucestershire	1	3	2
Somersetshire	1	22	3
Wales	36	1.024	131
Schottland	18	311	50
	312	7.259	942

Auch über diesen wichtigen Zweig der Eisenindustrie liegen officielle Angaben nicht vor. Nach Schätzungen aus dem Kohlenverbrauch, also nach Berechnungen mit sehr unsicheren Einheitssätzen, wurde für 1870 die Production von Stab- und Walzeisen (mit Einschluss der Schienen in Höhe von 1,000.500 Tonnen) zu 2,310.000 metr. Tonnen, für 1874 zu 2,425.000 Tonnen (inclusive 1.189,500 Tonnen Schienen) angegeben. Wir reproduciren diese Ziffern, obgleich wir ihre Richtigkeit für sehr zweifelhaft halten, in Ermangelung genauerer Nachweise.

Weit besser ist es mit der Statistik der Ein- und Ausfuhr bestellt, wenigstens was das Gewicht der zur Verschiffung gelangten Quantitäten betrifft. Dagegen sind die Werthangaben mit etwas grösserer Vorsicht aufzunehmen, da nicht selten für einen und denselben Artikel, z. B. Schienen, je nach den verschiedenen Exportländern, den Werthberechnungen sehr von einander abweichende, 100 und mehr Procentdifferenz betragende Preise zu Grunde gelegt zu werden scheinen.

Von Schmiede- und Walzeisen (Façonoisen) [Bar, Angle, Bolt and Rod], jedoch ohne Schienen, betrugen:

	Einfuhr		Ausfuhr	
	metr. Tonnen	Werth *M.*	metr. Tonnen	Werth *M.*
Im Jahre 1820	10.027	.	55.276	10,877.693
„ „ 1830	15.187	.	69.014	.
„ „ 1840	19.252	.	147.034	23,337.916
„ „ 1850	34.611	.	476.945	57,197.298
„ „ 1860	54.926	13,469.440	316.442	48,719.484
„ „ 1866	65.204	13,659.591	273.730	47,551.952
„ „ 1867	72.850	14,965.308	306.251	47,875.691
„ „ 1868	65.724	12,251.743	307.466	46,663.518
„ „ 1869	69.558	12,711.675	364.607	55,107.372
„ „ 1870	75.335	13,627.185	326.598	53,403.303
„ „ 1871	75.518	14,449.457	354.669	59,662.686
„ „ 1872	83.689	18,818.398	318.618	74,182.144
„ „ 1873	75.861	20,193.032	291.434	76,697.112
„ „ 1874	74.644	21,612.324	263.096	62,373.850
„ „ 1875	91.259	26,955.605	280.485	55,663.021
„ „ 1876	86.560	22,340.787	231.592	39,725.987
„ „ 1877	93.490	20,008.680	251.697	39,303.068

Procentual (Anfangsziffern jeder Periode = 100) stellt sich das Wachsthum der Ein- und Ausfuhr von Schmiede- und Walzeisen auf:

In den Jahren	Einfuhr		Ausfuhr	
	dem Gewichte nach	dem Werthe nach	dem Gewichte nach	dem Werthe nach
1820 — 1860	547.7 %	.	572.0 %	448.3 %
1860 — 1870	137.2 „	101.2 %	103.2 „	119.6 „
1870 — 1877	124.3 „	147.0 „	77.1 „	73.6 „
1820 — 1877	938.8 „	.	455.3 „	361.7 „

Von den in 1877 exportirten 251.697 metr. Tonnen Schmiede- und Walzeisen gingen 30.613 Tonnen nach Britisch-Nord-Amerika, 51.883 Tonnen nach Ostindien, 30.222 Tonnen nach Australien, 4.144 Tonnen nach Russland, 5.629 Tonnen nach Deutschland, 281 Tonnen nach Frankreich, 23.281 Tonnen nach Italien, 7.210 Tonnen nach der Türkei, 5.973 Tonnen nach den Vereinigten Staaten, 4.350 Tonnen nach den Niederlanden (bezw. gleichfalls nach Deutschland), der Rest von 88.101 Tonnen nach anderen Ländern.

In dem Artikel Schienen ist Grossbritannien in den letzten Jahren in fast allen eisenproducirenden Ländern Concurrenz erwachsen, die sich seit 1870 in der fallenden Ausfuhr bemerkbar macht. Eine Einfuhr ausländischer Schienen in England hat niemals stattgefunden. Die Ausfuhr an Schienen, und zwar sowohl aus Eisen, als aus Stahl, betrug:

Schienenausfuhr	metr. Tonnen	Werth ℳ
Im Jahre 1860	460.700	69,606.859
„ „ 1866	505.989	85,420.903
„ „ 1867	589.860	99,264.254
„ „ 1868	592.824	95,169.697
„ „ 1869	902.218	197,803.431
„ „ 1870	1,076.342	178,808.792
„ „ 1871	996.896	165,087.920
„ „ 1872	960.547	208,804.547
„ „ 1873	797.574	212,752.957
„ „ 1874	795.188	196,812.789
„ „ 1875	554.717	111,367.331
„ „ 1876	421.290	75,556.144
„ „ 1877	505.990	78,921.584

In Procenten (Anfangszahlen der Perioden = 100) veränderte sich die Ausfuhr:

	dem Gewichte nach	dem Werthe nach
In den Jahren 1860 — 1870	233.8 %	256.0 %
„ „ „ 1870 — 1877	47.0 „	44.1 „
„ „ „ 1860 — 1877	109.7 „	113.3 „

Von den im Jahr 1877 exportirten 505.891 metr. Tonnen Schienen entfallen 238.233 Tonnen auf Stahl-, 267.658 Tonnen auf Eisen-Schienen. Unter den grösseren Posten sind hervorzuheben: 85.907 metr. Tonnen nach Russland, 61.449 Tonnen nach Schweden und Norwegen, 23.770 Tonnen nach Deutschland, 21.951 Tonnen nach Spanien, 9.051 Tonnen nach Italien, 2.564 Tonnen nach den Vereinigten Staaten, 24.651 Tonnen nach Brasilien, 1.329 Tonnen nach Peru, 36.960 Tonnen nach Britisch-Nord-Amerika, 107.746 Tonnen nach Ostindien, 86.140 Tonnen nach Australien, dagegen nur 157 Tonnen nach Frankreich und 125 Tonnen nach Belgien.

Sehr bedeutend entwickelt ist ferner die Fabrication eiserner Reifen, Bänder, Platten und Bleche. Die Ausfuhr in diesen Artikeln betrug:

	Bänder, Reifen, Platten, Schwarzblech		Weissblech	
	metr. Tonnen	Werth ℳ	metr. Tonnen	Werth ℳ
Im Jahre 1860	110.239	22,800.319	60.993	30,646.781
„ „ 1866	137.827	36,433.895	72.115	38,720.241
„ „ 1867	148.527	37,107.796	80.168	42,073.572
„ „ 1868	152.635	36,946.314	89.820	42,736.365
„ „ 1869	201.724	47,724.685	98.249	47,064.424
„ „ 1870	184.388	43,282.824	101.449	48,249.846
„ „ 1871	203.542	48,991.705	121.520	59,230.763
„ „ 1872	210.815	69,732.381	119.972	77,736.389
„ „ 1873	204.795	76,021.393	122.568	80,721.118
„ „ 1874	171.125	60,757.852	124.927	75,856.420
„ „ 1875	207.755	67,470.702	140.577	75,280.515
„ „ 1876	195.054	58,271.941	134.685	59,048.371
„ „ 1877	203.062	55,656.691	155.558	61,973.005

Procentual stieg die Ausfuhr:

	nach Gewicht	nach Werth	nach Gewicht	nach Werth
In den Jahren 1860-1870	167.9 %	189.9 %	166.3 %	157.3 %
„ „ „ 1870-1877	110.6 „	129.0 „	153.1 „	128.4 „
„ „ „ 1860-1877	185.0 „	244.2 „	255.0 „	202.3 „

Ausnahmsweise ist für Weissblech die Höhe der Production bekannt. Im Jahre 1872 waren in dem Vereinigten Königreich 61 Etablissements vorhanden, in denen Weissblech hergestellt wurde. 32 Werke gaben ihre Production zu 1,534.181 Kisten im Gewichte von 79.337 metr. Tonnen an. Die Gesammtproduction wurde für alle Werke auf 2,977.851 Kisten geschätzt, die nach derselben Berechnung circa 153.995 metr. Tonnen wiegen würden. Für 1876 wird die Production zu 2,816.393 Kisten (ca. 151.969 metr. Tonnen) angegeben.

Von Eisen- und Stahldraht, worin seines besseren Qualitäts-Eisens wegen Rheinland-Westfalen den Engländern, wenn auch noch nicht in der Masse des Exports, so doch in der Güte seines Fabricats starke Concurrenz macht, wurden in 1876 45.327 metr. Tonnen im Werthe von 731.148 £ (14,930.042 ℳ), in 1877 51.311 Tonnen im Werthe von 744.906 £ (15,210.981 ℳ) exportirt. Der stark begehrte Artikel „Telegraphendraht" ist in diesen Posten noch nicht mit inbegriffen.

In welcher Weise auch die vorstehend genannten Artikel während der letzten Jahre Veränderungen ihrer Preise erfahren haben, geht aus folgender Tabelle hervor. Notirt wurden pro englische Tonne:

	Stab- und Façoneisen	Eisen-schienen	Stahl-schienen	Kessel-bleche	Walz-draht
1. Juli 1871 . . ℳ	165	185	291	220	251
1. „ 1872 . . „	248	268	370	332	346
1. „ 1873 . . „	255	257	351	406	334
1. „ 1874 . . „	171	170	242	239	258
1. „ 1875 . . „	153	155	203	207	174
1. „ 1876 . . „	140	135	148	168	160
1. „ 1877 . . „	128	128	138	160	142

Um ein nur einigermassen vollständiges Bild der englischen Eisenindustrie zu geben, ist ferner auf die Production der Giessereien und die Fabrication der ordinäreren und feineren Eisenwaaren, von dem stark in's Gewicht fallenden eisernen Schiffsanker und der Schiffskette bis zur Nähnadel und zur Uhrfeder, von der Herstellung eiserner Brücken bis zum feinsten Kunstguss, von der riesigen Gusstahlkanone bis zum Taschenmesser, von der Construction eiserner Bahnhofhallen bis zur Erzeugung der Stahlfeder, kurz auf die Hunderte und Tausende grosser und kleiner, kostbarer und billiger, vielbegehrter oder nur in beschränktem Umfange gesuchter Artikel des täglichen Verbrauchs zu verweisen. Leider fehlen hierzu die statistischen Ermittlungen; Wahrscheinlichkeitsberechnungen ergeben gar zu unsichere Resultate. Einigen Anhalt giebt die Ausfuhrstatistik, die auch für diese Artikel enorme Gewichts- und Werthziffern nachweist und damit documentirt, dass auch diese Branchen in gleich grossartiger Weise entwickelt sein müssen.

Die Ausfuhr betrug:

	1876		1877	
	metr. Tonnen	Werth ℳ	metr. Tonnen	Werth ℳ
Gusswaaren und ord. Eisenwaaren	247.959	82,525.756	258.890	74,343.400
Feinere Eisen- und Stahlwaaren	26.189	17,937.173	24.792	16,502.403
Eisen- und Stahlwaaren	274.148	100,462.929	283.682	90,845.803

Summirt man schliesslich alle die Ausfuhrposten des Roheisens, des Stahls, des Walzeisens bis zu den feinern Eisenwaaren hinauf, so kommt man zu dem colossalen Gewichtsquantum einer Ausfuhr von $2^1/_4$ Millionen Tonnen im Werthe von über 20 Millionen £ (400 Millionen ℳ) Die englische Eisenindustrie exportirte an Eisen, Eisen- und Stahlwaaren aller Art:

In 1876 2,260.061 metr. Tonnen im Werthe von 463,497.912 ℳ.
„ 1877 2,382.165 „ „ „ „ „ 410,331.036 „

Von seiner Roheisenproduction in Höhe von 6.7 Millionen Tonnen schickt also Grossbritannien nur durchschnittlich $^1/_7$ (914.000 Tonnen) zu dem Verkaufspreise von $2^1/_2$—$2^3/_4$ Millionen £ (51—56 Millionen ℳ) in unveränderter Form (als Roheisen) in's Ausland. Der Rest von 5.8 Millionen Tonnen bleibt im Lande zurück, um zu Halb- und Ganzfabricaten veredelt zu werden. Nachdem der inländische Bedarf gedeckt ist, versendet Grossbritannien an Eisen- und Stahlfabricaten weitere 1,422.400 Tonnen, jetzt aber erhöht um den Betrag der Capitals- und Arbeitsrente, zu dem Verkaufspreise von nahezu 18 Millionen £ (368 Millionen ℳ). Der Preis der Tonne Roheisen stellt sich demnach auf (rund) $2^3/_4$ £ (56 ℳ), der Preis der veredelten Ausfuhrobjecte auf 13 £ (265 ℳ). Würde aus einer Tonne Roheisen auch eine Tonne Fabricat herzustellen sein, so würde die englische Eisenindustrie durch ihre Arbeit den Werth einer Tonne Roheisen um das $4^3/_4$fache erhöht haben. Nimmt man jedoch für die Gewichtsverminderung, welche das Roheisen bei seiner weiteren Veredlung erfährt, selbst sehr hohe Durchschnittsätze an, so wird die Wertherhöhung doch noch mindestens auf das Dreifache des Roheisenpreises zu schätzen sein.

Bei dem Mangel statistischer Unterlagen müssen wir darauf verzichten, die Weiterverarbeitung des Stahls, des Schmiede- und Façoneisens, der Platten und Bleche, Reifen und Bänder, des Eisengusses u. s. w. in der Fabrication von Locomotiven und Motoren, in der Herstellung von Dampfkesseln, im Bau von eisernen See- und Flussschiffen, in der Anwendung zu Maschinen aller Art weiter zu verfolgen und alle die Branchen anzuführen, welche, unter dem Collectivnamen „Maschinenbau" zusammengefasst, der Eisenindustrie so nahe verwandt sind, dass sie derselben sehr oft ohne Weiteres zugezählt werden. Einige dieser Branchen, unter anderen der Bau eiserner Schiffe, viele Specialitäten in der Herstellung von Dampfmotoren und Arbeitsmaschinen für die verschiedensten Industriezweige, Maschinen zum Spinnen, Weben, Stricken, Sticken, nicht minder für die Fabrication von Papier, für die Bearbeitung von Leder, Holz, Stein u. s. w., haben sich einen Weltruf verschafft und, was in heutiger Zeit fast noch schwerer ist, auch erhalten. Derselbe grosse Zug, der durch die ganze englische Grossindustrie geht, ist auch hier nicht zu verkennen und die Vortheile, deren sich die englische Industrie erfreut, kommen in reichem Masse auch dem Maschinenbau zu Statten. Ohne dessen Bedeutung herabzusetzen, ist aber doch zu constatiren, dass der englische Maschinenbau (einzelne Zweige ausgenommen) an Umfang der Production die gleichnamigen Branchen in andern concurrirenden Ländern doch nicht in demselben Masse überragt, wie dies im Eisenhüttenwesen der Fall ist.

Arbeiter-Verhältnisse.

Was früher über den englischen Kohlenarbeiter im Allgemeinen gesagt worden ist, gilt auch von den in der Eisenindustrie beschäftigten Arbeitskräften. Physisch in hohem Grade leistungsfähig, von Jugend auf daran gewöhnt, die hohen Temperaturen und die starken Wärmeausstrahlungen des weissglühenden oder geschmolzenen Eisens und Stahls zu ertragen und trotzdem im gegebenen Momente mit Anspannung aller Kräfte die grössten Lasten zu bewegen, mit practischem Blick dafür ausgestattet, auf welche Weise eine übertragene Arbeit genau nach Auftrag und doch auf die am wenigsten beschwerliche Weise auszuführen sei, sehr oft ohne die wünschenswerthe Schulbildung, aber durch die Erfahrung und sorgfältiges Aufmerken gewitzigt, sich mit peinlichster Genauigkeit dem Uhrwerke des Betriebes mit seinen Operationen einfügend: mit diesen sehr anerkennenswerthen Eigenschaften ist in dem englischen Eisenarbeiter nahezu das Ideal physischer Arbeitsthätigkeit verkörpert. In Deutschland, in Amerika, Belgien, Oesterreich und Frankreich haben die Leistungen der Eisenarbeiter in den letzten Jahrzehnten sehr erhebliche Fortschritte gemacht, und doch stehen sie mit denen des Engländer bei Weitem noch nicht auf gleicher Stufe. Dagegen gilt auch hier bei aller Anerkennung der „objectiven" Leistungsfähigkeit der englischen Eisenarbeiter, dass der Verkehr zwischen Arbeitgeber und Arbeitnehmer in den letzten Jahren sehr schwierig geworden ist, dass die Bestrebungen, höhere Löhne zu erhalten, gleichzeitig aber die täglichen Arbeitsstunden zu vermindern, immer grössere Dimensionen angenommen haben und die Waffe der Arbeitseinstellung nahezu fortdauernd in Bereitschaft gehalten wird. Während die früheren Strikes in den Jahren 1860—1870 vorzugsweise in der Textilindustrie ihren Agitationsherd fanden, haben sich seit 1871 die Eisenarbeiter an die Spitze der Bewegung gestellt und mit ihren unausgesetzten Forderungen für Lohnerhöhungen den Anstoss dazu gegeben, dass auch andere Gewerke, zunächst die Kohlenbergleute, später vorzugsweise die Bauhandwerker, nachfolgten. Selbst in dem Jahre 1877, dem denkbar schlechtesten für die Rentabilität der Eisenwerke, kamen von den 191 Strikes in dem Vereinigten Königreiche allein 23 auf die Eisenindustrie. Einige derselben dauerten Monate lang und waren die Strikenden schliesslich doch genöthigt, sich den von den Hüttenwerken gestellten Bedingungen zu unterwerfen.

Was die Lohnsätze betrifft, so sind dieselben in England auch in der Eisenbranche der Ziffer nach im Durchschnitt höher, als in anderen Ländern, in Anbetracht der dafür erlangten besseren und grösseren Leistung dagegen relativ denen fremder Eisen-Productionsbezirke annähernd gleich.

Es fehlt nicht an Angaben über die auf einzelnen Werken gezahlten Wochen- und Tagelöhne, dieselben weichen aber selbst aus benachbarten Bezirken so ausserordentlich von einander ab, dass sie wenig Glaubwürdigkeit verdienen. Von einem Hüttenmanne im nördlichen England werden uns folgende Durchschnittszahlen mitgetheilt, doch wird hinzugefügt, dass dieselben nur als annähernd richtig zu betrachten sind. Danach betrug der durchschnittliche Tagesverdienst eines Eisenarbeiters

	1869	1873	1876
in Schottland	3.31—6.63 ℳ.	4.59, 6.63—8.03 ℳ.	3.57—5.99 ℳ.
„ Staffordshire	3.82—7.01 „	4.84, 7.65—8.67 „	3.95—6.24 „
„ Wales	2.93—5.86 „	3.95, 5.86—7.66 „	3.06—5.61 „

Uebereinstimmend wird bestätigt, wie auch aus diesen Ziffern hervorgeht, dass die Lohnsätze, welche in den Jahren 1872 und 1873 rapid hinaufgegangen waren, im grossen Durchschnitte wieder auf dem früheren Stand herabgegangen sind, nur mit dem befremdenden Unterschiede, dass für die geringeren Leistungen noch etwas mehr, für die höherwerthigen Arbeiten dagegen etwas weniger gezahlt zu werden scheint, als im Jahre 1869.

Ueber die Zahl der beschäftigten Arbeitskräfte fehlt leider jede nur einigermassen sichere Angabe. Nach der Ziffer der vorhandenen Hohöfen, Stahl- und Walzwerke, Giessereien u. s. w. wird die Arbeiterzahl zu mindestens 600.000, mit Einschluss der sogenannten Kleineisenindustrie, des Schiffs- und Maschinenbaues zu etwa 1 Million anzunehmen sein. Wahrscheinlich ist jedoch diese Ziffer noch zu niedrig gegriffen.

Aussichten für die Zukunft.

Wie in allen Ländern, so liegt auch in Grossbritannien die Eisenindustrie schwer darnieder und dieser Zustand wird so lange andauern, bis Angebot und Nachfrage, Production und Consumtion sich wieder decken werden. Zur Zeit wird auf der ganzen Erde an Eisen und Stahl, Eisen- und Stahlwaaren mehr producirt, als gebraucht wird: eine Besserung kann nur eintreten, wenn entweder weniger producirt oder mehr verbraucht wird. In manchen englischen Bezirken hat die Nothlage der Zeit von selbst zu einer Einschränkung des Betriebes geführt, in andern Bezirken scheint man dagegen noch immer durch forcirte Thätigkeit und durch noch grössere Massenproduction die Einwirkungen der niedrigen Preise ausgleichen zu wollen. Man wird damit nur erreichen, dass die Lage noch schlechter wird. Da England fast die Hälfte des ganzen Eisenbedarfs der Erde allein producirt, so wird sein Vorgehen dafür entscheidend werden, wie lange die schwere Krisis noch andauern wird, denn, wenn auch in den anderen Ländern Betriebsreductionen gleichfalls nothwendig, ja unvermeidlich sind, so bleibt es doch immer und immer wieder Grossbritannien, das mit seinen grossen Exportmassen auf dem Weltmarkte die Parole ausgibt.

Früher oder später werden und müssen indessen normale Zeiten zurückkehren, und gerade wie die Kohlenwerke werden sich auch die englischen Eisenhütten von den erlittenen Verlusten voraussichtlich rascher erholen, als ihre ausländischen Concurrenten.

Und dem Eisen steht noch eine grosse Zukunft bevor! In allen cultivirten Ländern ist der Eisenverbrauch pro Kopf ausserordentlich gestiegen, und doch gibt es noch viele grosse Gebiete, welche davon sehr wenig gebrauchen, die aber, sobald die bessere Erkenntniss Platz greift und die Kaufkraft wächst, die Frage von einer Ueberproduction der Eisenindustrie sofort verschwinden lassen werden. England ist mit seinen günstigen Productions- und Absatzverhältnissen jetzt und voraussichtlich noch auf lange Zeit in der Lage, jede Mitbewerbung anderer Nationen mit Erfolg zu bekämpfen, und diesen steigenden Eisenverbrauch wird es in erster Linie ausnützen. Wenn auch andere Länder in den letzten Jahren die anerkennenswertheaten Bestrebungen für die Hebung ihres Hüttenbetriebes gemacht haben, so hat doch die Erfahrung gelehrt, dass selbst in ihrer Heimat der Wettkampf mit England ohne Zollschutz nicht durchführbar war.

Von den grösseren Ländern hat bis jetzt blos Deutschland gewagt, seine Eisenzölle ganz zu beseitigen, das Experiment hat indessen die deutschen Eisenwerke sehr schwer gefährdet, und es ist kaum zu zweifeln, dass der übereilt erfolgte Schritt wird zurückgenommen werden müssen, wenn das deutsche Reich auf das Vorhandensein einer lebenskräftig entwickelten Eisenindustrie nicht geradezu verzichten will. Nord-Amerika hat dagegen durch Einführung von hohen Zöllen seine Eisenindustrie so weit gekräftigt, dass der früher sehr belangreiche Absatz nach Nord-Amerika den britischen Werken mehr und mehr verloren gegangen ist. Derartige Erfahrungen werden auf die Handelspolitik der übrigen Länder nicht ohne Einfluss bleiben und wird die weitere Entwicklung der englischen Eisenausfuhr wesentlich davon abhängen, ob für die nächsten Jahrzehnte freihändlerische oder schutzzöllnerische Anschauungen in den Cabineten und gesetzgebenden Körperschaften die Oberhand erlangen werden.

Ob später, vielleicht nach einem oder zwei Menschenaltern, eines der in der Eisenindustrie nächst England am weitesten vorgeschrittenen Länder — in Europa etwa Deutschland, Belgien, Schweden, jenseits des Oceans Nord-Amerika — dazu gelangen wird, England mit Erfolg auf dem Weltmarkte zu bekämpfen, lässt sich schwer voraussehen. In gewissen Specialitäten wird auch in anderen Ländern sehr Treffliches geleistet, namentlich wenn es sich um Fabricate aus bestimmten Qualitäts-Eisensorten handelt, welche England nur in geringer Menge producirt. In solchen Artikeln, z. B. Draht, gewissen Sorten Stahl, Schmiede- und Façoneisen, feineren Gusswaaren, bestimmten Erzeugnissen der sogenannten Kleineisenindustrie, Specialitäten des Maschinenbaues u. s. w., wird das Ausland sein natürliches Uebergewicht behaupten. Auch werden sich die Fälle mehren, in denen bei Lieferungen auf neutralem Gebiete das englische Angebot mit der fremden Concurrenz zusammentrifft. Zur vollständigen Beherrschung des Weltmarktes, wie sie England thatsächlich ausübt, gehört indessen eine eben so grosse Massenproduction, dazu wieder so günstige Productions- und Absatzverhältnisse, wie solche zur Zeit nur England besitzt, und wenn selbst der eine oder andere dieser Factoren, beispielsweise der Bezug billiger Kohlen, die Lohnsätze, der Besitzstand in den Colonien, sich ändern sollte, so bleiben der englischen Eisenindustrie doch noch Hilfsquellen genug, um unter sonst unveränderter Thatkraft und Energie ihre Weltstellung vorläufig wenigstens auf manches Jahrzehnt hinaus behaupten zu können.

Frankreich.

(528.577 Quadrat-Kilometer. — 36,905.788 Einwohner.)

Kohle.*)

Die Ausbeutung der französischen Kohlenlager im Grossen reicht kaum weiter zurück als bis zum Ende des 18. Jahrhundertes, und ihr eigentlicher Aufschwung beginnt von der verhältnissmässig jungen Zeitepoche, wo die Ein-

---

*) Literatur: Siehe Seite 56.

führung der in England gebräuchlichen Methoden der Eisenfabrication mittels
Zuhilfenahme der Steinkohle mit der der Dampfmaschinen zusammentraf und
in Folge dessen der Verbrauch mineralischer Brennstoffe auf eine unerwartete
Weise gesteigert wurde.

Kann man auch den Reichthum der Steinkohlenfelder Frankreichs mit
dem Englands, Deutschlands und Amerikas nicht vergleichen, so bieten jene
doch den Vortheil einer günstigen geographischen Vertheilung und werden mit
einer Umsicht und Sicherheit ausgebeutet, welche das zu Gebote stehen der
unversiegbaren Quelle grosser, der Kohlenindustrie freigebig gewidmeter Capitalien verleiht.

Durch einen verhältnissmässig hohen Eingangszoll gegen die Concurrenz
der Kohlen producirenden Nachbarländer geschützt und beinahe sicher vor der
Eventualität, dass die Grenzen des Kohlenverbrauches im Inlande von der Production jemals erreicht werden, hat der Betrieb der Kohlenminen in Frankreich,
besonders in Bezug auf die Ausrüstung, einen sehr hohen Grad der Vollkommenheit erreicht.

Man unterscheidet drei Hauptdistricte, in Nord-, Mittel- und Süd-
Frankreich gelegen, welche erhebliche geologische Verschiedenheiten zeigen.

1. Das Becken von Valenciennes (in den Departements Nord und Pas-
de-Calais), welches sich von der belgischen Grenze bis in die Umgebung von Boulogne-sur-mer hinzieht, bildet nur die Fortsetzung
des in Belgien im Abbau befindlichen Kohlenlagers, worüber man
hinreichende Angaben in jenem Theile dieses Berichtes, welcher
über Belgien handelt, finden wird.

In Frankreich liegt diese Kohlenablagerung unter einer schwer
zu durchbrechenden Kalk- und Kreideschicht, welche eine Mächtigkeit von 45 bis 200 Meter hat. Die Kohlenflöze sind zahlreich,
aber unregelmässig und von einer geringen Mächtigkeit, wie in
Belgien; die grösste Mächtigkeit überschreitet nicht einen Meter
und die mittlere beträgt beiläufig 0.65 Meter. Bei Aniche zählt
man 12 Flöze mit einer totalen Mächtigkeit von 7.30 Meter, bei Anzin
18 Flöze mit einer Mächtigkeit von im Ganzen 10 Meter.

Dieses Kohlenlager wurde in Frankreich im Bezirke der letztgenannten Gemeinde am 28. Juli 1734 entdeckt. Der Entdecker
war Vicomte Désandrouin; die von ihm vorgenommenen Schürfungen hatten 17 Jahre in Anspruch genommen und sein ganzes
Vermögen aufgezehrt. Das Kohlenlager von Valenciennes enthält
alle Abarten des Brennstoffes, deren wir bei der Steinkohlenformation des belgischen Hennegau Erwähnung thun werden.

2. Die Becken von Mittel-Frankreich haben in Bezug auf die Lagerung einen ganz anderen Character als jene des Nordens. Im
Grubenfeld von Creuzot und Blanzy wird ein Flöz oder vielmehr
eine beinahe verticale Masse abgebaut, deren stets sehr grosse Mächtigkeit, oft 24 Meter, ja sogar an manchen Orten 45 Meter beträgt.
Das Becken der Loire, welches die Kohlenfelder von Saint-
Etienne, von Rive-de-Gier und von Commentry einschliesst und welches gegenwärtig das weitaus wichtigste in Mittel-Frankreich ist,
umfasst die ganze schmale Zone von Forez, welche die Loire von
der Rhone trennt. Es übersetzt selbst das Flussbett der Rhone
und erstreckt sich bis in das Departement der Isère. Die Grubenfelder sind hinsichtlich des Reichthums ihrer Flöze sehr verschieden, denn in der Gegend von Saint-Etienne kommen manche mit
18 Flözen und einer Mächtigkeit von 35 Meter vor, während an
anderen Stellen sich nur 3 finden, deren Mächtigkeit kaum 3 Meter
beträgt. In der Umgebung von Rive-de-Gier baut man 3 unter einem
Winkel von 20 Grad geneigte Flöze ab, welche im Allgemeinen

eine regelmässige Schichtung und eine mittlere Mächtigkeit von 9 bis 10 Meter haben.

Die Kohle in Mittel-Frankreich ist durchwegs ausgezeichnet, und eine Art derselben, eine fette Schmiedekohle, wird von der Industrie, besonders der Metallurgie, sehr gesucht.

3. Die Becken von Süd-Frankreich, welche die Kohlendistricte von Alais, Aveyron und der Rhône umfassen, zeigen im Allgemeinen eine günstige Lagerung. Im Revier von Alais bildet der Urschiefer die nördliche Grenze des Kohlenlagers, dessen Spur sich gegen Ost und Süd unter der Liasformation verliert; der Reichthum dieses Beckens übersteigt aller Wahrscheinlichkeit nach jenen Mittel-Frankreichs.

Die in den südlichen Becken Frankreichs gewonnene Kohle ist von verschiedener Qualität; man findet für Cokefabrication geeignete Fettkohle und magere Kohle mit kurzer Flamme. Im Departement Aveyron ist der Reichthum der Kohlenlager weniger zufriedenstellend.

Ueberall im Süden, wie in Mittel-Frankreich hat jedoch der Kohlenbergbau das Entstehen wichtiger industrieller Unternehmungen im Gefolge gehabt, deren Production und Verbrauch wir später beleuchten werden.

Zufolge der letzten Publication der Direction des Mines betrug die Zahl der Verleihungen am 31. December 1872 611, mit einer Flächenausdehnung von 5.418 Quadrat-Kilometer 25 Hectar 6 Ar, welche sich unter die 49 Departements wie folgt vertheilen:

Departements	Zahl d. verliehenen Grubenfelder	Flächeninhalt Quadrat-Kilometer	Hectar	Ar	Departements	Zahl d. verliehenen Grubenfelder	Flächeninhalt Quadrat-Kilometer	Hectar	Ar
Loire	72	284	86	.	Cantal	5	30	20	.
Gard	55	517	65	.	Vendée	5	20	83	.
Aveyron	43	165	27	.	Vosges	4	92	31	.
Isère	42	103	90	.	Vaucluse	4	74	.	.
Hautes-Alpes	42	55	27	48	Corrèze	4	31	6	.
Savoie	41	62	65	12	Ain	4	21	10	.
Hérault	26	293	6	.	Loire-Inférieure	3	152	7	.
Saône-et-Loire	24	441	94	.	Dordogne	3	26	13	75
Basses-Alpes	22	60	37	.	Drôme	3	14	36	.
Nord	21	615	18	.	Tarn	2	91	31	.
Allier	21	131	28	50	Jura	2	13	70	.
Pas-de-Calais	20	520	50	.	Lot	2	11	39	.
Bouches-du-Rhône	20	276	70	.	Finistère	2	7	35	.
Var	14	81	2	21	Landes	2	5	14	.
Mayenne	11	130	38	.	Calvados	1	100	6	.
Puy-de-Dôme	11	46	6	.	Nièvre	1	80	10	.
Haute-Savoie	11	30	91	.	Manche	1	47	61	.
Haute-Loire	10	40	36	.	Côte-d'Or	1	11	41	.
Maine-et-Loire	9	172	29	.	Deux-Sèvres	1	4	50	.
Haute-Saône	9	125	87	.	Doubs	1	4	5	.
Ardèche	8	91	27	.	Hautes-Pyrénées	1	3	22	.
Sarthe	7	197	29	.	Alpes-Maritimes	1	1	36	.
Rhône	7	30	49	.	Basses-Pyrénées	1	1	28	.
Aude	5	65	9	.	Pyrénées-Orientales	1	.	31	.
Creuse	5	33	72	.	Summe	611	5.418	25	6

Die Zahl und Fläche der Grubenverleihungen haben sich gegenüber den von der Regierung unter'm 31. December 1869 gesammelten Daten vermindert; es betrug nämlich die Zahl der Verleihungen zu jener Zeit 623 mit einem Flächeninhalt von 5.699 Quadrat-Kilometer 65 Hectar. Man hat die Ursache dieser Verminderung in der Abtretung von Elsass-Lothringen zu suchen.

Die Zahl der in Betrieb stehenden Kohlengruben, welche im Jahre 1870 auf 315 sich belief, fiel im Jahre 1871 auf 307, stieg jedoch im Jahre 1872 wieder auf 310. Die grösste im letzteren Jahre erreichte Tiefe der Gruben war

630 Meter im Departement Nord,
618 „ „ „ Saône-et-Loire,
616 „ „ „ Loire,
570 „ „ „ Haute-Saône,
475 „ „ „ Sarthe,
467 „ „ „ Pas-de-Calais,
460 „ „ „ Nièvre.

Es standen 873 Dampfmaschinen mit 40.824 Pferdekräften in Verwendung, welche sich folgendermassen unter die Hauptbecken vertheilen:

Loire . . . . 11.304 Pferdekräfte,
Pas-de-Calais . . . . 7.259 „
Nord . . . . 6.152 „
Saône-et-Loire . . . . 5.460 „
Gard . . . . 2.690 „

Die Werksausrüstungen und das Grubenpersonal der französischen Steinkohlenbergwerke haben in den letzten sieben Betriebsjahren, über welche vollständige Daten vorhanden sind, nachstehende Veränderungen erlitten:

Jahr	Zahl der Grubenwerke im Betrieb	Dampfmaschinen		Arbeiter	
		Zahl	Pferdekräfte	Zahl	Monatlicher Lohn Mark
1866	324	838	35.237	79.909	51,627.640
1867	328	854	37.097	83.490	56,420.486
1868	324	871	38.563	84.909	57,782.112
1869	323	859	39.769	84.494	58,071.489
1870	315	877	40.550	82.673	59,048.362
1871	307	860	40.313	83.649	60,192.430
1872	310	873	40.824	91.899	73,622.593

Im Jahre 1875 betrug die Kohlenproduction in Frankreich 16,949.032 metr. Tonnen und stieg im Jahre 1876 auf 17,104.794 metr. Tonnen, ging jedoch 1877 auf 16,889.201 metr. Tonnen zurück.

Die definitiven Daten über den Betrieb von 1877 sind der Regierung noch nicht zugekommen; es können daher die betreffenden Ziffern eine kleine Modification erleiden. Aus der nachstehenden Tabelle ist zu entnehmen, wie sich die gesammte Kohlenproduction der Republik auf die verschiedenen Arten des mineralischen Brennstoffes vertheilt.

Production	1876	1875
	metr. Tonnen	
Anthracite	1,123.161	1,087.136
Kurzflammige Hartkohle	3,183.144	3.253.290
Fette Schmiedekohle	408.544	387.455
Langflammige Fettkohle	8.574.216	8,451.635
Langflammige Magerkohle	3,350.134	3,344.077
Braunkohle etc.	465.595	425.435
Summe . . .	17,104.794	16,949.028

Anthracit wird besonders in den Departements Calvados, Isère, Mayenne, Nord, Sarthe gefunden; Braunkohle kommt hauptsächlich in den Departements Bouches-du-Rhône, Isère, Haute-Saône und Vaucluse vor. Die anderen Becken fördern ausschliesslich Steinkohle.

Von der Gesammtproduction des Jahres 1877 haben nachstehende Kohlenbecken mehr als 100.000 Tonnen gefördert:

	metr. Tonnen		metr. Tonnen
Valenciennes	6,565.824	Brassac	199.887
Loire	3,302.292	Decize	169.065
Alais	1,774.166	Romchamp	168.731
Creuzot et Blanzy	1,101.805	Ahun	167.950
Commentry	843.849	Saint-Eloy	159.714
Aubin	682.947	Epinac	142.384
Aix	378.085	Le Maine	107.043
Carmaux	281.500	Le Drac	100.810
Graissessac	263.808		

Diesen folgen nach der Wichtigkeit geordnet die nachstehenden Productionsdistricte:

	metr. Tonnen		metr. Tonnen
Hardinghem	87.651	Langeac	29.009
Basse-Loire	65.773	Maurienne et Briançon	29.002
Vouvant et Chantonnay	45.677	Fréjus	25.000
Buxière-la-Grue	40.486	La Chapelle-sous-Dun	24.665
Manosque	39.229	Bagnols	13.448
Bert	35.206	Rodez	12.347
l'Argentière	31.905	Littry	10.146

u. s. w.

Die Steinkohlenproduction in Frankreich hat sich, vom Anfang dieses Jahrhundertes an gerechnet, bis zum Jahre 1860 verzehnfacht. Seitdem hat sie sich innerhalb 16 Jahren von Neuem verdoppelt, und es unterliegt keinem Zweifel, dass wenn die gegenwärtige Krise überstanden ist, sie abermals namhafte Fortschritte machen wird.

Ein französischer Schriftsteller suchte jüngst zu beweisen, dass Frankreich mit den Bergwerksausrüstungen, die ihm zu Gebote stehen, in einer kurzen Zeit sehr leicht der gegenwärtigen gesammten Consumtion des Landes (24 Millionen Tonnen) Genüge leisten könnte, wenn es der Kohlenindustrie gelingen würde, sich mit den nöthigen 35 bis 40.000 Arbeitern zu versehen, um die gegenwärtige Production um 7 Millionen Tonnen zu vermehren.

Aus der nachfolgenden Tabelle ist ersichtlich, dass die Production innerhalb zweier Jahre (1871 bis 1873), durch dringende Umstände veranlasst, um 4,250.000 Tonnen zu steigen vermochte, dass jedoch, nach der letzten Periode von 10 Jahren zu urtheilen, die mittlere jährliche Zunahme derselben 500.000 Tonnen nicht überschreitet.

Jahr	Steinkohlen Menge metr. Tonnen	Steinkohlen Werth ℳ	Jahr	Steinkohlen Menge metr. Tonnen	Steinkohlen Werth ℳ
1802	844.180	.	1869	13,509.745	127,850.279
1811	773.694	.	1870	13,330.308	127,270.440
1820	1,093.658	.	1871	13,258.920	134,164.404
1830	1,862.665	.	1872	15,802.514	173,823.672
1840	3,003.382	.	1873	17,485.786	.
1850	4,433.567	35,272.994	1874	17,059.547	.
1860	8,309.622	79,005.715	1875	16,949.032	.
1866	12,234.455	118,095.466	1876	17,104.794	.
1867	12,533.335	127,299.146	1877	16,889.201	.
1868	13,330.826	126.073.162			

4*

Ueber die Coke- und Briquets-Fabrication gibt uns die officielle Statistik keine gehörigen Nachweisungen; man kann jedoch immerhin die Menge der jährlich in Frankreich erzeugten Coke auf beiläufig 1,400.000 Tonnen schätzen, eine Production, welche etwa 2,000.000 Tonnen Steinkohle erfordert.

Frankreich nimmt in Bezug auf die Verkehrswege einen sehr hervorragenden Rang unter den Industrieländern ein, und in keinem anderen Lande sind gegenwärtig so bedeutende Projecte auf der Tagesordnung, wie dort. Nachstehende Tabelle zeigt die Fortschritte des Eisenbahnnetzes, indem sie die Kilometerlängen der jeweilig in Betrieb befindlichen Bahnen angibt:

Bezeichnung	Nach den Aufnahmen des Jahres							
	1820	1830	1840	1850	1860	1866	1867	1868
	Kilometer							
Hauptbahnen	17	31	425	3.001	9.447	14.525	15.725	16.258
Local-Eisenbahnen	.	.	.	.	.	.	17	90
Industrie-Eisenbahnen	.	27	65	74	151	173	175	167
Summe…	17	58	490	3.075	9.598	14.698	15.917	16.515

Bezeichnung	Nach den Aufnahmen des Jahres							
	1869	1870	1871	1872	1873	1874	1875	1876
	Kilometer							
Hauptbahnen	16.977	17.479	17.263	17.843	17.569	19.128	19.808	20.363
Local-Eisenbahnen	170	290	426	750	1.284	1.502	1.802	2.153
Industrie-Eisenbahnen	171	178	177	181	179	187	217	235
Summe…	17.318	17.947	17.866	18.774	19.032	20.817	21.827	22.751

Die Anzahl der schiffbaren Flüsse und Ströme Frankreichs, welche 68 Departements durchziehen und deren schiffbarer Lauf 8.386 Kilometer beträgt, beläuft sich auf 141. 15 Departements besitzen keine schiffbaren Flüsse und Ströme. Im Jahre 1870 hatte Frankreich in 50 Departements 77 Canäle mit einer totalen Länge von 4.753 Kilometer. Es beträgt demnach die ganze Länge der schiffbaren Gewässer in Frankreich über 13.000 Kilometer, die sich nach den am meisten bevorzugten Departements wie folgt vertheilen:

Departement Nord .... 496 Kilometer,
„   Cher 493   „
„   Saône-et-Loire 434   „
„   Gironde 416   „
„   Maine-et-Loire 380   „
„   Seine-et-Marne 361   „
„   Nièvre 357   „
„   Marne 356   „
„   Loire-Inférieure 355   „   u. s. w.

An grossen Seen besitzt Frankreich nicht viele, doch hat es als Grenze, in einer Länge von 50 Kilometer, den Leman- oder Genfer See, der in seiner grössten Ausdehnung 70 Kilometer lang ist. Die bedeutendsten Seen im Innern sind folgende: der See von Grand-Lieu zwischen Nantes und Paimboeuf (7.000 Hectar); der See von Bourget nahe bei Aix in Savoyen (1.050 Hectar) und der See von Annecy in Ober-Savoyen (750 Hectar).

Was schliesslich die Handelsflotte anbelangt, welche jedoch für den Transport von Kohle keine Rolle spielt, so beläuft sich dieselbe auf 15.441 Schiffe mit einem Gehalte von 1,028.228 Tonnen, worunter 537 Dampfer mit 205.420 Tonnen und 14.904 Segelschiffe mit 822.808 Tonnen.

Nach diesem flüchtigen Ueberblick über die Communications-Wege und Mittel sei es gestattet, die verschiedenen Verkehrsrichtungen, welche die mineralischen Brennstoffe nehmen, näher ins Auge zu fassen und zu ermitteln, bis wohin letztere vordringen, wo sie sich begegnen, und wie sich die Einfuhr und der Verkehr im Inneren Frankreichs gegen einander verhalten.

Von den drei Einfuhrströmen versieht jener der Saarkohle zunächst Lothringen, breitet sich dann in der Champagne aus, geht gegen Westen nicht über Paris hinaus, gelangt jedoch bis Dijon und Besançon, ja im Süden selbst bis Lons-le-Saulnier.

Der aus Belgien kommende Einfuhrstrom von Kohle, mit dem sich überall die Kohle aus dem Becken von Valenciennes vereinigt, ergiesst sich über das ganze nördliche Frankreich, zieht sich gegen Südosten in die Champagne hinein und im Süden bis zur Loire, welche er hier und da überschreitet. Den Lauf dieses letzteren Einfuhrstromes werden wir unter „Belgien" noch beschreiben.

Der englische Strom schliesslich breitet sich längs der ganzen Küste aus, dringt, daselbst mit der belgischen und französischen Steinkohle concurrirend, bis in die südlichen Theile der Normandie und dominirt allein oder nahezu allein von der Bretagne bis nach Béarn. Die in diese Gegenden eindringende englische Einfuhr geht gegen Osten nicht über Tours, Poitiers, Angoulême, Périgueux und Toulouse hinaus; dies sind in der That die Scheidepunkte, an welchen die englische Kohle, von der daselbst nicht gerade sehr thätigen Industrie wenig gesucht, durch die Production der kleinen Becken, die im Westen des Centralbeckens der Loire gelegen sind, aufgehalten wird.

Auch an der Küste des Mittelländischen Meeres trifft man englische Steinkohle, trotz des langen Seeweges, welchen dieselbe durch die Meerenge von Gibraltar nehmen muss, doch überwiegt sie dort nirgends, weil einerseits die reichen Becken der Loire und von Alais mit Hilfe der Eisenbahnen des Rhônethales ihre Producte in diese Richtung werfen, andererseits einige ganz im Süden in den Alpen der Provence vorkommende kleine Becken zur Deckung des Kohlenbedarfes beitragen. So waren nach Herrn v. Ruolz von den im Jahre 1869 in Cette eingeführten 112.000 metr. Tonnen Steinkohle weniger als 1.000 Tonnen englischen Ursprungs, das Uebrige kam von Graissessac und Alais; nach Marseille wurden im Jahre 1872 an 36.170 metr. Tonnen englischer gegen 305.760 metr. Tonnen französischer Steinkohle gebracht; in Nizza allein beträgt die Einfuhr fremder Steinkohle 15.000 metr. Tonnen gegen 12.000 metr. Tonnen inländische Steinkohle.

Die Becken des südlichen Frankreichs produciren sogar mehr, als dieser Theil des Landes verbraucht, wodurch sich die Ausfuhr der französischen Steinkohlen erklärt. So erzeugte z. B. im Jahre 1872 das Becken von Alais 1,300.000 metr. Tonnen, wovon der grösste Theil an Ort und Stelle theils für den Localverbrauch, theils für den der Eisenbahnen verkauft wurde; der Rest ging gegen Westen bis nach Toulouse und Montauban, gegen Nordosten bis Lyon und Savoyen, und während gegen Norden der Abfuhr dieser Kohle durch jene des Loirebeckens Halt geboten wurde, konnte dieselbe gegen Süden unbehindert Marseille und Toulon erreichen. Im Jahre 1872 wurden in den Häfen Frankreichs 365.000 metr. Tonnen Steinkohle verschifft, ein Quantum, an welchem das Becken von Alais mit nahezu 300.000 Tonnen participirt.

Auf Seite 54, Tabelle I, geben wir eine ausführliche chronologische Darstellung der Ein- und Ausfuhr mineralischer Brennstoffe.

Die im Jahre 1876 ein- und ausgeführten Quantitäten vertheilen sich bezüglich ihrer Provenienz in der aus Tabelle II., Seite 54, ersichtlichen Weise.

Aus dieser Tabelle ersieht man, dass Belgien mit 50 %, England mit 36 %, Deutschland mit 14 % an der Einfuhr nach Frankreich theilnimmt; dagegen participirt an der Ausfuhr Frankreichs Belgien blos mit 10 %, die Schweiz mit 14 %, Italien mit 36 %, andere fremde Länder mit 40 %, letztere zumeist im Seeverkehr.

Die Direction des Mines hat den Kohlenverbrauch in Frankreich bis zum Jahre 1872 in einer Tabelle zusammengestellt, welche wir auf Seite 54 unter III reproduciren.

I.

Jahr	Einfuhr				Ausfuhr			
	Menge		Geldwerth		Menge		Geldwerth	
	Steinkohle	Coke	Steinkohle	Coke	Steinkohle	Coke	Steinkohle	Coke
	metr. Tonnen		$\mathscr{M}$		metr. Tonnen		$\mathscr{M}$	
1802	116.000		.	.	25.000		.	.
1811	120.000		.	.	30.000		.	.
1820	280.920		.	.	26.455		.	.
1830	637.291		.	.	6.012		.	.
1840	1,290.660		.	.	37.331		.	.
1850	2,833.260		.	.	41.560	.	.	.
1860	4,923.485	.	72.807.026	.	179.430	.	1,770.790	.
1866	6,676.431		105,272.186		343.579		3,296.100	
1867	6,562.576	676.354	100,896.833	13,317.211	298.093	28.758	2,800.737	587.387
1868	6,584.765	662.299	95,758.605	13,066.505	308.345	43.017	2,897.102	678.618
1869	6,683.804	794.505	83,842.644	13,501.508	330.565	25.444	3,105.728	619.693
1870	4,997.476	490.837	70,618.487	8,341.096	352.715	21.098	3,313.037	430.932
1871	5,279.956	276.835	77,215.817	5,340.485	303.163	13.054	2,105.315	213.302
1872	6,628.954	499.805	108,317.103	13,066.912	512.427	32.124	3,641.680	656.212
1873	6,964.549	496.966	113,800.730	12,992.692	621.154	41.810	4,415.100	853.969
1874	6,111.341	745.270	.	.	633.433	19.072	.	.
1875	7,321.142	546.356	.	.	702.270	16.279	.	.
1876	8,892.886	614.934	.	.	777.077	23.718	.	.

II.

Bezugs-Land	Einfuhr			Bestimmungs-Land	Ausfuhr		
	Steinkohle	Coke	Zusammen		Steinkohle	Coke	Zusammen
	metr. Tonnen				metr. Tonnen		
England	2,792.907	.	2,792.907	Belgien	81.622	.	84.622
Belgien	3,325.060	382.894	3,872.051	Schweiz	88.950	15.151	110.604
Deutschland .	771.555	223.883	1,091.388	Italien	289.748	2.710	293.619
Andere Länder	3.364	8.157	15.017	Andere Länder	313.747	5.857	322.114
Summe...	6,892.886	614.934	7,771.363	Summe...	777.077	23.718	810.959

III.

Jahr	Production	Einfuhr	Ausfuhr	Verbrauch	Jahr	Production	Einfuhr	Ausfuhr	Verbrauch
	metr. Tonnen					metr. Tonnen			
1787	215.000	217.378	28.787	413.591	1866	12,234.455	8,229.650	406.480	20,057.625
1802	844.180	116.000	25.000	935.180	1867	12,533.335	7,982.610	355.610	20,160.335
1820	1,093.658	280.920	26.456	1,348.122	1868	13,330.826	7,975.140	394.380	20,911.586
1830	1,862.665	637.291	6.018	2,493.945	1869	13,509.745	8,304.200	381.440	21,432.505
1840	3,003.382	1,290.660	37.331	4,256.712	1870	13,179.708	8,045.160	394.910	18,830.038
1850	4,433.567	2,833.260	41.560	7,225.267	1871	13,240.135	5,849.560	320.270	18,860.425
1860	8,309.622	6,160.470	199.810	14,270.253	1872	16,100.773	7,709.240	576.800	23,233.333
1865	11,652.755	7,212.680	343.080	18,522.375					

In derselben ist bei Ermittlung der Productionsziffer auf die sich stets ändernde Höhe der Kohlenvorräthe Rücksicht genommen und sind in den für die Ein- und Ausfuhr angegebenen Quantitäten Kohle und Coke zusammengefasst. Von den im Jahre 1870 verbrauchten 18.830.040 metr. Tonnen entfallen auf die Hüttenwerke 13,279.750 metr. Tonnen oder 70.5 %, 2,798.070 metr. Tonnen oder 14.9 % wurden zur Hausfeuerung verwendet, 1,903.150 metr. Tonnen oder 10.4 % haben die Transportanstalten verbraucht, der Rest endlich von 789.060 metr. Tonnen oder 4.2 % ist bei Gewinnung von Erzen aller Art consumirt worden. Im Jahre 1871 ist der Verbrauch nahezu gleich geblieben; denn er stieg blos um 30.380 metr. Tonnen, und auch das Verhältniss des Verbrauches nach den einzelnen Categorien blieb dasselbe.

Im Jahre 1872 hob sich der Consum namhaft und waren es insbesondere die Hüttenwerke, welche an der Steigerung des Verbrauches participirten. Es vertheilt sich der Verbrauch wie folgt:

Hüttenwerke, Gasfabriken, Manufacturen u. s. w...	16,834.280	metr.	Tonnen
Hauswirthschaft	3,096.040	„	„
Transportanstalten	2,385.900	„	„
Bergwerke und Steinbrüche	927.110	„	„
Summa...	23,233.330	metr.	Tonnen.

Der Verbrauch der Jahre 1875, 1876 und 1877 kann nach den von der Regierung halbjährig bekannt gegebenen, jedoch noch nicht definitiven Daten wie nachstehend angenommen werden.

Jahr	Production	Einfuhr	Ausfuhr	Verbrauch
	m e t r. T o n n e n			
1875	16,949.032	8,176.012	660.678	24,464.366
1876	17,104.794	8,101.650	725.525	24,480.919
1877	16,889.201	7,771.363	810.959	23,849.605

Hierbei sind zwar die Schwankungen in der Grösse der Kohlenvorräthe nicht in Betracht gezogen, nichtsdestoweniger lässt sich aus den früheren Daten schliessen, dass der Verbrauch Frankreichs trotz der Krise fast derselbe geblieben ist.

Der Consum hat mit furchtbaren Hindernissen zu kämpfen, die sich ihm in Gestalt der Eingangszölle, der Besteuerung, vor Allem der Verzehrungssteuer entgegenstellen. Der Eingangszoll für Kohle beträgt 0.99 ./K. für eine metr. Tonne, wird jedoch noch sehr viel drückender durch das Hinzutreten des sogenannten Zolles für die Statistik, der 5 %igen auf dem Transport von Frachtgut lastenden Steuer (im März 1878 aufgehoben), vor Allem aber der übertrieben hohen Verzehrungssteuer, welche z. B. in Paris 5.92 ./K. pro metr. Tonne beträgt. Man schätzt die verschiedenen Kosten, welche auf eine metr. Tonne mineralischen Brennstoffes vor dessen Einlagerung in die Kohlenniederlagen und Magazine in Paris lasten, auf 14.71 bis 16.34 ./K.

Im Detail stellen sich diese Kosten für Steinkohle von Charleroi (Belgien) nach Paris (La Chapelle) folgendermassen zusammen:

Kohlenpreis an der Grube	(schwankend)
Transport in Belgien	1.85 ./K.
Einfuhrzoll und Abgabe für die Statistik..................	1.14 „
Transport in Frankreich und 5 %ige Steuer	6.37 „
Durchsieben, Abladen und Einsacken	(schwankend)
Verlust an Kohle in Folge des Transportes...............	„
Verzehrungssteuer in Paris............................	5.92 ./K.
Zuführung, Einlagerung in die Keller, Werkzeugausrüstung.	(schwankend)
Fixe Kosten....	15.28 ./K.

Wie man sieht, sind diese Lasten beträchtlich, und sie rechtfertigen vollkommen die Anstrengungen, die man in Frankreich wegen Aufhebung des Eingangszolles und der Verzehrungssteuer für Kohle macht. Im Jahre 1871 belief sich der Bruttoertrag von 1.510 Verzehrungssteuerstellen auf 127,853.093 ./K., an welcher Summe die Kohle mit 14,464.918 ./K. participirt.

Betrachtet man die überspannten Lasten, welche auf einer Consumtion, die ein Drittel des ihr nöthigen Quantums aus dem Auslande zu nehmen gezwungen ist, ruhen, so muss man seine Bewunderung über die Lebensfähigkeit der französischen Industrie, die gegen solche Hindernisse zu kämpfen hat, aussprechen.

Die officielle Statistik liefert uns hinsichtlich der Anzahl der bei der Industrie, den Eisenbahnen und der Flotte in Verwendung stehenden Dampfmaschinen nachstehende Daten:

Bezeichnung der Maschinen		Nach dem Berichte des Jahres									
		1840	1850	1860	1866	1867	1868	1869	1870	1871	1872
Stationäre Maschinen	Anzahl	3.591	5.322	14.513	22.348	23.435	24.844	26.221	27.088	26.146	27.644
	Pferdekräfte	34.350	66.642	177.652	274.796	289.409	306.166	320.447	336.030	315.984	336.328
Locomotiven	Anzahl	142	973	3.101	4.130	4.435	4.591	4.822	4.835	4.867	5.102
Maschinen der Dampfer	Anzahl	263	501	681	604	859	897	917	973	1.005	1.048
	Pferdekräfte	11.429	22.025	36.690	55.545	58.131	59.845	62.827	59.573	63.711	69.880

Nach M. Ducarre übersteigt die Anzahl der im Jahre 1875 in Frankreich benutzten Dampfmaschinen die Summe von 32.000 mit 900.000 Pferdekräften, wovon 320.000 bei industriellen Werken in Verwendung stehen. Zählt man zu letzteren noch die 260.000 Pferdekräfte der durch Wasser getriebenen Werke, so ergibt dies eine Summe von 580.000 mechanischen Pferdekräften zu 75 Kilogrammeter, welche der Industrie dienten. Diese ungeheuere Kraft wird nutzbar gemacht und gelenkt von drei Millionen drei Hundert zweiunddreissig Tausend Arbeitern, und gestattet diesen, jährlich Producte im Werthe von **z w ö l f   M i l l i a r d e n** zu schaffen.

Eisen.*)

Frankreich besitzt zahllose Lager von Eisenerzen vorzüglichster Qualität.

Die Vogesen, das Centralplateau, die Alpen, die Pyrenäen, die Cevennen, vor Allem Algier sind reich an Erze führenden Lagern, und ihre Manganeisenerze, verschiedenen Hämatite, Magneteisenerze, Siderite und Glanzeisenerze aller Art können den Vergleich mit den analogen Erzen, welche die Eisenindustrie aus Spanien und Italien bezieht, vollkommen aushalten.

Diese Erze finden sich in regelmässigen oder unregelmässigen Gängen, in Flözen oder Angehäufen, kurz in allen geologischen Formationen; es wäre ein Ding der Unmöglichkeit, hier in das Detail einzugehen und die Formen der Ablagerungen, in denen dieselben auftreten, näher zu beschreiben, sowie die Verschiedenheiten hinsichtlich ihres Werthes für die Industrie und ihrer Zusammensetzung anzugeben, welche von der Natur, dem Alter und der Anordnung der sie umschliessenden Gesteinsarten abhängen.

Die Anzahl der Eisenbergwerke, deren es am 31. December 1869 266 mit einem Gesammtumfange von 1.302 Quadrat-Kilometer 21 Hectar gab, betrug am 31. December 1872 — dem Datum der letzten officiellen Erhebungen — nur 251 und die oberirdische Ausdehnung derselben 1.187 Quadrat-Kilometer 68 Hectar 90 Ar. Die Ursache der Verminderung liegt in der Abtrennung von Lothringen, welches einen bedeutenden Antheil an Frankreichs Gesammtproduction von Eisenerzen hatte. Die französischen Eisenbergwerke vertheilen sich gegenwärtig auf 34 Departements, unter denen nachfolgende das grösste zu Bergbauzwecken verliehene Terrain besitzen:

Gard	232 Quadrat-Kilometer	85 Hectar,
Meurthe-et-Moselle	119	„	51	„
Ardèche	99	„	20	„
Isère	79	„	37	„
Aveyron	63	„	4	„ u. s. w.

Die Eisenbergwerke Frankreichs kommen, was deren Anzahl und Wichtigkeit anlangt, unmittelbar nach den Steinkohlenbergwerken. Dessenungeachtet bilden sie für die Hütten nicht die einzigen Bezugsquellen für den Bedarf an Erzen, vielmehr bezieht ein Theil der Hohöfenbesitzer, um ein zur Stahlfabri-

*) Literatur: **Ministerium der öffentlichen Arbeiten**, Resumé des travaux statistiques de l'administration des mines; de 1834 jusqu'à 1827 inclus. — **Desselben**: Chemins de fer français, Situation au 31. Décembre 1876. — **Journal officiel** vom 7. April 1876. Bulletin du **Comité des maîtres de forges de France**. — **Maurice Block**, Statistique de la France, 1875. — **La Houille**, journal hebdomadaire, industriel, commercial et financier, Paris, Jahrgang 1875, 1876, 1877 und die im Jahre 1878 erschienenen Nummern.

cation sich besser eignendes Roheisen zu erhalten, Erze besserer Qualität aus Spanien, von der Insel Elba oder aus Algier.

Andererseits liefern zahlreiche oberirdische Vorkommen von Eisenerzen, welche nach dem Gesetze vom Jahre 1810 nicht verliehen werden können, den Eisenwerken Frankreichs einen grossen Theil ihres Rohmateriales. Durch dieses organische Gesetz waren diese Art von Gruben zu Gunsten der legal bestehenden Hütten mit einer Bergbau-Dienstbarkeit belastet, von welcher sie jedoch durch das Gesetz vom 9. Mai 1866 im Principe, am 1. Januar 1876 thatsächlich befreit wurden.

Die officielle Statistik über die Production von Eisenerzen in Frankreich reicht blos bis zum Ende des Betriebsjahres 1872. Während des Letzteren wurden an Eisenerzen 3,081.026 metr. Tonnen im Geldwerthe von 11,085.672 ℳ. producirt, die metr. Tonne nämlich zu 3.60 ℳ. gerechnet, und an Ort und Stelle 2,781.790 metr. Tonnen Erze im Werthe von 11,982.238 ℳ. oder 4.30 ℳ. per metr. Tonne zu Roheisen verschmolzen; die Einfuhr hob sich zu der bis dahin ungekannten Ziffer von 668.665 metr. Tonnen, während zu gleicher Zeit die Ausfuhr 336.790 metr. Tonnen erreichte. Das von den Eisenhütten verbrauchte Quantum belief sich sonach auf 3,113.665 metr. Tonnen. Im Jahre 1870 betrug dieses Quantum 2,958.490 metr. Tonnen, im Jahre 1871 2,094.672 Tonnen. Nachstehend bezeichnen wir die Departements, welche die höchste Production aufweisen:

Departement	1870	1871	1872
	metr. Tonnen		
Moselle	810.074	.	.
Meurthe	404.403	505.837	1,012.101
Marne (Haute-)	325.472	293.954	421.254
Cher	201.580	245.076	320.000
Ardèche	230.502	208.573	229.041
Saône-et-Loire	190.382	173.318	175.309
Pas-de-Calais	123.349	123.000	132.970
Meuse	115.830	80.750	116.660

Wie man sieht, hat in diesen wichtigsten Departements die Production an Eisenerzen im Jahre 1872 jene des Jahres 1870 überstiegen, ungeachtet des Verlustes des grössten Theiles des ehemaligen Mosel-Departements, in welchem sehr reichhaltige Eisenerzlager vorkommen. Unsere oben gegebenen Daten über die Production reichen nur bis Ende des Betriebsjahres 1872; weiter erstrecken sich die Daten über die Ein- und Ausfuhr von Eisenerzen, welche sich in den summarischen Angaben der Zollbehörde finden: allerdings fehlen hier wieder die Angaben des Geldwerthes.

Jahr	Production		Einfuhr	Ausfuhr
	metr. Tonnen	Werth in ℳ.	metr. Tonnen	
1850	1.821.170	5.293.538	.	.
1860	3,604.600	10,818.516	.	.
1866	3,790.168	11,130.125	450.273	137.480
1867	3,279.395	9,301.222	491.565	149.843
1868	3,005.094	8,533.678	553.563	195.440
1869	3,461.672	9,956.036	592.182	239.070
1870	2,899.593	8,414.189	489.261	145.062
1871	2,099.706	6,641.066	378.235	135.835
1872	3,081.026	11,085.672	620.518	336.790
1873	.	.	720.518	392.072
1874	.	.	816.110	213.263
1875	.	.	832.800	179.668
1876	.	.	975.631	105.170

Die Ziffern über die Production beziehen sich auf Roherze; diese können zum grossen Theile in dem Zustande, in welchem sie gefördert werden, nicht zur Aufbereitung gelangen, sondern müssen einem Vorbereitungsprocesse unterworfen werden, wodurch sich wohl ihr Werth erhöht, ihr Gewicht jedoch vermindert. Um den Verbrauch Frankreichs richtig festzustellen, fügt nun die officielle Statistik diesen so vorbereiteten Erzquantitäten das Einfuhrquantum hinzu und zieht von dieser Summe das ausgeführte Quantum ab. Im Jahre 1865 betrug das Gesammtquantum der von der französichen Industrie verbrauchten Erze 3,334.379 metr. Tonnen; im Jahre 1870 ist dasselbe auf 2,958.490 Tonnen, im Jahre 1871 auf 2,094.672 Tonnen gefallen, um im Jahre 1872 wieder auf 3,113.665 Tonnen zu steigen.

Die im Laufe des Jahres 1877 ein- und ausgeführten Quantitäten von Eisenerzen vertheilen sich nach den betheiligten Ländern wie folgt:

Ausfuhr		Einfuhr	
nach	metr. Tonnen	von	metr. Tonnen
Belgien..............	47.216	Belgien	223.443
Deutschland	30.104	Deutschland	30.709
anderen Ländern......	1.791	Spanien..............	248.226
		Italien	139.775
		Algier	330.049
		anderen Ländern	3.425
Summa...	79.111	Summa...	975.627

Die Eisenindustrie hat seit 15—20 Jahren sehr wichtige Veränderungen erlitten, welche jedoch derart sind, dass man dieselben aus der Statistik der Gesammtproduction nicht ersieht, da es sich vornehmlich um Verbesserungen in den Fabricationsprocessen handelt.

Im Jahre 1861 bestanden in Frankreich 472 Hohöfen, von denen 282 mit Holzkohle, 77 mit 2 Brennstoffen und 113 mit Coke arbeiteten. Im Jahre 1865 hatte sich die Sachlage bereits merklich geändert, man zählte nunmehr 195 Hohöfen auf Holzkohle und 71 auf zwei gemischte Brennstoffe, während die Zahl der Cokehohöfen 147 erreicht hatte. Im Jahre 1869 verminderte sich die Zahl der Holzkohlenhohöfen wiederum, man zählte deren blos 91 und auch die Anzahl der Hohöfen auf zwei Brennstoffe ging auf 55 herunter. Im Jahre 1872 endlich hat sich die Gesammtzahl der Hohöfen, welche während und nach dem Kriegsjahre 1870 kleiner geworden war, wieder gehoben und sich der im Jahre 1869 constatirten Ziffer bedeutend genähert; man zählte nämlich 270 Hohöfen, wovon 89 mit Holzkohle, 135 mit Coke und die übrigen 46 mit zwei gemischten Brennstoffen arbeiteten. Es scheint sonach, dass der Umwandlungsprocess, den wir angedeutet haben, seinem Ende entgegengeht.

Tabelle I, Seite 59, zeigt die Production, die Ein- und Ausfuhr von Roheisen in Frankreich.

Wie man bemerken wird, ist die Production Frankreichs nicht nur in einem verhältnissmässig kurzen Zeitraume bis zu der vor dem Kriege erreichten Productionsziffer wieder gestiegen, sondern es wächst die Eisenindustrie trotz der bestehenden industriellen Krise fortwährend. Das Cokeroheisen participirt an der Gesammtsumme des Jahres 1877 mit 1,369.869 metr. Tonnen; der Rest der Production entfällt mit 153.397 metr. Tonnen auf Holzkohlenroheisen und mit 63.281 Tonnen auf das mit zwei Brennstoffen erblasene Roheisen.

Tabelle II, Seite 59, enthält ein Verzeichniss der Departements, welche Eisenindustrie betreiben, mit vergleichenden Ziffern über die Productionsmengen in den Jahren 1876 und 1877.

I.

Jahr	Production		Anzahl der Hohöfen im Betrieb	Einfuhr	Ausfuhr
	Quantität metr. Tonnen	Geldwerth in. ℳ.		Quantität metr. Tonnen	
1819	112.500	.	.	.	.
1830	266.361	.	.	.	.
1840	347.773	.	.	.	.
1850	415.653	.	.	.	.
1860	898.353	.	.	.	.
1866	1,260.348	107,592.287	354	143.167	23.944
1867	1,229.044	114,070.433	346	155.052	18.204
1868	1,235.308	92,436.892	311	107.280	21.868
1869	1.380.965	102,908.416	288	127.701	22.414
1870	1,178.114	88,786.675	266	83.589	16.594
1871	859.641	69,151.842	223	77.478	14.906
1872	1,217.838	120,532.434	270	122.931	36.146
1873	1,366.971	.	.	125.203	46.385
1874	1,423.308	.	.	122.338	51.846
1875	1,416.228	.	.	202.589	.
1876	1,453.112	.	.	184.812	.
1877	1,522.266	.	.	212.897	.

II.

Departement	1877	1876	Departement	1877	1876
	metr. Tonnen			metr. Tonnen	
Allier	104.804	94.773	Jura	14.377	29.731
Ardèche	113.725	80.860	Landes	13.900	15.213
Ardennes	14.903	14.270	Loire	47.159	46.790
Ariége	12.095	20.920	Loire-Inférieure	5.790	8.360
Aube	.	120	Lot-et-Garonne	12.530	12.800
Aude	293	.	Marne	3.126	2.923
Aveyron	28.137	29.713	Marne (Haute-)	86.129	84.119
Bouches-du-Rhône	23.546	22.500	Mayenne	2.066	2.055
Cher	35.335	35.118	Meurthe-et-Moselle	385.663	326.796
Corse	4.700	4.800	Meuse	13.679	17.615
Côte-d'Or	3.631	11.020	Morbihan	1.985	2.535
Côtes-du-Nord	1.829	1.475	Nord	174.448	148.653
Dordogne	2.800	5.490	Pas de-Calais	54.040	60.239
Doubs	2.325	3.068	Pyrénées-Orientales	8.537	7.907
Eure	4.494	4.352	Rhône	61.797	69.794
Gard	82.978	85.487	Saône (Haute-)	9.200	12.874
Gironde	2.935	5.500	Saône-et-Loire	156.904	150.692
Ille-et-Vilaine	1.736	1.979	Sarthe	906	842
Indre	3.930	3.997	Savoie	.	285
Isère	20.653	22.097	Tarn-et-Garonne	4.281	5.350
			Summa...	1,522.266	1,453.112

Von der Roheisen-Production eines jeden Jahres wird ein Theil nochmals
umgeschmolzen, um erst dann zur Fabrication von Gusswaaren zu dienen, deren
Werth im Allgemeinen ein höherer ist, als derjenigen, welche direct aus der
ersten Schmelzung gewonnen werden.

Nachstehende Tabelle gibt über das Gewicht, den Werth und den Durchschnittspreis der Gusswaaren aus zweiter Schmelzung, welche von den Eisenhütten dem Handel übergeben wurden, die nöthigen Aufschlüsse:

Jahr	Gusswaaren zweiter Schmelzung metr. Tonnen	Geldwerth *M.*	Durchschnitts-preis *M.*
1865	252.654	54,477.218	216
1866	265.534	57,966.509	218
1867	269.949	56,395.502	209
1868	280.584	57,979.548	207
1869	303.921	63,347.327	209
1870	247.145	51,342.419	207
1871	221.598	48,415.468	219
1872	309.638	80,588.316	261

Man kann die Wertherhöhung, welche die Gusswaaren in Folge der zweiten Schmelzung erfahren, auf ungefähr 50% schätzen.

Die officielle französische Statistik liegt, wie bereits wiederholt bemerkt wurde, vollständig nur bis zum Jahre 1872 vor; die Ziffern der folgenden Jahre, welche wir theils schon mitgetheilt haben, theils noch folgen lassen werden, sind von der Administration des Mines im Journal officiel veröffentlicht worden, dürften jedoch, obwohl nur annähernd angegeben, in den definitiven Ausweisen kaum bedeutende Abänderungen erleiden.

Die nachfolgende Tabelle gibt einen Ueberblick über die Eisenindustrie in Frankreich mit Rücksicht auf die bei der Fabrication verwendeten Brennstoffe:

Jahr	Mit Holz-kohle allein oder mit bei-gemischten minerali-schen Brenn-stoffen er-zeugtes Eisen	Mit mineralischen Brennstoffen erzeugtes Eisen			Gesammtsumme	
		Schienen	Anderes Handels-Eisen	Summa		
	metr. Tonnen					Werth in *M.*
1819	73.200	.	.	1.000	74.200	.
1822	71.154	.	.	15.000	86.154	.
1830	101.290	.	.	46.855	148.469	.
1840	103.305	.	.	134.074	237.379	.
1850	73.457	23.087	149.652	172.739	246.196	.
1860	96.416	121.348	314.449	435.796	532.212	.
1866	74.489	171.007	573.887	744.894	819.383	158,907.879
1867	68.825	172.482	534.971	707.454	776.278	141,705.916
1868	52.829	186.028	574.871	760.899	813.728	146,327.736
1869	55.226	216.628	631.866	848.494	903.720	166,158.941
1870	45.933	171.009	613.844	784.853	830.786	152,035.186
1871	37.316	122.504	517.590	640.094	677.411	131,539.965
1872	43.263	129.151	710.935	840.086	883.349	210,191.998

Eisenblech und Eisendraht sind in vorstehender Tabelle nicht mit ent-halten.

Seit dieser Zeit (1872) hat sich die Eisenproduction wesentlich verringert: dieselbe betrug im Jahre 1875 nur 755.442 metr. Tonnen, im Jahre 1876 733.404 Tonnen und im Jahre 1877 747.437 metr. Tonnen.

Die in den beiden letzten Jahren erzeugten Quantitäten vertheilen sich folgendermassen auf die einzelnen Departements:

Departement	1877	1876	Departement	1877	1876
	metr. Tonnen			metr. Tonnen	
Allier............	26.398	24.799	Mayenne	3	13
Ardennes	40.071	34.865	Meurthe-et-Moselle	48.336	56.839
Ariége..........	9.040	8.755	Meuse...........	16.186	12.500
Aube............	4.255	6.991	Nièvre	22.460	20.313
Aveyron	40.090	36.825	Nord	205.640	177.834
Bouches-du-Rhône	1.098	1.340	Oise.............	18.697	16.665
Charente.........	480	675	Orne............	100	190
Cher	3.350	3.460	Pas-de-Calais	400	600
Corse	1.000	1.200	Pyrénées (Basses-).	306	443
Côte-d'Or	14.067	15.045	Pyrénées-Orientales	481	133
Côtes-du-Nord....	2.186	2.501	Rhin (Haut-).....	2.670	1.131
Dordogne........	4.942	4.482	Saône (Haute-) ...	1.300	2.057
Doubs...........	3.230	3.242	Saône-et-Loire ...	53.187	50.993
Finistère	400	477	Sarthe	98	144
Gard	23.441	25.588	Savoie...........	243	125
Garonne (Haute-).	900	1.700	Savoie (Haute-)...	481	796
Gironde..........	650	944	Seine............	22.076	24.040
Ille-et-Vilaine	115	155	Seine-Inférieure ..	.	604
Indre	922	1.692	Seine-et-Oise	1.367	2.508
Isère	8.046	7.315	Somme	1.545	830
Jura.............	9.896	16.711	Tarn	544	726
Landes	2.750	2.556	Tarn-et-Garonne..	3.255	4.975
Loir-et-Cher	195	235	Vienne	158	160
Loire	56.536	56.990	Vienne (Haute-) ..	1.140	.
Loire-Inférieure ..	6.350	6.650	Vosges	1.723	1.708
Lot-et-Garonne ...	55	.	Yonne...........	10.770	9.681
Marne (Haute-)...	73.808	82.203	Summa...	747.437	733.404

Die Production von Eisenbahnschienen ist im Jahre 1875 auf 118.959 metr. Tonnen, 1876 auf 77.420 Tonnen gefallen.

Was die Fabrication von Eisenblechen anbetrifft, welche in den vorstehenden Angaben nicht berücksichtigt ist, so hat dieselbe im Jahre 1865 an Gewicht 100.915 metr. Tonnen im Werthe von 29,468.232 ℳ., im Jahre 1866 106.054 metr. Tonnen im Werthe von 29,602.678 ℳ, 1867 97.538 metr. Tonnen im Werthe von 26,531.215 ℳ,

im Jahre 1868 92.023 metr. Tonnen im Werthe von 24,364.167 ℳ
„ „ 1869 107.441 „ „ „ „ „ 28,160.659 „
„ „ 1870 83.102 „ „ „ „ „ 22,056.746 „
„ „ 1871 80.701 „ „ „ „ „ 23,348.844 „

betragen. Im Jahre 1872 endlich entfaltete dieser Industriezweig, ebenso wie die Fabrication von Gusseisenwaaren eine grosse Thätigkeit, so zwar, dass die Production 129.823 metr. Tonnen im Werthe von 44,616.952 ℳ. erreichte.

Der hierauf eingetretenen Krise und den enormen Anstrengungen der Concurrenz hat diese Branche der Eisenindustrie verhältnissmässig gut Stand gehalten: im Jahre 1875 wurden 114.931, 1876 115.136, 1877 125.361 metr. Tonnen Eisenbleche erzeugt.

Die Vertheilung der Production der beiden letztgenannten Jahre nach den hier in Betracht kommenden Departements zeigt Tabelle I, Seite 64.

Auch die Production von Eisendraht ist in der auf Seite 60 gegebenen allgemeinen Tabelle nicht enthalten; leider besitzen wir hierüber seit dem Jahre 1872 keine Angaben. Im Jahre 1865 wurden in Frankreich an Eisendraht 43.149 metr. Tonnen im Werthe von 15,127.026 ℳ fabricirt. 1866 hob sich die Production dieses Artikels bis auf 59.585 metr. Tonnen im Werthe von

Departement	1877	1876	Departement	1877	1876
	metr. Tonnen			metr. Tonnen	
Aisne	795	875	Meurthe-et-Moselle	1.400	.
Allier	6.576	8.014	Meuse	240	.
Ardennes	18.392	18.070	Morbihan	4.346	3.069
Aveyron	1.390	2.992	Nièvre	1.394	1.362
Côte-d'Or	550	1.300	Nord	24.674	18.994
Doubs	3.109	3.423	Oise	13.107	11.100
Garonne (Haute-) .	300	.	Saône (Haute-)...	775	1.018
Isère	1.398	1.059	Saône-et-Loire ...	15.978	16.808
Jura	8.826	3.432	Savoie (Haute-) ..	359	422
Loire	15.143	16.145	Vosges	1.342	1.252
Marne (Haute-) ...	5.267	4.901	Summa	125.361	115.136

20,996.583 ℳ., 1867 war diese wieder etwas zurückgegangen; sie betrug nämlich nur 57.453 Tonnen im Werthe von 19,257·904 ℳ.

Im Jahre 1868 zeigte sich jedoch ein neuer Fortschritt, indem die Production 62.770 metr. Tonnen im Werthe von 19,918.584 ℳ. erreichte. 1869 war ein neuerlicher Rückgang derselben zu constatiren, immerhin hielt sie sich noch auf der Höhe von 56.037 metr. Tonnen im Werthe von 18,457.129 ℳ. Wie alle anderen Industriezweige aber litt auch sie unter dem Einflusse des Krieges und fiel im Jahre 1870 auf 42.387 metr. Tonnen im Werthe von 13,547.309 ℳ. 1871 stieg die Production von Blechen wieder auf 46.615 metr. Tonnen im Werthe von 16,525.158 ℳ., um im Jahre 1872 zu der bis dahin ungekannten Ziffer von 72.629 Tonnen im Werthe von 30,882.027 ℳ. zu gelangen.

In den fünfzig Jahren von 1819 bis 1869 haben die Eisenfabricate Frankreichs überhaupt dem Gewichte der Jahresproduction nach sich von 74.200 auf 903.720 metr. Tonnen erhöht, somit um das Zwölffache vermehrt; seit dem Jahre 1869 ist die Eisenfabrication im Fallen begriffen, jedoch nur um der steigenden Stahlproduction, mit der wir uns nun zu beschäftigen haben, Platz zu machen.

Die officielle Statistik theilt den S t a h l in fünf Categorien ein:

In Rohstahl, Puddelstahl, Bessemer-, Siemens-, Martin-Stahl etc., in Cementstahl und endlich in Gussstahl.

Den Rohstahl erhält man direct durch Klumpfrischen besonderer Sorten von Gusseisen.

Der Puddelstahl ist das Product der Frischarbeit in Flammöfen.

Bessemer-, Siemens-, Martin-Stahl etc. werden gewonnen durch Frischung bei einer Temperatur von solcher Höhe, dass die ganze Masse in Fluss gebracht wird und gleichartige Barren liefert.

Der Cementstahl wird durch directe Einwirkung von Kohlenstaub auf das Eisen, welches dadurch Kohlenstoff aufnimmt, hergestellt.

Der Gussstahl endlich wird durch Umschmelzung eines bestimmten Quantums verschiedenen Stahls oder gewisser Mischungen (Roheisen mit Eisen, Stahl oder verschiedenen Abfällen) in Tiegeln oder auf dem Siemens'schen Herde, auch in Oefen anderer Construction gewonnen.

Die erste dieser Fabricationsmethoden ist heutzutage von keinem Belange mehr und scheint dazu bestimmt zu sein, in einer nicht allzufernen Zukunft gänzlich einzugehen.

Die zweite, das Puddelverfahren, erhält sich besser, besonders in dem Loirebecken, welches beiläufig 60 % des in Frankreich fabricirten Puddelstahles erzeugt. Die Gesammtproduction an Puddelstahl hat sich im Jahre 1876 auf 19.237 metr. Tonnen gehoben.

Von grösster Wichtigkeit sind die vermittels des Bessemer-, des Siemens-, des Martin- etc. Verfahrens hergestellten Stahlarten, und es zeigt sich in dieser Fabrication ein ungeheuerer Aufschwung.

Im Jahre 1865 betrug die Menge des auf diese Weise erzeugten Stahles 9.647 metr. Tonnen im Werthe von 3,921.396 $\mathcal{M}$., die metr. Tonne nämlich zu 406.52 $\mathcal{M}$. 1866 hatte sich die Production wenig geändert, sie belief sich auf 9.977 metr. Tonnen im Werthe von 4,154.984 $\mathcal{M}$., die metr. Tonne zu 416.40 $\mathcal{M}$. 1867 entwickelte sich diese Branche der Stahl-Fabrication ungemein; sie erreichte bereits die Höhe von 17.768 metr. Tonnen im Werthe von 6,992.942 $\mathcal{M}$., 393.62 $\mathcal{M}$. per metr. Tonne. 1868 war der Zuwachs ein enormer, indem die Production auf 45.860 metr. Tonnen im Werthe von 14,819.182 $\mathcal{M}$. stieg; zugleich war der Durchschnittspreis um ein Sechstel gefallen, auf 323.13 $\mathcal{M}$. per metr. Tonne. Im Jahre 1869 erreichte die Production sogar schon 70.113 metr. Tonnen im Werthe von 17,982.888 $\mathcal{M}$., während der Durchschnittspreis weiter auf 256 $\mathcal{M}$. fiel. In den zwei Jahren 1870 und 1871 drückte der Krieg die Fabrication auf 61.242 und 62.382 metr. Tonnen herab, die einen Werth von 14,280.283 und 15,089.125 $\mathcal{M}$. repräsentirten; doch erreichte im folgenden Jahre (1872) die Production bereits wieder die Höhe von 112.286 metr. Tonnen im Werthe von 32,556.684 $\mathcal{M}$., die metr. Tonne nämlich zu 290 $\mathcal{M}$., und seitdem stieg sie von Jahr zu Jahr. 1875 betrug sie 231.468 metr. Tonnen, 1876 231.999 metr. Tonnen. Im Jahre 1877 zeigte sich in Folge der industriellen Krise allerdings ein kleiner Rückschlag, und zu Ende dieses letzten Betriebsjahres stand der Preis einer metr. Tonne Stahlschienen auf 163.36 $\mathcal{M}$.

Der Gussstahl endlich, welcher für viele Specialitäten Verwendung findet, weist fast ohne Schwankungen eine ziemlich bedeutende Production auf.

Im Jahre 1870 belief sich die Production ganz Frankreichs auf 8.135 metr. Tonnen im Werthe von 4,887.503 $\mathcal{M}$.; 1871 fiel dieselbe auf 5.959 metr. Tonnen im Werthe von 3,648.556 $\mathcal{M}$.; 1872 stieg sie wieder auf 8.080 metr. Tonnen im Werthe von 6,238.939 $\mathcal{M}$., die metr. Tonne nämlich zu 772.12 $\mathcal{M}$. Als Productionsbezirk ist das Loire-Departement allein von Wichtigkeit.

Die nachstehende Tabelle zeigt, in welcher Weise die Stahlindustrie seit dem Jahre 1831 vom französischen Markte Besitz ergriffen hat:

Jahr	Stahl			
	Roh- Puddel-, Besse-mer-, Martin- u. s. w.		Cement-	Guss-
	metr. Tonnen			
1831	3.257		1.500	158
1840	3.546		3.859	858
1850	3.307		5.625	2.050
1860	16.917		6.414	6.518
1866	26.626	.	5.019	6.119
1867	36.041		4.416	6.020
1868	66.907		4.304	9.353
1869	96.305		6.310	7.610
1870	81.023		5.229	8.135
1871	76.454		3.714	5.959
1872	129.903		3.722	8.080
1873		155.568	.	.
1874	.	216.072		
1875	249.592		2.045	6.143
1876		224.473		7.774
1877		221.817		6.843

Man ersieht aus diesen Ziffern gleichzeitig, wie sich die Stahlproduction Frankreichs der einzelnen Fabricationsmethoden bedient. Wir lassen nun eine

Tabelle folgen, welche die Antheilnahme der einzelnen Departements an der Gesammtproduction der verschiedenen Stahlarten ersichtlich macht; dabei erscheint auch die Production von Stahlblech berücksichtigt.

Departement	Guss-, Bessem.-, Puddel-, Roh- und Cementstahl		Tiegelgussstahl		Stahlblech	
	im Jahre					
	1877	1876	1877	1876	1877	1876
	metr. Tonnen					
Allier	17.681	14.050	.	.	144	37
Ardennes	86	15	355	47	.	.
Ariége.........	1.809	1.802	23	21	.	60
Charente	670	770	20	.	.	.
Côtes-du-Nord..	21	25	7	11	.	.
Finistère	.	.	.	4	.	.
Gard	29.616	27.981	.	.	.	.
Garonne (Haute-)	145	840	.	.	.	.
Isère	5.780	5.513	144	124	.	.
Loire	78.859	93.174	5.751	6.561	5.347	3.154
Meurthe-et-Moselle	1.129	1.030	.	.	.	.
Nièvre	10.258	6.263	139	897	691	.
Nord	29.729	20.836	.	.	.	255
Saône (Haute-) ..	.	23	.	21	.	.
Saône-et-Loire..	45.904	52.058	.	.	6.851	4.905
Seine	.	.	31	88	.	.
Tarn	135	93	373	.	.	.
Vosges.........	5	.	.	.	.	.
Summa...	221.817	224.473	6.843	7.774	13.288	8.156

Wir haben oben von der Abnahme der Hohöfen gesprochen. Die letzten Daten, welche über den Bestand der speciell mit der Verarbeitung des Eisens beschäftigten Hütten gesammelt wurden, ergaben fast dasselbe Resultat wie jene über die Productionsstätten von Roheisen. Die Anzahl der catalanischen Feuer wird immer geringer; von den im Jahre 1869 bestandenen 24 Feuern waren im Jahre 1870 nur noch 22, 1871 21 und 1872 blos 20 übrig. Die Anzahl von Puddelöfen, von Herden also, welche ausschliesslich Steinkohle brennen, betrug im Jahre 1869 1.111, 1870 1.073, um im Jahre 1871 auf 902 zu fallen, 1872 dagegen wieder auf 1.037 zu steigen.

Was den Stahl anbelangt, so ist durch die officiellen Erhebungen constatirt, dass die Frischfeuerherde zu verschwinden beginnen; im Jahre 1869 gab es deren 49, im Jahre 1870 37, 1871 20 und 1872 nur noch 4. In Bezug auf die Anzahl der Cementiröfen sind nahezu dieselben Veränderungen eingetreten, welche wir hinsichtlich der Hoh- und Puddelöfen erwähnt haben. Im Jahre 1869 zählte man deren 53, im Jahre 1870 47, 1871 43, 1872 44. Die Schmelzöfen für die Gussstahlerzeugung verschwinden rapid; ihre Zahl betrug im Jahre 1869 287, im Jahre 1870 281, im Jahre 1871 235, im Jahre 1872 aber nur noch 212, und zwar bezieht sich diese Verminderung namentlich auf jene Oefen, welche zur Schmelzung von Stahl in Tiegeln dienen.

Die Umwandlungen, welche sich hiernach im Bereiche der Stahlfabrication vollzogen haben, sind durch die epochemachende Einführung neuer Verfahren (Bessemer und andere) hervorgerufen worden. Im Jahre 1876 bestanden in Frankreich 10 Werke, welche nach diesen Verfahren Stahl bereiteten und insgesammt 20 Bessemer-Converter und 25 Martin-Oefen besassen, nämlich die

Werke der Compagnie de Chatillon-Commentry mit 2 Convertern; der Société de Commentry-Fourchambault mit 5 Convertern; der Société de Denain-Anzin mit 2 Convertern; der Compagnie des hauts-fourneaux, forges et aciéries de la Marine et de Chemins de fer (Petin, Gaudet et Cie.) mit 3 Convertern; der M. M. Biétrix et Cie. zu Saint-Etienne mit 2 Martin-Oefen; der Compagnie des forges, fonderies et aciéries de Saint-Etienne mit 2 Convertern; der Werke in Creuzot mit 4 Convertern und 5 Martin-Oefen; der Compagnie des Terrenoire-Lavoulte-Bessèges mit 8 Convertern und 8 Martin-Oefen; der Clergué-Hütten zu Oullins mit 2 Martin-Oefen.

In Nachstehendem geben wir einen Ueberblick über die Handelssituation der französischen Eisenindustrie, indem wir die Daten der Jahre 1876 und 1877 über die Einfuhr (frei und verzollt) und Ausfuhr (direct und gegen acquits) von Roheisen, Eisenwaaren, Blechen und Stahl vergleichen.

Einfuhr	Im Jahre	
	1877	1876
	metr. Tonnen	
Roheisen.		
Zollfrei (Decret vom 15. Feber 1862)	95.578	99.112
Für Schiffsconstructionen	843	2.112
Mit Zoll belegt	116.475	83.089
Summa...	212.896	184.313
Eisenwaaren und Bleche.		
Zollfrei (Decret vom 15. Feber 1862)	23.620	24.443
Für Schiffsconstructionen	5.356	7.989
Mit Zoll belegt	33.758	23.951
Summa...	62.734	56.383
Stahl.		
Zollfrei (Decret vom 15. Feber 1862)	467	712
Für Schiffsconstructionen	2	10
Mit Zoll belegt	4.538	4.722
Summa...	5.007	5.444
Ausfuhr		
Gesammtsumme an Roheisen, Eisenwaaren, Bleche gegen acquits à caution	102.366	125.293
Stahl gegen acquits à caution	2.071	1.194
Eisen, Blechstahl und Kunstartikel, direct	64.767	79.760
Summa...	169.204	206.247

Die für Schiffsconstructionen bestimmte freie oder durch Anwendung von acquits à caution vermittelte Einfuhr von Artikeln ergibt für das Jahr 1877 folgendes Resultat:

	Einfuhr	mittels acquits à caution
	metr. Tonnen	
Alteisen	105	10
Roheisen	843	191
Eisen	5.104	905
Eisenbleche	251	300
Stahl in Barren	2	.
Transport...	6.305	1.406

	Einfuhr	mittels acquits à caution
	metr. Tonnen	
Transport	6.305	1.406
Stahlbleche	47	.
Maschinen	259	1.184
Eisenwaaren	.	2.645
Gusswaaren....................	.	403
Stahlwaaren...................	.	36
Blechwaaren	.	1.276
Anker........................	162	170
Kabel und Ketten von Eisen	143	611
Summa..	6.916	7.731

Von dem mittels der acquits à caution zu befördernden Quantum waren mit Ende 1877 34.389 Tonnen noch nicht realisirt.

Belgien.*)
(29.455.16 Quadrat-Kilometer. — 5,403.006 Einwohner.)

Kohle.

Mit Rücksicht auf seinen Flächeninhalt ist Belgien durch Mineralreichthum eines der bevorzugtesten Länder der Erde, und es ist auch, vielleicht mit Ausnahme von England, jener Erdstrich, auf welchem die Ausbeutung dieser Bodenschätze in die früheste Epoche zurückgreift.

Man kann den Beginn der Steinkohlengewinnung in Belgien in das zwölfte Jahrhundert setzen. Das Steinkohlengebiet, welches beiläufig $\frac{1}{22}$ des Flächeninhaltes des ganzen Landes umfasst, bildet durch die Abflachung einer kohlenhaltigen Kalkformation eine tiefe Mulde, und streicht von Südwest nach Nordost über Quiévrain, Mons, Charleroi, Namur und Lüttich.

Am Samsonbache, unweit von Namur, in der Mitte der Mulde, tritt die Kohle an die Oberfläche; von diesem Punkte an neigt sich das Terrain einerseits im Westen gegen Mons, um das Becken von Hennegau, andererseits gegen Osten, um das Becken von Lüttich zu bilden.

Die Folge dieser Lagerung ist, dass sich das Kohlenbecken von Namur aus nach Ost und West immer mehr vertieft.

---

*) Bearbeitet von Max Goebel, Civilingenieur und Herausgeber der Zeitschrift „La Semaine Industrielle" in Lüttich.
Literatur. Michel Mourlon, Patria Belgica, Artikel Géologie. — F. L. Cornet Idem, Artikel Mines et Carrières. — F. Jochams et Henri Witmeur, Statistique des Industries minières et sidérurgiques de Belgique pour l'exercice 1875. — Jules Van Scherpenzeel Thim, Rapport sur la situation de l'industrie minérale et métallurgique dans la province de Liège pendant l'année 1876. — Emile Loguesse, Rapport de M. l'Ingénieur en chef des Mines, province de Hainaut, année 1876. — Herebem, Situation de l'industrie minérale dans la province de Namur pendant l'année 1876. — Tableau général du commerce de la Belgique avec les pays étrangers pendant l'année 1876, publié par le Ministre des Finances. — Moniteur belge du 3 Février 1878, annexe, tableau du mouvement commercial de la Belgique avec les pays étrangers pendant les années 1876 et 1875. —

Bei Samson treten die untersten Schichten beiläufig 200 Meter über dem
Meeresspiegel zu Tage. In der Nähe von Boussu, westlich von Mons, dürfte
die Sohle des Beckens eine Tiefe von 2.370 Meter unter der Meeresoberfläche
erreichen, und auch unweit Lüttich ist die Mächtigkeit des kohlenführenden
Terrains, ohne so gross zu sein wie westlich von Mons, dennoch sehr beträchtlich.

Man glaubt, dass die Steinkohle beiläufig ein Vierzigstel der Masse des
gesammten Kohlenterrains ausmache, dessen Flächeninhalt 134.110 Hectar
beträgt.

Die Zahl der Kohlenflöze an einem gewissen Punkte des Kohlenbeckens
ist gewöhnlich proportional der Tiefe des gesammten Kohlenterrains an der
betreffenden Stelle. Die Kohlenflöze sind demnach in der Nähe von Namur
weniger zahlreich und nehmen in dem Masse zu, als man sich Lüttich und
Mons nähert; es hat sich denn auch in der Umgebung dieser beiden Städte
der Kohlenbergbau besonders stark entfaltet.

Nach Dumont befinden sich in der Gegend von Lüttich 85 Flöze;
nach F. L. Cornet kennt man in Borinage 130 bis 160 Flöze, von welchen
zwei Drittel abbaufähig sind. Die Mächtigkeit dieser Flöze variirt zwischen
einigen Centimetern bis zu mehr als zwei Meter; die, welche sich im Abbau
befinden, haben meistens eine Mächtigkeit von 0.55 bis 1 Meter. Kohlenflöze
unter 0.35 bis 0.40 Meter Mächtigkeit werden nicht abgebaut.

Obwohl die Flöze sehr zahlreich sind und beinahe alle Arten von mineralischer Kohle vorkommen, so verursachen doch die im Allgemeinen nur
mittelmässige Mächtigkeit der Kohlenadern und die zahlreichen Verwerfungen
derselben dem Bergbau grosse Schwierigkeiten. Auch besitzt das Kohlenterrain ein starkes, nach Süden geneigtes und mit der Muldenaxe parallel
laufendes Gefälle, welches am Pas-de-Calais anfängt und sich bis in die
preussische Rheinprovinz erstreckt.

Zu diesen geologischen Schwierigkeiten treten nun noch diejenigen hinzu,
welche durch den Jahrhunderte dauernden Abbau, die stetige Tieferführung
der Schächte, das Lockern des Terrains und das Hereinbrechen der Gewässer
hervorgerufen werden. Danach wird man anerkennen müssen, dass die belgische
Steinkohlenindustrie, welche die Concurrenz benachbarter von der Natur mehr
begünstigter Productionsbecken zu bestehen hat, eine bemerkenswerthe Energie
entwickelt.

Die belgischen Steinkohlen zeigen sehr grosse Verschiedenheiten in ihren
physikalischen und chemischen Eigenschaften.

Man hat sie in vier Hauptclassen getheilt, deren Aufeinanderfolge nach
der Lage nachstehende ist:

1. Die magere, von den niederen Flözen gelieferte Kohle dient vorzüglich zum Brennen von Ziegeln und Kalk, zum Rösten von Schwefelkies,
zur Reduction von Zinkerzen und zur Briquetsfabrication; die grösseren Stücke
werden für die Hausfeuerung gebraucht.

2. Die Fettkohle, von der vorhergehenden durch mehrere Zwischen-
arten getrennt, characterisirt sich durch eine grosse Neigung zu backen.
Wird dieselbe der Destillation unterworfen, so erzeugt sie einen schweren festen
Coke, welcher von den Hütten sehr gesucht wird; sie wird auch für die Hausfeuerung und als Schmiedekohle sehr geschätzt.

3. Die mittelfette Kohle, welche hauptsächlich zur Dampfkesselheizung,
für den Hausgebrauch, zur Erzeugung von Leuchtgas und von Coke für das Hüttenwesen verwendet wird. Die Destillation derselben ergibt ein weniger festes
Product als die vorhergehende Art und weniger Leuchtgas als die nachfolgende.

4. Die Flammkohle (Flénu) wird von allen Industriezweigen sehr
geschätzt, welche einer langen Flamme oder der Entwicklung einer sehr
grossen Hitze bedürfen. Diese Kohle wird zum grössten Theile zur Heizung
der Dampfschiffe, der Puddelöfen, zum Brennen von Chamotte-Ziegeln, Ofen-
kacheln, Fayance, in den Glashütten und überdies zur Erzeugung von Leucht-

gas verwendet. Manche Gattungen der Steinkohlen von Mons haben aus 1000 Kilogramm Kohle 330 Kubikmeter Leuchtgas geliefert.

Die Production der Kohle im ganzen Königreiche, welche im Jahre 1876 sich auf 14,329.578 metr. Tonnen belief, zeigte, nach Qualität der Kohlen eingetheilt, folgendes Procentverhältniss: Magerkohle 12 %; Halbfettkohle 45 %; Fettkohle 27 %; Flammkohle 16 %.

Die physikalischen Eigenschaften der belgischen Kohle zeigen dieselben Verschiedenheiten wie die chemischen. Im Allgemeinen ist der Stückfall verhältnissmässig gering, und die Kohlenwerke, deren Förderung 40 % von Stückkohle (Würfelkohle und Grosskohle) beträgt, bilden eine Ausnahme.

Eine bedeutende Vermehrung der staatlicherseits verliehenen Grubenfelder scheint in Belgien nicht thunlich zu sein; man sieht im Gegentheil aus der nachfolgenden Tabelle, dass wohl während zehn Jahren die Grösse der verliehenen und mit Freischürfen bedeckten Flächen etwas gewachsen ist, dafür aber die Anzahl der Bergwerke in Folge von Fusionen abgenommen hat.

Jahr	Kohlenwerke					
	in Betrieb		stillstehend		Zusammen	
	Anzahl	Ausdehnung in Hectaren	Anzahl	Ausdehnung in Hectaren	Anzahl	Ausdehnung in Hectaren
1866	155	86.051	132	48.711	287	134.762
1869	171	92.483	114	48.157	285	140.640
1872	166	94.877	116	46.331	282	141.208
1873	180	103.301	102	37.907	282	141.208
1874	179	101.109	105	43.203	284	144.312
1875	175	100.652	105	43.226	280	143.878
1876	180	103.628	98	39.030	278	142.658

Bei dieser Gelegenheit möge hervorgehoben werden, dass es in der Provinz Hennegau Verleihungen für die Ausbeutung blos einzelner von den übereinander gelegenen Kohlenflözen gibt.

Auch wird man aus dem nun folgenden Tableau ersehen, dass die Anzahl der Förderungsstätten mit der zunehmenden Tiefe des Abbaues abgenommen hat. Diese Abnahme erlitt allerdings durch den lebhaften Aufschwung der Industrie im Jahre 1873 eine Unterbrechung, und neue in Folge der ungewöhnlich starken Nachfrage nach Brennmaterial geschaffene Förderungsstätten sind erst neuerdings zur Ausbeute gelangt; doch liegt es in der Natur der Sache, dass die belgischen Kohlengewerken bedeutende Vortheile in der Einschränkung der Anzahl der Gruben bei gleichzeitiger Ausbreitung der unterirdischen Baue erzielen würden. — Im Nachfolgenden geben wir die Anzahl der Förderungsstätten der Schächte und die Tiefe der letzteren an.

Jahr	Förderungsstätten				Schächte			Mittlere Tiefe des untersten Horizontes der Schächte
	in Betrieb	in Reserve	im Bau	Zusammen	für Förderung	für Wasserhub	Zusammen	
1866	335	101	56	492	49	196	245	308
1869	310	108	38	456	47	190	237	334
1872	317	86	39	442	48	186	234	344
1873	317	78	57	452	45	186	231	346
1874	317	82	58	457	45	184	229	355
1875	322	88	59	463	47	183	230	350
1876	306	88	60	454	49	172	221	340*)

*) Wäre letztere Messung nach Massgabe der in früheren Jahren gebräuchlichen Methode erfolgt, so würde die betreffende Tiefe sich mit 370 Meter herausgestellt haben.

Dagegen haben die Ausrüstung der Bergwerke, die mechanischen Förderungsmittel, die Wasserhubs- und Ventilationsmaschinen von Jahr zu Jahr zugenommen, so dass die Steigerung im letzten Decennium sowohl in Bezug auf die Anzahl, als auch auf die Stärke der Maschinen annähernd 50 % beträgt.

Jahr	Dampfmaschinen in Verwendung									
	zur Kohlen-förderung		zum Wasser-hub		zur Ventilation		zu verschied. Zwecken		Zusammen	
	An-zahl	Pferde-kräfte	An-zahl	Pferde-kräfte	An-zahl	Pferde-kräfte	An-zahl	Pferde-kräfte	Anzahl	Pferde-kräfte
1866	421	27.412	170	28.136	266	5.076	332	2.788	1.189	64.022
1869	428	33.034	176	28.441	304	7.916	457	4.095	1.365	73.486
1872	431	35.912	183	30.935	300	8.861	522	5.164	1.445	80.872
1873	430	37.111	185	31.967	323	9.742	557	5.535	1.495	84.355
1874	450	38.398	182	31.447	337	10.895	617	6.612	1.586	88.352
1875	461	41.939	178	30.949	349	11.692	675	7.733	1.663	92.313
1876	481	46.575	189	31.828	361	12.310	736	8.669	1.766	99.382

Die Thatsachen, welche wir hiermit klar dargelegt haben, nämlich die immer mehr zunehmende Tiefe der Schächte, die Nothwendigkeit, die Maschinenkraft zur Erreichung und zum Aufhub der Kohle zu vergrössern, endlich der stetig wachsende Arbeitslohn haben bewirkt, dass sich die Gestehungskosten der Kohle auf einer bedeutenden Höhe erhalten. Wenn man die grossen Schwierigkeiten berücksichtigt, welche sich den belgischen Kohlengewerken in Bezug auf die geologischen Verhältnisse entgegenstellen und wenn man dieselben mit denen der Kohlenreviere von England, Deutschland und selbst Frankreich vergleicht, so wird man zugestehen müssen, dass die Förderungskosten vor der grossen Hausseperiode von 1872 bis 1874 nicht übertrieben waren. Leider haben sich in Belgien die Gestehungskosten, welche in Folge der besseren Verkaufspreise rapid gestiegen, ebensowenig als anderwärts dann vermindert, als die Tage des Prosperirens vorüber waren. Um nur ein einziges Beispiel anzuführen, sind die Betriebskosten sämmtlicher Kohlenwerke während der Jahre 1874 und 1875 fast gleich geblieben: im Jahre 1874 178 Millionen ℳ. und 177.2 Millionen ℳ. im Jahre 1875; die Production stieg von 14,669.029 metr. Tonnen auf 15,011.330 metr. Tonnen, nichtsdestoweniger verminderte sich der Werth der Production von 196.8 Millionen ℳ. im Jahre 1874 auf 187.9 Millionen ℳ. im Jahre 1875, was einen Ausfall von 8.9 Millionen ℳ. ergibt. — Die nachstehende Tabelle gibt hierüber genaue Aufklärung:

Jahr	Gesammtauslagen			Ausser-ordentliche Auslagen	Preis per metr. Tonne an		
	an Löhnen	andere Auslagen	Zusammen		regelmässigen Betriebs-Auslagen	ausser-ordentlichen Auslagen	verschiedenen Auslagen
			Mark				
1866	61,462.566	43,014.332	104,476.898	11,371.716	7.22	0.99	8.17
1869	60,946.477	43,696.488	104,642.965	13,459.137	7.04	1.04	8.08
1872	84,603.430	56,762.524	141,365.954	12,953.115	8.30	0.92	9.03
1873	119,255.060	80,209.332	199,464.392	22,875.586	11.19	1.45	12.64
1874	106,106.315	71,956.992	178,063.308	25,807.893	10.38	1.76	12.14
1875	105,237.942	72,005.157	177,243.099	24,627.263	10.14	1.44	11.50
1876	91,396.865	64,089.848	155,486.713	22,055.695	9.31	1.54	11.85

Die Zahl der in den belgischen Steinkohlenwerken verwendeten Bergleute betrug im Jahre 1850 an 47.949; im Jahre 1860 erhob sich dieselbe auf

78.232 und im Jahre 1865 bereits auf 82.368. Die nachfolgende Tabelle zeigt dieses stetige Wachsen. Wir fügen den durchschnittlichen jährlichen Lohn bei und lenken die Aufmerksamkeit des Lesers besonders auf den plötzlichen Unterschied zwischen den Ziffern der dem Jahre 1872 vorhergehenden und der diesem Jahre nachfolgenden Periode. Man wird bemerken, dass dieser Unterschied noch viel grösser ist, wenn man nur den Lohn der eigentlichen Bergleute gegenüber jenem der Abraumarbeiter in's Auge fasst, denn der Unterschied beträgt alsdann vom Jahre 1871—1873 56 %.

Jahr	Pferde in Verwendung			Arbeiter in Verwendung						Durchschn. Jahreslohn*)
	Im Innern	Ueber Tag	Zusammen	Im Innern		Ueber Tag		Zusammen		
				Zahl	durchschn. Lohn* Mark	Zahl	durchschn. Lohn* Mark	Zahl	durchschn. Lohn* Mark	
1868	2.150	1.450	3.600	68.722	2.37	20.660	1.48	89.382	2.21	657
1869	2.235	1.438	3.673	68.875	2.43	21.053	1.78	89.928	2.38	878
1870	2.253	1.471	3.724	71.374	2.50	20.619	1.78	91.993	2.84	717
1871	2.436	1.499	3.935	72.644	2.53	21.642	1.80	94.286	2.36	708
1872	2.679	1.598	4.277	76.232	3.07	22.631	2.03	98.863	2.84	855
1873	2.953	1.791	4.744	83.065	3.62	24.837	2.23	107.902	3.45	1105
1874	3.083	1.912	4.995	84.634	3.62	24.997	2.31	109.631	3.31	967
1875	2.917	1.759	4.676	84.732	3.62	25.988	2.35	110.720	3.15	950
1876	2.833	1.735	4.668	82.766	3.13	25.777		108.543		.

Die Lage der arbeitenden Classe und jene der Bergleute insbesondere hat mit Recht die Aufmerksamkeit des Staates und der Spitzen der Industrie in Anspruch genommen.

Die vielerlei Gefahren, denen die Grubenarbeiter ausgesetzt sind, verpflichten den Staat zu besonderer Fürsorge.

Dank den guten Vorschriften, einer ununterbrochenen Ueberwachung, der Mitwirkung der Bergingenieure und aller jener durch Intelligenz und Kenntnisse ausgezeichneten Männer, welchen das heikle Amt der Leitung der Bergwerksunternehmungen anvertraut ist, vereinigen die Methoden, nach welchen gegenwärtig in Belgien der Bergbau betrieben wird, in hohem Grade alle Bedingungen, um soweit es möglich ist, die Bergleute vor beklagenswerthen Unfällen bei den Grubenarbeiten zu bewahren.

Die Anzahl der in den Bergwerken vorkommenden Unfälle vermindert sich in Folge dessen in allen Provinzen von Jahr zu Jahr.

Fast alle Kohlenwerke sind Mitglieder der bestehenden sechs Versicherungsvereine für Bergleute.

Die Cassen dieser Vereine werden gebildet zur Hälfte durch Abzüge vom Lohne der Arbeiter, zur anderen Hälfte durch Beiträge der Bergwerksbesitzer und überdies durch eine kleine Staatssubvention; die von denselben gebotene Unterstützung ist jedoch im Allgemeinen unzureichend. Bei den meisten Bergwerken bestehen noch separate Hilfscassen, in welche ausschliesslich Lohnabzüge fliessen; dieselben sind bestimmt, theils die Kosten der ärztlichen Behandlung zu bestreiten, theils den verwundeten oder kranken Arbeitern und den Familiengliedern der Getödteten eine einstweilige Unterstützung zu bieten. Die verwundeten Arbeiter erhalten einen Theil, oft die Hälfte ihres Lohnes und zwar entweder bis zu ihrer Genesung, oder, wenn die Krankheit länger als zwei Monate dauert, bis dieselben nach Ablauf dieser Frist Unter-

---

*) Dieser Lohn gilt für Männer, Weiber, Jünglinge, Mädchen und Kinder beiderlei Geschlechtes.

stützungen aus den Versicherungscassen erhalten. Die Unterstützungen der Kranken sind in der Regel ihrem und ihrer Familie Bedürfnisse angemessen, ohne dass bei der Vertheilung besondere Regeln beobachtet werden. Die Einnahmen der separaten Hilfscassen sind nahezu dieselben wie die der Versicherungsvereine. Da jedoch die ersteren die plötzlich eintretenden, unmittelbar nothwendigen, nicht die regelmässig wiederkehrenden Bedürfnisse zu decken haben, so erreichen und überschreiten oft die Ausgaben die Einnahmen, in welchem Falle das Deficit von den Gewerken gedeckt wird. Die durch beide Arten von Cassen geleisteten Unterstützungen belaufen sich jährlich auf circa 3.2 Millionen $\mathcal{M}$.

Die Geschäftswelt hat das belgische Kohlenterrain nach der geographischen Lage und — mit einer kleinen Ausnahme — nach der administrativen Eintheilung der Bergbehörde in fünf Regionen eingetheilt, welche sie unrichtigerweise mit dem Namen Becken belegte. Diese Regionen sind: Das Revier von Mons oder Borinage, des Centrum's, von Charleroi, der Basse Sambre oder von Namur, endlich das Becken von Lüttich, welches Huy, Seraing und das Plateau von Herve umfasst.

Die nachstehende Tabelle gibt die Production des Jahres 1876 nach Provinzen und Becken getrennt an.

Provinz	Becken	Production in metr. Tonnen	Procent der Production
Hennegau	Mons	3,728.960	26.02
„	Charleroi	3,597.700	25.12
„	Centre	3,160.000	22.05
Namur	Namur	474.975	3.31
Lüttich	Lüttich	3,367.943	23.50
	Zusammen	14,329.578	100.00

Im Jahre 1875 war die Production auf 15,011.331 metr. Tonnen gestiegen; es zeigt sich daher im Jahre 1876 eine Minderproduction von 681.753 metr. Tonnen oder 4.54 %, welche sich nach den Provinzen folgendermassen vertheilt: Hennegau 481.515 metr Tonnen oder 4.39 %; Lüttich 183.848 metr. Tonnen oder 5.18 %; Namur 16.390 metr. Tonnen oder 3.33 %.

Aus der Tabelle I, Seite 72, ersieht man die Schwankungen in der Kohlenproduction seit dem Jahre 1830, dem Zeitpunkte der Trennung Belgiens von Holland. Man möge besonders bemerken, dass die Production dieses kleinen Landes, welches eine so ansehnliche Stellung unter den industriellen Staaten einnimmt, trotz der allgemeinen Krise im Jahre 1876 doch noch höher ist als diejenige der Periode, welche dem Aufschwung des Jahres 1872 voranging.

Die officielle Statistik in Belgien liefert uns über die Coke- und die Briquets-Fabrication keine Daten. Was das erstere Fabricat betrifft, welches eine so grosse Rolle im Hüttenwesen spielt, so existiren hierüber keine anderen, als die im Jahre 1873 vom Verfasser dieses Aufsatzes gesammelten Notizen, die somit aus einer Epoche herrühren, in welcher sich die Coke-Erzeugung in einer von der jetzigen wesentlich verschiedenen Lage befunden hat.

Es bestanden zu jener Zeit 53 Cokefabriken, welche 14 bis 16 % der gesammten Steinkohlenproduction des Königreiches vercokten. Von diesen Fabriken lagen 15 im Becken von Mons, 7 in jenem des Centrums, 13 in dem von Charleroi und 18 in jenem von Lüttich.

Wir geben in Tabelle II, Seite 72, eine Zusammenstellung über die Production in den verschiedenen Becken, welche nach den Angaben der Fabricanten verfasst ist, müssen jedoch bemerken, dass seitdem eine Anzahl von Etablisse-

I.

Jahr	Hennegau	Lüttich	Namur	Luxemburg	Belgien	Werth ℳ.
			metrische Tonnen			
1830	1.913.677	432.120	.	.	.	.
1835	1.965.166	591.931	.	.	.	.
1840	2.951.781	853.123	125.054	4	3.929.962	37.862
1845	3.670.486	1.086.045	161.872	753	4.919.156	38.520
1850	4.420.761	1.222.225	177.602	296	5.820.884	37.966
1855	6.458.416	1.720.053	230.861		8.409.330	85.006
1860	7.506.720	1.898.647	204.528		9.609.895	87.522
1865	9.206.058	2.328.911	305.734		11.840.703	101.223
1866	9.851.424	2.564.551	358.687		12.774.662	123.393
1867	9.595.280	2.770.956	389.586		12.755.822	129.292
1868	9.398.550	2.589.070	310.969		12.298.589	109.373
1869	9.840.530	2.799.826	303.638		12.943.994	111.206
1870	10.196.530	3.162.181	338.407		13.697.118	121.434
1871	10.037.230	3.345.557	350.389		13.733.176	125.657
1872	11.616.166	3.653.094	389.688		15.658.948	170.392
1873	11.652.953	3.674.578	450.870		15.778.401	275.849
1874	10.698.130	3.530.775	440.124		14.669.029	196.823
1875	10.968.175	3.551.791	491.365		15.011.331	187.779
1876	10.486.660	3.367.943	474.975		14.329.578	158.595

II.

Becken	1870	1871	1872	1873
		metrische Tonnen		
Mons	248.697	224.581	322.642	341.300
Centre	261.262	267.626	304.631	305.480
Charleroi	390.877	412.229	474.484	541.166
Lüttich	473.703	430.479	542.955	650.150
Zusammen..	1,374.599	1,334.915	1,644.712	1,838.096

ments den Betrieb eingestellt hat, und dass die Production wieder bis zu den Ziffern der Jahre 1870 und 1871, wenn nicht gar darunter, gefallen ist. Briquetsfabriken gibt es 12, von welchen wir nur die nachstehenden namentlich anführen: die des Kohlenwerkes Grand-Bouillon du Bois de Saint Ghislain im Becken von Mons, von Dehaynin & Comp., und der Société anonyme de Agglomérés de Houille in Chatelinau im Becken von Charleroi und jene, welche als Annex zum Kohlenwerke le Hasard im Becken von Lüttich jüngst in Betrieb gesetzt wurde. Wir schätzen die Briquetsproduction in Belgien auf 1000 metr. Tonnen per Arbeitstag, ohne dabei die Production der kleinen Anlagen, welche die Haushaltungen versorgen, in Rechnung zu ziehen.

Die Länge der in Belgien in Betrieb stehenden Eisenbahnen betrug im Jahre 1876 3.589 Kilometer; im Jahre 1870 erst 2.897 Kilometer, demnach hat dieselbe innerhalb sechs Jahren um 692 Kilometer zugenommen.

Die schiffbaren Gewässer des Königreiches haben eine Ausdehnung von 1.000 Kilometer, jene der Canäle eine solche von 899 Kilometer; da die letzteren im Jahre 1830 eine Ausdehnung von 449 Kilometer hatten, so hat sich ihre Länge seitdem also verdoppelt. Dabei sind die wichtigen Verbesserungen, welche die Entwicklung der Schiffahrt nothwendig machte, und welche den Wasserstrassen fast überall eine Tiefe von mindestens 1.6 Meter gaben, nicht zu vergessen.

Im Vergleich mit den übrigen Communicationsmitteln, welche in Belgien eine hohe Stufe der Vollkommenheit erlangt haben, ist die Marine im Niedergang begriffen. Im Jahre 1875 betrug die Zahl der Handelsschiffe 59 mit 50.186 Tonnen, im Jahre 1876 dagegen waren blos 48 Handelsschiffe mit 44.980 Tonnen vorhanden; folglich fiel die Schiffszahl im letzten Jahre um 19 % und der Tonnengehalt um 10 %.

Nachstehende Tabelle zeigt den Stand der Handelsflotte in den Jahren 1860, 1870 und 1876.

Handelsmarine	Dampfschiffe			Segelschiffe		
	J a h r					
	1860	1870	1876	1860	1870	1876
Zahl der Schiffe	8	12	23	108	55	25
Tonnengehalt .	4.254	9.501	29.850	28.857	20.648	15.130

Von den mit 31. December 1876 vorhandenen 48 Schiffen entfielen auf:
Antwerpen .... 38 mit 39.375 metr. Tonnen
Ostende .... 5 „ 4.732 „ „
Gent .... 3 „ 555 „ „
Brüssel .... 2 „ 318 „ „

Bei der Abfuhr der belgischen Kohle spielt die Marine keine Rolle, indem die Ausfuhr zur See im Jahre 1876 20.000 metr. Tonnen kaum überstieg. Die gesammte Production, welche durch obige Ziffern festgestellt wurde, gelangt auf den in's Innere führenden Wegen, d. i. auf den Eisenbahnen und Canälen an die Stätten ihres Verbrauches.*

Was das Absatzgebiet der belgischen Steinkohle anbelangt, so consumiren die innerhalb einer imaginären Grenze von 25 Kilometer entlang der Axe des Kohlenbeckens gelegenen Hüttenwerke, Glasfabriken u. s. w. beiläufig $^3/_5$ der Production; über dieses Gebiet hinaus wird in's Inland beiläufig $^1/_5$ und in's Ausland $^2/_5$ der Production abgesetzt.

Die Grenzen des belgischen Kohlenmarktes haben sich im Laufe der letzten fünf Jahre auf eine empfindliche Weise verengert. Im Norden und Osten, wo sich dieselben im Jahre 1870—1871 infolge der durch den deutschfranzösischen Krieg aussergewöhnlich günstigen Umstände weit über die Grenzen des Landes hinausgeschoben hatten, wurden sie seitdem durch die englische und deutsche Concurrenz wieder in das Innere des Landes zurückgedrängt. Der fremdländische Brennstoff wird in grossen Quantitäten in Gent, Antwerpen, Brüssel, ja sogar für gewisse besondere Zwecke im Bereiche der belgischen Production selbst abgesetzt.

Der deutsche Coke hat im Südosten grosse Fortschritte gemacht; das Saarbecken hat einen Theil des Elsass-Lothringischen Marktes wiedergewonnen und das Ruhrbecken hat in Folge der Frachtsätze, welche im belgischen Transit billiger sind, als die für das eigene belgische Brennmaterial, sich ein bedeutendes Absatzgebiet errungen in den Hohöfen des Grossherzogthums Luxemburg.

Endlich ist im Süden das französische Absatzgebiet ernstlich bedroht und zwar durch die englische Concurrenz: die Meeresküste, die Ufer der Seine und Paris; durch die deutsche Concurrenz dagegen: die östlichen und nördlichen Departements.

Man kann annehmen, dass die belgische Steinkohle gegenwärtig nicht über die nachstehend angegebenen äussersten Grenzen hinaus exportirt wird. Diese sind: Gegen Norden die holländische Grenze, im Osten die Maas bis

---

*) Carte de la Production, de la Circulation et de la Consommation des Charbons Belges en 1873. Elaborée par Max Goebel à Liège.

gegen Maatricht, ferner die deutsche Grenze bis nach Gouvy an der Grenze des Grossherzogthums Luxemburg, dann die Elsass-Lothringische Eisenbahn über Luxemburg, Metz bis nach Frouard; im Süden die Eisenbahn von Frouard nach Bar-le-Duc mit einem kleinen Bogen gegen Saint-Dizier, von da die Marne entlang nach Châlons, Epernay, Château-Thierry bis Paris, endlich die Seine bis nach Rouen; gegen Westen eine Linie von Rouen nach Amiens und Arras und von da über Bethune und Hazebrouck nach Dünkirchen. Die Nordsee-Küste wird fast ausschliesslich von der englischen Kohle beherrscht. Aber wie bereits gesagt, erstreckt sich die Concurrenz sogar bis in das Innere des hier bezeichneten Gebietes, was darin seine Erklärung findet, dass die wichtigen französischen Kohlenreviere der Departements Nord und Pas-de-Calais innerhalb der Grenzen dieses Absatzgebietes liegen. Ausserdem ist die Production in diesen Kohlenrevieren noch dadurch begünstigt, dass von fremdem Brennmaterial in Frankreich ein Zoll von 1.20 Francs eingehoben wird, während der belgische Markt für Jedermann offen steht und der Staat selbst in Belgien die Einfuhr und den Transit fremder Kohle durch niedrige Eisenbahntarife begünstigt.

Der Grubenpreis der Kohle betrug im Januar 1878 in den verschiedenen Becken:

Becken	Schütte	Schmiede-kohle	Förder-kohle	Würfel-kohle	Stück-kohle	Coke
	Preis per metr. Tonne in $\mathcal{M}$.					
	Fett- und Flammkohle					
Mons	8.17	9.80	11.44	18.79	20.32	12.25
Charleroi . . .	7.35	8.99	10.62	17.97	19.61	11.85
Centre	7.35	8.99	11.44	17.97	19.61	12.25
Lüttich	6.54	8.17	9.80	17.16	18.79	11.44
Namur	.	.	.	.	.	.
	Mittelfette Kohle					
Mons	.	.	.	.	.	
Charleroi . . .	7.35	8.99	10.62	17.16	18.79	
Centre	7.35	8.99	11.44	17.16	18.79	
Lüttich	6.54	8.17	9.80	17.16	18.79	
Namur	.	.	.	.	.	
	Magerkohle					
Mons	5.72	7.35	8.99	14.71	15.52	.
Charleroi . . .	5.31	6.54	8.58	13.89	15.52	.
Centre	.	.	.	.	.	.
Lüttich	4.90	6.54	8.17	13.89	15.52	.
Namur . . .	3.27	4.90	6.54	12.25	13.89	.

In vielen Fällen werden diese allgemeinen Preise noch durch besondere Begünstigungen der Kohlenwerke erniedrigt.

Was insbesondere die Würfelkohle betrifft, so sind für jene aus dem Ruhrbecken gegenwärtig alle Märkte erreichbar, weil die gesiebte langflammige Würfelkohle an den dortigen Gruben mit 8.6 bis 9.8 $\mathcal{M}$. per metr. Tonne berechnet wird und die Transportkosten bis mitten in die Bezugsstätten der belgischen Kohle 5.31 bis 8.16 $\mathcal{M}$. per metr. Tonne betragen; ihr leichtes Zerbröckeln ist allein das Hinderniss, dass sie nicht in grösseren Quantitäten in das Innere des Königreiches und weiter hinaus über den Hafen von Antwerpen verfrachtet wird.

Die nachfolgende Tabelle zeigt, wie seit dem Jahre 1872 die Stein-
kohleneinfuhr in Belgien zugenommen und die Ausfuhr abgenommen hat.

Jahr	Einfuhr				Ausfuhr			
	Menge		Werth		Menge		Werth	
	Kohle	Coke	Kohle	Coke	Kohle	Coke	Kohle	Coke
	metr. Tonnen		Mark		metr. Tonnen		Mark	
1840	21.148		259.000		779.000		9.552.000	
1850	9.397		115.000		1.987.000		24.353.000	
1860	97.009		1.268.000		3.450.000		45.102.000	
1866	179.427	4.819	2.346.000	106.000	3.971.772	547.504	51.919.000	12.078.000
1867	421.219	22.880	5.507.000	449.000	3.564.308	518.898	46.503.000	10.136.000
1868	247.749	4.891	8.030.000	87.000	3.754.645	539.965	48.013.000	9.705.000
1869	214.339	9.124	2.627.000	164.000	3.581.235	687.584	43.888.000	12.359.000
1870	220.656	8.108	2.704.000	145.000	3.175.828	576.501	38.819.000	10.362.000
1871	200.789	8.193	2.461.000	63.000	3.678.024	508.180	45.074.000	9.964.900
1872	210.829	8.041	3.186.000	184.000	4.008.016	749.072	89.648.000	17.130.000
1873	871.836	24.312	14.546.000	874.000	4.157.903	891.820	90.020.000	28.824.000
1874	454.869	8.700	7.804.000	208.000	3.902.385	599.020	66.953.000	14.193.000
1875	704.178	20.262	11.507.000	483.000	4.063.960	645.787	66.406.000	14.773.000
1876	805.580	20.718	11.846.000	568.000	3.828.482	571.123	56.302.000	12.132.000

Diese Ein- und Ausfuhr vertheilte sich in den Jahren 1875 und 1876 wie folgt :

Einfuhr

| Länder | 1875 | | | 1876 | | |
| | Kohle | Coke | Zusammen*) | Kohle | Coke | Zusammen*) |
	metr. Tonnen					
Preussen	214.707	13.142	233.481	280.913	20.015	309.506
Niederlande**) . .	1.966	222	1.583	1.260	36	1.311
England	402.731	919	404.035	432.570	1.251	434.357
Frankreich	85.444	5.965	93.994	90.827	5.414	98.561
Andere Länder ..	30	.	30	10	.	10
Totale	704.178	20.262	733.123	805.580	26.716	843.745
Werth in ·M. ...	11.506.268	463.513	11.969.782	11.846.859	567.501	12.414.360

Ausfuhr

| Länder | 1875 | | | 1876 | | |
| | Kohle | Coke | Zusammen*) | Kohle | Coke | Zusammen*) |
	metr. Tonnen					
Frankreich	3.889.254	307.399	4.328.395	3.676.336	327.967	4.144.860
Niederlande ...	130.990	4.025	136.740	109.256	4.535	115.735
Zollverein (Preussen etc.)	41.171	334.363	518.832	8.435	33.328	56.046
Grossherzogthum Luxemburg ...				29.945	204.108	321.528
Chile u. Brasilien	1.365	.	1.365	.	.	.
England	10	.	10	.	.	.
Spanien und Portugal	435	.	435	240	920	1.554
Andere Länder ..	735	.	735	4.370	265	4.648
Totale	4.063.960	645.787	4.966.512	3.828.482	571.123	4.644.371
Werth in ·M. ...	66.405.106	14.773.023	18.178.120	56.301.656	12.131.794	68.433.451

*) Bei der Umwandlung der Cokeziffer in die Steinkohlenziffer hat man für 70 Kilogramm
Coke 100 Kilogramm Steinkohle eingesetzt.
**) Fast das ganze Steinkohlenquantum, welches unter Niederlande angeführt ist,
stammt aus Preussen und England.

Die vorstehenden Tabellen beziehen sich ausschliesslich auf den in Belgien consumirten oder producirten Brennstoff.

Der Transit der fremden Steinkohle durch Belgien hat sich im Jahre 1876 auf 101.583 metr. Tonnen Kohle und 189.104 metr. Tonnen Coke belaufen. Diese Quantitäten stammen fast ausschliesslich aus Preussen und vertheilen sich nach den Bezugsorten wie folgt:

Länder	Kohle	Coke	Zusammen
	metrische Tonnen		
Preussen......................	406	170	649
Grossherzogthum Luxemburg....	16.680	134.931	209.438
Niederlande....................	1.837	.	1.837
England........................	645	.	645
Frankreich....................	82.015	54.003	159.162
Totale..	101.583	189.104	371.731

Um ein richtiges Bild von dem Kohlenabfluss zu erhalten, welcher sich über die belgische Grenze nach den verschiedenen Bezugsländern bewegt, ist es nothwendig, der Ausfuhrsziffer jene des Transit zuzuschlagen.

Die Menge der im Jahre 1876 über die belgische Grenze ausgetretenen eigenen und fremdländischen Kohle betrug:

	Russland	Preussen	Grossh. Luxemburg	Niederlande	England	Frankreich	Spanien	Malta	Rio de la Plata	Peru	Antillen franz.	Andere Länder
Kohle ..	1.155	8.841	46.625	111.093	645	3.758.351	240	2.000	500	290	.	335
Coke ..		32.328	339.039	4.535	.	881.970	920	.	.	40	225	.

Die geringen Quantitäten, welche mit der Bestimmung für Russland, England, Spanien, Malta, Rio de la Plata, Peru und die Antillen die belgische Grenze passirten, wurden natürlich auf dem Seewege weiterverfrachtet; dieselben können hier ganz ausser Betracht bleiben. Aufmerksamkeit verdient allein der Land- und Flussverkehr.

Die für Preussen bestimmten Quantitäten wurden ohne Ausnahme via Herbesthal transportirt. 90 % der Ausfuhr nach den Niederlanden sind ausgetreten über Mastricht, theils auf der Maas, theils auf der Lüttich-Mastrichter und der Grand Central Belge-Eisenbahn, und 10 % haben die Nordgrenze über Antwerpen oder Turnhout passirt. Der Austritt der Kohle für Luxemburg fand auf den beiden Eisenbahnen Pépinster-Spa-Gouvy und Grand Luxembourg über Steepenich statt; die erstere Bahn diente vorzugsweise für den Transit der aus Deutschland kommenden, für Luxemburg bestimmten beträchtlichen Mengen von Coke; ausserdem haben beide Eisenbahnen den Brennstoff im Transit durch Luxemburg theils nach Elsass-Lothringen, theils nach dem Osten von Frankreich geleitet. Beinahe der ganze Markt von Luxemburg wird von dem Coke aus dem Ruhrbecken beherrscht, der je zur Hälfte über die Linie Pépinster-Gouvy und die Eifellinie (Düren-Trier) verfrachtet wird. Frankreich ist, wie oben gesagt, das grosse Absatzgebiet für den mineralischen Brennstoff Belgiens, und es verlohnt sich deshalb die Menge zu specialisiren, welche im Laufe des Jahres 1876 auf den verschiedenen anderen Transportrouten nach Frankreich ausgetreten sind. (Vergleiche Seite 77, erste Tabelle.)

Die Ziffer der letzten Colonne dieser Tabelle beruht auf Berechnung, während die übrigen einer vom Hause Bracq-Miroir in Condé verfassten statistischen Zusammenstellung entnommen sind. Man kann annehmen, dass die in der letzten Colonne verzeichneten Mengen, soweit sie Coke betreffen,

	über Condé (Canal)	per Eisenbahn Valenciennes	per Eisenbahn Mons-Hautmont	per Eisenbahn Monceron-Lille und den Canal von Espierre	per Eisenbahn Tournai-Lille (Baisieux)	via Jeumont (Sambre)	via Jeumont per Eisenbahn	via Givet (Maas)und über Anor, Vireux Givet u. Athus per Eisenbahn
				metr. Tonnen				
Steinkohle ..	488.506	59.220	668.187	211.155	114.965	442.885	1,023.214	750.218
Coke	13.926	9.281	99.699	1.980	4.511	814	55.163	196.596

zu mehr als $^2/_3$ via Athus ausgetreten sind, soweit sie sich auf Steinkohle beziehen, zu $^3/_4$ via Anor, Vireux und Givet. Hervorzuheben wäre noch, dass der weitaus bedeutendste Theil dieser Kohlentransporte sich unweit der Grenze begegnet und vereinigt, um seinen Weg mittels der Nordbahn oder mittels des Canals gegen Paris zu verfolgen. Der Antheil, welchen Hennegau an diesem Kohlenverkehre nach Frankreich nimmt, übersteigt $3^1/_4$ Millionen Tonnen, wovon mehr als $^1/_3$ allein im Seine-Departement verbraucht wird.

Wir haben, als wir uns mit Frankreich beschäftigten, Gelegenheit gehabt, den Einfluss, welchen Belgien auf die Versorgung der Hauptconsumtionsorte übt, näher zu beleuchten. Hier können wir uns darauf beschränken, das bisher Gesagte in der nachfolgenden Tabelle zusammenzufassen und den Verbrauch im Innern Belgiens beizufügen.

Im Jahre	Einfuhr			Production und Einfuhr	Ausfuhr			Gesammt-Verbrauch und Vorrath an einheimischer Kohle
	Steinkohle	Coke	Zusammen		Steinkohle	Coke	Zusammen	
				metr. Tonnen				
1866	179.427	4.819	186.311	12,969.973	3,971.772	547.504	4,753.921	8,207.052
1867	421.219	22.880	453.905	13,209.727	3,564.308	516.898	4,302.734	8,906.993
1868	247.749	4.891	254.663	12,553.252	3,754.645	539.965	4,526.024	8,027.228
1869	214.339	9.124	227.373	13,171.367	3,581.235	687.584	4,563.498	8,607.869
1870	220.656	8.108	232.239	13,929.357	3,175.828	576.501	3,999.403	9,929.956
1871	200.769	3.193	205.350	13,938.526	3,678.024	508.180	4,403.995	9,534.531
1872	210.829	8.043	222.316	15,881.264	4,608.016	749.072	5,678.119	10,203.145
1873	671.836	24.312	706.567	16,484.368	4,157.903	801.820	5,303.360	11,181.608
1874	454.869	8.790	467.420	15,136.449	3,902.385	599.020	4,758.127	10,378.322
1875	704.518	20.262	733.123	15,744.454	4,063.960	645.787	4,986.512	10,757.942
1876	805.580	26.716	843.745	15,173.323	3,828.482	571.123	4,644.371	10,528.952

Die Vermehrung der Vorräthe während des Jahres 1876 ist durch M. Laguesse, Oberingenieur und Director der Hennegauer Kohlenwerke, auf 183.272 metr. Tonnen geschätzt worden. Hieraus geht hervor, dass die Consumtion in Belgien im Ganzen 10,345.680 metr. Tonnen betragen hat, wovon 92 % die einheimische Production und 8 % das Ausland lieferte. Der grösste Theil dieser ungeheuren Consumtion, welche bei einer Einwohnerzahl von 5,403.006 (Zählung von 1875) 1.915 Kilogramm per Kopf beträgt, wurde natürlich von der Industrie absorbirt.

In der Tabelle Seite 78 geben wir die Statistik der Dampfmaschinen in Belgien.

Keinem aufmerksamen Beobachter, welcher die von uns gebotenen Ziffern in Betracht zieht, kann es entgehen, dass der Verbrauch im Innern Belgiens auf Kosten der Ausfuhr im Steigen begriffen ist. Es ist dies ein Factum, welches aus dem Studium der belgischen Minenstatistik ganz klar

Bezeichnung der Maschinen		Nach den Ergebnissen der Jahre								
		1850	1860	1870	1871	1872	1873	1874	1875	1876
Motoren	Anzahl	2.250	4.961	9.294	9.749	10.275	11.088	11.090	12.241	12.636
	Pferdekraft	54.300	157.177	338.404	365.167	394.024	445.133	504.277	510.027	539.864
Kessel im Betriebe	Anzahl	3.018	5.542	9.879	10.000	10.408	11.020	11.356	13.264	13.636
Einf. Dampfkessel	Anzahl	105	260	439	439	431	436	454	506	578

hervorgeht. Wenn man von dem aussergewöhnlichen Kohlenverkehre der Jahre 1872—1874 abstrahirend, auf die Ziffern vor 10 Jahren zurückgreift, so zeigt sich, dass die Ausfuhr des Jahres 1876 gegenüber jener des Jahres 1866 gefallen ist, während die Production um 1½ Millionen und der Verbrauch im Inlande um 2 Millionen in demselben Zeitraume zugenommen hat. Wir haben oben gesagt, dass in Belgien im Jahre 1876 die Consumtion per Kopf 1.915 Kilogramm betrug; um die gesammte Production zu verbrauchen, müsste jene per Kopf auf 2.652 Kilogramm steigen; in England mit Einschluss von Ireland betrug aber schon im Jahre 1865 der Verbrauch per Kopf 3.300 Kilogramm.

Man wird uns demnach nicht der Uebertreibung zeihen, wenn wir mit Rücksicht auf die Hindernisse, welche sich der Kohlenproduction in Belgien mehr und mehr entgegenstellen, in einer nicht fernen Zukunft den Augenblick gekommen sehen, wo Belgien seinen Brennstoff nur noch in der Form verarbeiteter Waaren ausführen wird.

Eisen.

Die Eisenerze, die in Belgien gewonnen werden, sind: Eisenglanz, Sumpferz und thoniger Sphärosiderit. Den Eisenglanz findet man mit verschiedenen Mineralien in geologisch sehr von einander abweichenden Lagern, doch kommt er in Belgien nur in Drusenform vor.

In diesem Zustande bildet er in den Schieferschichten von Famenne, welche zu der oberen quarzigschieferigen oder drusigen Formation von Dumont gehören, mehrere kleine Nester, die zu beiden Seiten des bereits oben beschriebenen, in den Provinzen Namur und Lüttich gelegenen Kohlenbeckens auslaufen. Ihr nördliches Zutagestreichen zieht sich, von Isnes-les-Dames beginnend, gegen Osten über Rhisne, Emines, Marchovelette und Vezin hin, von wo es plötzlich nach Südwest gegen Marche-les-Dames umbiegt, um dort zu verschwinden. Im Osten von Vezin wird der Erzgang durch Verwerfungen unterbrochen, so dass er sich wieder erst bei Couthuin in der Provinz Lüttich und da nur auf einige Kilometer Länge zeigt. Im Süden tritt er am rechten Ufer der Sambre auf, in geringer Entfernung südlich von Floreffe, wendet sich dann gegen Osten und zieht im Süden von Malonne gegen Wepion an der Maas und südlich von Wierde gegen Haltinnes, Huy, Ampsin, Amay und Engis, wo er sich verliert.

Eisenglanzlager finden sich noch, jedoch in geringerer Ausdehnung, an anderen Orten der Provinz Lüttich, namentlich in der Nähe von Chaudfontaine zwischen Verviers und Dolhain und bei Goé.

Die bedeutendsten Bergbaue befinden sich am nördlichen Ausläufer des Erzganges. In der Nähe von Vedrin kennt man vier Lager von 0.07, 0.10, 0.20 und 0.30 Meter Höhe, die mit dem eingeschalteten Schiefer eine Schichte von 1.20 Meter Mächtigkeit bilden.

Entlang des südlichen Ausganges der Erzader ist die Ausbeutung des Eisenglanzes von weit geringerer Bedeutung als im Norden. Die namhaftesten Lager sind bei Huy unterhalb der Waldungen von Chaumont aufgeschlossen, wo sie zwei durch eine 0.25 Meter hohe Schichte Schiefer getrennte Flöze von 1.08 Meter Mächtigkeit bilden.

Der Eisenglanz liefert 35 bis 44% kaltbrüchigen Eisens.

Der thonige Sphärosiderit kommt mit Sumpferz gemengt in Anhäufungen und schwebenden Gängen vor, von denen wir weiter unten sprechen werden, und wird in Belgien nur in geringen Quantitäten gewonnen.

Die Sumpferze zeigen sich in den verschiedensten geologischen Formationen. So in der historischen Bildung des Campine, besonders an den Ufern der Demer, der beiden Nethen und ihrer Zuflüsse in Flözen von 0.15 bis 1 Meter Mächtigkeit, die in den Bodensenkungen auf thonigem Sande lagern. Die aus diesen Flözen geförderten Erze sind tropfsteinartig, porös, glänzen an der Bruchfläche und geben beiläufig 40% Eisen; sie sind zwar sehr phosphorhaltig, aber im Hohofen leicht aufzubereiten.

In der Quaternärformation gewinnt man in der Nähe von Quevy in Hennegau drusige phosphor- und kieselerdehaltige Sumpferze, die, mit thonigem Sand vermischt, ein Flöz von 1 bis 1.5 Meter Mächtigkeit bilden. Zu der Quaternärformation gehören auch die isolirten und nahezu an der Oberfläche gelegenen sogenannten Anschwemmungseisenerze, welche in der Provinz Luxemburg, namentlich bei Ruette, Athus, Toernich u. s. w. auf verschiedenen Jurakalkschichten aufgelagert sind. Diese Erze enthalten etwa 30 bis 45% Eisen, werden mit Leichtigkeit aufbereitet und liefern ein kalt- oder rothbrüchiges Eisen.

In der Campine enthalten die tertiären Bildungen, die Schelde- und die Liasformation an einigen Stellen Lager von Sumpferzen; dieselben beutet man noch in Groenendael, sowie in dem Kalkgebilde in der Umgebung von Tournay aus.

Ungeheure Mengen von Erzen entnimmt nun aber die belgische Metallurgie zugleich mit Frankreich, Deutschland und der localen Industrie des Grossherzogthums Luxemburg dem Jurakalk, der die Sohle des südlichen Theiles der belgischen Provinz Luxemburg, des Grossherzogthums gleichen Namens und des Nordens von Lothringen bildet.

Der kalkartige Eisenoolith (Minette), der in diesem Terrain vorkommt, ist ein rogenartiges Sumpferz, dessen Körner einen Durchmesser von $\frac{1}{3}$ bis $\frac{1}{6}$ Millimeter haben. Er besitzt eine röthliche oder graue Färbung und liefert 30 bis 45% Eisen, dessen Gangmasse sehr schmelzbar ist und vorzugsweise aus kohlensaurem Kalk, Kieselerde und einer kleinen Menge Gyps besteht. Dieses Erz findet sich in Lagern in der unteren Schichte der Juraformation, besonders reichlich in der südlichen Gegend des Grossherzogthums und in Lothringen. In Belgien kommt die Minette nur auf einer beschränkten Fläche, südlich von den Dörfern Musson und Halanzy, nahe der französischen Grenze, in einer Mächtigkeit von 1.5 bis 2 Meter vor.

Das zwischen der unteren Quarzschiefer- und der Kohlenformation eingeschlossene Urgebirge endlich enthält zahlreiche und mächtige Lager von Sumpferzen, die bis jetzt den grössten Theil der von der belgischen Metallurgie verbrauchten Erze geliefert haben. Diese Lager kommen stets in Angehäufen und schwebenden Gängen, nie in Flözen vor. Man trifft sie zumeist entlang oder in geringer Entfernung von den Berührungslinien der in der Grauwacke vorkommenden Kalk- und Schieferlagen und streichen dieselben in Folge zahlreicher Faltungen der Schichten zwischen der Sambre und der Maas einer- und den Ardennen andererseits oft zu Tage. Die Erze finden sich in diesem Gestein in Adern, deren Mächtigkeit von einigen Centimetern bis zu 15, 20 Meter und noch darüber variirt. Lager von Sumpferzen im Urgebirge sind vorhanden in den Provinzen Namur, Lüttich, Hennegau und Luxemburg, doch ist blos die in den beiden erstgenannten stattfindende Ausbeute von grösserer Bedeutung. Die Sumpferze sind von gelber oder brauner Farbe, drüsig, schwartig oder massiv, oft mit anderen Mineralien, Kiesen, Thon, Sand u. s. w. gemengt.

Aus der nachfolgenden Tabelle ist zu ersehen, wie die Production der belgischen Bergwerke seit einigen Jahren abgenommen hat. Dieser plötzliche Verfall findet vornehmlich darin seine Erklärung, dass die Hohöfen Belgiens immer mehr die Minette aus dem Grossherzogthum Luxemburg verwenden.

Vor 18 Jahren hatte die Provinz Namur allein ungefähr drei Viertel der in Belgien verbrauchten Erze geliefert; die Rubrik „Einfuhr" in unserer Tabelle wird uns die gewaltige Aenderung seit dieser Zeit zeigen.

Eisenerze

Jahr	Erzeugung		Einfuhr		Ausfuhr	
	Menge	Werth	Menge	Werth	Menge	Werth
	metr. Tonnen	ℳ.	metr. Tonnen	ℳ.	metr. Tonnen	ℳ.
1850....	367.360	2,191.194	.	.	.	.
1860....	809.176	6,330.633	1.486	32.680	152.114	2,688.747
1865....	1,018.231	8,030.715	301.846	14,796.687	230.539	5,420.461
1867....	603.829	4,652.530	322.891	7,122.606	152.227	2,246.750
1868....	519.740	3,881.440	396.282	8,741.900	136.067	2,000.833
1869....	628.046	4,664.206	551.900	12,174.117	164.576	2,017.173
1870....	654.332	4,743.054	568.571	12,541.767	179.867	2,204.266
1871....	697.272	5,169.718	594.405	13,112.033	162.566	1,991.846
1872....	749.781	6,037.991	790.593	17,439.682	178.997	2,486.131
1873....	503.565	4,920.200	739.541	16,313.856	215.042	2,986.952
1874....	527.050	4,227.303	738.835	12,072.809	109.144	1,248.376
1875....	365.044	2,796.688	804.370	13,143.079	141.767	1,621.745
1876....	269.206	2,008.181	671.134	10,966.591	166.418	1,903.610

Beifügen wollen wir noch, dass die Lage der Dinge, die zur Genüge aus der Tabelle hervorleuchtet und die die belgische Roheisen-Fabrication mit einer Verrückung bedroht, eine Folge der lückenhaften Berggesetze ist, welche es unterlassen haben, die Verleihung der Erze in der Teufe zu regeln, was die Verhinderung eines rationellen Bergbaubetriebes im Gefolge hat.

Die folgende Tabelle gibt über die Provenienz der eingeführten und die Bestimmung der ausgeführten Eisenerze die erforderlichen Daten; man sieht hieraus die erheblichen Einfuhren aus dem Grossherzogthume nach Belgien, so wie den Versand Belgiens nach Frankreich. Weiter fällt die rapide Steigerung der Einfuhr von aus Spanien und Algerien stammenden Erzen besonders in's Auge.

Einfuhr von Eisenerzen				Ausfuhr von Eisenerzen			
Bezugsland	1877	1876	1875	Bestimmungsland	1877	1876	1875
	metr. Tonnen				metr. Tonnen		
Preussen	59.106	46.154	88.690	Preussen	10.682	14.641	3.585
Grossherzog-thum Luxemburg	573.600	515.568	581.836	Niederlande ..	192	4.099	1.212
Niederlande ...	10.334	3.136	17.285	Frankreich ...	204.338	147.236	136.894
Frankreich	63.996	70.836	98.561	Andere Länder	446	440	75
Spanien	55.374	24.719	9.780				
Algerien	16.229	8.375	7.894				
Andere Länder.	4.657	2.343	321				
Summa..	783.296	671.131	804.367		215.658	166.416	141.766

Die Bewohner der belgischen Provinzen waren schon zur Zeit der Römer wegen ihrer industriellen Geschicklichkeit und Betriebsamkeit bekannt. Sie waren bewandert in der Kunst der Förderung und Bearbeitung der Metalle.

Man hat im Jahre 1870 in Lustin zwischen Namur und Dinant zwei alte aus dieser Periode stammende Schmelzöfen aufgefunden, deren Entdeckung ein helles Licht auf das damals gebräuchliche Verfahren zur Herstellung des Eisens wirft. Im 12. Jahrhunderte wurde in den Niederlanden die Eisenindustrie mit grosser Vollkommenheit betrieben. Im Jahre 1560 bestanden daselbst nicht weniger als 35 Schmelzöfen und 85 Hammerwerke. Gegen das Jahr 1800 ersetzte man die bis dahin gebräuchlichen achteckigen Schmelzöfen durch kreisrunde und verlängerte ihre Höhe von 4.5 auf 7.5 Meter; die Production erreichte dadurch die zu jener Zeit ausserordentliche Ziffer von drei metr. Tonnen per Tag.

In dem von John Cockerill in Seraing im Jahre 1817 gegründeten Etablissement wurde im Jahre 1826 der erste Cokehohofen des Festlandes aufgestellt. Im Jahre 1830 besass die Provinz Hennegau 4 Cokehohöfen und 11 Holzkohlenhohöfen, von welchen 3 im Betriebe waren; die Provinz Namur zählte 40 Holzkohlenhohöfen und einen Cokehohofen, die 25.000 metr. Tonnen Roheisen erzeugten. Die Provinz Luxemburg endlich, welche noch das Grossherzogthum umfasste, hatte 21 Hohöfen mit einer Production von 9.200 metr. Tonnen Eisen. Ein Cokehohofen lieferte bei einem Verbrauche von Brennstoffen und Erzen im Werthe von ungefähr 214.054 ℳ. etwa 2.000 metr. Tonnen Roheisen.

Die nachfolgende Tabelle zeigt den seitherigen Aufschwung des belgischen Eisenhüttenwesens.

Jahr	Erzeugung		Hohöfen in Betrieb	Einfuhr		Ausfuhr	
	Menge metr. Tonnen	Werth ℳ.	Anzahl	Menge metr. Tonnen	Werth ℳ.	Menge metr. Tonnen	Werth ℳ.
1840....	.	.	.	.	121.733	10.438	1.236.938
1850....	144.452	9.451.756	41	.	171.021	92.345	10.939.630
1860....	319.943	21.478.419	51	725	50.654	22.086	1.533.509
1865....	470.767	30.248.919	56	24.864	1.645.438	10.711	709.156
1867....	423.069	25.886.901	.	53.385	3.489.407	11.062	723.045
1868....	435.754	25.056.122	.	42.549	2.781.068	16.525	1.080.074
1869....	534.319	30.673.052	.	61.600	4.026.176	14.266	932.197
1870....	565.234	33.667.617	48	82.330	5.380.762	10.176	665.038
1871....	609.230	36.653.733	49	84.299	5.509.848	48.526	3.171.594
1872....	655.565	53.448.614	52	137.008	11.753.362	49.096	4.211.635
1873....	607.373	57.392.812	54	145.212	15.423.326	27.208	2.889.729
1874....	532.790	38.809.343	55	158.291	14.225.604	16.188	1.455.077
1875....	540.473	33.313.781	42	146.886	13.201.086	15.672	1.408.508
1876....	490.508	27.068.727	31	207.264	18.626.783	9.479	852.131

Die gesammte Erzeugung der Hohöfen Belgiens vertheilt sich je nach den verschiedenen Productionsdistricten und der Qualität des gelieferten Roheisens wie folgt: Im Jahre 1877 hatte der District von Lüttich von 19 Hohöfen 11 im Betriebe, und zwar 5 Herdhohöfen mit 106.600 metr. Tonnen und 6 Bessemerhohöfen mit 75.800 metr. Tonnen Erzeugung; 8 Hohöfen waren ausgeblasen. Im District von Charleroi finden wir, mit Einschluss der Hohöfen des Centrums und eines der Provinz Namur, von 40 Hohöfen im Jahre 1877 blos 13 im Gange; von diesen lieferten 11 Herdhohöfen 160.000 metr. Tonnen, zwei lieferten 27.600 metr. Tonnen Gusswaare. Die übrigen 27 Hohöfen dieses Districtes waren kalt. Der District von Athus hatte 2 Hohöfen, deren einer 33.600 metr. Tonnen Frischereieisen, der andere 21.600 metr. Tonnen Gusswaaren producirte. Im Ganzen hat Belgien von 61 bestehenden Hohöfen nur 26 im Betriebe.

Die Production dieser 26 Hohöfen zerfällt wie folgt:

17 Herdhohöfen erzeugten...................... 310.200 metr. Tonnen
3 Gusswaarenhohöfen .... 49.200　　„　　„
6 Bessemerhohöfen .... 75.800　　„　　„

26 Hohöfen producirten im Jahre 1877 zusammen .... 425.200 metr. Tonnen

Die nachfolgende Tabelle zeigt uns, dass England mit der grössten Ziffer an der Einfuhr von Roheisen nach Belgien Theil nimmt, doch könnte sich dieses Verhältniss in Bälde durch die in Belgien rapid zunehmende Erzeugung von Bessemereisen, das bis jetzt zum grossen Theile aus Grossbritannien bezogen wurde, ändern.

Einfuhr von Roheisen				Ausfuhr von Roheisen			
Bezugsland	1877	1876	1875	Bestimmungs-land	1877	1876	1875
	metr. Tonnen				metr. Tonnen		
Schweden und Norwegen ...	1.094	1.915	1.834	Grossherzog-thum Luxem-burg	50	691	1.380
Preussen	35.535	27.686	18.452	Hamburg......	.	135	140
Grossherzog-thum Luxem-burg	59.840	78.389	45.880	Niederlande ... England......	1.015 1.024	305 799	500 78
Niederlande ...	14.634	10.525	5.464	Frankreich	7.739	5.464	8.150
England.......	81.313	88.050	74.778	Schweiz	1.451	730	688
Andere Länder.	962	695	475	Vereinigte Staa-ten	110	134	266
				Brasilien	13	105	.
				Andere Länder.	621	1.113	4.467
Summa...	193.378	207.260	146.883	Summa...	12.023	9.476	15.669

Die Einfuhr überstieg im Jahre 1876 die Ausfuhr um 197.784 metr. Tonnen, und da die Production in diesem Jahre 490.508 metr. Tonnen erreichte, so blieben für den Bedarf im Inlande 688.292 metr. Tonnen Roheisen. Im Jahre 1875 mit einer viel stärkeren Production, dagegen geringeren Einfuhr, verblieben 671.687 metr. Tonnen für die inländische Consumtion.

Der Unterschied ist offenbar sehr gering und die Modification von einem zum anderen Jahre besteht darin, dass der Ausfall in der einheimischen Production durch die gleich grosse Einfuhr aus dem Auslande ersetzt werde. Allerdings ist im Jahre 1877 das im Inlande verbliebene Quantum auf 606.553 metr. Tonnen zurückgegangen. Das neuerliche Sinken dieser Ziffer wurde fast ausschliesslich durch das Zurückgehen der einheimischen Production veranlasst. Tabelle I, Seite 83, zeigt, wie sich die eigentliche Eisenbearbeitung nach den verschiedenen betheiligten Provinzen und den in Verwendung gekommenen Betriebsvorrichtungen vertheilt hat. Wir wählen zu diesem Vergleiche die Ziffern des Jahres 1875, welche die vollständigsten sind und eine normale Situation darlegen.

Die Production der Eisenwerke hat im Jahre 1876 eine sehr fühlbare Abnahme erlitten; sie ist unter alle Ziffern gesunken, die seit dem Jahre 1868 erreicht wurden.

Aus den Daten der Tabelle II, Seite 83, ist die auf- und absteigende Fluctuation des Eisenmarktes vor und nach der fieberhaften Periode, deren Gipfelpunkt im Jahre 1873 liegt, zu entnehmen.

Ein wichtiger Zweig der Eisenindustrie, die Fabrication von Ketten, Ankern für die Marine, Nägeln u. s. w., welche in vorstehender Tabelle unberücksichtigt geblieben ist, möge hier noch erwähnt werden. Im Jahre 1875 zählte man 61 in dieser Branche arbeitende Eisenhütten. Dieselben wurden von 41 Dampfmaschinen von zusammen 584 Pferdekräften und von

I.

Eigentliche Eisenwerke

Gegenstand der Nachweisung	Brabant	Henne-gau	Namur	Lüttich	Ganz Belgien	Anmerkung
Anzahl der Werke	2	¹) 30	5	17	54	1) hievon 8 ausser Betrieb
„ „ Frischfeuerherde (mit Holzkohlen).......	.	.	7	.	7	
„ „ Schweissfeuerherde ..	.	.	.	.	.	
„ „ Puddelöfen	35	²) 507	64	259	676	2) hievon 179 ausser Betrieb
„ „ Schweissöfen	12	³) 199	21	142	289	3) hievon 55 ausser Betrieb
„ „ Squeezers u. s. w. ...	2	21		6	29	
„ „ Eisenhämmer, Luppenhämmer, Stampfen...	5	53	11	42	111	
„ „ Plattenhämmer	2	7		2	11	
„ „ Metallscheeren und Sägen.............	11	133	2	75	221	
„ „ Walzwerke und Präparirwalzen	4	37	1	26	68	
„ „ Walzwerke für Grobhandelseisen	2	29		11	42	
„ „ Walzwerke für Kleinhandelseisen	3	33	1	13	50	
„ „ Schienenwalzwerke...	.	8	2	4	14	
„ „ Blechwalzwerke	3	11	.	28	42	
„ „ Eisenspaltwalzwerke ..	.	11	.	1	12	
„ „ Dampfmotoren	19	332	18	223	592	
„ „ Dampfpferdekräfte ...	567	10.051	550	5.236	16.404	
„ „ Wassermotoren	1	3	8	9	21	
„ „ Wasserpferdekräfte...	15	115	76	300	506	
„ „ Arbeiter	1.048	7.660	994	4.449	14.151	
diverse Eisenproducte in metr. Tonnen	21.180	250.373	39.450	125.451	436.440	
Gesammtwerth in Mark	3,709.180	41,323.633	5,869.262	22,535.039	73,437.015	

II.

Walzwerks-Erzeugnisse (Stabeisen, Luppen, Bleche, Schienen u. s. w.)

Jahr	Erzeugung		Einfuhr		Ausfuhr	
	Menge	Geldwerth	Menge	Geldwerth	Menge	Geldwerth
	metr. Tonnen	ℳ.	metr. Tonnen	ℳ.	metr. Tonnen	ℳ.
1850........	61.970	9,680.348	.	.	.	.
1860........	200.596	30,931.280	.	.	.	.
1866........	368.452	54,643.011	.	.	.	.
1867........	340.741	48,769.776	.	.	.	.
1868........	338.295	45,761.456	3.517	647.881	156.307	21,282.850
1869........	468.565	64,386.406	5.806	1,006.544	240.386	32,305.814
1870........	491.563	70,080.912	5.518	982.034	219.727	29,583.570
1871........	467.216	68,827.906	4.673	906.870	186.922	28,852.355
1872........	502.577	101,701.271	14.989	3,535.976	210.043	42,627.792
1873........	480.374	113,828.569	18.177	5,102.982	181.661	46,288.769
1874........	510.920	98,056.299	20.611	4,690.397	227.450	49,308.401
1875........	436.410	73,437.015	9.671	2,557.210	182.668	40,338.558
1876........	399.138	58,306.178	8.887	2,919.958	166.161	37,001.113

91 Wasserwerken von zusammen 1.301 Pferdekräften betrieben. Die Zahl der Arbeiter betrug 1026; die Erzeugnisse repräsentirten ein Gewicht von 20.440 metr. Tonnen und einen Gesammtwerth von 6,311.196 ℳ.

Die auf Seite 85 angeführte Tabelle, in welcher wir die ein- und ausgeführte Quantitäten nach der Kategorie der Waaren zusammengefasst haben, gibt über den Aussenhandel mit den Artikeln, von welchen hier die Rede ist,

6*

alle nöthigen Aufschlüsse; wir wollen nur noch beifügen, dass die Production der solche Eisenwaaren erzeugenden Werke ihren Gipfelpunkt im Jahre 1871 mit 33.143 metr. Tonnen im Gesammtwerthe von 9,683.898 ℳ. erreicht hatte und dass sie seitdem in stetem Abnehmen begriffen ist. Nach der officiellen Statistik wäre die oben ausgewiesene Production des Jahres 1875 vollständig in das Ausland ausgeführt worden und für die Consumtion des Inlandes nur die Einfuhr dieser Artikel verblieben.

Die Fabrication von Gusswaaren nimmt, wie die folgende Tabelle beweist, in Belgien eine hervorragende Stelle ein; die Ausfuhr ist jedoch, zumal wenn man die Einfuhr in Abzug bringt, unbeträchtlich. Hiernach erscheint der Schluss berechtigt, dass die Production der Giessereien im Gegensatze zu jener anderer Zweige der Eisenindustrie bis inclusive 1875 im Wachsen begriffen war und fast ausschliesslich im Inlande Absatz fand.

Gusswaaren.

Jahr	Erzeugung		Einfuhr		Ausfuhr	
	Menge	Geldwerth	Menge	Geldwerth	Menge	Geldwerth
	metr. Tonnen	ℳ.	metr. Tonnen	ℳ.	metr. Tonnen	ℳ.
1857........	17.016	2,496.569	.	.	.	.
1860........	53.372	8,560.773	.	.	.	.
1866........	72.708	10,941.507	.	.	.	.
1867........	66.257	10,046.689	.	.	.	.
1868........	55.504	8,458.425	537	87.419	1.874	306.375
1869........	60.931	9,427.868	962	156.864	1.455	237.747
1870........	67.045	10,128.335	744	121.733	1.899	310.460
1871........	70.427	11,000.126	887	144.609	2.607	425.657
1872........	79.863	17,191.418	982	192.812	5.023	985.302
1873........	81.393	20,430.961	1.266	361.931	5.265	1,505.731
1874........	80.866	16,571.667	1.175	288.401	5.202	1,275.337
1875........	83.633	14.787.037	1.633	400.330	2.143	525.331
1876........	80.759	12,884.563	1.871	458.337	3.141	769.614

Im Jahre 1875 besass Belgien 177 Giessereien mit 275 Cupolöfen und 8 Flammöfen, 133 Dampfmaschinen von zusammen 1.006 Pferdekräften und 8 Wasserwerke mit 81 Pferdekräften. Es wurden in denselben 4.389 Arbeiter beschäftigt und 83.633 metr. Tonnen Gusswaaren im Gesammtwerthe von 14,786.972 ℳ. erzeugt. Von dieser Production entfällt die Hälfte auf die Provinz Hennegau.

Der Handel mit dem Auslande in den Artikeln, die wir bis jetzt der Betrachtung unterzogen haben, ist für die drei letzten Jahre in folgender Tabelle I, Seite 85, zusammengefasst.

Diese Tabelle bietet ein grosses Interesse, denn einerseits zeigt sie, dass nahezu das gesammte nach Belgien eingeführte Rohmaterial wieder als Fabricat ausgeführt wird, andererseits, dass der Umsatz in Schmiede-, Stab- und Walzeisen, welcher im Jahre 1876 am flauesten war, im Jahre 1877 sich wieder einigermassen belebt und unzweideutige Anzeichen einer Verbesserung erkennen lässt.

Die Quantitäten vertheilen sich auf die betheiligten Länder so, wie dies Tabelle II, Seite 85, zeigt.

In Belgien befassen sich nur 3 Hüttenwerke mit der Fabrication von Gussstahl und diese befinden sich sämmtlich in der Provinz Lüttich. Es sind: Das Stahlwerk der Gesellschaft J. Cockerill mit 8 Bessemer-Convertern, jenes der Gesellschaft F. de Rossius, Pastor & Comp. zu Angleur mit 4 Convertern, endlich das der anonymen Gesellschaft von Sclessin zu Tilleur, welches nach dem Martinverfahren arbeitet.

	Einfuhr			Ausfuhr		
	1877	1876	1875	1877	1876	1875
	metr. Tonnen			metr. Tonnen		
Roh- und Alteisen	193.380	207.264	146.886	12.027	9.480	15.672
Schmiede-, Stab- und Walzeisen { Draht	4.191	4.115	2.182	2.013	2.040	2.920
Schienen	448	61	3.442	44.674	43.741	60.398
Blech	335	24	258	16.481	20.041	22.923
Anderweitiges	4.482	3.919	3.789	112.578	100.338	96.426
Eisenhütten, Walzwerke u. s. w.	9.456	8.887	9.671	175.746	166.160	182.667
Eisenwaaren { Anker und Ketten	126	239	219	1	5	2
Nägel	416	542	613	10.175	11.790	12.300
Anderweitige	2.519	3.461	3.324	13.663	13.687	9.311
Eisenwerkstätten, Nagelschmieden u. s. w.	3.060	4.242	4.156	23.829	25.482	21.613
Gusswaaren	1.459	1.871	1.633	2.114	3.141	2.143
Zusammen	207.355	222.264	162.346	213.716	204.263	222.095

II.

Einfuhr				Ausfuhr			
Bezugsland	1877	1876	1875	Bestimmungsland	1877	1876	1875
	metr. Tonnen				metr. Tonnen		
Schweden und Norwegen	2.662	3.171	3.436	Russland	13.716	25.054	19.500
Preussen	41.999	33.887	22.978	Schweden und Norwegen	1.657	2.955	5.396
Grossherzogthum Luxemburg	59.870	78.414	45.901	Dänemark	965	1.136	1.238
Niederlande	15.387	10.800	6.968	Preussen	6.476	6.089	15.575
England	83.044	90.479	77.492	Grossherzogthum Luxemburg	2.014	1.418	3.059
Frankreich	4.144	5.399	5.544	Sachsen und Bayern	223	268	846
Andere Länder	245	111	25	Bremen	222	680	630
				Hamburg	10.014	8.730	5.823
				Niederlande	47.006	49.457	42.072
				England	52.662	36.752	33.792
				Frankreich	21.893	22.279	25.136
				Portugal	1.012	1.226	4.055
				Spanien	9.943	7.217	6.135
				Italien	9.447	15.318	15.941
				Schweiz	8.401	14.198	22.902
				Oesterreich	562	1.024	1.387
				Türkei	2.296	1.285	8.213
				China	5.753	2.614	4.132
				Englisch-Indien	222	208	.
				Cuba und Portorico	1.221	1.196	1.690
				Englische Besitzungen	427	92	383
				Brasilien	13.127	2.972	822
				Uruguay	72	131	39
				Rio de la Plata	1.218	525	416
				Chile und Peru	819	490	487
				Andere Länder	2.335	1.735	1.504
Summa	207.351	222.261	162.344	Summa	213.703	204.249	222.082

Mit Ausnahme der Erzeugnisse zweier Hohöfen, welche in dem ersten der oben angeführten Hüttenwerke direct zu Stahl verschmolzen werden, ohne indessen den Bedarf zu decken, ist das verarbeitete Roheisen zum grössten Theile englischen Ursprungs.

Die erste Tabelle, Seite 86, enthält die jährliche Production an Bessemerstahl seit dem Beginn seiner Fabrication in Belgien.

Vier von den zwölf vorhandenen Convertern stehen in Reserve.

Das Gewicht der im Jahre 1876 erzeugten Gussstahlschienen beläuft sich auf 65.000 metr. Tonnen, deren Werth auf 11,048.087 ℳ, wenn man die metr. Tonne zu 169.93 ℳ rechnet. Die Production von Stahlschienen hat 44 % der gesammten Schienenproduction Belgiens betragen und ist diese Proportion im Jahre 1877 mindestens auf 50 % gestiegen.

Jahr	Anzahl der		Gesammt-Production	Gesammtwerth	Mittlerer Verkaufspreis
	Hütten	Converter	metr. Tonnen	$\mathscr{M}$.	$\mathscr{M}$.
1864	1	1	296	119.948	405.23
1865	1	1	969	351.107	362.34
1866	1	1	1.460	477.128	326.80
1867	1	1	1.767	499.499	282.68
1868	1	1	2.509	649.803	258.90
1869	1	1	3.699	949.538	256.70
1870	1	2	5.977	1,520.631	254.41
1871	1	4	10.854	2,592.033	238.81
1872	1	4	14.985	4,178.449	278.84
1873	2	7	21.268	6,942.554	323.21
1874	2	10	36.584	9,426.117	257.66
1875	2	12	53.500	11,299.409	211.20
1876	2	12	71.758	12,106.537	168.71

Die Daten, die soeben über die Bessemerstahlfabrication gegeben wurden sind bei den Hüttenwerken eingeholt worden; leider stimmen sie nicht mit der officiellen Statistik überein, welche sich, anstatt auf zwei, auf drei Etablissements bezieht und nichtsdestoweniger kleinere Ziffern zu Tage fördert. Folgende Tabelle zeigt dies.

Jahr	Production		Einfuhr		Ausfuhr	
	Menge	Geldwerth	Menge	Geldwerth	Menge	Geldwerth
	metr. Tonnen	$\mathscr{M}$.	metr. Tonnen	$\mathscr{M}$.	metr. Tonnen	$\mathscr{M}$.
1840	.	.	.	981.217		
1850	.	.	.	1,058.832		
1860	3.172	693.633	.	2,173.220		
1866	3.820	1,347.641	.			
1867	2.833	932.847	.	4,696.933	.	.
1868	2.510	805.827	3.195	3,855.423	289	419.938
1869	5.490	1,789.230	4.256	4,969.811	434	736.117
1870	9.563	1,983.151	5.436	5,929.786	853	1,563.738
1871	8.900	2,589.890	9.673	5,425.697	4.519	2,717.342
1872	15.284	4,723.077	15.196	9,112.818	2.703	2,710.806
1873	19.056	6,356.260	17.395	10,665.935	4.321	4,475.526
1874	20.953	7,318.686	10.189	7,009.860	5.234	4,130.752
1875	47.200	11,539.308	5.342	3,754.932	7.319	5,391.383
1876	75.258	12,778.697	6.137	3,745.945	5.567	4,571.115

Das ungeheuere Etablissement der Serainger Gesellschaft John Cockerill, welches allein zwei Drittel der in Belgien befindlichen Converter besitzt, beschäftigt 8.750 Arbeiter; als bewegende Kraft dienen 259 Dampfmaschinen mit 6.600 Pferdekräften, und der tägliche Verbrauch an Brennmaterial beläuft sich auf mehr als 1000 metr. Tonnen. Die jährliche Production hat einen Werth von beiläufig 32,680.000 $\mathscr{M}$. Die Werkstätten von Seraing haben bis jetzt 40.000 Maschinen und andere mechanische Einrichtungen, ausserdem 390 Schiffe geliefert. Sie können jährlich 100 Locomotiven, 70 Dampfmaschinen mit 1.500 verschiedene Maschinen, 8.000 metr. Tonnen Brückenbestandttheile, Drehscheiben u. s. w., 14 See- oder Flussschiffe, Panzer- oder Kriegsschiffe herstellen.

Der Verkehr in Stahl mit dem Auslande hat während des abgelaufenen Jahres einen ausserordentlichen Aufschwung genommen. Die Einfuhr wurde von der Ausfuhr um 12.000 metr. Tonnen überstiegen.

	Einfuhr			Ausfuhr		
	1877	1876	1875	1877	1876	1875
	metr. Tonnen			metr. Tonnen		
Roher Gussstahl.................	677	1.290	114	15	181	4
Stangenstahl, Blattstahl, Nadelstahl	3.442	3.926	4.209	13.349	3.733	5.737
Verarbeiteter Stahl..............	540	921	1.018	2.163	1.653	1.577

Preussen nimmt unter den Ländern, welche Stahl nach Belgien einführen, weitaus den ersten Rang ein, während die Länder am mittelländischen Meere: Spanien, Italien und die Türkei die besten Abnehmer Belgiens sind.

Deutschland.

(539.798 Quadrat-Kilometer. — 42,750.000 Einwohner.)

Kohle.*)

A. Steinkohle.

In welchem Jahrhundert in Deutschland zuerst Steinkohlen als Heizmaterial verwendet worden sind, ist unbekannt. Die vielen zu Tage tretenden Flöze lassen als wahrscheinlich annehmen, dass man schon in grauer Vorzeit die Brennbarkeit der schwarzen Steine kannte, doch mögen der vorhandene Holzreichthum, nicht minder die Unvollkommenheit der Heizanlagen die Hauptursachen gewesen sein, warum die vorhandenen mineralischen Brennstoffe Jahrhunderte hindurch unbenutzt geblieben sind. Unter den deutschen Steinkohlenlagern scheint das des Zwickauer Kohlenbassins im Königreich Sachsen am frühesten in Angriff genommen worden zu sein, da schon im 10. Jahrhundert n. Chr. die dort wohnenden Sorben-Wenden Steinkohlen abgebaut haben. Im Jahre 1348 werden die Metallarbeiter in Zwickau polizeilich verwarnt, mit Steinkohle als einem Brennmaterial, durch dessen Rauch die Luft verpestet werde, zu schmieden. — Im Ruhrbecken (Dortmund) datiren die ersten Nachrichten über die Verwendung von Steinkohlen aus dem Jahre 1302, von Essen aus dem Jahre 1317. Bei Aachen soll der Steinkohlenberg-

---

*) Literatur: J. Pechar und Dr. A. Peez. Mineralische Kohle, Wiener Ausstellungsbericht (Wien 1874). — Die Steinkohlen Deutschlands und anderer Länder von Geinitz, Fleck und Hartig (München 1865). — Zinken, Braunkohlen (Hannover 1857). — Publicationen des Vereins für die bergbaulichen Interessen in Dortmund. — Berichte des Oberschlesischen Berg- und Hüttenmännischen Vereins von Dr. Frantz, Zeitschrift für Gewerbe, Handel etc. (Beuthen). — Zeitschrift für Berg-, Hütten- und Salinenwesen in Preussen (Berlin). — v. Viebahn, Statistik des zollvereinten Deutschland, Band I. S. 365—720, Band II. S. 349—409 (Berlin). — Statistik des deutschen Reichs, herausgegeben vom kaiserl. statistischen Amt. — Engel, Zeitschrift für Statistik des preussischen Staates. — W. v. Lindheim, Kohle und Eisen (Wien 1877). — Karte über die Production, Consumtion und die Circulation der mineralischen Brennstoffe in Preussen während des Jahres 1871. Herausgegeben im königl. preuss. Ministerium für Handel, Gewerbe und öffentl. Arbeiten.

bau schon im 11. und 12. Jahrhundert betrieben worden sein. An der Saar hat dagegen der Abbau von Steinkohlen erst 1529 seinen Anfang genommen, in Schlesien wahrscheinlich erst kurz vor dem 30jährigen Kriege. Der Verbrauch der Kohlen für den Hausbrand datirt in seiner allgemeineren Anwendung erst seit neuerer und neuester Zeit, der Aufschwung in dem Kohlenbergbau überhaupt erst seit den letzten Jahrzehnten, seitdem durch die verstärkte Einführung der Dampfkraft in den industriellen Etablissements, durch das Wachsthum der Eisenindustrie, die Erweiterung der Eisenbahnen und der Dampfschifffahrt, durch die Verminderung der Holzfeuerung für die Zwecke der Hauswirthschaft, durch die steigende Ausfuhr u. s. w. die Nachfrage nach Kohlen gewachsen ist. In der Mitte des vorigen Jahrhunderts wird die Kohlenproduction Deutschlands (ohne Deutsch-Oesterreich) kaum mehr als 150.000 Tonnen betragen haben, und selbst für das Jahr 1800 wird das geförderte Kohlenquantum zu nur etwa 500.000 Tonnen anzunehmen sein. Gegenwärtig beträgt die Steinkohlenproduction des deutschen Reiches mit jährlich 37,500.000 Tonnen das 75fache der wahrscheinlichen Förderung zu Anfang dieses Jahrhunderts.

    Es belief sich die

Steinkohlen-Production

im Jahre	metrische Tonnen	Werth in Mark	im Jahre	metrische Tonnen	Werth in Mark
1848	4,383.565	25,697.334	1870	26,397.770	163,537.080
1853	8,328.760	51,325.722	1871	29,373.272	218,351.295
1857	11,279.266	82,735.851	1872	33,306.418	296,668.500
1862	15,576.278	83,097.894	1873	36,392.280	403,645.296
1866	21,629.746	127,320.114	1874	35,918.614	387,182.871
1867	23,808.071	137,414.202	1875	37,436.368	297,484.634
1868	25,704.758	145,791.087	1876	38,454.428	263,678.277
1869	26,774.368	155,785.209	1877*)	37,576.071	217,067.721

Die Productionssteigerung betrug in Procenten ausgedrückt
                          dem Gewicht nach; dem Werthe nach
vom Jahre 1848 bis 1868 .... 586.4 % .... 567.2 %
  „   „   1868 „ 1875 .... 145.6 „ .... 204.0 „
  „   „   1848 „ 1875 .... 854.0 „ .... 1157.5 „

    Tabelle I, Seite 89, zeigt die Vertheilung der Steinkohlenproduction des Jahres 1875 auf die Länder bezw. Provinzen im deutschen Reiche.

    Wie aus dieser Tabelle ersichtlich ist, entfallen allein 89 % der Gesammtproduction auf das Königreich Preussen.

    Gefördert wurden im preussischen Staate:

	metr. Tonnen			metr. Tonnen
Im Jahre 1862	13,088.391	im Jahre 1874	31,938.783
„ „ 1866	18,628.548	„ „ 1875	33.419.299
„ „ 1870	23,316.238	„ „ 1876	34,466.249
„ „ 1872	29,523.776	„ „ 1877	33,682.914

    Die Steinkohlenförderung der beiden letzten Jahre vertheilt sich in Preussen auf die einzelnen Oberbergamtsbezirke wie folgt (Tab. II, Seite 89):

---

*) Das statistische Amt des deutschen Reichs hat die Productionsziffern der Jahre 1876 und 1877 erst im April 1878, als dieser Bericht schon gedruckt vorlag, veröffentlicht. Soweit möglich, sind die neuesten Ziffern nachträglich noch aufgenommen worden

I.

	Betriebene Werke	Production metr. Tonnen	Durchschnittswerth pro metr. Tonne Mark	Arbeiter
Preussen	448	33,419.299	7.60	159.702
davon in Provinz Schlesien	152	10,444.364	6.40	43.506
„ „ „ Hannover	21	435.231	10.00	3.753
„ „ „ Westfalen	161	10,749.025	7.40	54.027
„ „ „ Rheinland	110	11,645.014	8.00	57.258
Bayern	43	457.929	10.00	3.284
Sachsen	78	3,061.275	10.80	17.272
Baden...................	3	9.782	13.00	121
Weimar.................	1	86	26.00	7
Oldenburg (Birkenfeld)	2	12	12.00	10
Meiningen...............	1	1.644	10.20	29
Gotha..................	2	457	20.60	28
Schaumburg-Lippe	.	100.780	12.60	760
Lothringen	2	385.104	10.40	2.610
Summa...	580	37,436.368	8.00	183.823

II.

	1876	1877
	metr. Tonnen	
Oberbergamtsbezirk Breslau	10,618.380	10,102.637
„ Halle	42.035	35.472
„ Dortmund..................	17,902.412	17,728.252
„ Bonn	5,548.680	5,496.838
„ Clausthal...................	354.742	319.714
Summa...	34,466.249	33,682.914

Kohlenbezirke.

I. Das productivste unter den Revieren des deutschen Reiches ist das
mächtige niederrheinisch-westfälische Steinkohlenbecken,
gewöhnlich auch das Ruhrbecken genannt, obgleich die Ruhr nur
den südlichen Theil desselben durchfliesst. Die Ausdehnung dieses
Revieres ist, besonders seitdem in den letzten Jahren Aufschliessungen im Norden und Osten gleichfalls bedeutende Kohlenlager nachgewiesen haben, noch nicht ganz bekannt. Ueber 2800 Quadrat-Kilometer (circa 50 Qu.-Meilen) gelten indessen als sicher kohlenführend,
und wird der vorhandene Kohlenreichthum zu etwa 45.000 Millionen Tonnen anzunehmen sein, so dass die gegenwärtige Förderung von rund 17,500.000 Tonnen die bis jetzt bekannten Kohlenlager in 2000 Jahren noch nicht erschöpfen würde. Von dieser
riesigen Kohlenmenge liegen etwa 40 % zwischen der Oberfläche
und einer Tiefe von nur 200—250 Meter. — Die Zahl der Flöze ist
beträchtlich. Bis über 60 mit einer Gesammtmächtigkeit von 50, 60
bis 70 Meter reiner Kohle und darüber ansteigend, repräsentirt jedes
Flöz eine durchschnittliche Mächtigkeit von 1—1.1 Meter.

Unter solchen Verhältnissen sind die Abbauverhältnisse sehr günstig. Bezeichnet doch selbst der bekannte Geologe v. Dechen „die
Lagerungsformen mit ihren bogenförmigen Falten, in welche die
sämmtlichen Schichten dieses Revieres und also auch die Kohlenlager
zerlegt sind, die sogenannten Mulden und Sättel, das Zusammengedrängtsein des Kohlenreichthums in den oberen, dem Bergbau zugänglichsten Teufen u. s. w. für den Kohlenbergbau des Ruhrbeckens als
so vortheilhaft, dass, wenn dieselben in der Absicht ersonnen werden
sollten, um der Entwicklung des Kohlenbergbaues am förderlichsten
zu sein, keine andern gewählt werden könnten".

Bei so grosser Ausdehnung des Kohlengebiets bieten selbstverständlich Qualität und Verwendbarkeit der Kohlen grosse Verschiedenheiten. Im grossen Durchschnitt kann indessen die Kohle des Ruhrbeckens als ein vorzügliches Brennmaterial bezeichnet werden und alle die verschiedenen Ansprüche, welche an die Steinkohlen je nach ihrer speciellen Bestimmung gemacht werden, lassen sich bei entsprechender Auswahl durch die rheinisch-westfälische Kohle befriedigen.

Bis noch vor wenig Jahren galten in den deutschen Seehäfen, ebenso im ganzen Norden und Nordosten des Reiches englische Kohlen als die vorzüglicheren, und selbst die deutsche Kriegsflotte versorgte sich ausschliesslich mit englischen Kohlen. Die rheinisch-westfälischen Zechenverwaltungen, vorzugsweise der hier unter Führung des Herrn Mulvany in Düsseldorf gebildete Kohlenexport-Verein, haben sich das grosse Verdienst erworben, die irrigen Anschauungen über den Werth der deutschen Kohlen zu berichtigen. In grossem Massstabe angestellte Versuche der deutschen Marine haben ergeben, dass in Bezug auf Heizkraft, Aschenrückstände, Zeitdauer des Rauches, westfälische Kohlen die englischen übertreffen und nur in Betreff ihrer relativen Cohäsion den besten englischen Kohlen in Etwas nachstehen*). Auch in Kopenhagen sind neuerdings vergleichende Versuche zwischen englischen und deutschen Kohlen durch die dortigen Eisenbahnverwaltungen angestellt worden. Die Resultate sind vollständig zu Gunsten der deutschen Kohle ausgefallen. Die westfälische Nusskohle verdampfte: 0.5 Kg. Kohle, 4.09 Kg. Wasser; Asche und Rückstände 39.5 Kg. aus 635.5 Kg. Kohle. Die englische Kohle verdampfte: 0.5 Kg. Kohle, 3.805 Kg. Wasser; Asche und Rückstände 56.5 Kg. aus 578.0 Kg. Kohle. Als weiteren Beleg lassen wir einige chemische Analysen verschiedener Kohlen des Ruhrbeckens folgen.

Ort	In 100 Gewichtstheilen getrockneter Substanz				Nutzbare Verdampfungskraft für 0₁ Kg. der rohen Kohle	Beim Vercoken entweichende Gase Procent	zurückbleibende Coke Procent	Asche Procent
	Kohlenstoff	Wasserstoff	Sauer- und Stickstoff	Asche				
Essen ...	85.62	4.65	7.64	2.09	7.47	21.4	88.5	2.1
Bochum .	85.00	4.56	4.77	1.56	7.66	20.4	78.8	3.2
Dortmund	82.22	5.00	7.71	5.07	7.16	18.4	80.3	3.8
Barop ...	78.05	5.05	12.92	3.98	7.37	25.5	73.3	1.2
Witten ..	83.79	4.44	6.23	5.53	.	10.9	88.2	0.9

Die Förderung des Ruhrbeckens betrug:

	metr. Tonnen			metr. Tonnen
Im Jahre 1737	20.724	im Jahre 1860		4.366.000
„ „ 1800	177.082	„ „ 1870		12.219.432
„ „ 1840	993.108	„ „ 1873		16.219.914
„ „ 1850	1,694.208	„ „ 1877		17,728.252

Bis fast zum Jahre 1860 befanden sich die hiesigen Kohlenzechen in nicht eben günstiger Lage. Etwa von 1857 ab datirt jedoch das enorme Wachsthum der Production, hervorgerufen vorzugsweise dadurch, dass das Grosscapital in der Form der Actiengesellschaften dem Kohlenbergbau und der Grosseisenindustrie sich zuwandte. Andere Industriebranchen haben seitdem in reicher Zahl dort Fuss gefasst; bereits vorhandene Werke sind erweitert worden, und heute ist Rheinland-Westfalen nächst dem Königreiche Sachsen die industriell

---

*) Details dieser Versuche siehe Abschnitt „Grossbritannien" unter „Kohle".

am mächtigsten entwickelte Provinz des deutschen Reiches. In Bezug auf die Grösse der einzelnen industriellen Anlagen wird sogar Sachsen übertroffen. Die bedeutenden Industrieplätze Essen, Dortmund, Bochum, Oberhausen, Hörde, Hamm u. a. sind zugleich die Concentrationspunkte für den Kohlenbergbau wie für die Eisenindustrie. Im Umkreise von wenigen Meilen finden sich sodann andere grossartig entwickelte Industriebranchen, imponirend durch die Zahl wie durch die Grösse der Anlagen, in reicher Auswahl vertreten und nehmen allein für ihren Bedarf einen beträchtlichen Theil der Kohlenförderung in Anspruch.

Die kleineren Kohlenreviere von Osnabrück, Ibbenbüren, Minden in der Nähe des Teutoburger Waldes werden in der Regel dem Ruhrbecken zugerechnet, obgleich sie in ihren Lagerungsverhältnissen von den Flözen an der Ruhr mannigfach abweichen.

II. Das Kohlenrevier bei Aachen (Inde- und Worm-Becken) kann, worauf besonders die Unregelmässigkeit der zwar zahlreichen aber vielfach gebrochenen und meist tiefliegenden Flöze hinweist, als eine Fortsetzung der belgischen Kohlenablagerungen angesehen werden. Ueber die Ausdehnung des Kohlenreviers schwanken die Angaben, da man vermuthet, dass spätere Aufschliessungen die jetzt bekannten Grenzen der beiden Hauptbecken an der Inde bei Eschweiler und an der Worm bei Aachen noch erweitern werden. Die Abbauverhältnisse sind schwieriger, als in den meisten übrigen deutschen Kohlenrevieren, doch halten dafür die gute backende Qualität der Kohle und die Nachbarschaft einer hochentwickelten Industrie in Eisen, Blei, Zink, in Webwaaren aller Art, Papier, Glas u. s. w. einigermassen schadlos. Die gegenwärtige Jahresproduction in Höhe von rund 1,250.000 Tonnen ist seit 1860 um circa 80 % gestiegen.

III. Das Saarbecken, vielfach auch Revier von Saarbrücken genannt, erstreckt sich, begrenzt von der Saar, Nahe und Blies, im Südwesten der preussischen Rheinprovinz, im Osten bis in die bayerische Pfalz, im Westen bis nach Deutsch-Lothringen, in einer Länge von 39 und in einer Breite bis zu 30 Kilometer. Die Gesammtmächtigkeit der übereinanderliegenden mehr als 100 Flöze beläuft sich, soweit dieselben aufgeschlossen sind, auf zusammen über 80 Meter Kohlen. Andere darunter liegende Flöze sollen bis zu einer Tiefe von über 6000 Meter unter den Meeresspiegel hinabgehen, werden also mit den jetzt bekannten Hilfsmitteln des Bergbaues nicht abzubauen sein. Das Gewicht der gesammten zwischen Saar und Blies gelagerten Kohlenmasse schätzt v. Dechen auf 45.400 Millionen Tonnen, also für eben so gross, wie die Kohlenansammlung des Ruhrbeckens.

Die Saarkohle ist im Allgemeinen von guter Qualität; sie wird in ihren verschiedenen Sorten mit befriedigendem Erfolge zur Heizung wie zur Herstellung von Coke und Leuchtgas verwendet. Wir geben auch hier folgende chemische Analysen von Saarkohlen nach Untersuchungen von Heintz und Dr. Brix.

	In 100 Gewichtstheilen getrockneter Substanz				Nutzbare Verdampfungskraft für 1 Pfund roher Kohle
	Kohlenstoff	Wasserstoff	Sauerstoff und Stickstoff	Asche	
Gerhardgrube	72.38	4.46	15.05	8.11	7.03
Heinitzgrube	80.53	5.06	11.91	2.50	7.74
Dudweiler..........	87.29	5.30	8.54	4.87	7.46

Erschwert wird der Abbau der Saarkohlen durch die häufig vorkommenden Verwerfungen, auch sind die schlagenden Wetter hier häufiger, als in manchen anderen deutschen Kohlenbezirken und, wie der seit 2 Jahrhunderten „brennende Berg von Dudweiler" nachweist, macht sich das Auftreten von Schwefelkies stellenweise in sehr störender Weise bemerkbar.

Gefördert wurden im Saarbecken:

	metr. Tonnen			metr. Tonnen
Im Jahre 1816	97.496	im Jahre 1860		1,505.961
„ „ 1820	98.467	„ „ 1870		2.734.319
„ „ 1830	194.934	„ „ 1872		4.222.234
„ „ 1840	386.082	„ „ 1877		4,992.460
„ „ 1850	577.139			

Der weitaus grösste Theil der Förderung entfällt auf die fiscalischen Gruben, gegen welche die Production auf den Privatwerken sowohl in der preussischen Rheinprovinz, als auch in den angrenzenden bayerischen und lothringischen Bezirken erheblich zurücktritt. Die dem Reviere angehörenden Eisenwerke, Glashütten, Etablissements für Thonwaaren, Industrie, chemische Producte u. a. sichern der Saarkohle einen regelmässigen Absatz; die grössere Hälfte der geförderten Kohlen wird indessen ausserhalb des Saargebietes abgesetzt.

IV. Das oberschlesische Kohlenbecken, in dem südlichen Theile Schlesiens in den Kreisen Ratibor, Beuthen, Pless, Rybnik gelegen, umfasst einen Flächenraum von circa 478 Quadrat-Kilometer und enthält nach den Berechnungen des Berghauptmannes v. Dechen in einer Tiefe bis zu 600 Meter das colossale Quantum von 50.000 Millionen Tonnen (1 Billion Centner à 50 Kg.) Kohlen und in einer grösseren, zur Zeit noch für unerreichbar zu haltenden Tiefe noch weitere 4 Billionen Ctr. Die Kohlenfelder erstrecken sich über die nahe Grenze südlich nach Oesterreich, ebenso östlich nach Polen hinüber.

Die Kohlen sind ziemlich regelmässig gelagert, die Abbaukosten in Folge dessen mässig. Die Flöze enthalten meist bis zu 3 und 4 Meter Mächtigkeit, aber gerade diese bedeutende Stärke ist einer vollständigen Auskohlung theilweise hinderlich. In ihrem Brennwerth stehen die oberschlesischen Kohlen hinter den besten Sorten anderer deutscher und fremder Kohlenreviere nicht zurück und finden dieselben in ihren verschiedenen Arten zu allen Zwecken, denen Steinkohle überhaupt dienstbar gemacht werden kann, mit grösstem Vortheil Verwendung. Was Oberschlesiens Steinkohle ganz besonders auszeichnet, ist ihre Cohäsion (relative Festigkeit), worin sie fast alle englischen und auch die westfälischen (Ruhr-) Kohlen übertrifft. Damit in Zusammenhang steht ihr vorzüglicher Stückfall (30 bis 40 Procent der gesammten Förderung sind Stückkohlen).

Chemische Analysen oberschlesischer Kohlen (Königsgrube).

	Kohlenstoff	Wasserstoff	Stickstoff	Schwefel	Sauerstoff	Asche	Wärme-Einheiten	Ausbeute an Coke
	%	%	%	%	%	%		%
Nr. I.	86.020	6.003	1.101	0.274	4.410	2.192	7.985.3	75.740
Nr. II.	53.970	5.400	0.651	0.932	6.020	3.027	7.637.3	71.041
Nr. III.	53.075	5.004	0.527	0.165	9.676	1.550	7.368.1	70.705

Producirt wurden:

	metr. Tonnen		metr. Tonnen
Im Jahre 1790	7.850	im Jahre 1872	7,251.838
„ „ 1842	546.858	„ „ 1873	7,839.315
„ „ 1860	2,478.276	„ „ 1876	8,467.743
„ „ 1870	5,854.403	„ „ 1877	8,101.052

Im Jahre 1877 wurden 6,148.360 metr. Tonnen von den Privatwerken, 1,952.692 metr. Tonnen von den fiscalischen Gruben gefördert. Wenn auch nicht unmittelbar im Kohlenbezirke selbst, so doch in der angrenzenden Tertiärformation finden sich Braun- und Thoneisensteine, welche die Grundlage für die sehr lebenskräftig entwickelte Eisenindustrie Oberschlesiens gegeben haben. Ausser dem Eisenhüttenbetrieb ist noch die oberschlesische Zinkproduction für den localen Absatz der dortigen Kohlenwerke von nennenswerther Bedeutung.

V. Das niederschlesische Kohlenrevier von Waldenburg und Neurode steht an Ausdehnung des kohlenführenden Areals wie an Mächtigkeit der Flöze dem oberschlesischen Becken bedeutend nach, auch beeinträchtigen Verwerfungen, häufige Wässer und höhere Arbeitslöhne die Rentabilität. Die niederschlesische Kohle zeichnet sich indessen durch den hohen Grad ihrer Backfähigkeit aus und wird deshalb zur Cokebereitung stark begehrt, auch kommt dem Becken die grössere Nähe volkreicher Städte und wichtiger Industriebezirke zu Statten, so dass die hiesigen Werke in der Lage sind, auf höhere Preise zu halten, als die oberschlesischen anderweit begünstigten Gruben.

Chemische Analysen von Waldenburger Kohlen.

Ort	Zusammensetzung				Ein Kilo der aschenhaltigen Kohle gibt		Coke aus der aschenhaltigen Kohle
	Kohlenstoff	Wasserstoff	Sauerund Stickstoff	Asche	Wärme-Einheiten	Kilo Dampf	
	Procent						Procent
Weissstein	81.59	5.01	10.52	2.88	158.06	8.27	67.2
Hermsdorf	83.77	4.96	8.61	2.66	160.80	8.41	67.4
Waldenburg....	81.94	4.77	10.76	2.53	154.76	8.10	69.4

Das Procentverhältniss der verschiedenen Kohlensorten gestaltet sich etwa so, dass 13.0 % auf Stück-, 3.0 % auf Mittel-, 52.8 % auf Klein-, der Rest auf gemischte Kohlen entfallen.

Gefördert wurden:

	metr. Tonnen		metr. Tonnen
Im Jahre 1740	1.900	im Jahre 1860	758.515
„ „ 1790	62.190	„ „ 1870	1,570.227
„ „ 1850	400.170	„ „ 1877	2,102.256

VI. Von den Steinkohlenbecken im Königreich Sachsen sind die wichtigsten die beiden, auch räumlich nicht weit von einander getrennten Reviere von Zwickau und Lugau, von denen das letztere erst in neuerer Zeit in Angriff genommen worden ist. In Bezug auf die Ausdehnung des kohlenführenden Areals stehen auch diese Reviere hinter den Becken der Ruhr, der Saar und Oberschlesiens beträchtlich zurück, auch ist der Bergbau in Folge mancherlei Verwerfungen, häufiger Wässer und (wenigstens in Lugau) wegen grosser Teufen der abbauwürdigen Flöze schwieriger, als in manchen anderen Bezirken. Besonders gefürchtet sind hier die schlagenden Wetter, und erinnern wir nur an die bekannten entsetzlichen Unglücksfälle von Lugau (1869) und im Plauen'schen Grunde (1871), bei denen in dem ersten Falle nahezu 100, im Plauen'schen Grunde über 200 Arbeiter tödtlich verunglückten. Auf beschränktem Raume ist indessen auch

hier ein grosser Vorrath einer recht brauchbaren Steinkohle aufge-
häuft und mag nur erwähnt werden, dass im Lugauer Revier das bis
jetzt erschlossene tiefste Flöz allein eine Mächtigkeit von 14.₃ Meter
Pechkohle aufweist. Vollständig isolirt liegt das kleine Kohlengebiet
des Plauen'schen Grundes bei Dresden, das seine Kohlen von mittlerer Qualität indessen in etwa 100 Jahren abgebaut haben wird.

Chemische Analyse von sächsischen Steinkohlen nach Dr. Fleck.

Orte	Kohlen-stoff	Wasser-stoff	Sauer- und Stick-stoff	Asche	Nutzbare Ver-dampfungskraft für 0.₅ Kg. roher Kohle
			Procent		
Oberhohndorf bei Zwickau	83.₉₆	4.₁₁	9.₆₂	2.₂₉	6.₇₈
Planitz	76.₉₆	4.₄₀	16.₀₉	2.₅₄	6.₂₅
Zwickau	77.₉₈	4.₀₅	12.₈₅	5.₁₂	6.₄₈
Lugau	80.₁₂	3.₆₅	11.₄₉	4.₇₄	6.₃₅
Niederwürschnitz	76.₇₅	4.₈₅	13.₄₈	4.₉₂	5.₃₄
Zauckeroda	70.₆₂	4.₅₂	12.₄₇	12.₆₉	6.₃₄
Burgk	63.₈₄	3.₈₁	11.₀₉	11.₁₉	5.₃₉

Die zuletzt genannten Sorten (aus Zauckeroda und Burgk) sind Kohlen
des Plauen'schen Grundes.

Producirt wurden im Königreiche Sachsen:

	metr. Tonnen			metr. Tonnen
Im Jahre 1846	475.065	im Jahre 1874		3,047.313
„ „ 1856	1,149.854	„ „ 1875		3,061.276
„ „ 1866	2,201.680	„ „ 1876		3,037.853
„ „ 1872	2,946.260			

Wie bereits erwähnt, kommen unter den sächsischen Kohlen mehrfach Sorten von blos mittlerer Qualität vor, trotzdem finden dieselben bei der
zahlreichen Bevölkerung und der hochentwickelten Industrie des Landes
guten Absatz.

Ausser diesen vorstehend genannten grösseren Kohlenrevieren sind
noch kleinere Ablagerungen von Steinkohlen in Oberbayern, Baden, Weimar,
Gotha und anderen Orten, jedoch mit nur geringer, theilweise sogar verschwindend kleiner Production vorhanden.

B. Braunkohle.

Nahezu ebenso reich wie an Steinkohlen ist das deutsche Reich an
Braunkohlen. Da, wo die Gebirge des mittleren Deutschland — vom Riesen-
gebirge in Schlesien ab bis weit nach Westen, bis zur Weser und zum
Rhein, — sich nach Norden abflachen, findet sich ein zwar auf grössere
Strecken durchbrochener, oft in 2, 3 und mehr Zonen gespaltener, aber doch
immer wieder auftretender Braunkohle führender Gürtel von oft vielen Meilen
Breite. So kommen Braunkohlen in Niederschlesien, in der preussischen und
sächsischen Lausitz, im nördlichen Gebiet des Königreichs Sachsen, in Thüringen, bis nach Hessen und bis zum Westerwalde vor. Sehr oft ist aber die
Qualität so gering, dass die stark mit erdigen Bestandtheilen gemischte, in
ihrem Brennwerth noch hinter dem Torf zurückstehende Braunkohle gar nicht
gewonnen wird, oder, weil der Transport nicht lohnt, nur locale Verwendung
findet. Da die Lagerung sich selten bis auf grössere Tiefen erstreckt, sogar
vielfach Tagbau gestattet, sind auch die Gewinnungskosten gering und die
Preise meist sehr niedrig. Dazwischen treten indessen auf grösseren oder
kleineren Districten bessere Qualitäten auf, so am Westerwalde, am Meissner
in Hessen, in der Wetterau am Taunus, bei Merseburg und Weissenfels in

Thüringen, in Anhalt, bei Spremberg, bei Frankfurt a. d. Oder, bei Zittau in Sachsen, in Braunschweig u. s. w., doch können selbst diese besseren Sorten in Bezug auf ihre Güte mit den böhmischen Braunkohlen nicht entfernt in Concurrenz treten. Selbst derartige Kohlensorten bleiben mit ihrem Absatz meist nur auf ihre Umgebung beschränkt; nur erst neuerdings hat die Versendung in der Form der Briquets (Presssteine) hier und da einigen Aufschwung genommen.

In der preussischen Provinz Sachsen und zwar in der Umgegend von Weissenfels, Merseburg, Zeitz, ebenso im Anhaltischen eignet sich indessen die Braunkohle sehr gut zur Herstellung von Mineralölen, Paraffin, Stearin und deren Derivaten und hat sich dort eine sehr lebenskräftige Industrie herausgebildet, welche grosse Quantitäten Paraffin und Mineralöle producirt, in Bezug auf den letzteren Artikel jedoch durch die Concurrenz des amerikanischen Petroleums gegenwärtig zurückgedrängt ist.

An Braunkohlen wurden im deutschen Reiche gefördert:

Im Jahre	metr. Tonnen	Werth in Mark	im Jahre	metr. Tonnen	Werth in Mark
1848	1,417.420	3,788.871	1870	7,605.234	22,053.117
1853	2,385.796	7,009.347	1871	8,482.838	26,212.644
1857	3,587.855	11,269.896	1872	9,018.048	29,495.622
1862	5,084.399	14,110.089	1873	9,752.914	34,626.561
1866	6,533.059	18,848.091	1874	10,739.532	39,231.880
1867	6,994.818	20,051.043	1875	10,367.686	36,885.178
1868	7,174.365	20,006.520	1876	11,096.034	38.442.582
1869	7,569.545	21,051.681	1877	10,720.296	35,717.696

Procentual (Anfangsziffern jeder Periode = 100) stieg die Förderung:

1848 bis 1868 im Gewicht .... 506.1 % im Werth .... 527.9 %
1868 „ 1875 „ „ .... 144.5 „ „ „ .... 184.3 „
1848 „ 1875 „ „ .... 731.4 „ „ „ .... 973.3 „

An der Production des Jahres 1875 in Höhe von 10,367.686 metr. Tonnen waren vorzugsweise betheiligt:

	Betriebene Werke	Production metr. Tonnen	Durchschnitts-preis pro metr. Tonne ℳ.	Arbeiter
Königreich Preussen	525	8,340.259	3.60	18.538
davon in Schlesien	45	439.902	3.80	1.365
„ „ Brandenburg	106	1,510.197	3.00	3.399
„ „ Prov. Sachsen	275	6,012.225	3.60	11.562
„ „ Hessen-Nassau.....	48	208.371	6.00	1.437
„ „ Rheinland.........	42	147.087	2.40	620
Königreich Sachsen	161	596.382	3.40	3.243
Braunschweig	5	191.349	4.20	1.057
Altenburg..................	80	594.138	2.40	3.199
Anhalt....................	17	524.229	4.40	2.851
Summa Deutsches Reich	815	10,367.686	3.60	25.289

Im Jahre 1877 wurden an Braunkohlen im Königreiche Preussen gefördert:

	1877 metr. Tonnen	gegen 1876 weniger metr. Tonnen
Im Oberbergamtsbezirk Breslau	438.210	24.292
„ „ Halle	7,987.385	240.679
„ „ Bonn	126.640	16.455
„ „ Clausthal	127.474	23.988
Summa Königreich Preussen	8,679.709	305.414

Arbeiterverhältnisse.

Mit der Gewinnung fossiler Brennstoffe (ausser Torf) waren im deutschen Reiche direct beschäftigt:

	Arbeitskräfte		
	1848	1857	1875
Bei dem Bergbau auf Steinkohlen	35.502	77.847	183.823
„ „ „ „ Braunkohlen	8.698	17.776	25.289
Summa	44.200	95.623	209.112

Die Zahl der Arbeiter hat sich demnach in der Zeit von 1848 bis 1857 mehr als verdoppelt, von 1848 bis 1875 nahezu verfünffacht.

Auf eine Arbeitskraft kam im preussischen Staate:

Im Jahre	für Steinkohlen		für Braunkohlen	
	Förderung metr. Tonnen	Werth in ℳ	Förderung metr. Tonnen	Werth in ℳ
1848.............	130	726	163	440
1857.............	145	1.086	202	635
1875.............	209	1.591	445	1.595

Es wird schwer nachzuweisen sein, wie viel von dieser erhöhten Leistungsfähigkeit auf die verbesserten Betriebseinrichtungen, wie viel auf die erhöhte Geschicklichkeit, also auf die persönliche Leistung des Arbeiters entfällt. Die Thatsache steht indessen als unbestritten fest, dass seitens der Bergarbeiter sehr bemerkenswerthe Fortschritte gemacht worden sind, und dass ein wohl zu beachtender Mehrbetrag in der Förderung allein den besseren Leistungen der Arbeiter zuzuschreiben ist.

Bis vor dem französischen Kriege 1870 und 1871 waren die Arbeiterverhältnisse im Kohlenbergbau ziemlich befriedigend. Der deutsche Arbeiter kommt in der Ausdauer, vielleicht auch in Bezug auf die körperliche Kraft, auf das schnelle Erfassen und das rasche Erlernen des practischen Handgriffs dem Engländer nicht gleich, aber er gilt von Haus aus als fleissig, genügsam, bescheiden, als willig und anstellig; er erfreut sich ferner einer guten Schulbildung. Grosse Emsigkeit bei der Arbeit ist dagegen nicht seine Sache, er zieht vor, die Dinge an sich herankommen zu lassen. Gerade diese Eigenschaften machen aber den Deutschen zu einem recht guten Bergmann, und deutsche Bergleute wurden deshalb gern von auswärts bis nach überseeischen Ländern verschrieben.

Mit dieser kurzen Schilderung entrollen wir indessen ein Bild, das für die Gegenwart als in allen Stücken zutreffend nicht mehr erachtet werden kann. Der rapide Aufschwung, der sich auf alle industriellen Kreise in den Jahren 1871—1873 erstreckte, die fieberhafte, leider nur zu bald in das Gegentheil umschlagende Hausseperiode ist auch auf die Arbeiterverhältnisse nicht ohne sehr bemerkenswerthe Einwirkungen geblieben. Die Arbeitslöhne gingen sehr rasch aufwärts, anstatt aber zu besseren Leistungen zu ermuntern, war diese Steigerung die Veranlassung, dass die Ansprüche der Arbeiter sich geradezu überboten. Mehr Lohn und weniger Arbeit wurde als Wahlspruch ausgegeben, und wo dies nicht im Wege gütlicher Vereinbarung mit dem Arbeitgeber durchgesetzt werden konnte, griff man, durch socialdemokratische Agitatoren aufgehetzt, zu der Waffe der Strikes. Als dann von 1874 ab mit den Preisen der Kohlen auch die Löhne herabgehen mussten, verschlossen sich die Arbeiter erst recht der besseren Erkenntniss, und noch heute wird seitens der Arbeitgeber darüber geklagt, dass die Kohlenbergleute im grossen Ganzen — Ausnahmen zugestanden — unzuverlässig und verdrossen geworden sind und, fast möchten wir sagen, die Lust und Liebe zur Arbeit verloren haben. Ist der alte Stamm der bejahrteren Arbeiter, der sich weder von socialistischen Reformpredigern noch von religiösen Agitatoren hat beeinflussen lassen, auch noch meist zuverlässig geblieben, so gewährt das Verhalten der jüngeren Generation gegenwärtig leider nur wenig Aussichten auf eine Rück-kehr zu den früheren besseren Zuständen. Zu übersehen ist hierbei nicht, dass in den letzten 10—15 Jahren bei dem Kohlenbergbau allein gegen 100.000 Arbeiter neu eingestellt worden sind und dass damit manche neue Elemente eintraten, welche ohne jede vorherige Einübung nicht nur wenig leisteten, sondern auch auf die bisherigen Arbeiter hier und da den nachtheiligsten Einfluss ausgeübt haben.

Die inzwischen eingetretene sehr ungünstige Lage der Kohlenindustrie hat zwar die früheren Lohnsätze nahezu wiederhergestellt, auch die Entlassung zahlreicher Arbeiter herbeigeführt, jedoch in den Anschauungen der Arbeiter, mindestens in Sachsen, im Ruhrbecken, theilweise auch in Schlesien eine Aenderung umsoweniger zur Folge gehabt.

Was die Lohnsätze selbst betrifft, so wurden pro Arbeiter (mit Ein-schluss von Frauen und Mädchen) pro Woche durchschnittlich gezählt:

	1864	1871	1873	1875	1877
	Mark				
Im Ruhrgebiet	14.8	17.5	22.4	17.5	16.7
an der Saar..............	13.9	16.8	21.2	17.0	16.6
in Oberschlesien.........	12.8	17.0	18.8	15.9	13.4

Die Lohnsätze sind demnach nahezu wieder auf die vor 1871 gezählten Beträge zurückgegangen. Es ist jedoch noch zu constatiren, dass in keinem anderen Lande der Erde seitens der Werkbesitzer für Einrichtungen, welche die Wohlfahrt des Arbeiters, die Hebung seiner materiellen Lage und die Förderung seiner intellectuellen Bildung betreffen, mehr geschieht, als seitens des deutschen Bergbaues auf Erze und Kohlen und seitens der deutschen Eisenindustrie. Namentlich lassen es sich die vereinzelt (ausserhalb der Ort-schaften) liegenden Werke angelegen sein, durch Errichtung von Menage-Einrichtungen, Consum- und Sparvereinen, Bau von Arbeits-häusern, durch Sonntags- und Fortbildungsschulen, Volks-bibliotheken u. s. w. das Wohlbefinden der Arbeiter und deren geistige Bildung zu fördern.

Gleich wichtig ist die durch ganz Deutschland verbreitete Einrichtung der Knappschaftskassen für das Berg- und Hüttenwesen. In Preussen bestanden im Jahre 1876 87 Verbände, denen 2466 Werke und 263.687 Mitglieder angehörten. Versorgt wurden 15.070 (arbeitsunfähige) In-validen, 640 Halbinvaliden, 19.090 Wittwen und 32.658 Waisen. Ausserdem wurden für 58.546 Kinder aus knappschaftlichen Mitteln die Kosten des Schul-unterrichts gedeckt. An Krankheitsfällen, für welche Krankenlohn gezahlt wurde, waren 109.558 mit einer mittleren Dauer von 17.6 Tagen zu verzeich-nen. — Die Gesammteinnahme sämmtlicher Vereine betrug 12,026.208 ℳ., die Gesammtausgabe 11,297.794 ℳ. An dieser Ausgabe participirten die dauern-den Ausgaben für Invaliden- und Wittwenpensionen, sowie Waisengelder mit 6,323.798 ℳ., für Schulunterricht mit 347.551 ℳ. und für die gesammte Kran-kenpflege mit 3,603.796 ℳ. Ausserdem wurden an einmaligen ausserordentlichen Ausgaben (incl. Begräbnisskostenbeihilfe) 276.123 *M.* geleistet. Auf den Kopf eines Knappschaftsgenossen entfiel 1876 eine Gesammtausgabe von 47.₂₇ *M.* Das Gesammtvermögen der Vereine stieg von 19,536.094 *M.* am Jahresanfang auf 20,499.214 *M.* am Jahresschluss, und ergibt dies pro Kopf der am Jahresschluss vorhandenen meistberechtigten Mitglieder ein Vermögen von 138.₁₃ *M.*

Kohlenpreise.

Im Königreich Preussen betrug der durchschnittliche Werth von einer Tonne Steinkohlen:

Im Jahre	Mark	im Jahre	Mark
1848	5.₄₆	1871	7.₀₄
1852	5.₀₃	1872	8.₄₄
1857	7.₂₂	1873	10.₉₄
1862	5.₁₆	1874	10.₈₄
1864	5.₄₂	1875	7.₄₂
1867	5.₅₈	1876	6.₆₈
1870	5.₉₂	1877	5.₇₀

Der höchste Preisstand fällt in der fast 30jährigen Periode auf das Jahr 1873, der niedrigste auf das Jahr 1852. Für die einzelnen Kohlenreviere und deren gangbarste Sorten ergeben sich folgende Ziffern.

Die Kohlenpreise stellten sich durchschnittlich pro metr. Tonne:

		1852	1864	1873	1876	1877
				M a r k		
Ruhrbecken	Grobe Steinkohlen ...	4.₉₁	8.₈₄	19.₂₃	6.₁₀	9.₀₂
	Nusskohlen		7.₅₀	17.₄₈		7.₀₀
	Melirte Kohlen		6.₂₈	17.₃₄		5.₄₈
	Grusskohlen		5.₁₂	13.₇₆		4.₄₄
Saarbecken	Stückkohlen	6.₇₃	10.₂₆	20.₄₈	9.₇₄	10.₆₀
	Förderkohlen		7.₃₆	18.₉₆		7.₆₈
	Grieskohlen		4.₀₆	9.₅₀		3.₇₄
Oberschlesien	Stückkohlen	3.₈₄	5.₅₀	15.₂₈	5.₃₆	6.₇₂
	Würfelkohlen		5.₀₀	14.₄₀		5.₀₀
	Kleinkohlen		3.₅₂	8.₄₂		3.₃₈
Niederschlesien	Stückkohlen	5.₄₃	8.₈₆	16.₉₆	7.₈₀	9.₇₆
	Kleinkohlen		4.₁₆	9.₈₈		4.₅₀
Zwickauer Becken .	Stückkohlen	6.₀₀	7.₂₀	13.₉₆	.	7.₄₄
	Würfelkohlen		5.₇₆	11.₇₂		5.₉₈
	Klarkohlen		2.₀₃	4.₇₆		2.₁₄

Kohlenhandel. — Ein- und Ausfuhr.

Der Entwickelung des Verkehres durch den Bau von Eisenbahnen ist in Deutschland von Anfang an besondere Aufmerksamkeit zugewendet gewesen, und heute übertrifft das deutsche Reich in Bezug auf die Länge seiner Schienenwege alle Länder Europa's, selbst Grossbritannien eingeschlossen, und steht darin nur hinter den Vereinigten Staaten von Amerika zurück. An Eisenbahnen waren vorhanden:

Im Jahre	Kilometer	im Jahre	Kilometer
1835	7	1872	22.272
1840	850	1873	23.763
1850	5.785	1874	24.859
1860	10.805	1875	28.142
1870	18.806	1876	29.208
1871	20.121	1877	30.303

Wie nicht anders zu erwarten, sind die Kohlenreviere sämmtlich mit Bahnen ausgestattet, die grösseren Schachtanlagen durch Anschlussgeleise mit den Hauptbahnen verbunden worden. Am reichsten ist damit das Ruhrbecken durch die drei grossen Concurrenzbahnen: Köln-Minden, Bergisch-Märkische und Rheinische Bahn versehen.

Befördert wurden unter Anderem an Steinkohlen:

Bahn	1850	1860	1870	1876
	metr. Tonnen			
1. Bergisch-Märkische.......	55.185	1,081.547	4,695.946	7,874.019
2. Köln-Minden.............	.	1,638.156	3,464.718	5,477.066
3. Oberschlesische	92.668	434.324	2,265.062	3,635.341
4. Saarbrücker	.	1,483.866	1,969.443	3,609.234
5. Rheinische	.	114.682	1,710.991	3,556.997
6. Sächsische Staatsbahn	41.300	906.800	2,134.811	2,246.000
7. Niederschlesisch-Märkische	5.382	162.472	1,135.836	2,065.267
8. Rechte Oder-Ufer	.	.	.	1,057.079
9. Breslau-Schweidnitz-Freiburg...............	20.485	353.599	611.072	813.872

In neuerer Zeit hat man ausserdem dem Ausbau der Secundärbahnen besondere Aufmerksamkeit zugewendet, und wird, sobald nur bessere Zeiten wiederkehren, eine ansehnliche Vermehrung der Schienenwege durch diese vorzugsweise für den Localverkehr bestimmten Bahnen zu erwarten sein.

Während in Deutschland für den Eisenbahnbau sehr Anerkennenswerthes geleistet worden ist, muss es doppelt befremden, dass für die Hebung des Binnen-Schifffahrtsverkehres sehr wenig geschehen ist. Für die Artikel Kohle und Eisen ist das Vorhandensein billiger Wasserwege unbedingt eine Lebensfrage, und erklärt sich vorzugsweise mit daraus, warum Deutschland trotz seines Reichthums an Kohlen und — um dies schon hier mit anzuführen — trotz seiner hochentwickelten Eisenindustrie die Concurrenz mit den hierin vortheilhafter situirten Ländern, namentlich mit England und Belgien, zur Zeit nur unter Opfern aufrecht halten kann.

Eine einigermassen leistungsfähige natürliche Wasserstrasse besitzt Deutschland nur im Rhein. Die Donau kommt nur in ihrem oberen Lauf in Frage, bietet aber gerade hier der Schifffahrt mancherlei Hindernisse. Die anderen Ströme: Weser, Elbe, Oder und Weichsel sind in der Regel nur 2—3 Monate nach der Schneeschmelze als leistungsfähige Wasserstrassen zu betrachten. Da früher für die Correction der Fahrstrassen rechtzeitig nichts geschehen ist, bedarf es nunmehr der grössten Mühe und sehr hoher Kosten, um diese wichtigen Verkehrsadern auch während der Sommer- und Herbstmonate fahrbar zu erhalten. Dazu kommt, dass mit Ausnahme der Donau sämmtliche Ströme von Süden nach Norden laufen, für die wichtigen Querverbindungen dagegen nur ausnahmsweise durch schiffbare Nebenflüsse (z. B. durch die Ruhr, Havel und Spree) Ersatz vorhanden ist. Uebrigens liegen die meisten Kohlenreviere Deutschlands von den schiffbaren Wasserläufen entfernt, und selbst die Ruhr und die Saar durchfliessen nicht die nach ihnen genannten Kohlenbecken, sondern tangiren sie nur an deren Grenzen.

Unter solchen Umständen wäre der Bau von künstlichen Wasserstrassen, wie solche England, Frankreich, Belgien, selbst Russland in grösserer Anzahl besitzen, längst angezeigt gewesen. Vorhanden sind zwar 72 Schifffahrtscanäle mit einer Gesammtlänge von circa 2000 Kilometer, doch sind dieselben in ihrer Fahrtiefe, in der Grösse der Schleussen, überhaupt in ihren Dimensionen und Einrichtungen meist so knapp bemessen, dass sie dem Verkehr nur verhältnissmässig wenig nützen. Für Kohle und Eisen bietet die Schifffahrt auf dem Rhein, der canalisirten Ruhr, auf der Saar und den daran anschliessenden Canälen manche Vortheile, dies sind aber auch nahezu die einzigen Wasserstrassen, welche im ganzen Reiche bei dem Transport von Kohlen, Erzen, Roheisen u. s. w. eine nur in etwas bedeutende Rolle spielen. Neuerdings scheint die preussische Regierung dem dringend nothwendigen Bau künstlicher Wasserstrassen grössere Aufmerksamkeit zuwenden zu wollen, und würden besonders der in Aussicht genommene Rhein-Weser-Elbe-Canal, die Regulirung der Oder und der projectirte Oder-Donau-Canal der Montanindustrie Westfalens und Schlesiens sehr grosse Dienste leisten können.

Um vieles besser ist es in Deutschland mit der Seeschiffahrt bestellt, so wenig auch dieselbe schon der geringeren Küstenentwicklung wegen an die Bedeutung der englischen Handelsmarine heranreicht. Vorhanden waren an Kauffahrtei-Schiffen:

	Segelschiffe		Dampfschiffe		Seeschiffe überhaupt	
	Zahl	Register-Tonnen	Zahl	Register-Tonnen	Zahl	Register-Tonnen
Anfang 1876..........	4.420	901.313	319	183.569	4.745	1,084.882
„ 1877........ ..	4.491	922.704	318	180.964	4.809	1,103.668
Hierzu Kriegsflotte (1877)	4	3.090	74	162.053	78	165.143

Jedes der hier aufgeführten Schiffe hat eine Grösse von mehr als 50 Cubikmeter Brutto-Raumgehalt (17.65 Reg. Tons); ausserdem besitzt die deutsche Kauffahrteiflotte noch 320 kleinere Fahrzeuge (darunter 12 Dampfer), welche zwar in ein Schiffsregister eingetragen, doch in den statistischen Nachweisen über den Bestand der deutschen Seeschiffe nicht mit aufgenommen sind; sie dienen hauptsächlich der engeren Küsten- bezw. Haffschiffahrt. — Die regelmässige Besatzung der Kauffahrtei-Schiffe betrug Anfang 1876 42.362 Mann.

Dem Umstande, dass die deutsche Kohlenindustrie in den meisten Fällen für ihren Transport der billigen Wasserkraft entbehrt, vielmehr auf die theure Benutzung der Bahnen angewiesen ist, ist es vorzugsweise zuzuschreiben, dass die Absatzgebiete der einzelnen Kohlenreviere räumlich ziemlich beschränkt geblieben, mindestens nicht in dem Masse ausgedehnt worden sind, wie dies der grossartige Reichthum fossiler Brennstoffe und der verhältnissmässig leichte Abbau erwarten lassen sollten. Deutschland bezog 1877 für seine Seehäfen und seine nördlichen Provinzen über 2,000.000 Tonnen englische Kohlen und versendete nur circa 350.000 Tonnen über die Nord- und Ostseehäfen meist nach den nahen scandinavischen Ländern. Von einer Ausfuhr nach überseeischen Plätzen, auch blos nach den europäischen Häfen des Atlantischen Oceans und des Mittelmeeres, ist so gut wie gar nicht die Rede. Erst in den letzten Jahren ist es den grössten Anstrengungen der westfälischen Kohlenindustrie gelungen, wenigstens in den deutschen Nordseehäfen, in Hamburg, Bremen u. s. w. festen Fuss zu fassen und die englische Concurrenz etwas zurückzudrängen. Wenn trotzdem die Steinkohlenausfuhr in 1877 5,000.000 Tonnen überschritt, so war dies vorzugsweise nur auf dem Landwege möglich und zwar aus dem Ruhrbecken und von Aachen nach Belgien, Holland und Frankreich, von der Saar nach Frankreich und der Schweiz, aus Schlesien nach Oesterreich und Russland. Anstatt dass den deutschen Kohlengruben der Export in jeder Weise eröffnet und erleichtert werden sollte, sind sie sehr unnöthiger Weise gezwungen, auf deutschem Boden mit einander, der eine Bezirk gegen den andern, in die schärfste Concurrenz zu treten.

Ueber Ein- und Ausfuhr der Stein- und Braunkohlen geben wir nachstehend die Daten von 1862 ab.

Im Jahre	Einfuhr			Ausfuhr		
	Steinkohlen	Coke	Braunkohlen	Steinkohlen	Coke	Braunkohlen
	metrische Tonnen					
1862	894.893	.	.	2,107.383	.	.
1866	1,152.757	.	344.555	3.309.273	.	13.912
1867	1,303.662	.	451.081	3,805.510	.	13.066
1868	1,648.360	.	608.627	3,770.601	.	7.872
1869	1,856.149	.	611.734	3,984.828	.	15.116
1870	1,681.573	.	760.711	4,007.400	.	1.797
1871	2,395.072	.	874.672	3,699.692	.	3.356
1872	2,267.848	279.920	1,016.733	5,789.480	26.866	19.729
1873	1,456.497	548.553	1,488.171	4,020.812	42.853	17.611
1874	1,808.935	322.515	2,011.547	4,196.629	164.979	15.092
1875	1,876.286	351.177	2,415.704	4,523.019	221.884	11.208
1876	2,104.282	431.904	2,431.523	5,287.665	298.086	17.335
1877	2,028.764	262.390	2,459.789	5,007.368	354.950	8.374

Die procentuale Steigerung betrug für die Einfuhr der Steinkohlen von 1862—1877 226.9 %, von 1866—1877 175.9 %, für die Einfuhr von Braunkohlen von 1866—1877 713.9 %. Die Ausfuhr von Steinkohlen stieg von 1862—1877 von 100 auf 237.5 %, die der Braunkohlen fiel 1866—1877 von 100 auf 60.1 %. Die Ausfuhr der Steinkohlen erfolgte in 1877 im Gesammtbetrage von 5,007.368 metr. Tonnen mit 1.888.558 Tonnen nach der Niederlande, 635.302 Tonnen nach Frankreich, 1,384.992 Tonnen nach Oesterreich, 226.663 Tonnen nach Russland, 361.593 Tonnen nach der Schweiz, 144.293 Tonnen nach Belgien, der Rest über die Nord- und Ostseehäfen, davon 205.105 Tonnen über Bremen, 127.688 Tonnen über Hamburg, und nur 12.052 Tonnen über die Ostseehäfen. — Von den 354.950 metr. Tonnen Coke gingen als Hauptposten 158.006 Tonnen nach Frankreich, 128.794 Tonnen nach Belgien, 18.709 Tonnen nach der Schweiz, 15.376 Tonnen nach Oesterreich.

Die in 1877 nach Deutschland eingeführten 2,028.764 metr. Tonnen kamen zum weitaus grössten Theil aus England. Hierzu gehören ohne Zweifel 1,085.865 Tonnen über die Ostsee, 318.215 Tonnen über Hamburg, 23.878 Tonnen über Bremen und 112.120 Tonnen über andere Nordseehäfen eingegangene metr. Tonnen Steinkohlen; 300.939 Tonnen wurden aus Oesterreich (vorzugsweise nach Bayern), 85.846 Tonnen aus Frankreich eingeführt.

In Braunkohlen ist der Export des deutschen Reiches nicht nennenswerth. Trotz der bedeutenden Production ist die Qualität der Braunkohlen nicht vorzüglich genug, um die hohen Spesen eines weiten Transports vertragen zu können. Um so stärker ist die Einfuhr und fällt der Löwenantheil den vorzüglichen Braunkohlen des nordwestlichen Böhmens zu. Von den in 1877 eingeführten 2,459.789 metr. Tonnen kam fast der ganze Betrag in der Höhe von 2,455.090 Tonnen aus Oesterreich. —

Von Interesse ist es, den Consum der deutschen Reichscapitale kennen zu lernen:

Berlin consumirte im Jahre 1877:

Oberschlesische Steinkohle	622.892	metr. Tonnen
Böhmische Braunkohle	247.890	" "
Steinkohle von der Ruhr	81.945	" "
Niederschlesische Steinkohle	69.992	" "
Preussische Braunkohle	63.976	" "
Englische Steinkohle	17.880	" "
Zwickauer Steinkohle	5.641	" "
Zusammen	1,110.216	metr. Tonnen,

daher per Kopf rund 1.1 metr. Tonnen.

Gegenwärtige Lage. — Aussichten für die Zukunft.

Der deutsche Kohlenbergbau befindet sich zur Zeit in einer äusserst
ungünstigen Situation. Wer darüber noch im Zweifel sein sollte, braucht nur
unsere Tabelle über die Veränderungen in den Kohlenpreisen zu überblicken,
um sich sofort zu überzeugen, dass für einen Massenartikel wie Kohle Preis-
reductionen um mehr als 100 %, auf den kurzen Zeitraum von 3 Jahren vertheilt, von den empfindlichsten Nachtheilen für die Rentabilität der Anlage-
und Betriebscapitalien begleitet sein müssen. Während noch in 1876 eine
Anzahl von Zechen mit einem kleinen Gewinne arbeiteten, haben in 1877
fast alle Bergbaugesellschaften Unterbilanzen aufzuweisen gehabt, obgleich die
Löhne bereits bis zum Minimum reducirt und die technischen Einrichtungen
bei erhöhten Leistungen der Arbeiter mit sorgsamem Eifer verbessert worden
sind. Für das Jahr 1878 steht sogar eine beklagenswerthe Verschärfung
dieser Nothlage in Aussicht und lässt sich dies mit voller Sicherheit daraus
schliessen, dass die Verkaufspreise bei den für 1878 gemachten Abschlüssen
sich vielfach noch unter dem Niveau der vorjährigen befinden.

Die Nothlage lässt sich darauf zurückführen, dass mehr Kohlen producirt als begehrt wurden. Der allgemeine schlechte Geschäftsgang der
letzten Jahre hat den Verbrauch von Kohlen in den mit Dampf betriebenen
Etablissements aller Art erheblich eingeschränkt, vor allen Dingen hat aber
das Darniederliegen der Eisenindustrie, welche in normalen Zeiten allein ca.
29 % der gesammten Steinkohlenförderung beansprucht, die ungünstige Lage
des Kohlenbergbaues bis zur gefahrdrohenden Krisis gesteigert. Eine dauernde
Abhilfe wird auch nur erst dann zu erwarten sein, sobald die Eisenindustrie
wieder zu neuem Aufschwung gelangt.

Um der gegenwärtigen Ueberproduction so weit möglich zu begegnen,
haben sich die Kohlenwerke einiger Bezirke geeinigt, ihre Production zunächst um 6 % herabzusetzen. Ob diese Massregel, welche die Einsicht und
den guten Willen der Betheiligten documentirt, von Erfolg begleitet sein
wird, bleibt abzuwarten. Ein nachhaltiges Resultat wäre nur dann zu er-
hoffen, wenn möglichst alle Werke sich zu dem gleichen Schritt entschliessen
würden und wenn gleichzeitig dafür Bürgschaft vorhanden wäre, dass die
Minderproduction durch vermehrte Einfuhr englischer Stein- und böhmischer
Braunkohlen nicht sofort ausgeglichen werden könnte. Wie die Dinge
übrigens liegen, ist eine Ueberproduction an Kohlen zwar factisch vorhanden,
erwägt man indessen, dass jährlich 5,000.000 metr. Tonnen Stein- und
Braunkohlen ausgeführt, gleichzeitig aber 2,000.000 Tonnen fremde Steinkohlen und 2,450.000 Tonnen böhmische Braunkohlen, die den Steinkohlen
an Brennwerth nur wenig nachstehen, in Summe also 4,450.000 metr. Tonnen
Stein- und Braunkohlen eingeführt werden, so erlangt man in Betreff
der Ueberproduction doch ein anderes Bild. Die deutschen Werke haben
demnach in 1877 nur das verhältnissmässig geringe Quantum von 550.000
Tonnen mehr producirt, als ihr einheimischer Markt zu einer Zeit beansprucht,
in welcher noch dazu der Kohlenconsum auf das Aeusserste reducirt war.
Man wird daher gegenüber den deutschen Kohlenwerken gegenüber dem oft gehörten Vorwurf der Ueberproduction sehr vorsichtig sein müssen, denn eine
gewisse Berechtigung, ihre Production mindestens nach dem Bedarf des natio-
nalen Marktes einzurichten, wird man jeder Industriebranche zuzuerkennen
haben.

So trübe die gegenwärtige Lage des deutschen Kohlenbergbaues ist, so
vielversprechend sind seine Aussichten für die Zukunft, sobald es nur gelingt,
die zwar schwierige, aber keineswegs unlösbare Transportfrage zu einem
befriedigenden Abschluss zu bringen. Wie sehr die englische Kohlenausfuhr
zur See dazu beigetragen hat, Grossbritanniens Handel und Industrie die
dominirende Stellung auf dem Weltmarkte zu verschaffen, ist bekannt genug.
Wenn irgend ein Land berufen erscheinen sollte, Englands Kohlenhandel die
Herrschaft streitig zu machen, so ist dies Deutschland mit seinen überaus

reichen Steinkohlenschätzen und seinen verhältnismässig niedrigen Abbau-kosten. Die Erreichung eines solchen Zieles wird sehr grosser Anstrengungen bedürfen und im ersten, vielleicht noch im zweiten Jahrzehent wird auf gross-artige Erfolge, oder wohl gar auf eine gleiche Stellung, wie solche der eng-lische Kohlenhandel zur Zeit einnimmt, kaum zu rechnen sein. In dem Masse jedoch, als der englische Bergbau in grössere Tiefen hinabsteigen muss oder sogar der Kohlenvorrath in den bis jetzt für den Seetransport besonders günstig gelegenen Gruben im nördlichen England, in Schottland und Wales sich seiner Erschöpfung zuneigt, steigen die Chancen der deutschen Kohlen-industrie.

Vor allen Dingen wird es darauf ankommen, zu welchen Kosten deutsche Kohlen die Häfen der Nord- und Ostsee erreichen, wobei selbst vom Ruhr-becken aus im wohlverstandenen Interesse der deutschen Industrie, des Han-dels und der Rhederei die Häfen der deutschen Küste weit mehr in's Auge zu fassen sein werden, als die mittels des Rheins etwas leichter zu erreichen-den Seehäfen von Holland und Belgien. Vorzugsweise berufen, diesen Export anzustreben, sind allerdings die Kohlengruben im Ruhrbecken und zwar in dessen ganzer Ausdehnung bis nach Osnabrück und Minden, eventuell auch der Aachener Bezirk, weil diese Reviere dem Meere am nächsten liegen. Durch die Ermässigung der Bahnfrachten, eventuell durch die Ausführung neuer Kohlenbahnen, vor allen Dingen aber durch den Bau von Canälen sind die jetzt noch zu hohen Transportkosten derart zu reduciren, dass die deutsche Kohle die Concurrenz mit ihrem englischen Rivalen aufnehmen kann. Ob für die schlesischen Kohlenreviere mittelst Regulirung der Oder und den Bau von Canälen nicht gleichfalls ein billiger Wasserweg zur Ostsee herzu-stellen sein dürfte, wäre dann kaum noch fraglich, und könnten dadurch Däne-mark, Schweden, Norwegen und die russischen Ostseeprovinzen, die jetzt von England aus versorgt werden, der schlesischen Kohle gewonnen werden.

Für den Export deutscher Kohle sind sehr beachtenswerthe Schritte von dem Kohlen-Ausfuhr-Verein in Westfalen bereits unternommen worden. Ob und inwieweit diese Bestrebungen weiteren Erfolg haben werden, dürfte in der Hauptsache von den sehr wünschenswerthen Unterstützungen der deutschen Rhederei, der Eisenbahnen und, was wenigstens den Canalbau betrifft, auch der deutschen Regierung abhängen.

Eisen.*)

Im Mittelalter, etwa von dem Ende der Kreuzzüge bis zum dreissig-jährigen Kriege, war die Eisenindustrie in Deutschland verhältnissmässig gut entwickelt. Der Verbrauch des Eisens war freilich noch sehr gering und reichte nicht entfernt an die grossen Massen des heutigen Bedarfs heran. In Folge dessen hielt sich die Production in engen Grenzen; was indessen erzeugt wurde, ward seiner guten Qualität wegen auch im Auslande gern gekauft. Die deutsche Hansa beherrschte damals die Häfen der Ost- und Nordsee; der Handel mit England, Norwegen, Schweden, mit Dänemark und den russischen Ostsee-Provinzen war ganz in ihren Händen; mit den Erzeugnissen deutschen Ge-werbfleisses versorgte sie auch die französischen und spanischen Küsten und fand nur im Mittelmeere in der Rhederei der italienischen Handelsplätze eben-bürtige Gegner. Der deutsche Seehandel stützte sich aber auch auf die ein-heimische Industrie, welche in vielen Branchen das anerkannt Beste leistete, und wovon, was speciell die Eisenindustrie betrifft, erhalten gebliebene Metall-

*) Literatur. Wedding, Handbuch der Eisenhüttenkunde. — Lindheim, Kohle und Eisen. — Publicationen des Vereins deutscher Eisen- und Stahlindustrieller. — Zeitschrift für Berg-, Hütten- und Salinenwesen in Deutschland. — Dr. Frantz, Zeitschrift für Gewerbe, Handel und Volkswirthschaft (Beuthen). — v. Viebahn, Statistik des zollvereinten Deutsch-land. — Statistik des deutschen Reiches, herausgegeben vom kaiserlichen statistischen Amt. — Engel, Zeitschrift für Statistik des preussischen Staates.

arbeiten aller Art in ihrer nicht selten vorzüglichen Ausführung ein rühmliches Zeugniss ablegen.

Unter solchen Umständen wäre Deutschland mit seinem grossen Reichthum an Kohlen und Erzen berufen gewesen, in der Eisenbranche den Rang einzunehmen, den England im Laufe der Zeit erlangt hat, mindestens würde noch im 16. Jahrhundert auf deutschem Boden Niemand geglaubt haben, dass Grossbritannien, das seinen Bedarf von hier aus bezog, Deutschland später überflügeln würde. Die Hauptschuld, warum die deutsche Industrie sich in ihrer Stellung nicht behaupten konnte, entfällt auf die geradezu verhängnissvoll gewordene politische Uneinigkeit und Zerfahrenheit der deutschen Volksstämme, auf die Sonderpolitik der vielen Einzelregierungen, überhaupt auf die Kleinstaaterei. Während Grossbritannien und Frankreich zu Einheitsstaaten heranwuchsen, blieb Deutschland uneinig und zerspalten. Das grosse Reich musste dulden, dass die Nachbarstaaten ihre Fehden auf deutschem Boden auskämpften, eine Provinz nach der andern vom Mutterlande abtrennten und den Wohlstand des deutschen Volkes vernichteten. Der dreissigjährige Krieg allein hat entsetzliches Unglück über Deutschland gebracht; bei dem Friedensschluss von Osnabrück im Jahre 1648 war aus dem zuvor in Ackerbau, Gewerbe und Handel so blühenden Reiche ein armes, aus tausend Wunden blutendes Land geworden. Der spanische Erbfolgekrieg, die drei schlesischen, schliesslich die Napoleonischen Kriege zerstörten, was inzwischen wieder erarbeitet worden war; sie vernichteten die Ansammlung von Capitalien, ohne welche das Bestehen einer grossen leistungsfähigen Industrie nicht denkbar ist.

Ebenso nachtheilig war für die Entwicklung der Industrie das Fehlen einer einheitlich geleiteten Handelspolitik. Erst mit der Bildung des Zollvereins im Jahre 1833, als den deutschen Hüttenwerken der Vertrieb ihrer Artikel auf dem inländischen Markte gewährleistet wurde, beginnt die Eisenindustrie wieder aufzuleben. Der Bau der Eisenbahnen, die Erweiterung der Maschinenbetriebe, die steigende Verwendung des Eisens als Ersatz für Holz und Stein, der gesammte Aufschwung in Handel und Verkehr, sie kamen der jungen aufstrebenden Eisenindustrie derart zu statten, dass allein die Roheisenproduction, welche im Jahre 1830 kaum 100.000 Tonnen betragen haben mag, im Jahre 1848 zwar nur erst mit 200.000 Tonnen das Doppelte erreichte, in 1873 jedoch schon bis auf 2,175.000 metr. Tonnen (den nahezu 11fachen Betrag der Production von 1848) gestiegen war. Dabei ist nicht ausser Acht zu lassen, dass noch um das Jahr 1850 die ersten und wichtigsten Vorbedingungen für das Gedeihen einer Industrie: ausreichende Capitalien, eingeübte Arbeitskräfte, erleichterter Transport der Rohstoffe, gesicherter Absatz u. s. w., so gut wie nicht vorhanden waren und erst aus dem Rohesten herausgeschaffen werden mussten.

Die deutsche Eisenindustrie würde aber doch noch von der weit entwickelteren und unter ungleich günstigeren Verhältnissen arbeitenden ausländischen Concurrenz erdrückt worden sein, wenn ihr nicht durch die Zollgesetzgebung ein mässiger Schutz gewährt worden wäre. Dies gilt besonders von dem seit 1846 eingetretenen Roheisenzolle von 20 ℳ pro metr. Tonne und der gleichzeitig eingetretenen Erhöhung der bereits bestehenden Eingangszölle auf die wichtigsten Eisenartikel. Das Zollgesetz vom 10. October 1845 hat bis auf einige unbedeutende Ermässigungen fast 20 Jahre unverändert bestanden und sehr vortheilhaft eingewirkt. Auch die Zollreductionen von 1865 und 1870 waren noch so bemessen, dass die Concurrenz mit England allenfalls aufrecht gehalten werden konnte. Dagegen haben sich die weiteren Zollermässigungen des Jahres 1873, welche sogar für 1876 den Wegfall sämmtlicher Eisenzölle (feine Eisenwaaren ausgenommen) anticipirten, als eine sehr verhängnissvolle Massregel und als ein übereilter Schritt erwiesen, der jedenfalls zurückgenommen werden muss, wenn die Existenz der deutschen Eisenindustrie nicht ernstlich gefährdet werden soll. Für Eisen, Eisen- und Stahlwaaren, Maschinen betrugen die Zollsätze:

	Zollsätze in Deutschland pro metr. Ctr. à 100 Kilogram in ℳ						
	1818	1846	1865	1868	1870	1873	1877
Roheisen	-	2	1.5	1	0.5	-	-
Geschmiedetes und gewalztes Eisen in Stäben	6	9	5	5	5.5	2	-
Façonnirtes Eisen	6	18	7	7	5	2	-
Winkeleisen, T- und U-Eisen	6	9	5	5	3.5	3	-
Eisenbahnschienen	-	9	5	5	3.5	2	-
Eisenbahnlaschen und Unterlagsplatten	-	36	8	8	8	5	-
Stahl	6	9	5	5	5.5	2	-
Anker, Anker- und Schiffsketten	6	18	7	7	5	2	-
Platten und Bleche	13.5	18	7	7	5	2	-
Eisen- und Stahlblech polirt und gefirnisst	13.5	24	10.5	10.5	7	2	-
Weissblech	24	24	15	15	7	2	-
Eisen- und Stahldraht	15	24	5-7	7	3.5-5	2	-
Eisen zu Maschinentheilen roh vorgeschmiedet	-	18	5	5	3.5	2	-
Schmiedeeiserne Röhren	-	18	15	15	8	5	-
Ganz grobe Gusswaaren in Oefen, Platten, Gittern, Röhren etc.	6	6	2.4	2.4	2.4	2	-
Ganz grobe Eisenwaaren aus Schmiedeeisen und Stahl (Brücken und Brückentheile, Eisen und Stahl zu Bauzwecken verarbeitet etc.)	6	7	5	5	3.5	2	-
Eisenbahnwagenachsen, Radreifen, Räder, Puffer und dergl.	-	36	8	8	3.5-8	2-5	-
Grobe Eisenwaaren:							
a. Ambose, Schraubstöcke, Winden, Drahtseile, Drahtstifte, Pflugscharen. Wagenfedern, Hemmschuhe, Hufeisen und dergl.	36	36	8	8	8	5	-
b. Eisengusswaaren gefirnisst, abgeschliffen, jedoch nicht polirt, sodann Drahtwaaren, Kessel, Ketten, Nägel, Ringe, Schraubenmuttern, Bolzen, Aexte, kleine gegossene Schloss- und Thürtheile, Eisenbahnwagenfedern, ordinäre Blechwaaren, ordinäre eiserne Möbel und dergl.	36	36	8	8	8	5	-
c. alle unter a und b angeführten Gegenstände verkupfert, verzinnt, verzinkt oder emailirt, sodann Hämmer, Schlösser, grobe Messer, Sensen, Sicheln, Thurmuhren, Schrauben und dergl.	36	36	16	8-16	8	5	-
d. Degen, Handfeilen, Hobeleisen, Scheeren, Sägen, Bohrer, Maschinenmesser, alle Werkzeuge von Stahl und dergl.	36	36	16	16	8	5	-
Feine Eisenwaaren:							
a) aus feinem Eisenguss, polirtem Eisen oder Stahl, als: Gusswaaren (feine), lackirte Eisenwaaren, Messer, Stricknadeln, Häkelnadeln, Scheeren,							

	Zollsätze in Deutschland pro metr. Ctr. à 100 Kilogramm in ℳ.						
	1818	1845	1865	1860	1870	1873	1877
Schwertfegerarbeit...............	60	36	24	24	24	24	-
b) Nähnadeln, Schreibfedern aus Stahl, Uhrfournituren, Gewehre, Uhrwerke	60	60	60	60	60	60	-
Locomotiven, Tender, Dampfkessel...	-	-	9	9	9	4	-
Maschinen vorwiegend aus Holz.....	-	-	3	3	3	2	-
„ „ „ Gusseisen.	-	-	3	3	3	2	-
„ „ „ Schmiedeeisen oder Stahl.................	-	-	5	5	5	2	-
Eiserne Seeschiffe..................	-	-	8%	8%	8%	-	-
Eiserne Flussschiffe...............	-	-	8%	8%	8%	8%	8%

Wie aus der Tabelle hervorgeht, sind seit Anfang 1877 die Eisenzölle in Wegfall gekommen, und ist damit an die deutsche Eisenindustrie die sehr schwierige, zur Zeit unlösbare Aufgabe gestellt worden, mit den ungleich günstiger situirten Hüttenwerken Grossbritanniens in beiderseitig freie Concurrenz zu treten, den anderen Eisen producirenden Ländern (Belgien, Frankreich, Oesterreich, Nord-Amerika u. s. w.) gegenüber dulden zu müssen, dass dieselben ihre Eisenfabricate zollfrei nach Deutschland einführen können, während von deutschen Fabricaten bei deren Eingang nach jenen Ländern mehr oder weniger hohe Eingangszölle forterhoben werden. Einer solchen Aufgabe ist die verhältnissmässig junge deutsche Eisenindustrie nach mehrfachen Beziehungen hin bis jetzt noch nicht gewachsen, so unverkennbar auch aus den nachfolgenden Zusammenstellungen die sonstige Leistungs- und Lebensfähigkeit des deutschen Hüttenwesens zu ersehen sein wird.

Eisenerze.*)

Im deutschen Reiche wurden in 1875**) auf 1026 Werken (Gruben) 4,730.352 metr. Tonnen Eisenerze gefördert. Hiervon entfielen 2,594.422 metr. Tonnen auf Preussen, 102.185 metr. Tonnen auf Bayern, 131.216 metr. Tonnen auf Hessen, 758.208 metr. Tonnen auf Lothringen, 1,052.405 metr. Tonnen auf Luxemburg; der Rest vertheilt sich mit kleineren Quantitäten auf Sachsen, Württemberg und die thüringischen Staaten.

Deutschland besitzt einen grossen Reichthum an Eisenerzen und darunter Sorten von vorzüglicher Qualität. In der Gesammtförderung überwiegen mit etwa 35 % die Brauneisenerze (Rheinprovinz, Schlesien, Luxemburg, Bayern, Thüringen, Lothringen, Sachsen, Hannover). Darauf folgen mit etwa 25 % die Spatheisensteine der Rheinprovinz, in Westfalen, im Siegen'schen, Thüringen, Württemberg; mit etwa 18 % die Kohleneisensteine in Westfalen und der Rheinprovinz, an der Saar, in Schlesien; mit circa 10 % Rotheisenerze von Wetzlar, im Siegenerland, Nassau, Thüringen, Sachsen, Bayern, Hessen. Der

---

*) Bis zum Jahre 1867 gehörte Luxemburg (2587 Qu.-Kilometer. — 198.752 Einwohner) dem deutschen Bunde an. Seitdem aus dem deutschen Reiche ausgeschieden, ist es doch im Zollverein geblieben und muss daher. obgleich in Personal-Union mit dem Königreiche der Niederlande verbunden, in wirthschaftlicher, besonders in handelspolitischer Beziehung zu Deutschland gerechnet werden. Die Montanstatistik des deutschen Reiches führt zwar die Production Luxemburgs getrennt auf, nicht aber die Statistik über Ein- und Ausfuhr. Sämmtliche nachstehende Angaben über Productions- und Handelsbewegungen in Eisen und Stahl beziehen sich daher mit auf Luxemburg.

**) Das deutsche Kaiserl. statistische Amt veröffentlicht die Ziffern der Montanstatistik pro 1876 erst Anfang April 1878, und sind diese Daten so weit möglich noch während des Drucks des Berichtes nachgetragen worden. Für die Specialitäten war die vollständige Umarbeitung, wenn das Erscheinen des Berichtes nicht erheblich verzögert werden sollte, undurchführbar.

Rest der Eisenerzgewinnung vertheilt sich auf die Thoneisensteine der Rheinprovinz, von Westfalen, Schlesien, Bayern, Luxemburg und Deutsch-Lothringen, auf die Raseneisenerze der deutschen nördlichen Tiefebene und auf die vielfach zerstreut, aber nur selten in grösseren Lagern auftretenden Magneteisenerze.

Steht nun auch Deutschland in dem Reichthum an Eisenerzen anderen Ländern nicht nach, so befindet es sich doch darin im Nachtheil, dass nur verhältnissmässig wenig Fundstätten in directer Nähe der Kohlenlager vorkommen, vielmehr gerade sehr wichtige und ausgedehnte Eisenerzreviere — so die Eisensteine in Nassau, im Siegen'schen, in Hessen, Thüringen, Lothringen, Luxemburg, Bayern, Württemberg u. s. w. — von den Kohlengebieten ziemlich entfernt liegen. Ein anderer in der neuesten Zeit doppelt empfundener Uebelstand ist das verhältnissmässig geringe Vorkommen phosphorfreier, für die Herstellung von Bessemer-Roheisen geeigneter Erze. Die deutschen Stahlwerke sind deshalb gezwungen, bis zu 40 und 50 % ihres Bedarfs an Bessemererzen mit hohen Transportkosten aus weiter Ferne, aus Elba, Algier, Spanien, Schweden, Galizien herbeizuholen.

Mit der Förderung von Eisenerzen waren beschäftigt

im Jahre 1848.......... 1.974 Werke mit 15.610 Arbeitern
„ „ 1853.......... 1.878 „ „ 18.028 „
„ „ 1857.......... 3.015 „ „ 28.424 „
„ „ 1872.......... 1.341 „ „ 39.421 „
„ „ 1875.......... 1.026 „ „ 28.138 „

Die Förderung der Eisenerze wird angegeben:

Im Jahre	metr. Tonnen	Werth in $\mathcal{M}$	im Jahre	metr. Tonnen	Werth in $\mathcal{M}$
1848.....	693.725	3,832.662	1870.....	3,839.222	24,113.397
1853.....	903.236	5,023.002	1871.....	4,368.025	30,798.804
1857.....	1,962.054	11,654.001	1872.....	5,895.674	42,371.802
1862.....	2,216.021	10,803.024	1873.....	6,177.576	43,351.641
1866.....	2,996.021·	17,144.313	1874.....	5,137.468	28,594.550
1867.....	3,264.464	18.373.530	1875.....	4,730.353	26,753.467
1868.....	3,634.369	19,388.283	1876.....	4,711.982	23;623.599
1869.....	4,033.807	23,269.473			

Die Production stieg demnach von 1848 bis 1875 dem Gewicht nach von 100 auf 681.9 %, dem Werthe nach auf 698.1 %. Ihre grösste Höhe erreichte sie in 1873 mit 6,177.576 metr. Tonnen, um jedoch schon im nächsten Jahre um 1,050.000 metr. Tonnen und bis 1876 um weitere 426.000 metr. Tonnen zu sinken. — In 1848 förderte 1 Arbeiter 444 metr. Centner, in 1875 1.681 metr. Centner.

Der auswärtige Handel mit Eisenerzen stellte sich:

Im Jahre	Einfuhr	Ausfuhr	Im Jahre	Einfuhr	Ausfuhr
	metr. Tonnen			metr. Tonnen	
1862	35.488	102.690	1872	382.536	111.719
1866	106.488	183.821	1873	460.509	104.668
1867	157.813	207.892	1874	48.031	316.352
1868	161.558	30.062	1875	220.916	606.925
1869	242.939	431.852	1876	197.537	670.882
1870	300.106	84.275	1877	328.184	804.037
1871	270.176	517.354			

Von den eingeführten Erzen kamen in 1877 allein 237.441 metr. Tonnen über die holländische Grenze, jedenfalls, also ausländische, in holländischen Häfen ausgeschiffte Bessemer-Erze. Derselben Qualität werden auch 43.318 metr. Tonnen aus Oesterreich, 7.875 metr. Tonnen aus Russland, höchst wahrscheinlich das ganze Quantum von 328.184 metr. Tonnen eingeführter Erze angehört haben.

Dass die Ausfuhr der Erze in den letzten Jahren erheblich gestiegen ist (von 1873 bis 1877 von 104.500 auf 804.000 metr. Tonnen), spricht deutlich genug für die ungünstige Lage der deutschen Hüttenwerke, zumal wenn man in Betracht zieht, dass in demselben Jahre 1877 526.708 metr. Tonnen fremdes Roheisen über die deutsche Grenze ein- und durchgeführt worden sind. Der Hauptposten der Erz-Ausfuhr ist mit 800.036 metr. Tonnen nach Belgien gegangen und dürfte vorzugsweise aus Luxemburg stammen. Unter anderen Verhältnissen würden die deutschen Werke sicher vorgezogen haben, die mineralischen Bodenschätze nicht als solche an das Ausland abzugeben, sondern als Fabricate mit dem Zuschlag des Arbeits- und Capitalsgewinnes auszuführen oder den einheimischen Bedarf damit zu decken.

Roheisen.

Der deutsche Hohofenbetrieb verbraucht durchschnittlich zur Herstellung einer Tonne Roheisen je nach Qualität 2.5 bis 2.8 Tonnen Eisenerz, 2.8 bis 3.2 Tonnen Kohlen bezw. Coke, 1 bis 1.6 Tonnen kalkhaltige Zuschläge, in Summa 6.3 bis 7.5 Tonnen Rohmaterialien. Leider finden sich dieselben in Deutschland seltener zusammen vereinigt, als in manchen anderen Eisen producirenden Ländern; da indessen dem Gewicht nach der Verbrauch der Brennstoffe überwiegt, zieht man bei neueren Anlagen auch in Deutschland vor, die Erze nach den Kohlenrevieren zu transportiren, als die grösseren Gewichtsmengen der Brennstoffe nach den Erzlagerstätten. Die Entscheidung läuft also auf die Transportfrage hinaus, d. h. gerade auf den Theil der Productionskosten, der in Deutschland bei dem Fehlen leistungsfähiger Wasserstrassen und durch irrationelle Erhöhung der Bahnfrachten aussergewöhnlich hoch zu stehen kommt.

Die Preise der Rohmaterialien (Erze, Kohlen, kalkhaltige Zuschläge) werden am Orte ihrer Gewinnung in Deutschland, England und Belgien nur wenig differiren. Für Giesserei- und Bessemer-Roheisen mag in England der Gesammtpreis der Materialien pro metr. Tonne Roheisen loco Grube sich etwas billiger stellen, für Puddeleisen dagegen sind die Gestehungskosten annähernd gleich hoch und für Qualitätseisen wird vielleicht das eine oder andere deutsche Werk einen kleinen Vorsprung haben. In Bezug auf die Transportkosten der Erze, Kohlen und Zuschlagsmaterialien von den Gruben bis zum Hohofen steht dagegen Deutschland in sehr bemerkbarem Nachtheil. Eine von dem Vereine deutscher Eisen- und Stahl-Industrieller Anfang 1877 bearbeitete Zusammenstellung ergab an durchschnittlichen Frachtkosten für Erze, Kohlen und Zuschläge pro metr. Tonne Roheisen bis zur Hütte:

	Giesserei-Roheisen	Puddeleisen	Weissstrahliges (Qualitäts-)Eisen	Bessemer-Roheisen
		ℳ.		
England	10.50	10.50	14.70	14.70
Rheinland-Westfalen ...	18.40	19.42	18.40	26.20
Oberschlesien	15.60	15.10	.	21.10

Die Frachtdifferenzen pro metr. Tonne betrugen demnach für Giesserei-Roheisen 5.₁₀ bis 7.₉₀, für Puddeleisen 4.₆₀ bis 8.₉₂, für weissstrahliges Eisen 3.₇₆, für Bessemer-Eisen 6.₄₀ bis 11.₅₀ ./K. Die auffallend grosse Differenz für Bessemer-Roheisen erklärt sich daraus, dass der Transport der von auswärts bezogenen phosphorfreien Erze bis zu den tief im Binnenland liegenden Hütten besonders hohe Kosten verursacht.

Nach sehr sorgfältigen Durchschnittsberechnungen stellten sich mit Einschluss der Preise für die Rohmaterialien bis zur Hütte, der Arbeitslöhne u. s. w., der Amortisation, der Verzinsung der Prioritätsanleihen, Banquierguthaben u. s w. Mitte 1877 die gesammten Selbstkosten für die Production von 1 metr. Tonne

	Puddel-Roheisen	Giesserei-Roheisen	Bessemer-Roheisen
		circa ./K.	
England......................	39—44	45—52	60—62
Rheinland-Westfalen	50—61	63—70	72—81
Schlesien......................	52—55	64—69	71—78

Hierbei ist allerdings nicht zu übersehen, dass rheinisch-westfälisches und schlesisches Eisen an Qualität manche englischen Marken übertreffen und deshalb von den deutschen Werken auch ein höherer Preis verlangt werden kann, der freilich in Zeiten der Krisen nicht immer durchzusetzen sein mag. Auch finden sich einige wenige besonders günstig situirte Werke, deren Productionskosten unter jene Durchschnittsziffern hinabgehen und sich mehr den englischen Selbstkosten nähern, — im grossen Ganzen liegen aber für die deutsche Eisenindustrie die Productionsverhältnisse, und darunter in erster Linie die Frachten, erheblich ungünstiger als in den Concurrenzländern.

Producirt wurde an
Roheisen [ohne Gusswaaren aus Erzen] (incl. Luxemburg):

Im Jahre	metr. Tonnen	Werth in ./K.	Im Jahre	metr. Tonnen	Werth in ./K.
1848	205.342	24.605.589	1870	1.345.520	97,919.805
1853	305.761	35.921.013	1871 ..	1.491.477	111.346.386
1862	645.693	52.628.643	1872	1.927.061	209.241.396
1865	524.591	67.227.954	1873	2.174.058	234.061.293
1866	996.738	76,976.589	1874	1.856.311	150.606.244
1867	987.163	72,000.846	1875	1.981.736	140.853.376
1868	1,200.188	83.725.938	1876	1.801.457	112.015.883
1869	1.356.965	94.842.491			

Die procentuale Steigerung (Anfangsziffern jeder Periode 100) betrug nach dem Gewicht nach dem Werth

in 1848 bis 1868 .... 584.₄ %₀ .... 340.₀ %₀
„ 1868 „ 1875 .... 165.₁ „ .... 168.₃ „
„ 1848 „ 1875 .... 965.₀ „ .... 572.₄ „

Da seit 1871 Elsass-Lothringen mit einer Jahresproduction von durchschnittlich 235.000 metr. Tonnen dem deutschen Reiche angehört, Luxemburg hinwiederum mit durchschnittlich 270.000 metr. Tonnen Roheisengewinnung politisch nicht zu Deutschland zu rechnen ist, so wird über das procentuale Wachsthum die erste Tabelle, Seite 110, richtigeren Aufschluss geben.

Von der Gesammtproduction des Reiches entfallen durchschnittlich 68.₉ %₀ auf Preussen, welches producirte

in 1874 .... 1,280.269 metr. Tonnen Roheisen.
„ 1875 .... 1,398.337 „ „ „
„ 1876 .... 1,324.339 „ „ „
„ 1877 .... 1,421.032 „ „ „

Producirt wurden an Roheisen überhaupt mit Einschluss der Gusswaaren aus Erzen (erste Schmelzung):

Im Jahre	Deutsches Reich ohne Elsass-Lothringen		mit		Deutsches Reich mit Elsass-Lothringen und Luxemburg	
	metr. Tonnen	%	metr. Tonnen	%	metr. Tonnen	%
1867	1,034.300	100	1,034.300	100	1,113.606	100
1868	1,158.439	112.5	1.158.939	112.5	1,264.347	113.5
1869	1,288.990	125.1	1.288.990	125.1	1,409.429	126.5
1870	1,261.683	122.3	1.261.683	122.3	1.391.124	125.2
1871	1,265.805	122.8	1.420.830	137.8	1,563.682	140.5
1872	1.585.069	153.8	1,807.846	175.2	1,968.395	178.8
1873	1,719.765	166.9	1,983.163	192.2	2.240.575	201.8
1874	1.416.590	137.3	1.660.209	161.1	1,906.263	171.0
1875	1,526.019	148.0	1,759.052	170.3	2,029.389	182.4
1876	1,416.411	136.9	1,614.687	156.0	1,846.345	166.8

Die Anzahl der im Jahre 1875 vorhandenen Hohöfen, auf die einzelnen Länder und Provinzen vertheilt, ist aus nachtsehender Tabelle ersichtlich.

	Hohöfen in Betrieb	ausser Betrieb		Hohöfen in Betrieb	ausser Betrieb
Preussen:			Transport...	229	143
Schlesien..........	44	41	Württemberg.........	5	.
Sachsen............	2	.	Hessen..............	5	.
Hannover..........	10	4	Braunschweig........	7	3
Westfalen	48	32	Meiningen	1	1
Hessen-Nassau	22	7	Anhalt..............	1	.
Rheinland	83	43	Waldeck	1	.
Hohenzollern ......|	.	2	Reuss	1	.
Summa...	209	129	Elsass-Lothringen.....	26	11
Bayern	15	8	Luxemburg	21	8
Königreich Sachsen ...	5	6	Deutsches Reich	297	166
Transport...	229	143			

Von den 297 angeblasenen Hohöfen verwendeten 198 als Brennmaterial Steinkohlen und Coke, 86 Holzkohlen, 13 gemischte (mineralische und vegetabilische) Brennstoffe.

Im Jahre 1848 beschäftigte der Hohofenbetrieb 13.823 Arbeiter, in 1857: 19.483, im Jahre 1875: 22.760 (22.082 männliche und 678 weibliche) Arbeitskräfte. — In 1848 producirte 1 Arbeiter durchschnittlich 149, in 1857: 155, in 1875: 812 metr. Ctr. Roheisen.

In Bezug auf die Absatzverhältnisse ist zunächst daran zu erinnern, dass die bedeutendsten Bezirke für die Roheisenverhüttung ebenso wie die Kohlenreviere — oder gerade deshalb — sich an den Grenzen des Reiches befinden. Es gilt dies von Oberschlesien, von Lothringen, Luxemburg, von den Hüttenwerken an der Saar, von den sächsischen und bayrischen Hohöfen, zum Theil auch von dem grössten Bezirk: von Rheinland-Westfalen. Nach der Mitte des Reiches zu liegen nur die nicht grossen Werke im Harz, einige Hütten in der Provinz Hannover, in Hessen-Nassau und in Württemberg. Für den Absatz ihrer Producte auf heimatlichem Boden sind die Eisenhütten deshalb ungünstig situirt, und wird dies noch insofern verschlimmert, als auch die Frachten des versandfähigen Fabricates in vielen Fällen sich für die ausländische Concurrenz günstiger stellen als für die einheimischen Werke. Mit ihrem Versand sind die deutschen Hütten vorwiegend auf die Bahnfracht angewiesen. Die englische Concurrenz erfreut sich dagegen für ihr Eisen und ihre Eisenfabricate nicht nur der niedrigen Seefrachten, sondern auch der Möglichkeit, bis in das Herz von Deutschland die niedrigen Wasserfrachten des Rheins, der Elbe, Oder und Weichsel zu benutzen. So betrug die Fracht pro metr. Tonne Eisen- und Eisenartikel im Frühjahr 1877:

1) Englische Küste — Stettin — Berlin .... *M.* 14.00
   Rheinland (Oberhausen) — Berlin .... „ 15.50
   Oberschlesien (Königshütte) — Berlin .... „ 14.20
2) Schottland — Stettin — Berlin .... „ 15.50
   Rheinland (Oberhausen) — Berlin .... „ 15.50
   Oberschlesien (Königshütte) — Berlin................. „ 14.20
3) Englische Küste — Hamburg — Magdeburg — Dresden. „ 16.50
   Rheinland (Oberhausen) — Dresden.................... „ 19.50
   Oberschlesien (Königshütte) — Dresden .... „ 17.80
4) England — Stettin — Frankfurt a. O................. „ 11.80
   Rheinland (Oberhausen) — Frankfurt a. O............. „ 17.20
   Oberschlesien (Königshütte) — Frankfurt a. O......... „ 12.80
5) Von der englischen Ostküste (bezw. Schottland) bis Holland betrug die Fracht pro metr. Tonne $6^{1}/_{2}$ *M.*; von da bis Köln höchstens 4 *M.*, bis Mainz 5—$5^{1}/_{2}$ *M.*, so dass englische und schottische Eisenartikel mit einem Frachtaufwand von $10^{1}/_{2}$ *M.* pro metr. Tonne, also mit einem geringeren Betrage, als die Differenz der Selbstkosten ausmacht, mitten durch das hervorragendste Gebiet der deutschen Eisenproduction befördert werden können.

Diesen Umständen ist es zum grossen Theil zuzuschreiben, dass die deutsche Eisenindustrie seit Wegfall des Zollschutzes den heimathlichen Markt sich nur unter Opfern sichern konnte und im Auslande einigermassen Ersatz für den Ausfall im Inlande suchen musste. — Nach den statistischen Aufstellungen ist zwar auch die Ausfuhr von Roheisen in den letzten Jahren erheblich gestiegen, doch kann die deutsche Handelsstatistik dafür nur mit grosser Reserve benutzt werden, da in ihren Ziffern auch die Durchfuhr mitenthalten ist. Von dem Ausfuhrquantum des Jahres 1877 per 344.019 metr. Tonnen sind allein 247.660 metr. Tonnen nach und über Belgien ausgeführt worden; 29.174 metr. Tonnen sind nach Oesterreich, 11.334 metr. Tonnen nach der Schweiz, 12.006 metr. Tonnen nach Russland, 23.837 metr. Tonnen nach und über die Niederlande gegangen.

Die Posten der Ein- und Ausfuhr von Roheisen und altem Brucheisen ergeben sich aus der folgenden Tabelle:

Im Jahre	Einfuhr		Ausfuhr	
	metr. Tonnen			
1862	152.815		13.127	
1866	140.469		20.606	
1867	116.911	einschliesslich	29.613	einschliesslich
1868	132.525	Alt- und	98.019	Alt- und
1869	189.746	Brucheisen	101.857	Brucheisen
1870	229.334		109.825	
1871	440.455	Brucheisen	111.701	Brucheisen
1872	619.756	42.819	124.318	25.331
1873	690.489	52.578	135.417	18.049
1874	531.474	17.560	207.105	15.138
1875	606.379	18.235	322.223	16.767
1876	571.134	12.530	289.417	16.783
1877	526.708	14.225	344.019	19.915

Roheisen wird vorzugsweise von Grossbritannien eingeführt, und sind
von den 526.708 metr. Tonnen die Posten: 73.293 metr. Tonnen, eingeführt
über die Ostsee, 215.772 metr. Tonnen aus den Niederlanden, 7.190 metr. Tonnen
über Bremen, 87.697 metr. Tonnen über Hamburg, 9.043 metr. Tonnen über
andere Nordseehäfen wohl ausschliesslich als englisches Eisen anzusehen. Zum
Theil mag dies auch der Fall sein mit 99.240 metr. Tonnen aus Belgien ein-
geführtem Roheisen, da beträchtliche Posten, in Antwerpen ausgeschifft, ihre
eigentliche Bestimmung in Deutschland finden.

Stahl.

In Deutschland bestanden bis zum Jahre 1856 nur 2 Stahlwerke, die
bekannten Etablissements von Essen und Bochum, deren Artikel auf allen
Weltausstellungen Aufsehen erregten. Ueber die grossartigen Leistungen der
Krupp'schen Werke in Essen waren sogar die englischen Eisenindustriellen
erstaunt. Als dann Bessemer durch seine berühmte Erfindung dem Tiegelgussstahl Concurrenz machte, Siemens seine Gasfeuerung und, im Verein mit
Martin, den Schmelzprocess auf offenem Herde bei der Stahlerzeugung in Anwendung brachte, sahen sich die Stahlwerke genöthigt, der wichtigen Neuerung
sich um ihrer Existenz willen zu bemächtigen, und sobald erkannt wurde, dass
der viel dauerhaftere Bessemer-Stahl zunächst in dem Bedarf der Eisenbahnen
das Eisen vollständig verdrängen werde, musste auch die Eisen-Grossindustrie
wohl oder übel die Stahlfabrication mit aufnehmen. Für Deutschland war der
Uebergang deshalb besonders schwierig, weil, wie bereits erwähnt, die zur
Herstellung nothwendigen phosphor- und schwefelfreien Erze in ausreichender
Menge nicht vorhanden waren, vielmehr unter sehr ungünstigen Frachtver-
hältnissen grosse Quantitäten ausländischer Erze bezogen werden mussten.
Wollte indessen die deutsche Industrie nicht zurückbleiben oder gar auf ihre
Existenz verzichten, so blieb keine andere Wahl, als, wenn auch mit Opfern,
sich der Erfindung zu bemächtigen. In rascher Aufeinanderfolge entstanden
etwa vom Jahre 1865 ab neue Bessemer-Anlagen in Hörde, Oberhausen, Ruhr-
ort, Dortmund, Osnabrück, bei Aachen, in Königshütte (Oberschlesien), in
Bayern und Sachsen. Die deutsche Stahlindustrie hat in kurzer Zeit auch
technisch sehr anerkennenswerthe Fortschritte gemacht, sie hat unter anderem
verstanden, allmählig den Zusatz fremder Erze zu verringern und doch ein
auch im Auslande seiner Qualität wegen sehr geschätztes Fabricat zu liefern.
Schwer hat sie indessen unter der seit 1873 bestehenden Krise gelitten, und
noch empfindlicher traf sie die Aufhebung des Zollschutzes, den sie gerade
jetzt der internationalen Ueberproduction gegenüber erst recht nicht entbehren konnte. Wie rasch die Production gestiegen ist, beweist folgende Tabelle.

Im Jahre	metr. Tonnen	Werth in ℳ.	im Jahre	metr. Tonnen	Werth in ℳ.
1848.....	9.024	2,498.320	1871.....	250.947	87,446.460
1862.....	40.916	18,545.763	1872.....	312.247	103,466.280
1866	114.434	57,938.514	1873.....	302.647	99,964.068
1867.....	122.591	58,247.769	1874.....	354.256	92,994.504
1868.....	122.837	57,645.903	1875.....	352.431	76,384.949
1869.....	161.319	67,970.409	1876.....	390.434	74,393.954
1870.....	169.951	68,242.878			

Auf das Königreich Preussen entfallen
in 1875 .... 333.640 metr. Tonnen Stahl und Stahlfabricate.
„ 1876 .... 396.958 „   } Rohstahl.
„ 1877 .... 443.347 „

Beschäftigt waren bei der Stahlfabrication im Jahr 1848: 1332, in 1857:
3042, in 1875: 19.509 Arbeiter.

Die Zahl der Converter für die Bessemer-Stahl-Fabrication betrug in
1877 81, von denen indessen nur 39, und auch diese nicht das ganze Jahr
hindurch in Betrieb waren.

An Stahlfabricaten aller Art (Schienen, Eisenbahnlaschen, Eisenbahnwagenachsen und Rädern, Maschinentheilen, Blechen und Platten, Draht, Kanonen und Geschossen) wurden hergestellt:

	metr. Tonnen			metr. Tonnen
Im Jahre 1872	285.582	im Jahre 1875		347.337
„ „ 1873	310.425	„ „ 1876		377.910
„ „ 1874	361.947			

Die Ein- und Ausfuhr von Stahl betrug:

Im Jahre	Einfuhr	Ausfuhr	im Jahre	Einfuhr	Ausfuhr
	metr. Tonnen			metr. Tonnen	
1862	3.035	1.749	1872	5.417	8.689
1866	2.364	3.476	1873	6.221	5.519
1867	2.300	5.164	1874	5.291	8.494
1868	2.376	6.987	1875	5.489	10.586
1869	2.887	7.158	1876	3.946	17.792
1870	2.051	8.404	1877	5.622	16.145
1871	2.836	5.857			

Eisengusswaaren.

An Eisengiessereien waren vorhanden

im Jahre	Werke	Arbeiter
1848	109	5.112
1853	133	8.439
1857	195	10.537
1872	772	39.934
1875	874	42.134
1876	867	35.291

Eine Concentration der Eisengiessereien findet nicht statt. Dieselben sind in den eigentlichen Eisenbezirken von Rheinland-Westfalen, Oberschlesien u. s. w. kaum stärker vertreten, vielmehr ziemlich gleichmässig durch das ganze Reich vertheilt.

Verschmolzen wurden in 1875 in 874 Giessereien und 429 anderen Werken (Maschinenbau-Anstalten etc.) mit 1.566 Cupol- und 113 Flammöfen:

Verarbeitetes Roheisen		Erzeugte Gusswaaren	
metr. Tonnen		metr. Tonnen	
116.102	inländisches Roheisen	205.365	Maschinentheile
311.013	ausländisches „	204.577	sonstige Gusswaaren
120.465	Alteisen	11.215	Hartgusswaaren
		60.332	eigener Bedarf der Werke
547.580	Roheisen zu 481.489		Gusswaaren

Die Giessereien bezogen demnach nahezu ca. 57 % ausländisches Roheisen. Sie sind die stärksten Consumenten von englischem und schottischem Eisen, da das deutsche Giesserei-Eisen, obgleich von meist besserer Qualität, nicht so billig — früher wurde auch behauptet: nicht so gleichartig für bestimmte wiederkehrende Giessereizwecke — hergestellt werden konnte, wie in Schottland. Neuerdings sind indessen von den deutschen Hüttenwerken, deren Hohöfen auf Giesserei-Roheisen gehen, sehr beachtenswerthe Fortschritte gemacht worden, und haben im Jahre 1877 in Rheinland-Westfalen unter Controle des preussischen Handelsministeriums im Grossen angestellte Versuche der Verwendbarkeit des deutschen Giesserei-Eisens das beste Zeugniss ausstellen lassen.

Die Production der Giessereien belief sich:

Im Jahre	Gusswaaren aus				Summe der Gusswaaren	
	Erzen		Roheisen			
	metr. T.	Werth in ℳ	metr. T.	Werth in ℳ	metr. T.	Werth in ℳ
1848	.	.	.	.	31.356	9,437.631
1853	.	.	.	.	66.347	18,897.525
1857	.	.	.	.	112.654	29,832 099
1862	50.657	9,876.360	131.929	29,102.997	182.586	38,979.357
1866	50.216	9,198.171	175.948	38,201.202	226.164	47,399.373
1867	126.444	12,633.018	189.000	39,168.243	315.444	51,801.261
1868	64.160	9,180.195	202.171	41,059.479	266.331	50,239.674
1869	56.065	10,396.635	239.900	49,124.334	295.965	59,520.969
1870	45.604	8,444.928	235.430	48,589.041	281.034	57,033.969
1871	72.205	15,610.701	346.935	67,906.085	419.140	83,516.736
1872	61.333	13,100.811	492.109	125,704.497	553.442	138,805.308
1873	66.516	14,553.468	524.137	136,736.598	590.653	151,290.066
1874	49.951	10,515.582	488.306	111,483.491	538.257	121,999.073
1875	47.654	9,727.335	484.639	107,160.614	532.293	116,887.949
1876	44.887	8,998.512	436.104	88,873.278	480.991	97,871.790

In Procenten (Anfangsziffer jeder Periode = 100) stieg die Herstellung von Gusswaaren aller Art

	nach Gewicht	nach Werth
in 1848 bis 1868	849.6 %	532.4 %
„ 1868 „ 1875	199.9 „	232.6 „
„ 1848 „ 1875	1.697.9 „	1.238.5 „

Ueber Ein- und Ausfuhr der Giesserei-Artikel liegen zwar officielle Daten vor, doch lassen sich die einzelnen Perioden nicht mit einander vergleichen, weil die betreffenden Rubriken im Laufe der Zeit mehrfache Abänderungen erfahren haben. Beschränken wir uns nur auf die letzten Jahre, so betrug

	die Einfuhr		die Ausfuhr	
	1876	1877	1876	1877
	metr. Tonnen			
Ganz grober Eisenguss ...	23.698	17.898	84.109	118.443
Eisen- und Stahlwaaren, grobe geschmiedete und gegossene	11.593	31.378		

Unter der hier verzeichneten Ausfuhr von Eisen- und Stahlwaaren spielen die Artikel der sogenannten Kleineisenindustrie, die namentlich in der Rheinprovinz (Remscheid, Hagen, Witten, Lüdenscheid, Iserlohn, Altena u. s. w.) von Alters her hoch entwickelt ist, eine hervorragende Rolle. Hier sind die Fabricationsstätten für sehr beträchtliche Quantitäten von gegossenen, vorwiegend indessen geschmiedeten Eisenartikeln (Ambose, Aexte, Hämmer, Hacken, Ketten, Nägel, Ringe, Sensen, Blech- und Drahtwaaren, landwirthschaftliche und gewerbliche Werkzeuge aller Art), die nach allen Theilen der Erde versendet werden.

Schmiede- und Walzeisen, Schienen, Bleche, Draht.
Im Jahre 1875 waren für die Production von Walzeisen-Artikeln aller Art im Betriebe:

Königreich	Puddel-öfen	Frisch-feuer		Puddel-öfen	Frisch-feuer
Preussen	1.382	70	Transport...	1.484	106
davon in Schlesien ...	375	16	Baden	.	5
„ „ Sachsen	22	.	Hessen	.	2
„ „ Westfalen ..	469	17	Braunschweig	6	.
„ „ Hess.-Nassau	22	8	Meiningen	1	.
„ „ Rheinland ..	486	23	Anhalt	.	2
Königr. Bayern	70	16	Waldeck	.	1
„ Sachsen	13	6	Elsass-Lothringen ...	106	9
„ Württemberg	5	14	Luxemburg	5	.
Oldenburg ..	14	.	Deutsches Reich	1.602	125
Transport...	1.484	106			

Ausserdem weist die officielle Statistik noch nach als in 1875 in Betrieb befindlich

bei den Rohstahlhütten ...... 85 Puddelöfen ...... 18 Frischfeuer

„ „ Gussstahlhütten ...... 271 „ ...... 2 „

356 Puddelöfen 20 Frischfeuer.

An Stab- und Walzeisen einschliesslich Schienen, Blechen, Draht, Profileisen zu Bauzwecken, Brücken, Schmiedestücken, Röhren aus Eisen u. s. w. wurden producirt:

Im Jahre	metr. Tonnen	Werth in $\mathcal{M}$.	im Jahre	metr. Tonnen	Werth in $\mathcal{M}$.
1848	164.752	48.356.899	1872	1,179.794	319,126.755
1857	402.136	128.189.549	1873	1,182.502	315,625.251
1867	641.523	128.719.284	1874	1,207.419	247,315.710
1868	751.467	152.533.236	1875	1,102.813	187,744.269
1869	886.074	178.515.657	1876	1,017.747	152,294.166
1871	1.012.769	216,386.862			

Die procentuale Steigerung der Walzeisenproduction betrug demnach

nach Gewicht nach Werth

von 1848 bis 1868 .... 456.1 % .... 315.4 %

„ 1868 „ 1875 .... 164.7 „ .... 123.0 „

„ 1848 „ 1875 .... 669.3 „ .... 388.3 „

Auf das Königreich Preussen entfallen von der Gesammtproduction des deutschen Reiches durchschnittlich 85 %. — An Walzeisen aller Art wurden in Preussen im Jahre 1876 898.769 metr. Tonnen, in 1877 878.433 metr. Tonnen hergestellt.

Schienen.

In diesem wichtigen Artikel tritt der Verbrauch des Eisens mehr und mehr gegen den des Bessemer-Stahls zurück.

Die Production betrug:

Im Jahre	Eisenschienen	Stahlschienen	Summa der Eisen- und Stahlschienen
	metr. Tonnen		
1871	320 619	128.406	449.025
1872	320.996	179.092	500.088
1873	385.601	186.643	572.244
1874	364.978	237.894	602.872
1875	227.976	241.505	469.481
1876	126.288	253.746	380.034

Wie viel Schienen in dem Jahre 1877 ausgewalzt worden sind, ist officiell noch nicht veröffentlicht. Für 1877 wird die Production zu circa 400.000 metr. Tonnen, darunter mindestens 350.000 metr. Tonnen Stahlschienen geschätzt.

Für Schienen wird angegeben:

Im Jahre	Einfuhr	Ausfuhr	im Jahre	Einfuhr	Ausfuhr
	metr. Tonnen			metr. Tonnen	
1862	1.090	3.735	1872	11.706	70.699
1866	6.685	2.091	1873	44.578	70.683
1867	2.416	4.301	1874	8.590	84.864
1868	4.610	28.617	1875	6.937	122.224
1869	2.332	37.124	1876	684	133.484
1870	2.488	36.030	1877	76.034	225.630
1871	5.110	41.793			

Von den 225.630 metr. Tonnen Schienenexport werden angegeben als ausgeführt: nach Russland 65.357 metr. Tonnen, nach Holland 112.876 metr. Tonnen, nach Oesterreich 9.268 metr. Tonnen, nach der Schweiz 6.030 metr. Tonnen, nach Belgien 12.420 metr. Tonnen, der Rest über die Ost- und Nordseehäfen. Es ist indessen, wie eingehender schon für die Ein- und Ausfuhr des Roheisens nachgewiesen worden ist, nur zu wahrscheinlich, dass ein Theil der nach Russland ausgeführten Schienen in der Summe der über Holland exportirten Schienen schon mitberechnet worden und deshalb die Gesammtausfuhr viel zu hoch angegeben ist. — Dasselbe gilt auch von der Einfuhr. Im Jahre 1876 wurden nach der Zollstatistik nur 684 metr. Tonnen Schienen eingeführt. Im Jahre 1877 soll die Einfuhr auf 76.034 metr. Tonnen, also in einem einzigen Jahre um das 111fache gestiegen sein. Nun ist allerdings am 1. Januar 1877 der bisherige Eingangszoll auf Schienen von 20 M. pro metr. Tonne weggefallen, und hat sich auch sofort die ausländische Concurrenz des zollfrei gewordenen deutschen Marktes bemächtigt. Der Hauptposten der Schienen-Einfuhr entfällt indessen mit 53.747 metr. Tonnen auf die Ostseehäfen und lässt vermuthen, dass, wenn auch die Einfuhr englischer Schienen nach Deutschland seit der Zollaufhebung bedeutend gewachsen sein mag, doch ein erheblicher Theil auf die Durchfuhr von Schienen nach Polen und Russland zu rechnen sein dürfte.

Draht.

Eines besonderen Renommés erfreut sich die Drahtfabrication, zu der sich gewisse Sorten des deutschen Eisens vorzüglich eignen. Es gilt dies sowohl von dem gezogenen, wie von dem gewalzten Draht, doch scheint in diesem Artikel, der im Jahre 1876 fast allein noch einen Gewinn abwarf, durch Errichtung neuer Drahtwalzenstrassen im Laufe des Jahres 1877 eine bedenkliche Ueberproduction entstanden zu sein. Producirt wurden an Eisendraht:

Im Jahre	metr. Tonnen	Werth in M.	im Jahre	metr. Tonnen	Werth in M.
1848	5.396	2,568.915	1870	44.291	10,903.968
1853	16.263	6,072.420	1871	65.962	17,318.907
1857	19.526	8,141.858	1872	102.659	33,861.996
1866	27.502	7,153.011	1873	74.705	26,895.000
1867	31.641	8,178.495	1874	88.058	24,105.800
1868	45.385	10,348.470	1875	121.357	29,125.752
1869	45.360	10,533.957	1876	132.526	27,830.583

Procentual stieg die Production von Eisendraht

		nach Gewicht	nach Werth
in den Jahren 1848 bis 1868	....	840.7 %	.... 402.7 %
„ „ „ 1868 „ 1875	....	267.5 „	.... 281.5 „
„ „ „ 1848 „ 1875	....	2.247.2 „	.... 1.133.8 „

Stahldraht wird in nur geringen Mengen producirt. Im Jahre 1875 belief sich das ganze Quantum auf 153, in 1876 sogar auf nur 7³/₈ metr. Tonnen.

Eisenblech. — Weissblech.

Auch die Fabrication von Blech und Platten weist eine ansehnliche Steigerung auf. Im Jahre 1875 ist dieselbe dem Gewicht nach 13.4 mal so gross als in 1848, doch gilt dies vorzugsweise nur vom Schwarzblech, von dem in 1875 113.786 metr. Tonnen erzeugt wurden. Die Production von Stahlblech belief sich auf nur 2.901 metr. Tonnen. In Weissblech ist seit 1848 die Zunahme der Production weit geringer, als bei Schwarzblech; seit 1872 ist bei diesem Artikel, der durch die ausländische Concurrenz besonders stark bedroht ist, sogar eine Abnahme in der Production zu bemerken. Hergestellt wurden an Eisenblech incl. Weissblech:

Im Jahre	metr. Tonnen	Werth in ℳ.	im Jahre	metr. Tonnen	Werth in ℳ.
1848	8.929	3,963.183	1871	99.119	26,904.465
1853	27.170	10,952.307	1872	117.425	40,139.076
1857	36.495	15,845.898	1873	96.046	31,866.000
1867	69.507	17,614.098	1874	111.195	28,090.000
1868	91.485	22,442.415	1875	120.632	26,539.095
1869	98.686	24,054.108	1876	109 493	21,898.740
1870	86.767	21,658.059			

An Weissblech allein wurden producirt

im Jahre 1848	....	782 metr. Tonnen
„ „ 1853	....	2.920 „ „
„ „ 1857	....	2.353 „ „
„ „ 1872	....	7.906 „ „
„ „ 1873	....	6.693 „ „
„ „ 1875	....	6.846 „ „
„ „ 1876	....	6.414 „ „

Ausser den vorstehend genannten Hauptartikeln ist noch die Production der Eisenbahnwagenachsen und Räder, des Profileisens zu Bauzwecken, der Schmiedestücke und Maschinentheile, der gezogenen Röhren, der Geschütze und Geschosse anzuführen, die theils aus Eisen, theils aus Stahl hergestellt werden. Bisher sind nur die Eisenfabricate aufgeführt, und nur bei einzelnen Artikeln zu besserer Vergleichung die correspondirenden Stahlfabricate gegenübergestellt worden. In der Tabelle I, Seite 118, werden die bereits angeführten Eisenfabricate recapitulirt und vervollständigt, zugleich aber die Stahlfabricate miteingestellt. Die Ein- und Ausfuhr aller dieser genannten Artikel, soweit die betreffenden Zahlen nicht schon bei der Besprechung der einzelnen Kategorien aufgeführt worden sind, ergibt sich aus Tabelle II, Seite 118.

Auch in dieser Tabelle wird sofort auffallen, dass die Einfuhr des Jahres 1877 mit Ausnahme der feinen Eisen- und Stahlwaaren in allen Artikeln eine sehr erhebliche Steigerung gegen die Einfuhrposten von 1876 aufweist. So sind Stab- und Schmiedeisen in der Einfuhr von 9.130 auf 36.423 metr. Tonnen, Winkeleisen von 2.136 auf 7.798 metr. Tonnen, Platten und Bleche von 4.748 auf 18.280 metr. Tonnen gestiegen. In der Hauptsache wird man

I.	1872	1873	1874	1875	1876
			metr. Tonnen		
Eisenbahnschienen und Laschen aus Eisen . . .	344.124	385.601	364.978	227.976	126.288
„　　　　„　　　　„　　„ Stahl	155.064	186.643	237.894	241.504	253.746
Summa der Schienen und Laschen . .	500.088	572.244	602.872	469.480	380.034
Eisenbahnwagenachsen und Räder aus Eisen . .	21.472	19.950	16.711	13.483	9.761
„　　　　„　　„　　„ Stahl	65.822	66.630	51.137	48.014	46.374
Summa der Eisenbahnwagenachsen und Räder	87.294	86.580	67.848	61.497	56.135
Profileisen zu Bauzwecken	91.493	90.121	94.361	98.151	1069.73
Platten, Schmiedestücke, Maschinentheile aus Eisen	31.641	37.399	42.814	31.203	37.100
Maschinentheile aus Stahl	7.910	8.162	6.183	7.617	12.248
Summa der Platten, Schmiedestücke, Maschinentheile	39.551	45.561	48.997	38.910	49.348
Andere Eisen- und Stahlsorten aus Eisen	466.470	459.539	474.972	473.378	463.977
„　　„　　„　　„ Stahl	45.941	39.413	57.236	41.079	40.406
Andere Eisen- und Stahlsorten, Summa . .	512.411	498.952	532.208	514.457	504.383
Schwarzblech	109.518	89.362	103.627	113.786	103.080
Stahlblech	3.323	2.615	2.717	2.901	4.889
Weissblech	7.900	6.693	7.568	6.846	6.441
Eisendraht	102.659	74.705	88.058	121.357	132.636
Stahldraht	25	25	96	153	8
Gezogene Röhren	3.110	3.530	3.897	2.515	8.248
Geschütze und Geschosse	6.597	6.938	6.683	6.068	4.469
Summa der Fabricate . .	1.463.075	1.477.316	1.558.932	1.436.121	1.356.508
Davon aus Eisen	1.178.393	1.166.891	1.196.986	1.088.785	990.368
„　　„ Stahl	285.582	310.425	361.946	347.336	366.140
Summa . .	1.463.075	1.477.316	1.558.932	1.436.121	1.356.508

II.	1872		1876		1877	
	Einfuhr	Ausfuhr	Einfuhr	Ausfuhr	Einfuhr	Ausfuhr
			metr. Tonnen			
Stab- und Schmiedeeisen	27.374	27.950	9.130	51.176	26.423	85.431
Winkeleisen	8.086	767	2.136	563	7.798	4.174
Eisenplatten und Bleche	13.250	3.580	4.748	11.543	18.280	21.208
Weissblech	2.362	234	3.740	441	4.082	1.645
Eisen- und Stahldraht	2.565	7.000	2.742	15.801	3.181	31.791
Pflugschareneisen, Anker und Schiffsketten	1.485	404	1.483	273	3.092	16g
Schmiedeeiserne Röhren	4.456	4.028	2.410	1.616	4.618	5.970
Feine Eisen- und Stahlwaaren	580	1.860	679	1.328	603	1.527

hierin die Einwirkung der am 31. December 1876 erfolgten Aufhebung der
Eisenzölle zu erblicken haben. Da indessen in den Einfuhrposten, ebenso in
den gleichfalls gestiegenen Ausfuhrquantitäten die Durchfuhr mit enthalten
ist, so lässt sich nicht ziffermässig feststellen, in wie weit durch den Wegfall
des Zollschutzes die ausländische Concurrenz verstärkt worden ist. Dass allein
feine Eisen- und Stahlwaaren, deren Zölle unverändert beibehalten worden
sind, in der Einfuhr nicht gestiegen, sondern sogar zurückgegangen sind, wird
jedoch kaum als ein blos zufälliges Zusammentreffen, vielmehr als eine Bestätigung für den unverkennbaren Einfluss der Zollaufhebung anzusehen sein.

Gesammt-Production der deutschen Eisenwerke.

Summirt man die gesammte Verarbeitung des Roheisens d. h. die Fabricate der Eisengiessereien, der Walzwerke für Stabeisen, Schienen, Bleche, Draht u. s. w., endlich die Artikel der Stahlindustrie, so ergeben sich:

Im Jahre	metr. Tonnen	Werth in ℳ	im Jahre	metr. Tonnen	Werth in ℳ
1848	205.133	60.292.850	1873	2,009.287	552,325.917
1868	1,076.476	251,238.618	1874	2,054.980	452,743.705
1870	1,277.270	289,302.771	1975	1,943.633	371,990.652
1872	1,984.151	548,297.532	1876	1,835.224	314,055.167

Nach Procenten (Anfangsziffern jeder Periode == 100) gerechnet, resultiren folgende Steigerungen der Production:

<pre>
                                   nach Gewicht   nach Werth
        In den Jahren 1848—1868.... 524.7 % .... 416.7 %
            „   „   „   1868—1875.... 180.5 „ .... 148.0 „
            „   „   „   1848—1875.... 947.4 „ .... 617.0 „
</pre>

Was endlich die Gesammtsumme der Production im Hüttenbetriebe betrifft, so wählen wir nur 2 Jahre aus, um das enorme Wachsthum trotz mancher nachtheiliger und ungünstiger Productions- und Absatzverhältnisse zu documentiren. Als Gesammtsumme des Eisenhüttenbetriebes ergibt sich

in 1848: 1) Eisenproduction	metr. Tonnen	Werth in ℳ	Arbeiter
a. Eisenerzgewinnung	693.725 Erze	3,832.662	15.610
b. Eisenverhüttung ..	205.342 Roheisen	24.605.589	13.823
2) Eisenverarbeitung ..	164.752 Eisen- und Stahlfabricate	48,356.899	25.727
Summa...		76,795.150	55.160

in 1875: 1) Eisenproduction	metr. Tonnen	Werth in ℳ	Arbeiter
a. Eisenerzgewinnung	4,730.353 Erze	26,753.467	28.138
b. Eisenverhüttung ..	1,981.736 Roheisen	140,853.376	22.760
2) Eisenverarbeitung ..	1,943.633 Fabricate	371,990.652	114.003
Summa...		539,597.495	164.901

In den Jahren 1848—1875 ist demnach der Productionswerth von 100 auf 702, die Zahl der Arbeiter von je 100 auf 298.1 gestiegen. Im Jahre 1848 entfällt auf die Leistung eines Arbeiters ein Productionswerth von 1.392 ℳ, in 1875 ein solcher von 3.272 ℳ.

Um ein vollständiges Bild der Eisenindustrie zu geben, müsste man die fernere Bearbeitung des Stahls, des Schmiede- und Façoneisens, der Bleche und Platten, des Drahtes, der Gusswaaren und Schmiedestücke u. s. w. im Maschinen-, Waggon- und Schiffsbau, in der Herstellung von Dampfkesseln, Locomotiven und Locomobilen, überhaupt von Dampfmotoren aller Art, in der Fabrication von Eisen- und Stahlwaaren niederen, mittleren und höheren Feinheitsgrades, die Anwendung des Eisens zu Bauzwecken, kurz die Umbildung, Veredlung und Verfeinerung des Eisens zu den Tausenden von grossen und kleinen Verbrauchsgegenständen weiter verfolgen. Leider steht hier das statistische Material nicht in derselben Ausdehnung wie für den Hüttenbetrieb zur Verfügung und müssen wir uns, um wenigstens einen Ueberblick zu geben, auf einige Ziffern aus der Gewerbezählung* Ende 1875 beschränken.

---

* Anmerkung: Vergl. Dr. Engel, Industrielle Enquête und die Gewerbezählung im Deutschen Reiche. (Berlin, Leonh. Simion 1878.)

Beschäftigt waren Ende 1875 im deutschen Reiche

	Haupt-betriebe	Beschäftigte Personen
mit der Weiterverarbeitung von Eisen und Stahl	149.785	354.973
mit der Fabrication von Maschinen, Werkzeugen, Transportmitteln, Waffen, Instrumenten etc.	83.635	307.705

Nach Dr. Engel verfügte der Preussische Staat am 1. December 1875 in den der Zählung unterworfenen Gewerben (wozu unter anderen die Landwirthschaft nicht gehörte) über 628,849 Dampf-Pferdekräfte in stationären Maschinen mit Einschluss der Dampfhämmer und Schiffsmaschinen und über 27.314 Pferdekräfte in transportablen Dampfmaschinen mit Ausschluss der Locomotiven.

Für die Metallindustrie allein gibt Dr. Engel als vorhanden an:

	Dampfmaschinen	Dampfpferdekräfte
In Preussen (1875)	6.947	199.191
„ Frankreich (1874)	4.168	67.836
„ Grossbritannien (1871)	?	327.343.

Geht schon aus diesen wenigen Ziffern die hohe Bedeutung der deutschen Industrie in der Verarbeitung von Eisen und Stahl, im Maschinenbau u. s. w. hervor, so ist hinzuzufügen, dass diese Branchen auch in Bezug auf die Technik dem Hüttenbetrieb würdig zur Seite stehen und, was ihre Leistungen betrifft, ebenso wie die Eisen-Grossindustrie, eine Vergleichung mit den Concurrenzländern — Grossbritannien eingeschlossen — nicht zu scheuen haben.

Speciell für Maschinen stellten sich die internationalen Handelsbeziehungen in den Jahren 1872, 1876 und 1877 in folgender Weise heraus:

	1872		1876		1877	
	Einfuhr	Ausfuhr	Einfuhr	Ausfuhr	Einfuhr	Ausfuhr
	metr. Tonnen					
Locomotiven und Tender	2.848	6.144	125	3.965	2.030	6.147
Dampfkessel	899	1.301	620	1.103	679	700
Maschinen überwiegend aus Holz ..	3.230		1.743		3.249	
„ „ „ Guss-eisen ..	19.800	29.800	23.293	36.407	30.478	41.014
„ „ „ Schmie-deeisen oder Stahl..	49.800		2.899		4.447	

Arbeiter-Verhältnisse.

Was von den Kohlenarbeitern gesagt worden ist, gilt auch von den Arbeitskräften der Eisenindustrie; beide grosse Branchen zeigen hierin grosse Uebereinstimmung, die sich sogar bis auf die bereits geschilderten Knappschafts- und Unterstützungscassen erstreckt. Um vieles ungünstiger ist jedoch die Eisenindustrie insofern situirt, als sie bei ihrer raschen Entwicklung über einen vollständig eingeschulten sesshaften Arbeiterstamm kaum verfügt, vielmehr über vielfachen Wechsel in dem Zu- und Wegzug ihrer Arbeiter zu klagen hat. Dem Kohlenbergbau mag es darin nicht besser gehen; hier wird aber für die gangbarsten Arbeitsleistungen ein neu eintretender Arbeiter doch rascher angelernt, als in dem Hüttenwesen und Maschinenbau, deren Operationen durchschnittlich weit mehr Einübung, grösseres Verständniss und besseres Vertrautsein mit der gestellten Aufgabe erfordern. Dazu kommt nun noch, dass mehrere politische und sociale Einrichtungen, deren Zweckmässigkeit und Nothwendigkeit keineswegs bestritten werden sollen, auf die Arbeiterverhältnisse mehr oder weniger ungünstig einwirken. So entfremdet das Gesetz der allgemeinen Wehrpflicht, das z. B. in England nicht besteht, den Arbeiter gerade in der Zeit, in welcher die Lehrjahre als abgeschlossen betrachtet werden können, der nutzbringenden Beschäftigung, und wenn dann der Militärpflichtige nach 2 bis 3 Jahren zur Hütte zurückkehrt, muss der Einübungscursus wieder von vorn begonnen werden. Es fehlt ferner unter den Grossgewerbetreibenden nicht an Stimmen, welche die unvermittelte, kurz auf einander folgende Einführung hoch bedeutsamer wirthschaftlicher Gesetze, unter anderem der vollen Freizügigkeit und Gewerbefreiheit, der Aufhebung des Coalitionsverbotes, der Gewährung des allgemeinen politischen Stimmrechtes, das in anderen Ländern gleichfalls nicht besteht, verantwortlich machen wollen für das gesteigerte Classenbewusstsein der Arbeiter, das, wenn es sich in rechter Weise äusserte, nur willkommen zu heissen wäre, sich aber, durch socialdemokratische Agitationen verschärft, in allerhand unmöglichen politischen und wirthschaftlichen Umsturzideen ergeht und in der Werkstätte in der Forderung: „Hohe Löhne — wenig Arbeit" gravitirt. Alle diese Umstände zusammen mögen dazu beigetragen haben, dass der deutsche Eisenarbeiter trotz seiner sonstigen guten Eigenschaften in seinen Leistungen — Ausnahmen zugestanden — heute noch dem englischen, vielleicht auch dem belgischen Arbeiter nicht gleichkommt, wobei eben nicht ausser Acht zu lassen ist, dass die deutsche Eisen-Grossindustrie ungleich jünger ist als die genannten ausländischen Concurrenten.

Was die Lohnsätze betrifft, so trat auch hier in der Hausseperiode von 1871—1873 eine sehr bedeutende Steigerung ein, oder richtiger die Lohnerhöhung, die nach und nach alle Industriebranchen ergriff, ging von den Arbeitern der Eisenindustrie und des Maschinenbaues aus und wurde, soweit nur irgend möglich, auf dem beliebten Wege der Strikes durchgesetzt. Als dann von Ende 1873 ab die Preise für die Eisenfabricate eine weichende Richtung annahmen, mussten auch, obgleich sehr allmählig, die Löhne folgen, bis endlich zahlreiche Arbeiterentlassungen und die schlechter werdende Lage die Sätze bis nahezu auf den früheren Stand herabdrückten. Selbstverständlich sind die Lohnsätze je nach den Bezirken, je nach der Beschäftigung, je nach Fähigkeit und Geschick des Arbeiters, je nach Alter und Geschlecht, Dauer der Arbeitszeit, je nach den Lebensmittelpreisen u. s. w. so grossen Verschiedenheiten unterworfen, dass die Berechnung eines Durchschnittssatzes aus einer möglichst grossen Anzahl von Notirungen fast ebenso unzuverlässige Resultate ergibt, wie das Nebeneinanderstellen der Löhne aus den verschiedensten Industriebezirken. Selbst bei der Accordarbeit, die noch den besten Anhalt für die Vergleichung bieten dürfte, ist die Leistung zwar anscheinend dieselbe, es kommt aber für den Werth der geleisteten Arbeit — und das soll doch für die Lohnzahlung schliesslich das Entscheidende sein — sehr viel darauf an, in welcher Zeit, mit welcher Ersparung von Rohstoff, Kohlenverbrauch, Maschinenabnutzung u. s. w. selbst die accordmässig vereinbarte Arbeitsleistung ausgeführt wird, und insofern sich diese Eigenschaften und Fähigkeiten eines guten Arbeiters nicht zur Ziffer bringen lassen, bietet ein Vergleich der heutigen Lohnsätze mit solchen, die vor Jahren gezahlt worden sind, seine grossen Schwierigkeiten. In der ersten Tabelle auf Seite 121 geben wir deshalb mit aller Reserve die durchschnittlichen monatlichen Lohnsätze für alle Arbeiter derselben Hüttenwerke aus den letzten Jahren an.

Hiernach sind die im Jahre 1877 gezahlten Lohnsätze, nachdem von 1871 bis 1873 Steigerungen von bis zu 30, 40 und 50 % vorgekommen waren, nur wenig höher, als vor dem Beginn der Hausseperiode.

	1871	1873	1875	1877
			M.	
In Rheinland-Westfalen	67.0	86.4	80.0	70.2
„ Oberschlesien	69.2	81.6	74.2	70.6
„ Lothringen	63.8	80.3	73.4	65.4
„ Königreich Sachsen	62.7	82.6	75.6	67.8
„　　„　　Baiern	60.9	77.2	70.3	67.6

Allgemeine Lage und Aussichten für die Zukunft.

Anstatt der Besprechung jedes einzelnen Artikels dessen Preisschwankungen unmittelbar anzuschliessen, zieht der Verfasser vor, für die wichtigsten Handelsobjecte die Notirungen während der letzten Jahre übersichtlich zusammenzustellen.

Preisnotirungen* auf dem deutschen Eisenmarkte in den Jahren 1871—1877 pro metr. Tonne ab Werk.

	1.Juli 1871	1. Juli 1872	1. Juli 1873	1. Juli 1874	1. Juli 1875	1. Juli 1876	1.Januar 1877	Ende 1877
				M.				
Weisses Luxemburger Puddeleisen ...	58	105	113	66	50	43	39	37
Ordinäres Westfälisches „ ...	66	115	120	57	54	48	46	42
Weisstrahliges Puddeleisen	80	174	180	81	72	60	58	52
Spiegeleisen	108	210	234	99	92	78	72	66
Deutsches Giesserei-Roheisen Nr. 1 ..	84	150	156	84	78	70	68	60
„ Bessemer-Roheisen Nr. 1 ..	110	180	186	102	90	84	80	73
Westfälisches Stabeisen	180	270	270	186	188	145	135	122
Westfälische u. Schlesische Eisenschienen	200	305	270	186	168	140	135	120
Schienen von Bessemer-Stahl	300	390	366	255	210	156	156	128
Kesselbleche I. Qualität	250	350	420	262	220	186	180	170
Eiserne Laschen	230	290	305	220	180	150	132	124
Gewalzter Draht	283	380	365	272	188	172	153	148
Eisenguss zu Brücken und pro metr. Tonne ca.	440	565	550	388	304	250	210	195
Eisenbahnwagenachsen mit aufgezogenen Rädern pro Satz ca.	460	520	580	420	385	315	260	241

In welcher Lage sich die Eisenindustrie zur Zeit befindet, geht aus den exorbitant niedrigen Preisen der letzten Tabelle deutlich genug hervor. Um bis zur Wiederkehr besserer Zeiten nur einigermassen beschäftigt zu bleiben und der ausländischen Concurrenz den einheimischen Markt nicht ausschliesslich zu überlassen, liefern die Werke vielfach unter den Selbstkosten und suchen, was sie trotzdem im Inland nicht absetzen können, im Auslande durch einen Export wiederum zu den niedrigsten Preisen loszuschlagen.

Welche Resultate dabei erzielt werden, ist aus einer vom Verein deutscher Eisen- und Stahl-Industrieller im März 1878 veröffentlichten Zusammenstellung der Geschäftsergebnisse der Actiengesellschaften der deutschen Eisenindustrie (nach deren letzten Bilanzen bearbeitet) zu ersehen. Als Gesammtresultat ergibt sich, dass 125 Actiengesellschaften mit 497,662.754 *M.* Actiencapital, sobald deren Bilanzen aus dem Jahre 1877 zu einer Generalbilanz zusammengestellt werden, nicht nur nichts verdient, sondern noch 44,303.442 *M.* == 8.9 °/₀ ihres Actiencapitals zugesetzt haben. Seit Beginn der Krise haben auf 115 dieser Werke 37.547 (33.2 °/₀) Arbeiter entlassen werden müssen und werden an Löhnen jetzt 3,701.775 *M.* pro Monat (44.1 °/₀) — 44,421.300 *M.*

---

*) Die höchsten Preise kommen in dieser Tabelle nicht zum Ausdruck; dieselben fallen in das Halbjahr vom November 1872 bis Mai 1873.

pro Jahr — weniger gezahlt. Nach den Cursnotirungen an der Berliner Börse repräsentiren die obigen 497 Millionen *M.* Actiencapital nur noch einen Zeit- (Curs-) Werth von circa 150 Millionen *M.*

Die in der gesammten deutschen Eisenindustrie angelegten Capitalien werden zu circa 3.600 Millionen *M.* angenommen, und wird man, da die Privatwerke sich in kaum besseren Verhältnissen befinden, die Grösse der erlittenen Verluste danach beurtheilen können.

Bekannt ist, dass die Eisenindustrie der ganzen Erde sich zur Zeit in einer sehr ungünstigen Situation befindet, und würden daher auch von Deutschland gute Resultate nicht zu erwarten gewesen sein. Hier hat indessen der Wegfall der Eisenzölle die Nothlage ungemein verschärft, einerseits weil die Aufhebung des Zollschutzes der vortheilhafter situirten englischen Concurrenz gegenüber überhaupt verfrüht war, andererseits weil für die Einführung des Zollgesetzes die allerungünstigste Zeit — mitten in einer schweren Krise und während einer internationalen Eisen-Ueberproduction — gewählt worden war.

Die deutsche Eisenindustrie wird nicht verlangen können und wollen, dass man die Aufhebung der Zölle so lange vertage, bis sie sich denselben Capitalreichthum, wie England erarbeitet, ihren Arbeiterstamm ebenso herangebildet, ihren Absatz in etwa noch zu erwerbenden deutschen überseeischen Colonien befestigt habe. Sie muss aber fordern, dass zuvor wenigstens die wichtigste Frage, die der billigen Frachten, nicht unberücksichtigt und ungelöst bleibt, dass also durch Ermässigung der Eisenbahntarife, durch Regulirung der natürlichen und den Bau künstlicher Wasserstrassen soweit eben möglich dieselben günstigen Transportverhältnisse geschaffen werden, deren sich England, Belgien, Frankreich erfreuen.

Die Zollfrage würde für Deutschland schon ganz anders liegen, wenn auch andere Länder auf annähernd derselben Culturstufe ihre Eisenzölle aufheben würden, anstatt ihre Eisenartikel zollfrei nach Deutschland zu senden, von deutschen Fabricaten dagegen hohe Eingangszölle zu erheben. Damit würde dem deutschen Fabricat der Absatz nach auswärts erleichtert, zugleich aber erreicht werden, dass die ausländische Ueberproduction nicht vorzugsweise den zollfreien deutschen Markt aufsucht. Allem Anschein nach ist indessen die Aufhebung oder nur eine nennenswerthe Ermässigung der Eisenzölle in den Nachbarländern nicht zu erwarten, vielmehr denkt man überall daran, die einheimische Eisenindustrie vor der übermächtigen englischen Concurrenz durch Erhöhung der Zolltarife noch besser zu schützen.

Unter solchen Umständen hängt die Zukunft der deutschen Eisenindustrie mehr denn je von der wirthschaftlichen Gesetzgebung des Reiches, speciell von der Verbesserung der Frachtverhältnisse und von der einzuschlagenden Handelspolitik ab. Ein Verharren in der von den gesetzgebenden Körperschaften bisher verfolgten Richtung würde die Interessen der deutschen Eisenindustrie auf das Aeusserste gefährden, sogar deren Existenz in Frage stellen.

Oesterreich-Ungarn.

(624.044.88 Quadrat-Kilometer. — 37,700.000 Einwohner.)

Kohle.

Die Anfänge des Bergbaues auf mineralische Kohle in Oesterreich fallen in das 16. Jahrhundert. Im Jahre 1550 wurde in Böhmen der erste Braunkohlenbergbau und 30 Jahre später (1580) in demselben Kronlande der erste

Steinkohlenbergbau in's Leben gerufen. Erst im 17. und 18. Jahrhundert sind in anderen Ländern der Monarchie (Steiermark, Niederösterreich und Mähren) weitere Kohlenbergbaue eröffnet worden.

Durch Jahrhunderte dienten indessen die Mineralkohlen nur einem ganz unbedeutenden Localbedarfe, da die Communicationsmittel für eine weitere Verführung derselben im Allgemeinen, sowie speciell für Massentransporte fehlten und der Reichthum der vorhandenen Wälder für die Zwecke des Hausbedarfes und der noch in den ersten Stadien der Entwicklung begriffenen Industrie ausreichenden Brennstoff darbot.

Mit der Entfaltung des Eisenbahnnetzes und dem Uebergange der Industrie zum Dampfbetriebe, ferner mit der Zunahme der Cokefeuerung bei dem Hohofenprocesse und endlich mit dem Theurerwerden des Holzes begann in Oesterreich jedoch die Nachfrage nach Kohle allgemeiner zu werden, und es wendete sich das Capital mit Eifer und Erfolg dem Kohlenbergbau zu.

Den stärksten Impuls gaben dem Letzteren aber wie überall, so auch in Oesterreich-Ungarn die Eisenbahnen. Die Entwicklung des Eisenbahnnetzes steht im innigsten Zusammenhange mit der Zunahme der Kohlenproduction und dem Aufblühen der Eisenindustrie.

Ein klares Bild über die Entwicklung der gesammten **Kohlenproduction** der österreichisch-ungarischen Monarchie ergibt sich aus folgender Uebersicht*).

Production und Werth mineralischer Kohle

Jahr	Steinkohlen			Braunkohlen			Zusammen	
	metr. Tonnen	M.	Procente der gesammten Förderung	metr. Tonnen	M.	Procente der gesammten Förderung	metr. Tonnen	M.
1819	.	.	.	.	.	.	94.607	.
1825	.	.	.	.	.	.	154.944	.
1830	.	.	.	.	.	.	211.298	1,584.742
1835	.	.	.	.	.	.	250.782	.
1840	.	.	.	.	.	.	468.212	3,056.364
1845	.	.	.	.	.	.	721.707	.
1850	584.068	4,000.174	61.4	360.255	2,161.536	38.4	944.323	7,067.710
1855	1,180.449	9,780.864	56.2	920.601	5,413.301	43.8	2,101.050	15,104.165
1860	1,948.189	12,020.220	55.7	1,548.306	7,108.910	44.3	3,496.495	19,129.310
1865	2,836.884	19,160.120	55.0	2,232.419	10,334.332	45.0	5,069.303	29,494.452
1870	4,295.775	33,907.700	51.3	4,060.169	20,504.094	48.6	8,355.944	54,501.794
1871	4,969.940	45,071.860	49.4	5,078.058	27,590.392	50.6	10,048.038	72,662.252
1872	4,788.455	48,431.320	45.4	5,767.612	31,831.918	54.4	10,556.067	80,263.238
1873	5,171.189	53,181.416	43.5	6,732.884	37,887.866	56.4	11,904.073	91,069.282
1874	5,096.659	47,966.892	41.5	7,183.099	37,924.380	58.5	12,279.757	85,891.072
1875	5,185.234	43,032.660	40.7	7,666.812	36,046.296	59.7	12,852.046	79,078.956
1876	5,564.331	43,424.472	41.6	7,798.255	34,599.170	58.4	13,362.586	78,023.642

Diese Zusammenstellung möge durch Folgendes ihre Erläuterung und Ergänzung finden.

Die amtlichen Nachweisungen über die Kohlenproduction beginnen erst mit dem Jahre 1819, und erst vom Jahre 1851 an sind die jährlich geförderten Kohlenmengen nach Stein- und Braunkohle getrennt ausgewiesen.

Bis zur Eröffnung der ersten Locomotiv-Eisenbahn — der Kaiser Ferdinands-Nordbahn — im Jahre 1837 zeigt die Production an Kohle nur eine unwesentliche Steigerung und ist überdies vielfachen Schwankungen unterworfen. Ein geregelter Bezug des Brennstoffes war noch nicht möglich und grossentheils von dem fahrbaren Zustande der Strassen abhängig.

---

*) Bei der Umwandlung der österreichischen in die deutsche Währung ist durchgängig 1 Gulden österr. Währ. = 2 Reichsmark gerechnet und von der Berücksichtigung eines Agio ab gesehen worden.

Vom Jahre 1837 ab ist indess eine regelmässige und fortdauernde Zunahme der Kohlenproduction wahrnehmbar, da namentlich auch in jene Zeit die erste Verwendung der Braunkohle zur Erzeugung hoher Temperaturen fällt, die Benützung der Dampfmaschinen allgemeiner zu werden begann und die Grossindustrie sich des fossilen Brennstoffes bemächtigte. In erster Reihe ist aber der rapide Aufschwung der Kohlenproduction, wie bereits oben erwähnt, dem Ausbau des Eisenbahnnetzes zuzuschreiben. Und nicht sowohl der eigene Consum der Bahnen, welcher gegen 15.5 %, des gesammten Kohlenconsums des Landes beträgt, als vielmehr deren indirecter Einfluss auf die Kohlenproduction bewirkte diesen Aufschwung, indem durch die Bahnen eine Verfrachtung der mineralischen Brennstoffe erst ermöglicht, die Industrie von den Wasserläufen emancipirt und die Entstehung grösserer Binnenstädte befördert ward.

Die Totalgewinnung von Kohle überstieg 1876 142.5 mal die Förderung des Jahres 1819, 3mal die Productionsziffer des Jahres 1862 und war beinahe doppelt so gross als jene des Jahres 1868, eine Erhöhung, die fast ausschliesslich in der Ausbeute der Kohlenreviere von Böhmen, Mähren, Schlesien und Steiermark zu suchen ist. Die geringere Production des Jahres 1866 erklärt sich durch die damaligen Kriegsereignisse.

Der Gesammtwerth der im Jahre 1876 erzeugten Steinkohlen und Braunkohlen Oesterreich-Ungarns betrug 78,023.642 ℳ (39,011.821 Gulden).

Bei Betrachtung der obigen Productionstabelle zeigt sich ferner auch ein ganz eigenthümliches und für Oesterreich wichtiges Factum, welches darin besteht, dass die Production von Braunkohle viel intensiver zunimmt, als die der Steinkohle. Aus der soeben erwähnten Tabelle geht nämlich hervor, dass im Jahre 1871 die Braunkohlenförderung in Oesterreich die Steinkohlenförderung überholte, und dass seitdem der Vorsprung, welchen die Braunkohle gewonnen hat, von Jahr zu Jahr wuchs. Diese Thatsache findet durch die rapide und einzig dastehende Productionssteigerung des Erzgebirgischen Braunkohlenbeckens ihre Erklärung, dessen Kohle vermöge ihrer vorzüglichen Eigenschaften in einem ununterbrochen sich erweiternden Absatzgebiet immer grössere Anerkennung findet.*)

Oesterreich besitzt allerdings keine Steinkohlenbecken, die an Ausdehnung und Wichtigkeit jenen Westfalens oder den grossen englischen und amerikanischen Kohlenlagern an die Seite gestellt werden könnten. Seine Steinkohlenreviere sind vielmehr mit Ausnahme des Kladno-Schlan-Rakonitzer Beckens nur wenig ausgedehnt, auch häufig viel schwer abzubauen; indess liefern sie grösstentheils einen Brennstoff, welcher namentlich durch seine backende Eigenschaft mit Rücksicht auf die vortrefflichen Erzlager der Monarchie eine hohe volkswirthschaftliche Bedeutung erlangt hat.

Die österreichischen Steinkohlenreviere**) sind ihrer Mehrzahl nach längs einer Linie von west-östlicher Richtung gelagert, welche bei Pilsen an der bayerischen Grenze beginnt, bis nach Galizien an die russische Grenze reicht und die Becken von Pilsen, Kladno-Schlan-Rakonitz, Schatzlar-Schwadowitz, Ostrau-Karwin und Jaworzno umfasst; zum kleineren Theil im Süden und Südosten Ungarns, wo die Becken von Fünfkirchen und Steyerdorf liegen. Von den übrigen Becken abgesondert liegt in Mähren das Revier von Rossitz.

In hervorragender Weise ist Oesterreich mit thatsächlich unerschöpflichen und leicht abzubauenden Lagern ganz vorzüglicher Braunkohlen gesegnet. Diese eignen sich nicht allein ausgezeichnet für den Hausbedarf, sondern auch für die verschiedensten Industriezweige, als Maschinenkohle, zum Schmelzen der Bleierze, zum Bessemerprocess und zum Hohofenbetrieb.

---

*) Rossiwall. Die Entwicklung des Mineralkohlen-Bergbaues in Oesterreich. — Statistische Monatsschrift. III. Jahrgang, Wien 1877.
**) Kohlenrevierkarte der österreichisch-ungarischen Monarchie von J. Pechar, 2. Aufl. Wien, 1873.

Das ausgedehnteste und reichste Braunkohlenbecken dehnt sich am südlichen Abhange des Erzgebirges aus und nimmt gegenwärtig mit seiner Förderung von 4.8 Millionen metr. Tonnen (1876) unter sämmtlichen Kohlenrevieren Oesterreichs den ersten Rang ein. Andere, jedoch bei weitem weniger ausgedehnte Braunkohlenreviere liegen zwischen den Ausläufern der Alpen und namentlich an deren östlichem Abhange in Steiermark und Krain (Traunthal, Köflach, Leoben, Fohnsdorf, Hrastnigg, Cilli, Sagor etc.). Endlich kommen noch die Braunkohlenlager in Ungarn und Siebenbürgen zu erwähnen, von denen namentlich jenes von Salgó-Tarján im Gebiete der Matra und das Becken des Szillthales vielversprechend für die Zukunft sind. Letzteres ist für die Zukunft der unteren Donauländer von grösster Wichtigkeit. Die Kohlenexporte der südungarischen Reviere nach Rumänien werden an Lebhaftigkeit zunehmen, sobald die projectirte Eisenbahnverbindung von Petrozeny im Szillthale über den Vulkanpass nach Pitesti in Rumänien hergestellt sein wird.

In welcher Höhe die einzelnen Kohlenbecken an der Gesammtförderung der österreichisch-ungarischen Monarchie in den Jahren 1862, 1867 und 1876 Antheil genommen haben, ist aus nachstehender Tabelle ersichtlich.

Becken	1862		1867		1876		Graben-preis pro E.-Ctr. in Mark
	metr. Tonnen	%	metr. Tonnen	%	metr. Tonnen	%	
Steinkohlen.							
Kladno-Schlan-Rakonitz-(Böhmen)	839.950	18.5	983.363	16.1	1,516.268	11.3	0.29
Ostrau-Karwin(Schlesien)	596.315	13.2	817.435	13.4	1,502.359	11.2	0.40
Pilsen (Böhmen)	334.856	7.4	566.412	9.3	1,077.834	8.0	0.41
Jaworzno (Galizien)	109.557	2.4	135.488	2.2	337.375	2.5	0.29
Schatzlar - Schwadowitz (Böhmen)	100.887	2.2	157.404	2.6	228.000	1.7	0.43
Rossitz (Mähren)	167.952	3.7	192.956	3.2	219.338	1.7	0.57
diverse kleinere Becken	49.488	1.1	68.289	1.1	53.160	0.4	.
Oesterreich, Summa	2,199.005	48.5	2,921.347	47.9	4,934.334	36.8	0.37
Fünfkirchen (Ungarn)	.	.	201.463	.	341.571	.	.
Steyerdorf (Ungarn)	.	.	156.130	.	242.550	.	.
diverse kleinere Becken	.	.	45.145	.	45.867	.	.
Oesterr.-Ungarn, Summa	2,523.305	55.6	3,324.085	54.5	5,564.335	41.6	.
Braunkohlen.							
Erzgebirgisches Becken (Böhmen)	768.085	16.9	1,239.869	20.3	4,785.571	35.7	0.15
Köflach-Voitsberg(Steiermark)	131.248	2.9	167.289	2.7	609.688	4.6	0.23
Leoben-Fohnsdorf(Steiermark)	215.542	4.8	231.682	3.8	425.391	3.2	0.50
Traunthal(Oberösterreich)	129.256	2.8	180.031	3.0	283.840	2.1	0.39
Sagor (Krain)	47.502	1.0	98.163	1.6	122.162	0.9	0.29
diverse kleinere Becken	466.367	10.1	523.283	8.6	706.729	5.3	.
Oesterreich, Summa	1,748.000	38.5	2,440.317	40.0	6,933.381	51.8	0.21
Salgó-Tarján (Ungarn)	.	.	39.388	.	298.061	.	.
Szillthal (Siebenbürgen)	.	.	14.650	.	141.175	.	.
diverse kleinere Becken	.	.	280.364	.	425.638	.	.
Oesterr.-Ungarn, Summa	2,012.933	44.4	2.774.719	45.5	7.798.255	58.4	.
Totalproduction	4,536.238	100.0	6,098.804	100.0	13,362.586	100.0	.

Besonders in die Augen springend erscheint hier wiederum der in seiner Art einzige, enorme Aufschwung der Förderung des Erzgebirgischen Braunkohlenbeckens, welcher das letztere an die Spitze der sämmtlichen Kohlenreviere des österreichisch-ungarischen Kaiserstaates gebracht hat. 30.₄ %, also beinahe der dritte Theil aller in Oesterreich-Ungarn geförderten Mineralkohle, werden jetzt in dem lange Zeit hindurch wenig gewürdigten Braunkohlenbecken des nordwestlichen Böhmens gewonnen. In zweiter Reihe stehen die in der Höhe ihrer Production ziemlich gleichen Steinkohlenbecken von Kladno-Schlan-Rakonitz und Ostrau-Karwin.

Den Antheil der einzelnen Kronländer an der Totalförderung von Steinkohle und Braunkohle, den Geldwerth der Production, die Anzahl der Unternehmungen und der bei denselben verwendeten Arbeiter, sowie die Leistung der letzteren enthält folgende Zusammenstellung für das Jahr 1876.

Kronland	Anzahl der Unternehmungen		Production		Arbeiter-Anzahl				Jährliche Leistung eines Arbeiters
	über-haupt	im Betrieb	metr. Tonnen	Geldwerth in ℳ.	Männer	Weiber	Kinder	Zusammen	metr. Tonnen
Steinkohle									
Böhmen . .	277	143	2,823.138	19,598.808	18.483	1.579	664	20.726	1.362
Schlesien . .	15	15	1,246.431	9,858.778	8.712	627	46	9.385	1.328
Mähren . .	18	15	485.126	4,873.482	3.347	269	15	3.631	1.336
Galizien . .	17	5	337.375	1,989.116	1.634	170	20	1.824	1.850
Niederöster-reich . .	25	16	35.703	481.210	469	8	.	477	748
Steiermark	19	12	6.387	92.148	267	25	.	292	219
Oberöster-reich . .	4	3	174	3.708	43	2	.	45	39
Tirol	1	1	.	.	2	.	.	2	.
Krain . . .	1	.	.	.	1	.	.	1	.
Summa	377	210	4,034.334	36,897.250	32.968	2.680	735	36.383	1.356
Ungarn mit Nebenlän-dern . . .	.	.	629.997	6,527.222	.	.	.	.	.
Oesterreich-Ungarn .	.	.	5,564.331	43,424.472	.	.	.	.	.
Braunkohle									
Böhmen . .	668	291	4,841.309	15,289.918	12.895	613	79	13.587	3.503
Steiermark	107	60	1,454.076	10,079.872	6.922	909	94	7.925	1.835
Oberöster-reich . .	5	4	283.841	1,458.776	1.127	53	40	1.220	2.327
Krain . . .	18	13	122.162	690.938	663	24	8	695	1.755
Mähren . .	14	10	100.272	419.380	698	9	.	707	1.418
Kärnthen .	19	10	52.186	526.144	695	168	17	880	593
Niederöster-reich. . .	13	7	26.666	210.298	215	2	9	226	1.180
Istrien . . .	1	1	25.960	427.310	566	.	.	566	459
Tirol . . .	3	3	18.140	278.604	206	.	.	206	881
Dalmatien .	6	3	5.255	50.058	130	2	5	137	384
Galizien . .	9	4	2.454	14.130	93	.	.	93	265
Schlesien .	1	1	1.043	7.142	7	.	.	7	1.490
Görz und Gradisca	2	1	15	450	6	.	.	6	.
Vorarlberg	1	1	9	90	12	.	.	12	.
Bukovina .	1	.	.	.	3	.	.	3	.
Summa	868	409	6,933.381	29,453.200	24.238	1.780	252	26.270	2.639
Ungarn mit Nebenlän-dern . . .	.	.	864.874	5,145.970	.	.	.	.	.
Oesterreich-Ungarn .	.	.	7,798.255	34,599.170	.	.	.	.	.
Total-production	.	.	13,362.586	78,023.642	.	.	.	.	.

Bis Ende 1876 sind auf Mineralkohlen in Oesterreich (ohne Ungarn) Grubenmassen in einer Flächenausdehnung von 126.626.4 Hectar verliehen worden. Die Anzahl der im Jahre 1876 beim Kohlenbergbau in Verwendung gestandenen Dampfmaschinen war folgende:

Dampfmaschinen	zur Förderung	zur Wasserhebung	zur Förderung und Wasserhebung zugleich	Zusammen
bei den Steinkohlenbergbauen ...	187	175	37	399
„ „ Braunkohlenbergbauen ...	229	198	48	475
Zusammen	416	373	85	874

Zum auswärtigen Kohlenhandel Oesterreich-Ungarns übergehend, geben wir in nachstehendem Tableau ein Bild der Kohlen-Ein- und Ausfuhr, sowie mit Zuhilfenahme der Productionsziffern gleichzeitig auch den Nachweis des einheimischen Verbrauchs.

Jahr	Production	Einfuhr		Ausfuhr		Consum
	metr. Tonnen	metr. Tonnen	ℳ.	metr. Tonnen	ℳ.	metr. Tonnen
1835	250.782	16.128	.	2.737	.	264.173
1840	469.212	26.123	.	26.443	.	468.892
1845	721.707	37.343	.	49.207	.	709.843
1850	944.323	79.039	.	70.275	.	1,053.087
1855	2,101.050	62.949	.	129.397	.	2,034.602
1860	3,496.495	240.128	.	279.675	.	3,456.948
1865	5,069.303	366.488	.	385.662	.	5,050.129
1870	8,355.944	927.119	.	925.198	.	8,357.865
1871	10,048.038	1,363.974	.	1,046.501	.	10,365.511
1872	10.556.067	1,587.800	.	1,167.401	.	10,876.466
1873	11,904.073	1,785.266	.	1,681.029	.	12,008.310
1874	12,279.757	1,627.355	19,528.262	2,160.812	17,286.496	11,746.300
1875	12,852.046	1,627.942	16,279.426	2,703.237	20,544.602	11,776.751
1876	13,362.586	1,574.575	15,745.752	2,734.862	20,237.984	12,202.299

Aus obiger Zusammenstellung ergibt sich, dass die Kohlen-Ein- und Ausfuhr des österr.-ungarischen Staates lange Zeit hindurch, ungefähr bis zum Jahre 1866, nur als ein unbeträchtlicher Grenzverkehr sich manifestirte, wogegen dieselbe von diesem Zeitpunkte ab eine ganz aussergewöhnliche Steigerung erfahren hat, da seit dieser Zeit der Ausbau zahlreicher Bahnen erfolgte, welche den in Frage kommenden Kohlenbecken die Wege nach oder aus Oesterreich eröffnet hatten. Der auswärtige Kohlenverkehr besteht nun darin, dass Oesterreich aus dem nordwestlichen Böhmen erzgebirgische Braunkohle und nebenbei auch Pilsener Steinkohle nach Deutschland abgibt und dagegen aus der preussischen Provinz Schlesien ansehnliche Quantitäten Steinkohle und Coke bezieht, welche in der Richtung gegen Wien einen lohnenden Absatz finden. Es darf die aussergewöhnliche Steigerung der Kohlenausfuhr in den Jahren von 1870 bis 1876 nicht übersehen werden, während welcher Zeit sich dieselbe der Ziffer nach verdreifachte und bis auf 2.7 Millionen Tonnen emporschwang. Dieser Umstand findet wiederum in der Entwicklung des Erzgebirgischen Braunkohlenbeckens seine Begründung.

Die obige tabellarische Uebersicht erweist aber ferner die Thatsache, dass der fast ausschliesslich in preussischer Steinkohle bestehende Import an Mineralkohle seit 1873, wo derselbe seinen Höhepunkt erreichte, wenn auch nicht in beträchtlichen Dimensionen, doch zurückgegangen ist, immerhin aber noch im Jahre 1876 die Höhe von fast 1.₆ Millionen Tonnen behauptet. Eigenthümlich erscheint diese starke Einfuhr schlesischer Kohle, wenn man sich vergegenwärtigt, dass die Transportstrasse, auf welcher dieselbe nach Oesterreich verfrachtet wird, auf österreichischem Boden das ausgedehnte Ostrauer Kohlenrevier berührt, welches ausserordentlich productionsfähig ist und eine Kohle liefert, die bezüglich des Heizeffectes der preussischen Steinkohle nur wenig nachsteht. Dieser Umstand ist weniger dadurch zu erklären, dass von Seiten der hier interessirten Bahnverwaltungen der preussischen Kohle besondere Begünstigungen eingeräumt werden, sondern vielmehr durch die doch wohl noch bessere Qualität der oberschlesischen Kohle, durch die günstigeren Verhältnisse, unter welchen sie abgebaut wird, und ihren dadurch bedingten billigeren Gestehungspreis und endlich durch ihren grösseren Procentfall an Stückkohle.

In der zuletzt mitgetheilten Tabelle über Kohlen-Import und Export wurde bereits auch der Consum im Inlande ermittelt, welcher sich im Jahre 1876 auf 12,202.299 metr. Tonnen belief, was bei einer Bevölkerung der österr.-ungarischen Monarchie von 37.₇ Millionen Seelen einem Consum von 0.₃₂₄ metr. Tonnen per Kopf entspricht, während die Production per Kopf sich auf 0.₃₅₅ metr. Tonnen beziffert.

Es fehlen die erforderlichen statistischen Unterlagen, um den Consum der mineralischen Kohle nach Verbrauchszwecken zergliedern zu können; nur betreffs der Eisenbahnen, der Binnen-Dampfschiffahrt und einzelner grösserer Industriezweige sind die Ziffern des Kohlenconsums grösstentheils bekannt. Nach den Ermittlungen Rossiwall's entfielen von der gesammten Mineralkohlen-Consumtion Oesterreich-Ungarns im Jahre 1875

15.₅ Procent auf die .... Eisenbahnen,
2.₀   „   „   „ .... Binnendampfschiffahrt,
55.₀   „   „   „ .... Grossindustrie und
27.₅   „   „   den .... Hausbedarf und das Kleingewerbe.

Von der Nothwendigkeit einer vergleichenden Gewerbe- und Industriestatistik überzeugt, lässt das k. k. Handelsministerium in Oesterreich in gewissen Zwischenräumen solche Classificationsarbeiten in Bezug auf die Dampfkesselanlagen der Monarchie erscheinen, welche einen wichtigen Factor zur Beurtheilung des Gedeihens der Industrie bilden.

Eine Statistik der in Verwendung stehenden Dampfmaschinen gibt auch gleichzeitig den besten Aufschluss über die Vertheilung des Kohlenconsums.

In Oesterreich-Ungarn waren in den Jahren 1852 und 1863 Dampfmaschinen in nachstehender Anzahl in Activität:

Wirthschaftszweig	1852		1863	
	Maschinen	Pferdekräfte	Maschinen	Pferdekräfte
Landwirthschaft	9	59	358	3.284
Bergbau	111	1.833	461	10.581
Industrie	630	8.473	2.841	44.410
Summa	788	10.646	3.791	59.382
Locomotiven	440	29.248	1.329	264.465
Schiffsmaschinen	106	13.059	294	40.000
Totale	1.334	52.953	5.414	363.847

Die bedeutende Entwicklung der Industrie in diesen elf Jahren erhellt aus der Vermehrung der Maschinen in der Anzahl um das Vierfache, hinsichtlich der Pferdekräfte sogar um das Siebenfache. Colossal aber war der Aufschwung, welchen die gesammte Industrie in der Folgezeit nahm; dies zeigt eine Vergleichung mit der Zusammenstellung der Dampfmotoren im Jahre 1875.

Statistik der Dampfmaschinen Oesterreichs (ausschliesslich

Wirthschaftszweig	Ges. Oesterreich (excl. Ungarn) 375,627 Qu.-Meter Heizfläche			Böhmen 161.654 Qu.-Meter Heizfläche			Mähren 64.189 Qu.-Meter Heizfläche		
	Etablissements	Kessel	Atmosphären	Etablissements	Kessel	Atmosphären	Etablissements	Kessel	Atmosphären
Zuckerfabriken, Dampfmühlen etc.	645	1.921	8.080	347	1.058	4.527	136	488	1.963
Textilindustrie (Spinnereien, Webereien)	1.024	1.692	6.979	448	818	3.470	169	263	1.194
Gewinnung von fossilen Brennstoffen	365	1.381	6.109	237	777	3.732	20	147	733
Gewinnung von Eisen und Stahl	137	910	4.528	35	194	864	17	181	808
Bierbrauereien, Spiritusbrennereien etc.	1.682	1.875	4.487	406	475	1.413	198	212	562
Maschinen- und Werkzeugsfabrication	222	476	2.336	72	121	555	24	39	182
Holzindustrie (Brettsägen) etc.	389	482	2.208	140	163	705	50	62	287
Verkehr (Wasserstationen) der Bahnen	331	403	1.883	98	110	483	29	38	181
Chemische Industrie	286	466	1.777	90	146	533	36	47	180
Landwirthschaft	380	400	1.657	215	227	970	71	76	324
Papierfabriken etc.	103	237	1.085	38	84	378	5	11	44
Eisen- und andere Metallwaaren	168	223	1.040	48	53	211	24	44	216
Ziegeleien, Cement-, Chamotte-, Glasfabriken	138	197	919	75	102	446	13	17	89
Gewinnung von Mineralien excl. Kohle	63	166	800	30	87	429	8	22	101
Diverse gewerbliche Industrieen	135	185	823	52	58	133	13	20	98
Anderweitige Dampfkesselanlagen	295	364	1.089	82	101	329	35	42	102
Summa...	6.363	11.378	45.801	2.413	4.574	18.778	848	1.709	7.064
Locomotivkessel der Eisenbahnen (Ende 1875) [342.424 Qu.-Meter Heizfläche]	.	2.758	23.906	.	.	.	.	.	.
Dampfkessel der See- und Flussschiffahrt (Ende 1875) [63.475 Qu.-Meter Heizfläche]	366	607	1.682	.	.	.	.	.	.
Totale...	6.758	14.743	71.389	.	.	.	.	.	.

Auf das Auffallendste offenbart sich in der obigen tabellarischen Darstellung, wie sehr in Böhmen die sämmtlichen Industrieen entwickelt sind, denn die gesammte Heizfläche der in diesem Lande im Betriebe befindlichen Dampfkessel ist beinahe halb so gross wie die aller Dampfkessel der Monarchie.

Im Allgemeinen erscheinen unter den Industriezweigen die Zuckerfabriken und Dampfmühlen, die Spinnereien und Webereien besonders hervorragend. Dieselben sind daher auch als die stärksten Kohlenconsumenten zu betrachten.

Von den oben ausgewiesenen 11.378 Dampfkesseln wurden

5.913 Kessel .... (51,9 %) mit Steinkohlen,
2.377   „   .... (20,8 %)   „   Braunkohlen,

Ungarn) nach dem Stande im Jahre 1875.*)

Niederösterreich 42.000 Qu.-Meter Heizfläche			Galizien 31.798 Qu.-Meter Heizfläche			Steiermark 23.093 Qu.-Meter Heizfläche			Schlesien 29.835 Qu.-Meter Heizfläche			übrige Kronländer 23.058 Qu.-Meter Heizfläche		
Etablissements	Kessel	Atmosphären	Etablissements	Kessel	Atmosphären	Etablissements	Kessel	Atmosphären	Etablissements	Kessel	Atmosphären	Etablissements	Kessel	Atmosphären
54	113	510	43	118	527	12	26	114	29	78	338	24	40	101
109	208	913	18	32	132	8	15	65	91	137	600	181	219	605
7	26	114	29	81	328	37	108	524	26	215	963	9	27	115
15	85	442	3	6	27	39	282	1.570	9	74	366	19	88	451
54	102	417	704	729	1.118	28	40	177	146	156	372	146	161	428
66	172	979	16	22	99	7	29	151	8	10	47	29	83	323
57	86	427	55	73	338	22	25	117	19	23	104	46	50	230
44	63	328	51	70	315	30	33	163	14	15	73	65	74	340
64	133	613	39	52	143	14	27	107	13	25	82	30	36	119
9	9	40	34	36	119	10	10	49	18	18	70	23	24	85
15	38	186	3	10	56	11	28	138	4	10	44	27	56	239
53	66	331	2	3	14	18	24	122	7	9	33	16	24	113
19	33	172	9	12	58	7	14	69	6	6	25	9	13	60
2	2	10	13	42	204	2	3	14	6	7	31	2	3	11
34	57	270	4	5	17	13	18	92	1	1	5	18	26	241
65	89	325	44	48	78	14	22	91	14	16	49	41	46	115
667	1.282	6.045	1.067	1.339	3.573	272	704	3.563	411	800	3.202	685	970	3.576

1.760 Kessel.......... (15.4 %) mit Holz,
745 „ .... (6.0 %) „ gemischtem Brennmaterial,
197 „ .... (1.8 %) „ gasförmigem Brennmaterial,
92 „ .... (0.9 %) „ Coken und
77 „ .... (0.7 %) „ Torf

geheizt; bezüglich der verbleibenden Dampfkessel ist die Beheizungsart nicht bekannt.

*) Unter Benützung der „Nachrichten über Industrie, Handel und Verkehr aus dem Statistischen Departement im k. k. Handels-Ministerium." XI. Band. Wien, 1877.

Die Handels-Marine Oesterreich-Ungarns bestand Ende 1876 aus
98 Dampfern   mit 56.969 Tonnen Tragfähigkeit,
und 7.440 Segelschiffen   „ 273.339   „   „
die Kriegs-Marine aus
61 Dampfern   mit 114.830 Tonnen Tragfähigkeit,
und 7 Segelschiffen   „ 3.150   „   „
Was nun die Circulation der Kohle Oesterreich-Ungarns anbelangt,
so muss hier in erster Reihe das Erzgebirgische Braunkohlenbecken
behandelt werden, dessen rapide Entwicklung schon aus der Tabelle Seite 126
zu entnehmen ist.

Der ganz aussergewöhnliche Aufschwung dieses Kohlenbeckens, welches
an 7.700 Millionen Tonnen abbauwürdiger Kohle enthält, und in welchem namentlich auch viel englisches und belgisches Capital investirt ist, wird durch
folgende chronologische Uebersicht gekennzeichnet.

Jahr	Anzahl der Frei-schürfe	Berg-werks-massen in Hectaren	Anzahl der Werks. be-sitzer	Förderbahnen von		Dampf-maschinen		Ar-beiter-stand	Production in metr. Tonnen	Durch-schnitts-gruben-preis per Zoll-Ctr. in ℳ
				Eisen	Holz mit Eisen-schienen	zur För-de-rung	zum Was-ser-heben			
				Curr.-Meter						
1860	1.751	18.587	.	18.382	16.110	62	.	7.313	341.638	0.18
1865	1.081	30.900	640	64.284	17.901	98	.	6.293	844.387	0.18
1870	3.973	39.072	633	114.556	24.409	146	.	6.691	1,795.526	0.18
1872	12.706	44.806	352	267.992	2.991	124	108	9.532	2,431.178	0.19
1874	10.328	53.892	650	540.475	3.969	163	142	13.507	4,163.010	0.18
1876	6.495	56.050	751	674.367	14.212	186	143	13.045	4,785.571	0.15

Die Kohlenverfrachtung dieses Beckens gestaltete sich im Jahre 1876
folgendermassen. Es wurden verfrachtet
nach dem Auslande per Bahn .... 1,988.875 metr. Tonnen
„   „   „   „   Schiff (auf der Elbe).. 481.127   „   „
„   „   Inlande und im Localverkehr ..... 1,611.673   „   „
zusammen ... 4,081.675 metr. Tonnen.

Das Hauptabsatzgebiet der böhmischen Braunkohle, deren Productionscentren in Karbitz-Mariaschein und Dux-Ossegg liegen, ist demnach
vornehmlich das Ausland und zwar Norddeutschland, wo sie mit Erfolg bis
an die Gestade der Nord- und Ostsee vorgedrungen ist. In neuerer Zeit hat
sie sich auch im Süden und Südwesten Deutschlands bekannt gemacht und
kommt sogar in der Schweiz und im Elsass zur Verwendung.*) Die böhmische
Braunkohle wird mit vollem Recht als der absolut billigste gute mineralische
Brennstoff Europa's bezeichnet.

Der Verbrauch böhmischer Braunkohle in den Hauptabsatzplätzen in
den Jahren 1868 bis 1876 ist aus der ersten Tabelle auf Seite 133 zu ersehen.

Die Kohle des Kladno-Schlan-Rakonitzer Revieres findet ihren
Hauptabsatz in den Industriebezirken des mittleren Böhmens, in welchen besonders auch viele Zuckerfabriken gelegen sind, und dominirt vor Allem in
Prag. Die Pilsener Steinkohle hingegen versorgt den Südwesten Böhmens mit Brennstoff und exportirt ziemlich stark nach dem kohlenarmen
Bayern. Die Plattelkohle von Nürschan im Pilsener Becken ist als die vorzüglichste Gaskohle weithin bekannt.

---

*) J. Pechar, Karte über die Circulation der böhmischen Braunkohle während des Jahres
1870. Prag, 1871.

Jahr	Dresden	Berlin	Magde-burg	Prag	Leipzig	Hamburg	Wien
			metrische Tonnen				
1868	92.015	49.764	106.378	23.300	20.450	.	.
1869	97.445	40.400	131.242	25.960	22.910	1.947	.
1870	109.482	50.563	139.872	34.090	30.240	2.010	.
1871	127.245	58.740	130.682	41.670	42.030	2.465	30
1872	113.525	99.946	188.561	44.534	45.297	2.178	1.501
1873	140.033	111.503	117.721	51.923	59.280	22.310	15.650
1874	181.607	122.637	156.006	55.451	73.690	18.907	16.894
1875	214.114	169.376	185.366	62.980	87.319	22.049	17.671
1876	213.483	178.976	163.614	94.299	79.092	9.442	8.799

Für die österreichische Eisenindustrie ist das Ostrau-Karwiner Steinkohlenbecken insofern von Wichtigkeit, als die aus der Kohle desselben hergestellten Coke guter Qualität sind. Dessenungeachtet wurden im Jahre 1876 nur an 8 % der Production dieses Beckens vercokt. Das Ostrauer Kohlenrevier liefert auch sehr gute Gaskohlen. Die Circulation der Ostrauer Kohle erfolgt in der Richtung gegen Wien, sowie nach dem Osten, d. i. nach Galizien und Ungarn.

Eine ziemlich ausführliche Beschreibung der einzelnen Kohlenbecken Oesterreich-Ungarns, sowie eine eingehende Darstellung des Kohlenhandels in den österreichischen Ländergebieten findet sich in dem officiellen Wiener Weltausstellungsbericht „Mineralische Kohle".

Hieran anknüpfend mögen noch einige Ziffern über die in der Reichshauptstadt Oesterreichs verbrauchten Mengen von Brennmaterial Platz finden. Innerhalb der Linienwälle, also im Verzehrungssteuergebiete der Stadt Wien (ohne Vororte), wurde in den beigesetzten Jahren folgender Verbrauch ausgewiesen:

Jahr	Mineralkohle	Holzkohle	Brennholz
	Zoll-Centner		Cubik-Meter
1847	534.886	138.725	909.536
1850	991.047	123.304	832.661
1860	2,007.978	96.786	735.073
1870	4,425.753	151.887	744.417
1873	5,403.414	65.164	671.166
1875	6,993.374	36.622	492.281
1877	7,143.100	35.908	469.200

Hiernach ist wohl die Zunahme des Consums mineralischer Kohle in Wien sehr beträchtlich, doch darf dabei nicht ausser Acht gelassen werden, dass die Einwohnerschaft Wiens in diesem Zeitraume um 30 % sich vermehrt hat und auch Gewerbe und Industrie sich inzwischen nicht unbedeutend entfaltet haben, sowie dass der Consum an Brennholz innerhalb 3 Decennien sich nicht einmal um die Hälfte vermindert hat. Da aber der Verbrauch an Holzkohle fast auf den vierten Theil sich reducirt hat, so ist daraus zu schliessen, dass die Steinkohle in den verschiedenen Zweigen der Industrie bei weitem leichter Eingang gefunden hat, als in den Wohnungen. Für den Hausgebrauch werden noch ganz enorme Mengen Holz absorbirt. In den obigen Ziffern ist, wie erwähnt, der Consum der zahlreichen Vororte Wiens, in denen fast ausschliesslich die Industrie concentrirt ist, nicht enthalten. Der wirkliche Kohlenconsum Wiens ist also viel bedeutender und kann auf min-

destens eine doppelt so hohe Ziffer, als oben angeführt, daher auf circa
15 Millionen Zoll-Centner (750.000 Tonnen) angenommen werden.

Die nach Wien eingeführte mineralische Kohle setzt sich ihrer Provenienz
nach annähernd wie folgt zusammen:

Oberschlesische Kohle .... 69 %.
Ostrau-Karwiner Kohle .... 18 %.
Diverse andere Kohle (Steierische, Rossitzer,
Pilsener etc.) .... 13 %.

An Communicationsmitteln besitzt Oesterreich-Ungarn gegenwärtig:

Eisenbahnen .... 18.058 Kilometer
Schiffbare Flüsse .... 6.882   „
   „   Canäle 265   „
   „   Seen 858   „

Die Kohlenpreise sind im Allgemeinen in ganz Oesterreich-Ungarn
infolge des Darniederliegens der Industrie und der deshalb geringeren Nachfrage in den letzten Jahren beträchtlich zurückgegangen; in der oben gegebenen Uebersicht der Production der einzelnen Kohlenbecken wurden die
durchschnittlichen Grubenpreise des Jahres 1876, welche von den heutigen
Verkaufspreisen am Erzeugungsorte nur unwesentlich abweichen, beigefügt.

Für die Beurtheilung der Qualität der Kohlen hinsichtlich ihrer chemischen
Beschaffenheit und ihres Brennwerthes sind die vorzüglichen Classifications-
tabellen der fossilen Kohlen Oesterreichs von C. v. Hauer massgebend.

Zur Cokeerzeugung wurden im Jahre 1876 folgende Mengen Steinkohlen verwendet:

Im Ostrauer Becken .... 126.419 metr. Tonnen
 „ Kladnoer Becken .... 71.973   „   „
 „ Pilsener Becken .... 43.281   „   „
 „ Schatzlar - Schwadowitzer
       Becken .... 7.340   „   „
 „ Rossitzer Becken .... 7.129   „   „
in Ungarn .... 2.974   „   „
   daher zusammen .. 259.116 metr. Tonnen.

Aus dem Ostrauer Becken wurden 7.178 metr. Tonnen Coke nach Preus-
sisch-Schlesien verkauft. Das Cokeausbringen beträgt im Durchschnitt 55 bis
61 %, nur die Steinkohle des Oraviczaer Revieres in Ungarn hat einen stärkeren Procentfall an Coken.

Die Vercokung der Braunkohle hat bisher im Allgemeinen keine günstigen Resultate geliefert; auch in Betreff der Briquets-Fabrication aus Braunkohlen ist man bis jetzt über das Stadium der Versuche nicht hinausgekommen.
Dagegen erzeugt die Donau-Dampfschifffahrts-Gesellschaft für ihren eigenen Bedarf Briquets aus Fünfkirchner Steinkohle in grösserer Menge, so z. B. im
Jahre 1876 17.471 metr. Tonnen im Werthe von 256.507 ℳ. Auch in Ostrau
werden Briquets fabricirt.

Eisen.

Oesterreich-Ungarn ist reich bedacht mit guten Eisenerzen, sodass
eine der nothwendigsten Vorbedingungen für eine ausgedehnte Entwicklung
der Eisenindustrie gegeben ist, welche letztere in diesem Staate in wirthschaftlicher Beziehung eine hervorragende Stellung einnimmt. Aus diesem
Grunde ist Oesterreich-Ungarn nicht wie andere Staaten darauf angewiesen,
aus dem Auslande grössere Quantitäten Eisenerze sich verschaffen zu müssen.
Die Gewinnung der Eisenerze findet in fast allen Ländern der Monarchie statt.

Die österreichisch-ungarische Eisenindustrie vertheilt sich auf drei Gruppen, von welchen jede zufolge des Vorhandenseins der zur Erzeugung des
Roheisens erforderlichen Rohmaterialien existenzfähig und existenzberechtigt
ist. — Die erste und bedeutendste ist die Gruppe der Alpenländer, welche

Steiermark, Kärnthen, Krain, Tirol, Ober- und Niederösterreich umfasst; die zweite jene der Sudetenländer Böhmen, Mähren und Schlesien, und endlich die letzte die der Karpathenländer, welche Ungarn, Siebenbürgen, Galizien und die Militärgrenze in sich begreift.

Nicht allein in Hinsicht auf ihren beinahe unerschöpflichen Erzreichthum, sondern auch in Betreff der Qualität der Erze, welche grösstentheils Spatheisensteine sind, stehen Steiermark und Kärnthen an der Spitze der Alpenländer. In den genannten beiden Kronländern liegen die zwei berühmten Erzberge nächst Eisenerz und Hüttenberg. Sowohl was Quantität wie Qualität der Eisenerze anbelangt, stehen diese beiden Erzberge fast einzig da. Man kann auf das Bestimmteste nachweisen, dass dieselben bereits vor mehr als 1000 Jahren ausgebeutet wurden, und es unterliegt keinem Zweifel, dass sie mit ihrer nächsten Umgebung noch durch weitere 1000 Jahre mit gleich günstigem Erfolge exploitirt werden können, selbst wenn auf eine beträchtlich gesteigerte Production derselben gerechnet würde.*) J. G. Kohl stellt es sogar als eine Thatsache hin, dass die Römer ihre Waffen und Pflüge, mit denen sie den Erdkreis unterjochten und cultivirten, aus den Erzen dieser Berge beschafften, die sie daher frühzeitig besetzten und lange behaupteten. Die beiden Erzberge lieferten jährlich schon über 300.000 Tonnen Erz, welche zur Darstellung des weitberühmten steierischen Eisens und Stahls verwendet werden. Die meist offen zu Tage liegenden Erzmittel des Eisenerzer Berges ohne dessen ebenfalls bedeutend erzreiche Umgebung schätzt man auf 125 bis 150 Millionen Tonnen. Der Hüttenberger Erzberg steht dem ersteren an Reichthum nicht viel nach.

Die Erze sind durchwegs sehr rein, lediglich mit etwas Schwefelkies versetzt, seltener finden sich Beigaben von Kupferkies. Durchschnittlich enthalten die Erze in ungeröstetem Zustande 40—42 % Eisen; zum grössten Theile werden sie aber im gerösteten Zustande verhüttet und gewähren so in der Regel ein Ausbringen an Roheisen von 48—52 %.

Unter den übrigen Eisensteinbergbauen der Alpengruppe sind noch jene der Eisenwerke von Mariazell und Neuberg von grösserer Bedeutung. Auf Grundlage von Urkunden ist festgestellt, dass in Mariazell schon im Jahre 1025 Eisenerze gefördert wurden und zur Verarbeitung gelangten. In Bezug auf Reinheit und Reichthum stehen die hier gewonnenen Erze allerdings jenen von Eisenerz und Hüttenberg nach.

Die Sudetengruppe, in welcher Böhmen die erste Stelle einnimmt, enthält Erze von geringerer Reichhaltigkeit und Güte, indessen grosse Mengen derselben, die sich zur Herstellung aller Arten gewöhnlichen Stabeisens, besonders aber von Gusswaare gut eignen. Hier werden namentlich Rotheisenstein und rother Thoneisenstein gefunden und verschmolzen, in kleineren Partien auch Brauneisenstein und Sphärosiderite.

Der Eisenbergbau ist in Böhmen sehr alt, er reicht bis in die Sagenzeit zurück, denn schon im Jahre 677 soll bei Časlau Eisen gewonnen worden sein. Unter den Erzförderungsstätten Böhmens dominirt das sogenannte Nučicer Erzlager, dessen Förderung bis 100.000 Tonnen jährlich beträgt, wovon ³/₄ auf die Prager Eisen-Industrie-Gesellschaft entfallen. Ausserdem verdienen noch die mächtigen Erzlager von Krušnahora hervorgehoben zu werden.

Mähren und Schlesien besitzen keine so ausgedehnten und reichen Erzlagerstätten, doch liefern die Steinkohlen des Ostrauer Beckens beträchtliche Mengen vorzüglicher Coke für den Hohofenbetrieb.

Was nun die dritte Gruppe der Eisenindustrie, die Karpathenländer anbelangt, so hat namentlich Ungarn reiche Lager von guten, reichhaltigen Eisenerzen aufzuweisen. Im nördlichen Erzzuge, am Südabhange der Karpathen, ist namentlich das Erzvorkommen am Zeleznik von Wichtigkeit, sodann jenes von Moravitza-Dognasca im Banate und das mächtige Erzlager,

---

*) Schauenstein, Denkbuch des österr. Berg- und Hüttenwesens, Wien 1873.

welches sich in Siebenbürgen von Telek über den Gyalar hinzieht. Auch in Kroatien wurden in letzter Zeit ansehnliche Erzvorkommen erschürft.

Die Gesammtförderung Oesterreich-Ungarns an Eisenerzen in der Zeit von 1851 bis 1876 ist aus folgender Tabelle ersichtlich, welche gleichzeitig auch die Ziffern der Ein- und Ausfuhr enthält.

Jahr	Production		Einfuhr		Ausfuhr	
	metr. Tonnen	ℳ.	metr. Tonnen	ℳ.	metr. Tonnen	ℳ.
1851	573.079	5,501.566	.	.	.	.
1860	793.354	7,933.546	.	.	.	.
1866	630.429	3,681.024	3.879	.	22	.
1867	743.923	5,972.102	5.890	.	63	.
1868	874.499	4,926.152	5.832	.	816	.
1869	992.792	6,021.506	6.340	.	680	.
1870	1,156.708	7,353.126	8.366	.	236	.
1871	1,224.875	9,113.284	9.027	.	102	.
1872	1,360.612	10,639.440	15.675	.	1.121	.
1873	1,588.256	13,099.888	7.782	.	24.255	.
1874	1,329.797	10,634.168	4.167	41.678	30.509	671.200
1875	1,103.227	8,113.426	4.997	49.870	52.817	1,161.982
1876	902.421	6,467.497	2.429	24.292	38.159	839.508

Nach obiger Uebersicht erreichte die Förderung von Eisenerzen im Jahre 1873 ihren Höhepunkt und sank von da ab bis 1876 um 43.4 %.

Die Vertheilung der Eisenerz-Production des Jahres 1876 auf die einzelnen Länder zeigt nachstehende Uebersicht:

Kronland	Anzahl der Unternehmungen		Production		Durchschnitts-preis per Zoll-Ctr. am Erzeugungs-Orte	Arbeiteranzahl				Antheil eines Arbeiters an der Erzeugung
	über-haupt	im Be-trieb	metr. Tonnen	Geld-werth in ℳ.	ℳ.	Män-ner	Wei-ber	Kin-der	Zu-sam-men	metr. Tonnen
Steiermark . . .	34	14	280.938	1,743.570	0.61	1.804	52	59	1.915	146.5
Kärnthen	10	8	113.687	1,006.692	0.66	1.188	11	.	1.199	94.5
Böhmen	108	31	69.281	344.786	0.55	938	2	2	942	74.4
Mähren	22	12	60.514	590.488	0.48	588	.	20	608	119.5
Krain	19	10	9.806	134.464	0.42	324	6	.	330	29.7
Schlesien	11	4	8.106	89.700	0.55	350	.	.	350	23.1
Galizien	13	4	4.559	36.016	0.57	196	.	.	196	23.1
Tirol	7	3	3.767	69.562	0.72	55	.	.	55	68.4
Salzburg	7	2	2.758	17.288	0.51	9	.	.	9	306.4
Bukowina	4	2	1.464	13.952	0.48	106	20	35	161	13.0
Niederösterreich	6	1	97	1.192	0.41	6	.	.	6	16.2
Oberösterreich .	2	.	.	.	.	.	.	.	.	.
Oesterreich, Summa . . .	243	91	554.965	4,047.710	0.56	5.464	91	116	5.671	98.7
Ungarn	.	.	307.220	2,222.356	0.44	.	.	.	.	.
Siebenbürgen . .	.	.	37.497	176.816	0.34	.	.	.	.	.
Kroatien	.	.	2.739	20.615	0.39	.	.	.	.	.
Ungarn etc., Summa . . .	.	.	347.456	2,419.787	.	.	.	.	.	.
Oesterreich-Ungarn, Summa	.	.	902.421	6,467.497	.	.	.	.	.	.

Die vorstehende Tabelle zeigt, dass die Alpenländer (Steiermark und Kärnthen) in Bezug auf Eisenerzgewinnung den ersten Rang behaupten; dasselbe ist nun auch hinsichtlich der Roheisenerzeugung der Fall. Im

Jahre 1876 wurden in diesen beiden Ländern 161.27 metr. Tonnen Roheisen erzeugt, daher 41.8 % der gesammten Production Oesterreich-Ungarns. Dabei ist das gewonnene Eisen von anerkannt vorzüglicher Qualität. Leider zeigt sich hier der grosse Uebelstand, dass die Roheisenerzeugung nicht nach Massgabe des eintretenden Bedarfes beliebig gesteigert werden kann, da gegenwärtig wegen Mangel an gut backender Mineralkohle fast ausschliesslich Holzkohle zur Verschmelzung der Eisenerze zur Verwendung gelangt. Die hohen Frachtentarife der Bahnen ermöglichen die Zufuhr von cokfähiger Kohle nur in beschränktem Masse. Um der Nothwendigkeit auszuweichen, aus diesem Grunde beträchtliche Mengen von Roheisen von auswärts beziehen zu müssen, wurde auch die Verwendung von Braunkohle bei dem Hohofenbetriebe vielfach versucht. So wird namentlich zu Zeltweg in Steiermark seit Jahren rohe Fohnsdorfer Braunkohle im dortigen Hohofen mit bestem Erfolge (bis 44 % der ganzen Brennstoffgicht) regelmässig aufgegichtet. Dass die Erze selbst vorzüglich und gesucht sind, geht wohl am besten daraus hervor, dass in den letzten Jahren (1873 bis 1876) nicht unbedeutende Quantitäten derselben, meist nach Deutschland, welches vorzügliche Coke in Menge zur Verfügung hat, ausgeführt worden sind.

Auch in der nördlichen Ländergruppe (Böhmen, Mähren, Schlesien) wurde die Roheisenerzeugung anfänglich ausschliesslich mit vegetabilischem Brennstoff erblasen, erst im Jahre 1838 wurde hier der erste Cokehohofen zu Witkowitz — überhaupt der erste in Oesterreich — erbaut. Seit dem Jahre 1870 beginnt in diesen Kronländern die Verwendung von Coke zur Roheisengewinnung allgemeiner zu werden, und jetzt wird schon die Hälfte der Production daselbst mit Coke erblasen. Die ausgedehnteste Cokehohofenanlage ist jene der Prager Eisen-Industrie-Gesellschaft in Kladno.

In den letztgenannten Ländern steht allerdings gut backende Kohle in grosser Menge zur Verfügung, doch ist die Eigenschaft der Erze eine wesentlich andere und demnach auch die Güte des aus denselben gewonnenen Roheisens im Allgemeinen eine abweichende und geringere. Mehr als ein Dritttheil des hier producirten Roheisens ist Gussroheisen.

Die Roheisenproduction in Ungarn hat wohl in den letzten Jahren an Ausdehnung gewonnen, doch fehlt es auch hier an geeigneter cokebarer Kohle. Nur die Steinkohle des Banates findet in geringen Partien zur Herstellung von Cokeroheisen Verwendung. Die Eisenerze am Südabhange der Karpathen gelangen ebenfalls zumeist mittels Holzkohle zur Verhüttung; das Gleiche ist mit den Erzen Siebenbürgens der Fall.

In den Jahren 1870 bis 1876 war die gesammte Roheisenproduction der österreichisch-ungarischen Monarchie folgende:

Jahr	Roheisen-Production		Hievon aus den Hohöfen gewonnene Eisengusswaaren	
	Menge	Werth	Menge	Werth
	metr. Tonnen	ℳ.	metr. Tonnen	ℳ.
1840	127.307	17,693.502	17.045	3,792.686
1850	195.558	25,429.718	27.487	5,236.672
1860	312.554	39,744.342	36.244	7,604.902
1866	204.638	27,641.194	35.071	6,252.182
1867	319.902	33,532.960	41.136	7,712.172
1868	375.077	44,562.310	49.994	9,147.556
1869	405.082	50,135.516	45.485	8,813.132
1870	402.953	51,880.666	49.291	9,944.020
1871	424.606	55,485.018	52.021	10,809.110
1872	459.625	68,685.148	72.225	14,475.210
1873	534.507	83,394.200	60.473	12,444.100
1874	494.054	59,177.730	51.688	9,163.136
1875	454.574	49,273.810	49.773	8,214.754
1876	400.426	42,150.065	50.507	7,989.632

Hiernach ist die Zunahme der Roheisenerzeugung eine ganz unbeträchtliche, wenn man sich den colossalen wirthschaftlichen Aufschwung des letzten Jahrzehntes vor Augen hält.

Auf die einzelnen Länder vertheilt sich die Production des Jahres 1876 wie folgt:

Kronland	Anzahl der Unternehmungen		Eisenhohöfen			Production		
	überhaupt	im Betrieb	kalt	im Betrieb	Betriebswochen	Frisch-Roheisen	Guss-Roheisen	Zusammen
						metr. Tonnen		
Steiermark............	22	20	8	28	1.167	114.335	2.258	116.593
Kärnthen..............	17	11	8	15	535	44.232	448	44.680
Böhmen...............	34	14	34	17	694	22.631	20.566	43.197
Mähren...............	14	7	12	11	437	16.186	10.578	26.764
Schlesien	6	4	2	6	271	18.395	2.345	20.740
Niederösterreich.......	4	2	3	2	52	8.727	45	8.772
Krain.................	11	6	3	7	167	3.150	781	3.931
Tirol	3	2	1	3	98	2.531	718	3.249
Galizien	8	4	3	3	125	775	2.282	3.057
Salzburg..............	3	2	1	2	29	1.741	9	1.750
Bukowina.............	4	1	3	1	22	170	143	313
Oesterreich, Summa..	126	73	78	95	3.597	232.873	40.173	273.046
Ungarn...............	.	.	29	56	2.176	98.873	9.532	108.405
Siebenbürgen	.	.	6	12	230	17.135	793	17.928
Kroatien.............	.	.	.	3	35	1.038	9	1.047
Ungarn etc., Summa..	.	.	35	71	2.441	117.046	10.334	127.380
Oesterreich-Ungarn, Summa..	.	.	113	166	6.038	349.919	50.507	400.426

Da in Oesterreich-Ungarn bedauerlicherweise über die Production von Eisen und Eisenwaaren, mit Ausnahme von Roheisen, keine officiellen Nachweisungen existiren, welche ein klares Bild über die Eisenindustrie des Landes bieten würden, erübrigt nichts anderes, als dieselbe auf Grundlage der Handelsstatistik unter Berücksichtigung der grossartigen Entwicklung der Eisenbahnbauten und der gesammten Industrie zu betrachten.

Die Ein- und Ausfuhr an Eisen und den verschiedenen Erzeugnissen der Eisenbranche in den Jahren 1866 bis 1876 wird durch die Tabellen Seite 140 und 141 dargestellt.

Aus den nachstehenden Ziffern ist sodann der rapide Ausbau des Eisenbahnnetzes, namentlich in den Jahren 1870 bis 1873, ersichtlich. An Eisenbahnen besass Oesterreich-Ungarn:

Im Jahre 1837	13 Km.	Im Jahre 1868	7.005 Km.	Im Jahre 1873	15.444 Km.
„ „ 1840	143 „	„ „ 1869	7.888 „	„ „ 1874	15.912 „
„ „ 1850	1.510 „	„ „ 1870	9.454 „	„ „ 1875	16.597 „
„ „ 1860	4.477 „	„ „ 1871	11.630 „	„ „ 1876	17.464 „
„ „ 1866	5.962 „	„ „ 1872	13.746 „	„ „ 1877	18.058 „ *
„ „ 1867	6.266 „				

*) excl. 788 Km. Industrie- und Localeisenbahnen.

Auch die unten folgende Uebersicht der mit Dampf betriebenen Anlagen der Eisenindustrie, welche der schon früher erwähnten officiellen Statistik der Dampfmaschinen im Jahre 1875 entnommen ist, dürfte für die Beurtheilung des Standes der gedachten Industrie einen Anhaltspunkt bieten.

Geldwerth			Durchschnittspreis per Zoll-Centner am Erzeugungsorte		Arbeiteranzahl				Antheil eines Arbeiters an der Erzeugung
Frisch-Roheisen	Guss-Roheisen	Zusammen	Frisch-Roheisen	Guss-Roheisen	Männer	Weiber	Kinder	Zusammen	metr. Tonnen
_. M._			_. M._						
11.429.574	429.996	11.859.570	5.00	9.62	884	64	15	963	121.1
4.517.162	72.184	4.589.346	5.10	8.05	498	23	2	523	85.4
2.421.640	2.943.990	5.365.630	5.35	7.16	2.773	48	150	2.971	14.5
1.972.054	1.428.318	3.400.372	6.00	6.75	1.151	48	23	1.222	21.9
1.779.940	486.056	2.265.996	4.83	10.36	962	2	10	974	21.3
873.438	4.340	877.778	5.00	4.80	83	.	.	83	105.7
553.182	103.124	656.306	8.78	6.60	313	4	.	317	12.4
328.258	168.586	496.844	6.48	11.74	169	.	.	169	19.2
19.412	529.038	548.450	1.25	11.59	452	6	.	458	6.7
181.848	1.224	183.072	5.22	6.60	10	1	.	11	159.1
34.330	41.528	75.858	10.12	14.52	49	.	.	49	6.4
24.110.898	6.208.384	30.319.222	5.18	7.72	7.344	196	200	7.740	35.3
8.081.894	1.618.082	9.449.476	4.22	8.48	.	.	.	.	.
1.640.479	162.446	1.802.925	4.78	10.24	.	.	.	.	.
77.722	720	78.442	3.74	6.00	.	.	.	.	.
10.049.595	1.781.248	11.830.843	4.24	8.24					
34.160.433	7.989.632	42.150.065							

Bezeichnung der industr. Anlage	Oesterreich (excl. Ungarn)		Böhmen		Mähren		Niederösterreich		Steiermark		Kärnthen		Schlesien		übrige Kronländer	
	Etablissements	Kesselanzahl	Etablissements	Kesselanzahl	Etablissements	Kesselanzahl	Etablissement	Kesselanzahl	Etablissement	Kesselanzahl	Etablissement	Kesselanzahl	Etablissement	Kesselanzahl	Etablissement	Kesselanzahl
Hohofenanlagen	27	107	3	4	8	31	2	18	9	43	4	9	.	.	1	2
Eisenwerke	29	205	8	42	7	129	3	4	2	27	4	11	4	61	1	1
Eisengiessereien	28	30	10	10	1	1	8	8	3	5	.	.	2	2	4	4
Eisen-, Stahl-, Walz- und Puddlings-Werke	53	508	14	138	1	20	3	65	27	228	1	32	3	21	1	4
Maschinenschlossereien	25	29	8	9	4	4	8	9	2	3	.	.	1	2	2	2
Drahtstift- u. Drahtfabriken	31	35	5	6	4	6	8	8	10	11	.	.	2	2	2	2
Metallwarenfabriken	30	62	13	16	2	12	18	30	2	2	.	.	1	2	.	.
andere Eisenwaarenfabriken	28	36	9	9	7	9	10	16	.	.	.	.	2	2	.	.
Maschinenfabriken	122	242	39	57	16	30	39	75	3	16	2	3	7	9	16	52
Maschinenwerkstätten	71	136	27	40	7	8	15	46	4	13	.	.	1	1	17	28

Bei Betrachtung der statistischen Daten, Seite 140 und 141, über die Ein- und Ausfuhr fallen zunächst die ganz enormen Einfuhrziffern, nament-

Einfuhr.

Jahr	Roheisen, Alteisen	Eisenbahn-schienen	Radkranzeisen (Tyres)	Stahl aller Art	Stahlblech, Stahlplatten, Stahldraht	Frischeisen, (Stab-, Band-Eisen etc.)	Eisenblech, Eisenplatten, Eisendraht, façonirtes Frischeisen	Grober Eisenguss	Eisenwaaren	Maschinen und Maschinenbestandtheile
				Mengen in metr. Tonnen						
1866	3.628	165	495	132	105	251	375	665	1.538	4.415
1867	14.731	25	519	214	208	171	798	1.335	2.079	7.270
1868	131.351	54.218	2.322	636	401	9.731	9.753	2.802	7.451	14.796
1869	154.614	114.931	3.628	936	379	19.253	13.781	10.870	26.790	19.862
1870	161.006	116.813	1.774	848	966	13.556	12.166	8.796	31.514	16.171
1871	193.338	101.302	1.190	1.127	512	22.581	18.368	11.146	29.291	28.777
1872	219.078	65.839	1.795	1.111	489	27.880	23.706	14.779	29.268	35.283
1873	177.607	52.481	767	641	539	13.640	17.167	13.268	29.949	29.344
1874	478.869	10.110	475	371	159	3.836	4.467	6.676	20.490	18.564
1875	56.145	1.345	881	795	152	3.547	3.510	3.854	8.060	18.313
1876	38.057	805	530	880	185	1.458	2.590	3.117	8.503	13.840
				Werth in Mark						
1866	362.804	39.872	141.282	159.480	164.330	65.350	217.040	239.562	4.952.580	4,145.412
1867	1.473.174	6.096	155.924	257.040	281.210	44.602	407.270	480.400	7.087.904	6.698.640
1868	13.138.330	10.843.750	696.746	540.560	472.730	2.530.280	4.497.760	1.060.756	15,177.366	13,664.274
1869	15.461.484	22.984.320	1.088.474	586.750	479.228	5.006.614	6.067.700	3.913.200	27,037.032	18,248.690
1870	16.100.854	23.362.600	532.196	524.900	1.090.320	3.524.726	5.401.670	2.166.326	28,146.458	21,446.754
1871	19.333.858	20.260.460	357.262	691.360	787.920	5.871.218	7.877.250	4.012.596	33,180.060	27,530.546
1872	21.871.848	13.167.620	538.634	673.860	531.080	7.246.982	10.367.800	5.320.512	35,518.960	32,084.078
1873	17.760.728	10.496.330	231.624	382.560	656.270	3.546.594	7.454.810	4.776.804	35,684.108	26,716.594
1874	5.744.604	2.022.000	228.216	296.194	183.380	843.952	1.738.972	1.735.824	20,649.910	18,816.848
1875	5.614.570	258.240	327.312	467.862	134.610	674.080	1.250.626	848.452	14,457.766	16,430.966
1876	3.196.788	136.950	302.688	469.260	165.800	204.120	609.174	685.938	11,888.154	11,605.530

lich in den Jahren 1868 bis 1873 auf, wo die allgemeine Thätigkeit auf dem Gebiete des Eisenbahnbaues, wie sämmtlicher Industriezweige so hoch gespannt wurde und die Anforderungen, welche man an die Eisenindustrie stellte, so aussergewöhnlich waren, dass es rein unmöglich erschien, die riesige Dimensionen annehmenden Bestellungen an Eisenbahnschienen, Radkränzen (Tyres), Brückenconstructionen, diversen Eisengusswaaren etc. sämmtlich zu bewältigen. Ungeachtet der auf das äusserste forcirten Arbeiten der inländischen Werke, von denen allerdings die Mehrzahl theils noch nicht gehörig eingerichtet, theils erst im Entstehen begriffen waren, konnte nur ein geringer Theil des ganz unvorhergesehenen Bedarfes gedeckt werden, und man sah sich nothwendigerweise auch auf das Ausland und die Einfuhr fremder Fabricate angewiesen. Dass mit dem Aufhören der grossen Eisenbahnbauten und mit dem Eintritt der bekannten allgemeinen Krisis auch der Import fremdländischer Waare plötzlich und rapid sank, ist aus den Tabellen deutlich zu ersehen.

Es empfiehlt sich hier, die einzelnen Fabricationszweige der Eisenindustrie kurz zu beleuchten.

Was zunächst das Roheisen betrifft, so erreichte die Einfuhr desselben im Jahre 1872 die exorbitante Ziffer von 219.078 metr. Tonnen im Werthe von 21,871.848 M. Dieser starke Import, an welchem insbesondere Deutschland, England und Belgien betheiligt sind, war kein natürlicher, sondern durch den unverhältnissmässig forcirten Eisenbahnbau bedingt. Heute ist der Consum an Eisen in Oesterreich ein weit geringerer und daher leicht im Inlande zu decken. Der Roheisenbedarf ist übrigens dermalen um so beschränkter, als gegenwärtig die österreichischen Hüttenwerke ganz belangreiche

Ausfuhr.

Mengen in metr. Tonnen

Jahr	Roheisen, Alteisen	Eisenbahn-schienen	Radkranzeisen (Tyres)	Stahl aller Art	Stahlblech, Stahlplatten, Stahldraht	Frischeisen (Stab, Band-Eisen etc.)	Eisenblech, Eisenplatten, Eisendraht, façonirtes Frischeisen	Grober Eisenguss	Eisenwaaren	Maschinen und Maschinen-bestandtheile
1866	3.561	246	.	3.986	30	4.656	2.501	4.451	6.849	2.289
1867	1.095	109	.	4.014	40	7.743	3.664	2.799	8.670	7.270
1868	1.033	41	13	3.162	411	4.175	3.183	2.951	8.416	2.926
1869	524	93	2	3.610	7	4.655	2.928	2.947	10.206	2.192
1870	342	58	.	3.546	94	3.855	2.345	1.447	9.197	1.286
1871	567	230	.	3.584	10	2.443	1.795	901	10.731	3.841
1872	1.393	237	21	3.618	106	2.549	2.307	1.321	11.471	3.200
1873	2.065	712	1	3.217	114	2.668	1.849	1.061	10.042	7.484
1874	5.689	7.795	243	4.215	22	5.650	3.380	2.958	13.009	13.877
1875	10.727	10.774	199	4.223	142	7.056	3.568	2.077	15.636	11.847
1876	7.317	4.325	40	3.843	428	8.304	4.107	2.100	13.898	6.028

Werth in Mark

Jahr	Roheisen, Alteisen	Eisenbahn-schienen	Radkranzeisen (Tyres)	Stahl aller Art	Stahlblech, Stahlplatten, Stahldraht	Frischeisen (Stab, Band-Eisen etc.)	Eisenblech, Eisenplatten, Eisendraht, façonirtes Frischeisen	Grober Eisenguss	Eisenwaaren	Maschinen und Maschinen-bestandtheile
1866	427.320	74.730	.	3,168.720	38.090	1,490.080	1,120.318	1,602.396	13,436.736	2,174.994
1867	129.990	32.684	.	3,211.280	46.410	2,477.872	1,628.516	1,007.784	16,911.872	6,698.640
1868	124.014	12.180	4.064	2.528.400	492.110	1,354.512	1,394.020	1,064.334	17,141.394	3,218.218
1879	62.916	28.080	690	2,888.040	18.410	1,457.504	1,143.402	1,080.992	21,669.174	1,919.292
1870	41.016	17.474	.	2,836.400	104.290	1,293.712	1,192.474	520.830	21,413.304	1,156.204
1871	68.100	66.134	.	2,866.920	20.520	781.744	737.908	324.486	24,925.338	4,572.720
1872	167.154	71.280	6.374	2,894.260	124.650	815.824	991.246	475.506	26,840.516	2,921.190
1873	247.746	213.764	200	2,573.800	131.090	853.616	811.224	381.816	24,058.698	8,830.426
1874	682.746	2,572.532	72.492	2,529.240	19.598	1,695.074	1,591.576	828.506	32,213.490	16,349.794
1875	1,301.468	3,146.124	79.544	2,533.740	65.028	1,905.012	1,397.196	498.504	34,778.580	11,680.628
1876	790.312	1,245.600	13.034	2,151.968	175.472	1,992.984	1,468.028	504.216	29,790.952	5,021.092

Quantitäten alter Schienen, die von den Bahnen seinerzeit zum grossen Theile aus dem Auslande bezogen worden waren, verarbeiten.

Die Verfrischung des Roheisens zu Stabeisen wurde früher meist nach der altherkömmlichen Methode des Herdfrischens mittels Holzkohle ausgeführt, doch ist jetzt diese Herstellungsweise fast gänzlich durch die Puddelwerke verdrängt, in denen mineralische Kohle, Torf und Gas als Brennmaterial dienen. Die stärkste Erzeugung findet in Steiermark, Böhmen, Mähren und Niederösterreich statt. Während in den Jahren 1869 bis 1873 enorme Quantitäten Frischeisen importirt wurden (1872 allein 27.880 metr. Tonnen im Werthe von 7,248.982 ℳ.) hat die Einfuhr 1876 fast aufgehört, und die Ausfuhr ist zusehends gestiegen.

Eisenblech, Eisenplatten und Eisendraht musste Oesterreich, da ihm Werksanlagen für diesen Fabricationszweig in entsprechender Anzahl und Ausdehnung noch fehlten, stark einführen und auch hierfür enorme Summen (so im Jahre 1872 10,367.800 ℳ.) dem Auslande zufliessen lassen.

Die Erzeugung von Gusswaaren wurde schon weiter oben bei der Roheisenproduction ziffernmässig angegeben. Hinsichtlich derselben ist Oesterreich bei seinen vorzüglichen Erzen theilweise auf die Herstellung von Qualitätsproducten angewiesen, es ist in denselben sogar exportfähig, und es erfreuen sich die österreichischen Fabricate, was Festigkeit und Dauerhaftigkeit anbelangt, eines besonderen Rufes. In der Anzahl der Eisengiessereien und Productionsmengen stehen unter den Ländern Oesterreichs Böhmen und Niederösterreich oben an. Die Erzeugung der Gusswaaren erfolgt meist in Cupolöfen.

Die Einfuhr an grobem Eisenguss, in den grossen Bedarfsjahren allerdings sehr hoch, ist gegenwärtig nahezu auf die Ziffer der Ausfuhr herabgesunken, in den diversen Eisenfabricaten hat sich sogar eine ganz erfreuliche Zunahme der Ausfuhr herausgestellt, welche schon die bedeutende Ziffer von über 30 Millionen .ℳ. erreichte. Da die Erzeugnisse aus vorzüglich raffinirtem Material hergestellt sind, wird sich auch später ein lohnender Absatz in diesen Artikeln leicht erzielen lassen. Der Export ging nach Deutschland, Russland, Italien, Rumänien und der Türkei.

Infolge des in grossen Mengen vorhandenen qualitativ vorzüglichen und dabei billigen Brennstoffes (böhmische Braunkohle) und des Reichthumes an guten Eisenerzen liegt der Schwerpunkt der österreichischen Eisenindustrie in dem Raffiniren des Eisens, und in der vorzugsweisen Fabrication von Qualitätswaaren, und in dieser Beziehung ist Oesterreich ganz besonders leistungsfähig. In erster Reihe gilt dies aber von der Erzeugung eines qualitätsmässigen Stahles, welcher sich auch weithin eines sehr guten Rufes erfreut, namentlich in dem Orient, welcher bisher das Hauptabsatzgebiet für denselben war.

In der Stahlerzeugung nehmen Steiermark und Kärnthen den ersten Rang ein. Noch vor etwa 40 Jahren wurden daselbst über 15.000 Tonnen Herdfrischstahl jährlich hergestellt. Ungeachtet der lohnenden Preise, welche bei dem Export erzielt wurden, musste aber die Production in den Frischherden eingeschränkt werden, da die immer theurer werdenden Holzpreise und die auch im Allgemeinen sich steigernden Gestehungskosten eine weitere Concurrenz nach und nach unmöglich machten. Bei dem Umschwunge, welchen die Stahlfabrication durch die Einführung des Bessemerprocesses in neuerer Zeit erfahren hat, nimmt die Herstellung von Rohstahl auf Frischherden mehr und mehr ab.

Puddelstahl, welcher früher hauptsächlich zur Schienenfabrication verwendet wurde, gelangt nur noch in sehr geringer Menge zur Herstellung. Das erste Puddelwerk in Oesterreich wurde 1829 in Witkowitz errichtet. Von anerkannter Qualität ist der österreichische Gussstahl, welcher vorzugsweise in Obersteiermark gewonnen wird. Martinsstahl wird nur in wenigen Hütten fabricirt, namentlich aber in den Werksanlagen der Südbahn in Graz.

Die Einfuhr an Stahl und Stahlwaaren ist nur ganz schwach, denn Oesterreich vermag in diesem Zweige der Eisenindustrie den inländischen Consum selbst zu decken und ausserdem ziemlich stark zu exportiren. Unter den Stahlfabricaten sind die Sensen, Sicheln und Strohmesser erwähnenswerth, von welchen die ersteren in einer Anzahl von über 6 Millionen Stück jährlich erzeugt und zum grossen Theil ausgeführt werden.

Ausschlaggebend ist gegenwärtig die Bessemerstahl-Fabrication, welcher eine grosse Zukunft in Oesterreich nicht abgesprochen werden kann. Sowohl an Güte als relativer Menge des Productes wie auch in Bezug auf die technische Durchführung des Processes steht Oesterreich wohl an der Spitze der Länder des Continentes und wird diesen Standpunkt voraussichtlich auch behaupten.[*]

Die erste Bessemerhütte in Oesterreich, jene zu Turrach in Obersteiermark hat man 1862 zu bauen begonnen, inzwischen hat sich die Anzahl der Bessemerhütten auf 13 vermehrt, mit zusammen 32 Convertern. Unter denselben dominirt dermalen als grösste die Bessemerstahlhütte zu Ternitz in Niederösterreich mit 6 Convertern. Im Durchschnitt werden 70 Zoll-Ctr. (3.5 mctr. Tonnen) Bessemerstahl in einer Charge hergestellt. Die gesammte Erzeugung an Bessemermetall in Oesterreich seit der ersten Anwendung des Verfahrens bis Ende 1877 ist folgende:

---

*) Tunner, Das Eisen- Berg- und Hüttenwesen der Alpenländer. (Abhandlung in dem Seite 135 in der Anmerkung citirten Buche.)

Ort der Bessemerhütte	Böhmen		Mähren	Schlesien	Niederösterreich	Steiermark					Kärnten		Ungarn	Summa
	Teplitz	Kladno	Witkowitz	Teschen	Ternitz	Turrach	Neuberg	Graz (Südb.)	Zeltweg	Graz (Staatseb.)	Heft	Prävali	Reschitza	
Eröffnung	Mai 1873	September 1875	Mai 1866	Anfang 1875	Juni 1868	November 1863	Febr. 1865	Anfang 1865	September 1871	Mai 1873	Juli 1864	März 1876	December 1868	
Converteranzahl	2	2	3	2	6	3	2	2	2	2	2	2	2	32
Jahr	metrische Tonnen													
1864						109					197			306
1865						211	794	1.895			645			3.545
1866			524			308	1.718	2.906			1.379			6.835
1867			1.585			724	2.824	2.396			1.236			8.765
1868			2.727		3.346	547	3.090	3.294			1.304		287	14.495
1869			3.230		7.144	464	3.112	3.166			1.217		2.389	20.722
1870			3.200		6.055	607	3.980	3.878			764		3.628	22.112
1871			3.278		10.565	1.145	5.261	4.577	1.327		3.102		6.257	35.512
1872			3.800		20.514	901	5.697	5.063	7.143		5.189		7.098	55.404
1873	2.934		5.670		29.849	1.432	4.435	4.603	9.480	1.990	7.588		9.040	76.821
1874	9.963		6.630		34.127	897	3.607	3.659	11.358	7.255	10.160		9.302	96.958
1875	9.270	921	7.197	3.163	19.395	1.081	3.238	3.710	7.480	11.335	10.613		13.203	87.443
1876	11.836	7.635	3.734	5.113	15.606	1.419	3.834	5.196	6.653	3.350	9.191	340	22.132	89.926
1877	12.235	8.913	12.280	5.252	14.403	1.267	3.602	sistirt	10.530	sistirt	10.801	5.793	17.646	97.470

In Ungarn besteht nur auf den Werken der Staatseisenbahn zu Reschitza eine Bessemerhütte.

Die **Schienenfabrication** hat in Oesterreich wesentliche Fortschritte gemacht; es mussten zwar, wie schon weiter oben besprochen wurde, in den Jahren 1868—1873, obwohl neue Schienenwalzwerke (Ternitz, Graz, Teplitz) damals entstanden, enorme Schienenquantitäten aus Belgien und Deutschland bezogen werden — im Jahre 1870 erreichte die Schieneneinfuhr mit 116.813 metr. Tonnen im Werthe von 23,362.600 M. ihren Höhepunkt, — allein diese abnormen Verhältnisse sind überwunden; von einem Schienenimport nach Oesterreich ist heute keine Rede mehr, und die österreichischen Bahnen beziehen ihren Bedarf an Schienen jetzt durchgehends von den Walzwerken des Inlandes. Wohl entspricht der gegenwärtige Bedarf der Bahnen nicht der Leistungsfähigkeit der einheimischen Schienenwalzwerke, aber immerhin befindet sich Oesterreich in dieser Hinsicht in einer relativ weniger kritischen Situation wie andere Länder. Die heutigen niederen Schienenpreise bekunden zweifellos den Mangel an ausreichender Beschäftigung, an welchem überhaupt die gesammte österreichische Eisenindustrie gegenwärtig leidet.

Jahr	Eisenschienen	Stahlschienen	Zusammen
	metrische Tonnen		
1870	89.790	17.307	107.097
1871	90.463	23.199	113.662
1872	86.556	38.009	124.565
1873	80.742	50.327	131.069
1874	54.797	57.169	111.966
1875	40.155	61.345	101.500
1876	22.819	64.491	87.310
1877	18.645	79.065	97.710

Mit der Schienenfabrication befassten sich in Oesterreich-Ungarn mit Ende 1877 17 Walzwerke, deren bisherige Gesammterzeugung in der Schlusstabelle auf Seite 143 ihren Ausdruck findet.

Wie die Eisenschiene von der Stahlschiene rapid verdrängt wird, tritt in den Ziffern derselben klar zu Tage.

Aus den vorstehenden Betrachtungen ist der Schluss zu ziehen, dass die Eisenindustrie Oesterreichs ebenso wie jene anderer Staaten dermalen ebenfalls unter dem Drucke der jetzigen Zeitverhältnisse höchst empfindlich in Mitleidenschaft gezogen ist, und dass sich auch bei ihr die allgemeine Geschäftslosigkeit stark fühlbar macht.

Es kann aber mit voller Berechtigung ausgesprochen werden, dass die österreichische Eisenindustrie einer besseren Zukunft entgegengeht, und dass sie infolge der in den jüngsten Jahren vervollkommneten Einrichtungen ihrer Werks- und Fabriksanlagen und durch die Creirung zahlreicher neuer Etablissements bei dem gleichzeitigen Vorhandensein billiger Arbeitskraft zu einer bedeutenden Leistungsfähigkeit sich emporgeschwungen hat. Danach erscheint es ganz undenkbar, dass jemals wieder so bedeutende Capitalien für Eisenfabricate dem Auslande zuflössen, wie es in der ganz unerwartet hereingebrochenen Bedarfsepoche 1870—1872 geschah, in welcher die hohen Einfuhren namentlich auch durch die mässigen Eingangszölle begünstigt wurden. Einem mit der Wiederbelebung aller Geschäfte herantretenden Bedarf gegenüber steht Oesterreichs Eisenindustrie — unter der Voraussetzung eines entsprechenden Schutzzolles, welcher bei den sonstigen ungünstigen Productionsbedingungen unerlässlich ist — heute gewappnet und leistungsfähig da. Vermöge der von ihm naturgemäss erzeugten Qualitätsproducte wird sie sogar in einzelnen Artikeln exportfähig sein und wird ihre nach Deckung des einheimischen Bedarfes noch verbleibende Production Italien, der Türkei, den Donaufürstenthümern und Russland zuführen können, welche, noch in der Entwicklung begriffen oder von der Natur weniger begünstigt, ihren Bedarf an Eisenfabricaten gegenwärtig zumeist von England beziehen.

Russland.
(4,909.194 Quadrat-Kilometer. — 65,704.659 Einwohner.)

Bei den Einwohnern des Kaukasus, Ural, Altai, sowie der jetzigen Kirgisensteppe ist der Bergbau schon uralt, wie die verlassenen Gruben bewiesen, als die Russen diese Gebiete einnahmen. Diese selbst trieben bis in das 15. Jahrhundert hinein keinen Bergbau, und es dauerte drei Jahrhunderte, bis mit dem Berggesetz Peters des Grossen (1719) der Grubenbetrieb zu geregelter Entwicklung kam. Seitdem ist der Bergbau auch in Russland immer mehr ein selbstständiger, durch Gesetzgebung und Staatsverwaltung geleiteter und geschützter Zweig der Nationalindustrie geworden und hat sich namentlich durch die neuen Berggesetze*) von 1868 ab dem Bergbau in den übrigen Culturstaaten Europa's ebenbürtig an die Seite gestellt.

---

*) Diese Gesetze sind vereinzelte Verordnungen. Das russische Bergrecht findet sich in der allgemeinen Gesetzsammlung, dem Swod sakonof, vom Jahre 1857 (VII. Band) und eine Uebersicht desselben in: Brassert, Zeitschrift für Bergrecht, Band XII (1871) S. 417—454.

Zunächst dem Grundbesitze nach als 1. Kronwerke, 2. dem Cabinet des Kaisers gehörige, 3. Possessionswerke, 4. private auf Kronländereien, 5. private auf Privatländereien unterschieden, sind die Berg- und Hüttenwerke je nach Lage in Bergdistricte eingetheilt, die in neuester Zeit einige Abänderungen erfahren haben. Das neueste Berggesetz, für Russland noch Entwurf, schliesst sich in seinen Grundsätzen fast durchweg dem preussischen Berggesetze vom 24. Juni 1865 an, nur mit dem Unterschiede, dass es dem Grundbesitzer für die Ausbeutung der in seinem Boden ruhenden Mineralienschätze die Vorhand einräumt. Dem Berggesetze, sowie der in demselben angeordneten Staatsaufsicht sind fast sämmtliche unterirdisch lagernden Mineralien und Fossilien unterworfen, so namentlich allgemein Erze und Metalle, mineralische Brennstoffe, Salz aller Art, Erden und Steine.

Für das Königreich Polen ist eine besondere Bergordnung unter'm 16/28. Juni 1870 erlassen worden, welche jedoch sammt ihren verschiedenen Ausführungs-Instructionen und Ergänzungs-Verordnungen den Bedürfnissen und Wünschen der Bergbautreibenden nicht zu entsprechen scheint. Wenigstens sind erst wieder in allerneuester Zeit verschiedene Desiderien bezüglich der Abänderung der Bergordnung zur Kenntniss der höheren Ressortbehörden gebracht worden, wie namentlich: die Consolidation von Bergwerken dem Besitzer anheimzustellen; den Bergbehörden die Befugniss zu geben, die Fristung von Bergwerken zu bewilligen; den Bergwerksbesitzern das erforderliche Expropriationsrecht bezüglich des Grundes und Bodens für die Anlage von Abfuhrwegen, Eisenbahnen etc. etc. zu gewähren; die beschränkenden Bestimmungen für Anwendung von Pulver in den Bergwerken zu beseitigen; die Entschädigung der Grundbesitzer für die gewonnenen Mineralien besser zu ordnen.

Schon diese Desiderien, die übrigens nicht minder in den übrigen Gouvernements Russlands begründet sind, beweisen, dass die bestehende Berggesetzgebung einer gesunden und gedeihlichen Entwicklung des Bergbaues in dem eben so reich gesegneten als ausgedehnten Reiche noch nicht genug Antrieb und Schutz gewährt.

Dazu treten noch andere Hindernisse, wie namentlich Mangel an Communications-Wegen und Mitteln sowohl zu Wasser wie zu Lande, zu hohe Belastung der Wasserwege und Eisenbahnen mit Abgaben, ganz besonders und am meisten aber die den Verkehr und Absatz nach und von dem Auslande beschränkende Zollordnung und Zolltarifgesetzgebung, deren nachtheilige Folgen durch die in neuester Zeit eingeführte Goldwährung für Zölle und Communicationsabgaben noch verstärkt und verschlimmert worden sind; endlich auch noch Beschränkungen des industriellen und commerciellen Gewerbebetriebes, die einerseits den letzteren monopolisiren für eine bestimmte Anzahl von Personen, andererseits mit so hohen Abgaben belasten, dass Production und Consumtion, Handel und Verkehr sehr merklich, für den allgemeinen Volkswohlstand höchst nachtheilig vertheuert werden.

Unter solchen Verhältnissen konnten Bergbau und Hüttenbetrieb natürlich dem riesigen Landes- und Bevölkerungsbedarf gegenüber nur ungenügend sich entwickeln, und so gross auch der Aufschwung beider Industriezweige in der Production in den letzten Jahren, im Verhältniss zu dem früheren Stande, war, so bleibt ihre Productionsleistung eben jenem Bedarfe gegenüber und noch mehr im Verhältniss zu der Production anderer Montanländer noch immer sehr gering, wie die nachstehenden Darlegungen ersehen lassen werden.

Kohle.

Der vermeintliche Ueberfluss an Waldungen und damit an Holz als Brennmaterial hat, wie in Schweden, so auch in Russland dem Kohlenbergbau nicht die Wichtigkeit beilegen lassen, welche er als Producent eines wohlfeileren und dabei besseren Nutzmaterials selbst da verdient, wo in der That noch kein Holzmangel eingetreten ist.

In Russland nehmen die Wälder allerdings noch fast unermessliche Flächen ein. Ihre Gesammtausdehnung wird, einschliesslich Polens und Finnlands, auf 193 Millionen Dessjatinen = 2.108 Millionen Quadrat-Kilometer oder 40 Procent des Gesammtflächenraums des europäisch-russischen Reiches angegeben. Dieser Wald- und Holzreichthum vertheilt sich jedoch sehr ungleich über die einzelnen Landestheile: haben einige Millionen von Dessjatinen Wald, so sind in anderen völlig waldlose Steppen von gleicher Ausdehnung zu finden.

Eine Zusammenstellung der Hauptfactoren der Kohlen- und Eisenindustrie Russlands, wie sie die folgenden Uebersichten nach den neuesten und besten officiellen Quellen zu Zahl und Ziffer gebracht haben, lässt sofort erkennen, dass Russland in Europa, nächst der Türkei, die niedrigste Stelle in der Eigenproduction von Kohlen und Eisen einnimmt, sobald man seine unermessliche Flächenausdehnung und seine enormen Bevölkerungsmassen zu den officiellen montanstatistischen Angaben in Verhältniss setzt.

Dass die Waldbestände Russlands, bei gleichmässiger Entwicklung des Brennmaterialbedarfs für Haus, Industrie und Verkehrsmittel nicht genügen, denselben zu decken, beweisen die Gegenden, in denen die Industrie einen gesunden Aufschwung genommen hat. Der Raum erlaubt uns nicht, uns hierüber ausführlicher auszulassen, bei den Fachmännern ist die Richtigkeit der Ansicht längst ausser allem Zweifel.

Zunächst müsste also die Kohle für das mangelnde Holz eintreten. Diese ist aber nicht in so grossen Massen in Russland vorhanden, als gewöhnlich angenommen wird. Der Kohlenreichthum Russlands wird vielfach überschätzt.

Ueber das Donetz'sche Kohlenbassin äussert sich J. v. Bock, welcher sich durch seine, bei vorliegender Abhandlung mehrfach benutzten Publicationen über die russische Kohlen- und Eisenindustrie besonders verdient gemacht hat, in der „Russischen Revue", 1874, S. 34, wie folgt:

„Dem Raume nach gehört das Donetz'sche Steinkohlensystem zu den ausgedehntesten und steht, indem es in dieser Beziehung alle Steinkohlenbassins des westlichen Europa übertrifft, nur dem Steinkohlenbassin Nord-Amerika's nach.

„Nach einer annähernden Berechnung enthält die Donetz'sche Gebirgskette 8.271 Millionen Kubikmeter Steinkohlen und Anthracit, im Gewichte von 10.751 Millionen Tonnen. — Dieser grosse Vorrath kann bei einer jährlichen Ausbeute von 18 Millionen Pud (300.000 Tonnen) erst in 35.000 Jahren erschöpft werden; würde man denselben in der gleichen Weise ausbeuten, wie dies z. B. in Preussen geschieht, so würde er nur auf 900 Jahre reichen."

Bezüglich der Flächenausdehnung steht das Donetz-Becken, welches einen Raum von 27.312 Quadrat-Kilometer einnimmt, allerdings an der Spitze sämmtlicher europäischer Kohlenbecken, allein die Kohlenflöze selbst sind in demselben meist nur von sehr geringer Mächtigkeit, weshalb auch die Förderung hier bei Weitem nicht jene Dimensionen erreichen kann, wie in den so mächtigen und weit reichhaltigeren Kohlenbecken Englands, Belgiens, Deutschlands etc.

Das Becken ist eine durch die Donetz'sche Gebirgskette gebildete Hochebene von etwa 244 Meter Höhe, mit tiefen Schluchten, Balki genannt, hat 345 Werst (368 Kilometer) Länge und 150 Werst (160 Kilometer) Breite und einen Flächenraum von 24.000 Quadrat-Werst (27.312 Quadrat-Kilometer). Die Gruben des Bassins theilen sich nach der Qualität der Kohle in zwei Gruppen, die westliche und die südliche.

Die erstere liegt im südlichen Theile des Gouvernements Charkow und in den Kreisen Bachmutsch und Sslawanoserbsk des Gouvernements Jekaterinosslaw. Ausser wenigen Erzgruben finden sich hier nur Steinkohlen. Die südliche Gruppe enthält dagegen vorzugsweise Anthracit, und zwar im Lande der Donischen Kosaken, in den Kreisen Donetz, Mius, Tscherkask und im 1. Donschen Kreise. In der Mitte beider Gruppen, am oberen Laufe der

Flüsse Mius, Bolschaja, Kamenka und Nebenflüsse des Lugan, werden sowohl Steinkohlen als Anthracit gefunden. Die Qualität ist übrigens sehr ungleich, doch wird das Product zur Stubenheizung und zu vielen industriellen Zwecken benutzt in Fabriken, Schmieden, Eisenhütten, Kalk-, Gips- und Ziegelbrennereien etc.

Der Export der Donetzkohle hält sich noch in engen Grenzen, weil es an Transportmitteln fehlt und der Preis der Kohle zu hoch steht. Ein Kubikfaden Fichtenholz (9.71 Kubikmeter) wird durch 72 Pud (1179 Kilogramm) Donetz-Anthracit ersetzt; 100 Pud (1638 Kilogramm) Newcastler Steinkohle oder der Perm'schen Kohle Wsewolodskiis entsprechen 70 Pud (1147 Kilogramm) Donetz-Anthracit, und 100 Pud (1638 Kilogramm) Cardiff-Kohle 80 Pud (1310 Kilogramm) Anthracit. Der Preis der Donetzkohle ist am Productionsorte 4 Kopeken, des Anthracit 6 Kopeken pro Pud (oder 0.79 und 1.19 *M.* pro metr. Centner). Bei einem Preise von 20 Kopeken pro Pud (3.96 *M.* pro metr. Centner) ist der Donetz-Anthracit noch mit Vortheil zu verwenden von den Wolga-Dampfern bis Astrachan und bei 17 Kopeken (3.36 *M.* pro metr. Centner) bis Nischnij-Nowgorod. Bei 20 Kopeken pro Pud in Odessa schlägt er die englische Kohle selbst auf dem Asow'schen und Schwarzen Meere. — Das Wärme-Acquivalent des Donetzproductes ist sehr verschieden: bei Anthracit 7238 bis 7705, bei der Steinkohle 4697 bis 7970 Wärme-Einheiten.

Die übrigen Kohlenbassins Russlands sind folgende: Das Weichsel- oder westliche Bassin im Gouvernement Piotrkow (Königreich Polen); das Moskauer oder Centralrussische Bassin in den Gouvernements Tula, Kaluga, Ssmolensk, Moskau, Rjasan, Twer und Nowgorod; das Ural- oder östliche Bassin im Gouvernement Perm; ferner im asiatischen Russland das Kusnetzk'sche Bassin im Gouvernement Tomsk, das Bassin der Kirgisensteppe in den Gebieten Akmolinsk und Semipalatinsk, das Turkestan'sche Bassin im Sir-Darja-Gebiete.

Alle diese Bassins gehören der Steinkohlenformation an. Ausser denselben sind noch zu nennen: als zur Jura- und Kreide-Formation gehörig die Steinkohlen- und Brandschieferlagerstätten des Kaukasus in den Gebieten Kuban und Daghestan, und die Steinkohlenlager im Gouvernement Orenburg; als zur Tertiärperiode die Braunkohlenlager in den Gouvernements Kijew und Chersson und die Steinkohlenlager der Insel Sachalin und des Küstengebietes am Stillen Ocean.

Ausser dem Donetzbassin sind nur noch das Weichsel- und das Moskauer Bassin von grösserer Bedeutung.

Das Weichselbassin schliesst sich dem Steinkohlenbecken Oberschlesiens an sowohl hinsichtlich der Lagerung, als auch in der Qualität der Kohle. In den Kronfeldern allein soll ein Kohlenvorrath von 516,000.000 Pud (8,500.000 Tonnen) vorhanden sein. Die wichtigsten derselben (bei Dombrowa) sind in neuester Zeit in Privatbesitz übergegangen. An Ort und Stelle kommt der Preis der Kohle auf 3 bis 4 Kopeken pro Pud (0.59 bis 0.79 *M.* pro metr. Centner) zu stehen. Der Absatz beschränkt sich hauptsächlich auf die Fabriken, Hütten und sonstigen Consumherde der nächsten Umgegend.

Das Moskauer Bassin nimmt einen Flächenraum von 20.000 Quadrat-Werst (22.800 Quadrat-Kilometer) ein. Von den Lagerstätten in den obengenannten Gouvernements streicht sein Bergkalk als ein schmaler Streifen nach Norden durch die Gouvernements Olonetz und Archangelsk bis nahe an das Weisse Meer. Die ausbeutefähigen Felder des Bassins befinden sich hauptsächlich nahe seiner Peripherie, während in der Mitte die Kohlen in so bedeutender Tiefe und in so dünnen Schichten lagern, dass ihre Gewinnung unmöglich oder nicht lohnend ist. Entdeckt wurden im Bassin schon 1766 die ersten Kohlenlager; der Abbau begann 1796 und ist namentlich seit etwa zwei Decennien auch in Privathänden. Ihrer Qualität nach steht die Moskauer Kohle der Braunkohle sehr nahe, sieht auch äusserlich derselben sehr ähnlich, hat viel Asche und nur 3220 bis 4128 Wärme-Einheiten. Trotzdem wird sie zu allen Heizzwecken verbraucht

10*

und findet im Centrum Russlands umsomehr Absatz, je mehr der Holzvorrath schwindet und der Holzpreis steigt. Als Gaskohle wird besonders das Product der Lager im Dorfe Murajewna (Kreis Dankow, Gouvernement Rjasan) und Abidi (Kreis Alexin, Gouvernement Tula) gerühmt; diese Kohle soll der schottischen Boghead-Gaskohle sehr ähnlich sein.

Die übrigen Bassins sind von geringer Bedeutung, sowohl hinsichtlich der Production als auch der Qualität ihrer Kohle.

Die Entwicklung der einzelnen Bassins in den letzten 10 Jahren lässt folgende Uebersicht ersehen:

Bassins			1867	1871	1872	1873	1874	1875
Moskau	metr. Tonnen		38.374	142.140	148.204	150.700	242.746	387.538
Kijew-Jelissawetgrad	„	„	1.311	16.380	14.913	26.209	22.363	17.906
Donetz	„	„	152.157	335.147	604.558	618.655	635.083	842.558
Ural	„	„	9.198	13.635	11.189	15.932	20.047	20.949
Weichsel	„	„	223.675	301.553	283.201	335.725	402.153	407.935
Kaukasus	„	„	3.604	3.160	3.130	3.538	3.653	6.177
Kusnetzk	„	„	4.095	3.735	4.589	5.172	5.818	4.201
Kirgisensteppe	„	„	4.406	4.886	10.070	8.131	11.007	13.636
Turkestan	„	„	—	1.229	1.595	6.613	6.809	6.798
Insel Sachalin	„	„	2.115	4.847	1.672	1.942	2.965	1.571
überhaupt Russland	„	„	437.625	829.745	1,097.864	1,170.979	1,369.025	1,709.269

Die stärkste Steigerung der Production weist hiernach das Moskauer Becken auf; das Donetzbassin hat dasselbe jedoch weit überholt in der Quantität der Förderung.

Von der Production des Jahres 1875 kommen 5,580.600 Pud (91.413 metr. Tonnen) auf Kron- und kaiserliche Werke, nämlich im Donetzbecken, Gouvernement Jekaterinosslaw 70.400 (1.153 metr. Tonnen), im Weichselbassin (Königreich Polen) Gouvernement Piotrkow 4,857.852 (79.574 metr. Tonnen), im Kaukasus Gebiet Kuban 300.000 (4.914 metr. Tonnen), auf der Insel Sachalin 95.898 Pud (1.571 metr. Tonnen) auf Kronwerke; die kaiserlichen Gruben liegen im Kusnetzbecken Gouvernement Tomsk und förderten 1875 im Ganzen 256.450 Pud (4.201 metr. Tonnen).

Die Zahl der Gruben betrug im Jahre 1875 überhaupt 504, wovon jedoch nur 180 im Betriebe waren.

In dem Tableau auf Seite 149 sind für die einzelnen Gouvernements und Gebiete Russlands, in welchen Kohle gewonnen wird, jene statistischen Daten übersichtlich zusammengestellt, die für die Beurtheilung der Kohlenindustrie besonders in's Gewicht fallen.

Bei der grossen Verschiedenheit der Qualität der russischen Kohlen selbst in einem und demselben Bassin haben Analysen von einzelnen Gruben nur örtlichen Werth. So wechselt die Zusammensetzung der Kohle des Donetz- und des Uralbeckens folgendermassen:

Es enthält Anthracit Kohlenstoff 84.95 bis 95.38, Wasserstoff 2.95 bis 3.69, Sauer- und Stickstoff 3.50 bis 6.48, Asche 1.10 bis 8.56 %; Steinkohle dagegen Kohlenstoff 74.18 bis 88.83, Wasserstoff 3.40 bis 5.79, Sauer- und Stickstoff 5.98 bis 15.12, Asche 0.74 bis 6.36 %.

Im Weichselbassin (Polen) ergeben sich nach zahlreichen Analysen folgende Schwankungen: Kohlenstoff 65.49 bis 79.00, Wasserstoff 4.53 bis 5.78, Sauer- und Stickstoff 11.98 bis 28.94, Asche 2.31 bis 4.16 %.

Der theoretische Brennwerth variirt im Donetz- und Uralbecken bei Anthracit zwischen 6963 bis 7682, bei Steinkohle zwischen 6336 bis 8269, im Weichselbassin zwischen 5743 bis 7696 Wärme-Einheiten. Der practische

Gouvernements, Gebiete	Kohlen-becken	Flächen-raum		Kohlenförderung im Jahre 1875			Verkehrs-Strassen		Seen, Limans etc.
		Quadrat-Kilometer	davon Waldungen	Stein-Kohlen	Anthracit	Braun-kohlen	Eisenbah-nen 1877	Schiffbare Wasserwege	
			%	metr. Tonnen			Kilometer		Quadrat-Kilometer
Nowgorod, Pskow, Smolensk, Kaluga, Moskau, Twer	Moskau	350.270.₂	40.₁	221.136	.	.	.	.	.
Rjasan	„	42.083.₃	22	88.173	.	.	.	.	.
Tula	„	30.940.₈	9	78.229	.	.	.	.	.
Gross-Russland im Ganzen		.	.	387.538	.	.	6.644	9.216	5.982.₂
Kijew	Kijew-Jelissawetgrad	50.974.₁	25	.	.	17.906	.	.	.
Klein-Russland im Ganzen		.	.	.	.	17.906	1.571	2.140	45.₄
Jekaterinoslaw	Donetz	67.703.₄	1	232.146	1.253	.	.	.	.
Donisches Kosakengebiet	„	160.397.₀	2	188.963	420.196	.	.	.	.
Neu-Russland im Ganzen		.	.	421.109	421.449	.	2.728	4.326	3.862.₂
Perm	Ural	332.065.₃	74	20.949	.	.	.	.	.
Zarenthum Kasan im Ganzen		.	.	20.949	.	.	1.084	5.071	1.873.₃
Piotrkow	Polen	11.695.₃	.	391.278	.	15.040	.	.	.
Kjelitz	„	9.383.₀	25.₃	1.617	.	.	.	.	.
Königreich Polen im Ganzen		.	.	392.895	.	15.040	891	.	.
Kuban-Gebiet	Kaukasus	93.437.₁	.	4.914	.	.	.	.	.
Daghestan-Gebiet	„	28.590.₃	.	.	.	546	.	.	.
Kutaïs	„	20.820.₄	.	717	.	.	.	.	.
Kaukasus im Ganzen		.	.	5.631	.	546	1.015	.	4.213.₂
Tomsk	Kusnetzk	863.847.₀	.	4.201	.	.	.	.	.
Sibirien im Ganzen		.	.	4.201	.	.	.	.	36.052.₀
Gebiet Akmolinsk	Kirgisen-Steppe	632.659.₀	.	13.118	.	.	.	.	.
„ Semipalatinsk	„	357.904.₀	.	618	.	.	.	.	.
„ Kuldscha	Turkestan	71.225.₀	.	4.914	.	.	.	.	.
„ Sir-Darja	„	512.330.₀	.	1.507	.	377	.	.	.
Russ. Centralasien im Ganzen		.	.	20.057	.	377	.	.	25.040
Insel Sachalin	Sachalin	79.875.₀	.	1.671	.	.	.	.	.
Totale		.	.	1.253.951	421.449	33.869	.	.	.

Brennwerth d. i. der bei der Verwendung der Kohle erreichbare Heizeffect beträgt auch bei dem Producte Russlands 0.60 bis 0.66 des theoretischen Brennwerthes.

Natürlich ist bei der grossen Verschiedenheit der Qualität der Kohle auch die Coke- und Gasfähigkeit derselben sehr verschieden. Bei der Vercokung hat sich selbst im Donetzbassin eine Differenz von 51.75 bis 81.99 % der verwendeten Kohlen ergeben. Das höchste Coke-Ausbringen (81.99 %) hatte die Kohle von Nischnij-Chanjonkoffskij, das niedrigste (51.75) die der Grube Pleschtschejeffskij. —

Was die Circulation der russischen Kohlen anbelangt, so ist dieselbe natürlich auf die nächsten Umgebungen der Productionsstätten beschränkt, weil die Production bei Weitem nicht dem Bedarfe entspricht und der weitere Transport durch Mangel an Communications-Mitteln und Wegen und durch die Höhe der Kosten behindert wird.

So ausgedehnt auch das russische Bahnnetz in einzelnen Theilen des grossen Reiches erscheint, und so erfolgreich dasselbe durch Wasserstrassen unterstützt und ergänzt wird in seiner Wirksamkeit, so ist doch, namentlich im Sommer, wo Schlitten und Eisbahn den Landtransport nicht erleichtern, die innere Circulation eine sehr geringe. Eine auch nur oberflächliche Vergleichung des Eisenbahn- und Wasserstrassen-Verkehres, in Verbindung mit dem ungeheueren Flächenraume und der Riesenvolkszahl Russlands, mit dem Verkehr in anderen Ländern lässt sofort den Mangel an Communication und die dadurch gehinderte Absatzfähigkeit der Kohlen und damit den Hauptgrund der für das grosse Reich sehr mässigen Kohlenproduction erkennen und würdigen. Es muss indessen anerkannt werden, dass die russische Regierung den Ausbau des Eisenbahnnetzes sich sehr angelegen sein liess, dessen Ende 1867 5.017 Kilometer betragende Ausdehnung sich Ende 1870 auf 10.798 und Ende 1877 auf 20.467 Kilometer steigerte. Einen weiteren Beweis hiefür liefert der im Jahre 1878 vollendete Bau der Bahn von Nischnij-Nowgorod nach Jekaterinburg, welche in Folge der Entwicklung des asiatischen Handels und der neuen Dampfschiffverbindungen zwischen Asien und Europa einen neuen Handelsweg nach Sibirien eröffnet.

Obwohl nun für die an Steinkohlengruben reichen Gebiete durch eine Schienenverbindung mit den Ostseehäfen neue Absatzwege erschlossen wurden, so kann doch von einer Kohlen-Ausfuhr in Russland wenig oder gar nicht die Rede sein, womit natürlich auch die Concurrenz der einzelnen Kohlenbassins unter einander ausgeschlossen ist. Umsomehr ist Russland dadurch auf den Kohlen-Import angewiesen.

Die Entwicklung der Production, Einfuhr und Ausfuhr ist in nachfolgender Tabelle ersichtlich gemacht:

Jahr	Steinkohle und Anthracit	Braunkohle	Kohle	
	Production		Einfuhr	Ausfuhr
		metr. Tonnen		
1840	15.000	.	.	.
1850	52.000	.	.	.
1860	131.200	.	968.911	.
1866	271.537	.	661.394	.
1867	433.709	3.607	816.683	.
1868	450.789	3.246	586.950	.
1869	588.565	13.048	816.549	.
1870	683.260	9.028	859.499	.
1871	806.551	23.851	1.259.179	.
1872	1.071.125	27.608	1.079.710	.
1873	1.129.943	41.964	791.320	.
1874	1.330.516	39.594	1.058.628	.
1875	1.675.400	33.869	1.054.727	1.139
1876	.	.	1.497.214	.

An dem Kohlen-Importe sind betheiligt England, Deutschland und Oesterreich. Nach den officiellen Handels-Ausweisen dieser drei Länder stellte sich ihr Kohlenexport nach Russland folgendermassen neben den russischen Zahlenangaben:

	Production	Ausfuhr	Einfuhr	Einfuhr aus		
				England	Deutschland	Oesterreich
			metr. Tonnen			
Im Jahre 1875	1,709.269	1.139	1,054.727	899.044	387.895	16.873

Die Selbstproduction von Kohlen hätte also in Russland hiernach schon den Kohlen-Import überschritten, selbst wenn man letzteren nicht nach russischer, sondern nach der Angabe des importirenden Auslandes beziffert. Was ist aber ein Kohlenconsum von 180 bis 190 Millionen Pud (2.9 bis 3.1 Millionen Tonnen) für das grosse russische Reich? Der Bedarf für industrielle Zwecke ist eben in Russland verhältnissmässig noch sehr unbedeutend, und diese geringe Nachfrage regulirt natürlich auch den Preisstand.

Es kostete nach officieller Feststellung im Jahre 1875 durchschnittlich Anthracit Grubenpreis pro Pud Stückkohle 7.5 bis 12 Kopeken (1.48 bis 2.37 $\mathcal{M}$. pro metr. Centner), Kleinkohle 7 bis 9 Kopeken (1.38 bis 1.78 $\mathcal{M}$.), ferner zu Nowotscherkask 10 bis 25 Kopeken (1.98 bis 4.94 $\mathcal{M}$.), Rostow 15 bis 30 (2.97 bis 5.93 $\mathcal{M}$.) und Taganrog 20 bis 60 Kopeken (3.96 bis 11.87 $\mathcal{M}$.); Steinkohle an der Grube Grobkohle 8 bis 10 (1.58 bis 1.98), Feinkohle 6.5 bis 8 Kopeken (1.29 bis 1.58 $\mathcal{M}$.). In Polen stand der Preis weit niedriger. Es kostete hier das Pud Grosskohle 4.5 bis 7 (der metr. Centner 0.89 bis 1.38), Mittelkohle 3.75 bis 4.25 Kopeken (0.74 bis 0.84 $\mathcal{M}$.), Kleinkohle 0.33 bis 2 Kopeken (0.07 bis 0.40 $\mathcal{M}$.). — Der Durchschnittspreis der Braunkohle wird auf 2.26 Kopeken (0.07 $\mathcal{M}$.) berechnet. Der Preisstand ist also im Verhältnisse zu anderen Ländern ein mässiger; vorübergehende Vertheuerung der Kohle, wie z. B. in den Seehäfen während des russisch-türkischen Krieges, ist ein Ausnahmezustand, der für allgemeine Preisberechnungen nicht massgebend sein kann.

Neuestens wurden im Turkestan'schen Gebiete acht grosse Kohlenlager entdeckt, welche sich im Iliflussthale in einer Ausdehnung von 42 Kilometer und im Kaschflussthale in einer solchen von 10 Kilometer hinziehen. Die Ausbeutung dieser Kohlenlager dürfte seinerzeit auf die Kohlenpreise sowie die Einfuhr fremder Kohle nach Russland von namhaftem Einflusse werden.

Eisen.

An Eisenerzen ist Russland verhältnissmässig reich: seine Erzlager gehörig auszubeuten, reicht weder sein Holz-, noch sein Kohlenvorrath zu. Fast in allen Gouvernements gibt es Eisenerzlager, wie schon die in der Uebersicht auf Seite 154 nach Gouvernements bezifferte Erzförderung erkennen lässt. Die Verbreitung der Kohle bleibt weit zurück hinter der Verbreitung der Eisenerze, eine Thatsache, welche eine grossartige, ja eine landesbedarfsmässige Eisenproduction, wenn auch nicht unmöglich macht, so doch sehr erschwert.

Nach Quantität und Qualität der Erze ist das Uralgebirge die bedeutendste Schatzkammer für diesen unterirdischen Reichthum; besonders birgt es viel Magneteisenerz, doch gehört der grösste Theil des in Ural'schen Hütten gewonnenen Eisens dem Brauneisenerz an; Rotheisenerz findet sich bis jetzt nur im westlichen Theile des mittleren Ural auf sehr beschränkter Lagerstätte. Trotz dieses Erzreichthums ist die Entwicklung der Eisenindustrie im und am Ural eine wenig befriedigende. Ausser den reichen Lagern an Magnet-, Braun- und Rotheisenerzen findet sich im Ural auch Chromeisen, und zwar in Nestern und Adern, besonders aber am Serpentin, unweit der Hauptachse des Ural. Die Gewinnung dieses werthvollen Erzes ist jedoch sehr zurückgegangen: im Jahre 1871 = 450.973 Pud (7.387 metr. Tonnen), betrug dieselbe 1875 nur noch 209.848 Pud (3.437 metr. Tonnen).

Nächst dem Ural kommt das Donetzgebirge für die Eisenerzlagerung in Betracht. Die günstige Nähe der Steinkohlenlager gibt derselben ganz besondere Bedeutung für die russische Eisenindustrie. Der Art nach finden sich hier vornehmlich Brauneisenerz und Sphärosiderit. Diese Erze lagern meist in schieferartigen Psammiten und in Schiefern des Bergkalks, und zwar Brauneisenerz viel in Nestern; dagegen tritt Eisenoxydhydrat nicht nur in Nestern, sondern auch in kleinen Schichten im Sande des unteren Theils des Kreidesystems auf.

Die beiden **Moskauer** Privatbergbezirke umfassen die Gouvernements **Wladimir, Nischnij-Nowgorod, Moskau, Tambow, Kostroma, Kaluga, Rjasan, Tula, Orel, Pensa.** Hier finden sich überall Thoneisenerz, Brauneisenerz, Sphärosiderit, Sumpfeisenerz.

In den westlichen Gouvernements **Wilna, Mohilew, Minsk, Wolhynien** ist Sumpfeisenerz sehr verbreitet.

Im Gouvernement **Olonetz** wird Sumpf- und See-Eisenerz gefunden, ausserdem auch Braun- und Thoneisenerz, Eisenocker und eisenschüssiger Sandstein. Eisenglanz findet sich im Kreise Powenetz, Eisenvitriol in der Nähe der Kontschoferski'schen Eisenfabrik, ferner Magneteisenstein im Kreise Pudosch.

Finnland besitzt viel Magneteisenstein, ausserdem auch See- und Sumpferze.

Das **Königreich Polen** ist reich an thonigen Sphärosideriten und Brauneisenerzen.

Der **Kaukasus** hat ebenfalls reiche Eisenerzlager, und das **asiatische Russland** hat seinen berühmten Erzbergbau schon von altersher im **Altai-Gebirge,** im **Nertschinsk'schen** Bergbezirk, im Gouvernement **Jenisseisk** und **Irkutsk.**

Die Gesammtproduction an Eisenerzen betrug

in den Jahren	1866	1867	1868	1869	1870
metr. Tonnen	581.771	583.282	662.131	696.400	799.396
in den Jahren	1871	1872	1873	1874	1875
metr. Tonnen	831.535	893.614	908.507	934.783	1,063.831

Trotz seines grossen Eisenerz-Reichthums hat Russland eine sehr schwache Eisenindustrie, soweit eine Vergleichung derselben mit derjenigen in den übrigen mit Eisenerzen gesegneten Culturstaaten anzustellen ist. Doch ist nicht gering zu schätzen, dass Russlands Eisenindustrie aus eigenem Antriebe und eigener Kraft, noch mehr aber in Folge ebenso wohlgemeinter als wirksamer Ermunterung und Subvention seitens der russischen Regierung seit vielen Jahren in fast ununterbrochenem Aufschwunge, in anhaltender Steigerung ihrer Production geblieben ist, selbst in der Zeit, in welcher seit 1872 und 1873, alle anderen Eisenindustrieländer einen Rückgang ihrer Eisenproduction aufweisen. Immerhin mögen bei dieser auffallenden Erscheinung ausserordentliche Ursachen, wie namentlich die Aussicht auf grossen Eisenbedarf zu Militär- und Kriegszwecken, für Marine und Eisenbahnen, mitgewirkt haben, die Thatsache verliert dadurch wenig von ihrer Bedeutung.

Production in metr. Tonnen	1830	1840	1850	1860	1866
Roheisen	183.104	180.639	227.743	297.937	314.850
Eisen	.	.	.	183.735	205.595
	1867	1868	1869	1870	1871
Roheisen	323.121	324.711	332.850	359.989	359.272
Eisen	225.945	231.015	248.548	251.582	254.002
	1872	1873	1874	1875	
Roheisen	399.273	384.356	380.236	426.896	
Eisen	268.123	255.296	294.441	303.819	

Nach den Werken und Gebieten vertheilt sich die Production wie folgt:

Production metr. Tonnen	1871 Roh-eisen	1871 Eisen	1872 Roh-eisen	1872 Eisen	1873 Roh-eisen	1873 Eisen	1874 Roh-eisen	1874 Eisen	1875 Roh-eisen	1875 Eisen
Aerarische Werke	37.192	11.874	39.253	11.848	37.860	10.957	36.582	11.282	40.422	12.751
ausserdem in Polen	3.349	2.146	4.661	1.404	4.830	1.634	4.290	1.157	5.197	1.552
Kaiserliche Werke	1.011	300	1.505	477	1.338	385	1.209	645	1.755	576
Privatwerke: Ural	211.584	135.252	243.962	152.135	202.767	147.319	210.647	160.368	252.101	170.421
Moskau	51.845	28.778	57.396	30.070	60.192	30.640	57.574	24.891	59.508	26.147
Kaukasus	311	20	.	14	.	.	287	.	.	.
West- und Süd-Russland	5.833	47.127	8.413	44.272	10.346	35.204	15.401	66.422	15.437	57.017
Sibirien	5.002	2.296	2.471	2.136	3.803	2.321	2.627	2.153	6.495	2.442
Königr. Polen	23.157	13.750	22.969	13.405	26.709	15.561	26.345	17.070	26.378	17.970
Olonetz	.	.	.	.	.	.	91	.	.	.
Finnland	20.151	10.819	18.476	12.362	23.398	11.274	23.217	15.374	19.508	14.943
überhaupt Russland	359.272	254.002	399.273	268.123	384.356	255.296	380.236	294.441	426.896	303.819

Russlands Eisenproduction ist also noch im Jahre 1875 beträchtlich gestiegen, während gerade dieses Jahr in Grossbritannien, Deutschland, Belgien, Oesterreich, den Vereinigten Staaten, also in den bedeutendsten Eisenländern der Welt, eine Minderung fast in allen Zweigen der Eisenindustrie aufweist.

Die auffallende Steigerung der Production Russlands tritt beim Stahl sehr merkbar hervor, während sie geringer ist bei den Giessereiproducten, welche bekanntlich grösstentheils in Artikeln des Militär- und Kriegsbedarfes (Geschütze, Geschosse, Schiffsplatten, Waffen etc.) bestehen. Die Gesammtproduction Russlands betrug nämlich:

	Stahl	Gusswaaren
	metr. Tonnen	
1860	1.051	.
1866	3.932	.
1867	6.271	.
1868	9.327	.
1869	7.200	.
1870	8.788	.
1871	7.244	31.665
1872	8.382	33.856
1873	8.944	56.530
1874	7.694	43.016
1875	12.928	57.164

Offenbar ist Russlands Eisenindustrie von der Krisis der letzten Jahre weit weniger getroffen, als die der übrigen Eisenländer. Der Hauptgrund dieser Thatsache liegt unzweifelhaft in dem günstigen Verhältniss des Eisenbedarfes zur Eisenproduction, — ersterer ist eben noch immer beträchtlich grösser als letztere.

Den Stand der gesammten Eisenproduction im Jahre 1875 macht die Tabelle Seite 154 und 155 ersichtlich.

Die russischen Eisenerze wie auch die Producte daraus sind von sehr guter Qualität. Die Erze sind reich an Eisen, und die meisten haben einen verhältnissmässig starken Mangangehalt. Der Procentsatz des Ausbringens von Roheisen variirt von 29 bis 56 Procent.

Macht hiernach die Qualität der russischen Eisenproducte auch besonders preiswürdig, so bewirken die hohen Eingangszölle für fremdes Eisen doch eine Erhöhung des Preisstandes, die für den Fortschritt der Eisenindustrie und noch mehr des Eisenconsums höchst nachtheilig ist. Mit Rücksicht auf den Nationalwohlstand der Bevölkerung des grossen russischen Reiches kann

Gouvernements, Gebiete	Flächenraum Quadrat-Kilometer	davon Waldungen °/₀	Eisenerz-Förderung	Eisen- Hohofenbetrieb Schmelzgut
			metr. Tonnen	
St. Petersburg	44.198.,	.	.	.
Ostsee-Provinzen . . . im Ganzen	.	.	.	.
Abo-Björneborg	25.627.,	.	.	7.403
Tawastehus	17.967.,	.	.	.
Nyland	11.531.,	.	.	7.662
Wiborg	34.777.,	.	7.940	8.216
St. Michel	23.023.,	.	74.737	6.824
Kuopio	42.569.,	.	.	20.034
Wasa	40.229.,	.	.	.
Uleaborg	153.466.,	.	.	7.680
Grossflirstenth. Finnland im Ganzen	.	52.,	82.677	57.819
Wologda	401.502.,	87	798	809
Olonetz	130.871.,	80	2.508	4.833
Nördliche Provinzen . . im Ganzen	.	.	3.306	5.642
Nowgorod	119.943.,	63	.	.
Kaluga	30.759.,	25	44.643	47.505
Wladimir	48.706.,	47	15.242	11.580
Nischnij-Nowgorod	50.841.,	50	95.400	50.261
Tambow	66.078.,	18	21.062	8.787
Rjasan	42.083.,	22	12.286	7.087
Tula	30.940.,	9	3.895	4.077
Orel	46.705.,	23	5.474	2.904
Gross-Russland . . . . im Ganzen	.	.	198.002	139.201
Wilna	42.491.,	30	13.266	13.266
Wolhynien	71.801.,	42	5.034	4.338
West- oder Weiss-Russland im Ganzen	.	.	18.300	17.604
Jekaterinoslaw	67.703.,	1	14.818	14.233
Donisches Kosaken-Gebiet	160.397.,	2	3.391	3.276
Neu-Russland . . . . . im Ganzen	.	.	18.209	17.509
Pensa	38.938.,	35	698	1.384
Wjatka	153.251.,	68	68.996	54.653
Perm	332.065.,	74	431.778	423.077
Zarenthum Kasan . . . im Ganzen	.	.	501.474	479.114
Orenburg	191.613.,	29	23.343	23.723
Ufa	121.770.,	53	73.652	60.619
Zarenthum Astrachan . . im Ganzen	.	.	96.995	84.342
Piotrkow	11.695.,	.	33.299	15.293
Radom	12.323.,	31.,	92.187	81.468
Kjelltz	9.383.,	26.,	7.827	10.944
Ljublin	16.222.,	25	.	.
Sjedletz	13.722.,	.	.	.
Plotzk	10.352.,	19	.	.
Königreich Polen . . . im Ganzen	.	.	133.313	107.705
Tomsk	863.847	.	1.065	1.226
Jenisseisk	2.516.833	.	3.477	3.477
Irkutsk	704.064	.	4.732	4.733
Transbaikalien	553.778	.	2.281	2.803
Sibirien . . . . . . im Ganzen	.	.	11.555	12.239
Totale	.	.	1,063.831	913.607

man dieses das Land des theuersten Eisens der ganzen Welt nennen. So stand noch im Jahre 1875 im Königreich Polen Roheisen auf 60 Kop. (1.94 ℳ), Guss- oder Brucheisen auf 1 Rub. 20 Kop. (3.89 ℳ), Stabeisen auf 1 Rub. 50 Kop. (4.86 ℳ) bis 2 Rub. (6.48 ℳ), Eisenblech auf 2 Rub. 25 Kop. (7.29 ℳ), alles pro Pud (16.38 Kg.), also doppelt so hoch, wie in Deutschland oder Eng-

Production im Jahre 1875					Verkehrs-Strassen		Seen, Liman's etc.
Hohofenbetrieb Production		Stabeisen, Schienen, etc.	Bleche, Platten	Stahl	Eisenbahnen 1877	Schiffbare Wasserwege	
Roheisen	Gusswaaren						
metr. Tonnen					Kilometer		Quadrat-Kilometer
.	.	21.309	2.029	4.351	.	.	.
.	.	21.309	2.029	4.351	1.472	1.323	11.469.,
3.631	.	5.182	.	.	.	.	.
.	.	667	.	.	.	.	.
3.277	.	2.546	.	.	.	.	.
2.410	225	.	.	.	.	.	.
1.967	.	988	.	.	.	.	.
6.826	22	3.817	150	.	.	.	.
.	.	146	.	.	.	.	.
2.454	.	1.547	.	.	.	.	.
20.565	247	14.793	150	.	848	.	41.870.,
178	42	208	.	.	.	.	.
1.459	1	5	.	.	.	.	.
1.637	43	213	.	.	107	5.299	36.331.,
.	.	8	.	.	.	.	.
11.235	11.050	4.293	.	.	.	.	.
4.663	259	3.132	436	.	.	.	.
20.864	992	15.681	227	2.985	.	.	.
3.971	126	1.135	.	.	.	.	.
1.598	1.312	2.454	.	.	.	.	.
996	936	.	.	.	.	.	.
528	764	12.070	.	.	.	.	.
45.650	15.439	39.577	663	2.985	6.644	9.215	8.982.,
3.631	73	2.359	.	.	.	.	.
1.237	323	248	.	.	.	.	.
4.868	396	2.607	.	.	3.145	6.536	2.744.,
8.781	24	12.508	.	.	.	.	.
1.392	.	3.849	.	.	.	.	.
10.173	24	16.357	.	.	2.726	4.326	3.862.,
385	34	.	.	.	.	.	.
18.356	2.392	11.605	3.126	88	.	.	.
158.527	25.320	88.790	52.607	2.843	.	.	.
54.268	27.746	100.395	55.823	2.931	1.084	5.071	1.873.,
11.064	1.732	12.679	.	.	.	.	.
5.907	4.833	17.278	537	2.163	.	.	.
9.991	6.565	29.957	537	2.163	889	4.914	18.901.,
2.468	2.921	1.003	28	.	.	.	.
31.165	1.756	12.031	383	.	.	.	.
2.396	811	1.627	1.731	.	.	.	.
.	.	4.178	.	.	.	.	.
.	.	2.957	.	.	.	.	.
.	.	41	.	.	.	.	.
3.682	5.488	21.837	2.142	.	891	.	.
391	27	218	.	.	.	.	.
642	547	1.273	121	.	.	.	.
466	300	947	101	6	.	.	.
671	201	351	7	12	.	.	.
1.010	1.075	2.780	220	20	.	.	36.052
95.723	57.164	243.126	60.693	12.928	.	.	.

land. Im Innern Russlands steht der Eisenpreis noch viel höher: Tula z. B. hatte im Jahre 1875 folgende Durchschnittspreise: Roheisen 1 Rub. 85 Kop. (5.99 ℳ.) bis 2 Rub. 10 Kop. (6.80 ℳ.), Gusswaaren 2 Rub. 20 Kop. (7.13 ℳ.) bis 3 Rub. 20 Kop. (10.37 ℳ.), Eisenblech 4 Rub. 30 Kop. (13.93 ℳ.) bis 4 Rub. 60 Kop. (14.90 ℳ.), Stab-, Band-, Winkel-, Rund-, Sorteneisen 2 Rub. 25 Kop.

(7.₂₉ ℳ.) bis 2 Rub. 50 Kop. (8.₁₀ ℳ.), Stahl aus England 9 Rub. 40 Kop.
(30.₄₅ ℳ.) bis 10 Rub. 20 Kop. (33.₀₄ ℳ.), alles pro Pud. — Ferner war
der Börsenpreis zu St. Petersburg für russisches Eisen 1 Rub. 70 Kop.
(5.₅₀ ℳ.) bis 3 Rub. (9.₇₂ ℳ.), für importirtes 1 Rub. 75 Kop. (5.₆₇ ℳ.) bis
2 Rub. 10 Kop. (6.₈₀ ℳ.) pro Pud, zu Taganrog für russisches Eisen 1 Rub.
90 Kop. (6.₁₆ ℳ.) bis 2 Rub. 40 Kop. (7.₇₈ ℳ.), zu Riga für Stahl 3 bis 10 Rub.
(10.₀₄ ℳ.), zu Odessa 1 Rub. 70 Kop. (5.₅₁ ℳ.) bis 2 Rub. 85 Kop. (9.₂₃ ℳ.)
pro Pud. — Der sehr hohe Preisstand des Eisens und Stahls in Russland spricht
sich denn auch aus in den officiellen Werthdurchschnitten, welche die Zollver-
waltung bei der Zollerhebung zu Grunde legt und welche auch in die officielle
Handelsstatistik übergehen.

Bei solchem Preisstande müsste Russland einen sehr lebhaften Binnen- und
Aussenhandel in Eisen und Stahl aufweisen, wenn seine Bevölkerung wohlha-
bend genug und damit entsprechend consumtionsfähig wäre. Aber sowohl durch
den Mangel an Nationalwohlstand als auch in Folge der vielen Verkehrshin-
dernisse und der hohen Transportkosten kann sich nur ein sehr beschränkter
Eisen- und Stahlhandel in Russland entwickeln. So ausgedehnt das Eisenbahnnetz und das Wasserstrassensystem Russlands erscheint in seiner Längen-
bezifferung, so genügt doch schon ein Blick auf die Landkarte, um sich zu
überzeugen, dass Russland im Verhältniss zu seinem Flächenraume noch arm
ist an Verkehrsstrassen und Transportmitteln, und auch die Statistik des inneren wie des äusseren Waarenverkehrs bestätigt diese Thatsache. Es sind nur
einzelne Centren, welche einen lebhaften Verkehr haben, das Land in seiner
ungeheueren Flächenausdehnung hat überall nur Kleinverkehr von Ort zu Ort.

Eine Zusammenstellung der Production und des Aussenhandels lässt
sofort erkennen, dass Russland hinsichtlich der Eisen- und Stahl-Consumtion
und Circulation auf einer der niedrigsten Stufen unter den Culturstaaten
Europa's steht.

Es hatte überhaupt im Jahre 1875	Russland		aus resp. nach Asien	
	Einfuhr	Ausfuhr	Einfuhr	Ausfuhr
Roheisen .... metr. Tonnen	57.464	.	.	.
Stabeisen .... „	87.705	1.178	144	1.953
Eisenbahnschienen eiserne „	58.126	.	22	.
„ aus Stahl „	111.554	.	.	.
Band-, Blatt- etc. Eisen „	31.031	2.944	38	bei Stabeisen
Blech .... „	3.813	.	3	1
Stahl .... „	19.638	.	62	265
Maschinen aller Art, Werth in ℳ.	112,008.971	187.427	502.375	.

Die Einfuhr von Maschinen ist nur bewerthet. Unter derselben sind
viele Maschinen, welche nicht aus Eisen oder Stahl gefertigt sind. Nimmt
man an, dass das Eisen des Maschinenimports durch den Quotienten 20 Rub.
(395.₆ ℳ pro metr. Centner) ermittelt wird, so hiermit wird der in den
Maschinen steckende Eisenimport noch zu hoch beziffert, — so repräsentirte
die Maschinenposition 1,728.533 Pud (28.314 metr. Tonnen) Eisen oder Stahl.
Im Ganzen hätte dann Russland einen Eisenimport von 24,275.618 Pud
(397.645 metr. Tonnen) oder rund 400.000 Tonnen. Dieser Import ist im Verhältniss zu anderen Ländern sehr bedeutend: nur Deutschland und Holland
haben stärkeren Import von Eisen und Stahl. Aber rechnet man zu diesem
Import auch die eigene Eisen- und Stahlproduction Russlands noch mit 400.000
Tonnen, so betrüge der gesammte Eisenconsum des europäischen und asiatischen
Russlands mit 86 Millionen Einwohnern immer erst 800.000 Tonnen, das ist
pro Kopf noch nicht 10 Kg. Eisen!

Schweden.*)

(499.763 Quadrat-Kilometer. — 4,383.291 Einwohner.)

Wie in jedem andern Lande, haben auch in Schweden auf Bergbau und Hüttenbetrieb zwei Factoren an erster Stelle massgebend und fördernd eingewirkt: die montanistische Gesetzgebung und das Verkehrswesen. Erst in zweiter Stelle wirken natürliche Verhältnisse, wie z. B. die Ausdehnung und Productivität der Waldungen, der Lieferanten des Ersatzmaterials für Kohlen und Eisen.

Auch in Schweden sind Bergbau und Hüttenbetrieb zurückgeblieben, weil deren Unternehmer nicht durch die montanistische Landesgesetzgebung in ihren ebenso rechtlich als wirthschaftlich begründeten Ansprüchen und Wünschen unterstützt und nicht durch ein vom Staate kraft Hoheitspflicht anzulegendes und zu unterhaltendes System von Verkehrs-Wegen und Mitteln begünstigt sind.

Das Berggesetz vom 12. Januar 1855**) ist noch heute in Schweden in Kraft und damit das überwiegende Recht des Grundbesitzers gegenüber dem Rechte des Bergbautreibenden.

Nach § 1 des Gesetzes sind Gegenstand der Muthung:

1. alle Metalle und Erze, welche in Bergen oder dem Erdboden oder auf dem Grunde von Seen, Sümpfen und Morästen vorkommen;
2. Schwefelkies, Graphit und Steinkohlen;
3. Halden von verlassenen Gruben, welche die unter 1 und 2 angeführten Mineralien enthalten. Verlassene Gruben können ebenfalls auf obige Mineralien von Neuem gemuthet werden.

Schon diese Rangirung beweist, dass Schweden mehr auf Erze als auf Steinkohlen bei seinem Bergbau angewiesen ist, und dass selbst der Bergbau auf Erze nicht die geologischen Verhältnisse hat, wie in andern Ländern, wo derselbe nur feste Erdschichten durchteuft; in Schweden werden die Erze auch auf dem Grunde von Seen, Sümpfen und Morästen gefischt, eine Thatsache, die der ganzen absonderlichen geologischen Erdformation Schwedens entspricht. Was hier „See- und Sumpferze" sind, steht etwa den „Rasenerzen" in anderen festeren Ländern, wie z. B. Oberschlesien, gleich. Die Steinkohle Schwedens ist ebenfalls fast überall, wo sie gefunden wird, jüngeren Datums der Entstehung als in anderen Ländern, und deshalb wird sie auch nie eine grosse Rolle in der Selbstproduction des der schwedischen Eisenindustrie so nothwendigen Brenn- und Mischungsstoffes spielen.

Wie in allen Ländern fremdes Capital dem Bergbau und Hüttenbetrieb erst seinen Aufschwung gegeben hat, so sollte auch Schweden dem fremden Capital Thor und Thür öffnen als Anlage für die Montanindustrie. Statt dessen beschränkt aber schon das Berggesetz von 1855 diese für Schweden höchst zuträgliche Unterstützung des Auslandes, und in seiner Ergänzung führt dann noch die königliche Verordnung vom 12. April 1872 für den der schwedischen Montanindustrie lebhaftes Interesse entgegenbringenden Ausländer in der Erwerbung und Bearbeitung von Montanbesitz und damit für die nur dem Lande Schweden zum Vortheil gereichende Capitalverwendung Erschwerungen ein, welche wenig für staats- und volkswirthschaftliche Weisheit zeugen.

---

*) Bearbeitet von Dr. Adolf Frantz in Beuthen.

**) Vergl. die für internationales Bergrecht ganz unvergleichlich einzige „Zeitschrift für Bergrecht, herausgegeben vom Berghauptmann Dr. Brassert", V. Jahrgang, 1864. S. 293 ff. (Bonn, Ad. Marcus.)

Bei einer solchen Montangesetzgebung, welche noch ergänzt wird durch strenge Controle der Hüttenproduction bezüglich der Stempelung (Fabrikmarke) ihrer Fabricate, können Bergbau und Hüttenbetrieb um so weniger einen den mineralischen und metallischen Reichthümern entsprechenden Aufschwung nehmen, je mehr ein jederzeit dienstfähiges und dienstwilliges Verkehrsmaterial in Schweden fehlt, wie es die Eisenbahnen in allen andern Culturstaaten Europa's bieten.

Hat nun in neuerer Zeit die Association von Capital manches gebessert und gefördert, ist namentlich mit Hilfe derselben der montanistische Kleinbesitz häufig consolidirt und combinirt worden, so üben doch noch immer zwei mächtige Factoren auf Bergbau und Hüttenbetrieb ihren beherrschenden Einfluss: der Mangel an Verkehrs-Wegen und Mitteln und der Reichthum an Waldungen. Letzterer ist übrigens selbst mitwirkend zum ersteren: gerade die Waldungen treten den Neuanlagen von Eisenbahnen oft hindernd in den Weg, und die Bedeutung des Winters mit seinen natürlichen Schlittenbahnen verstärkt noch die Unlust, verhältnissmässig kostspielige, wenn auch weit nutzbarere Eisenbahnen zu bauen und zu unterhalten.

An diesen thatsächlichen Verhältnissen wird selbst die Auffindung und Ausdehnung von Kohlenfeldern und ihres Abbaues oder auch der Import fremder Kohle wenig ändern, und sogar die Vollendung eines vollständigeren Eisenbahnnetzes wird keine wesentlichen Umgestaltungen herbeiführen. Wird selbst das Eisenhüttenwesen an die Scholle, wo Wald und Eisenstein vorhanden, in Folge des weiteren Ausbaues des Eisenbahnnetzes nicht mehr gebunden, wird sein Umfang nicht mehr von der Nähe und dem Vorrath jener beiden Hauptmaterialien abhängig sein, werden Eisenbahnen und Canäle die Benützung des See- und Exportweges ermöglichen, erleichtern, verwohlfeilen, wird Vereinigung und damit Vergrösserung und Kräftigung des Capitals und Montanbesitzes den Anlagen grösseren Umfang und technische Vollkommenheit verschaffen: so lassen doch immer die eigenthümlichen Verhältnisse Schwedens einen Aufschwung der Eisenindustrie, wie er in Grossbritannien, Belgien, Deutschland, Frankreich möglich gewesen und selbst in Russland möglich erscheint, nicht erwarten. Die näheren Darlegungen, wie sie hier folgen, werden dies bestätigen.

Kohle.

Der verhältnissmässig grosse Reichthum an Waldungen, welche ungefähr 42 Procent der gesammten Bodenfläche Schwedens einnehmen, scheint diesem Lande von der Mutter Natur gewissermassen für die ungeheueren unterirdischen Wälder, die Kohlenfelder, wie sie andere in der Eisenindustrie mit Schweden concurrirende Länder besitzen, als Ersatz gegeben zu sein.

Im nordwestlichen Theile der Landschaft Skåne (Schonen) breiten sich einige aus Thon und Sandstein bestehende Ablagerungen aus, die der Annahme nach dem Ende der Trias- und dem Anfange der Jura-Periode angehören. In ihnen kommen die einzigen Steinkohlenflöze Schwedens vor, welche bei Zöganäs, Lilleshon, Helsingborg und anderen Orten gebrochen werden, und auf welche seiner Zeit grosse Speculationen betrieben worden sind.

Es ist mit einiger Bestimmtheit anzunehmen, dass weitere Aufschlüsse kaum gemacht werden. Die Steinkohlenlager der in Schonen zu Tage tretenden Juraformation sind mit ungefähr 9000 Verleihungen (mut redlor) belegt und nehmen die Muthungen etwa 914 Quadrat-Kilometer ein. Ihre Mächtigkeit beträgt 1.8 Meter im Durchschnitt. Spätere Bohrungen dehnen das Vorhandensein von Kohlen auf 1600 Quadrat-Kilometer aus.

Schwedens Kohlen werden in der officiellen Statistik nach drei Qualitäten unterschieden. Nach den im geologischen Bureau von E. Erdmann angestellten Untersuchungen haben Proben der verschiedenen Kohlenarten enthalten:

1. Sorte   Gase 32.9   Kohle 64.1   Asche 3.0 %
2. „   „   25.0   „   54.7   „   20.3   „
3. „   „   17.4   „   39.3   „   43.3   „

Die Minderwerthigkeit schwedischer Kohle gegen die Kohle anderer Länder tritt hier sofort zu Tage und es lässt sich kaum wünschen, dass der Kohlenbergbau Schwedens, soweit er nur Secunda- und Tertia-Sorte fördert, weiter ausgedehnt werde. Nur einige Kohlen sind cokfähig und auch nur in geringem Masse. Gasfähigkeit geht den schwedischen Kohlen bis auf einzelne Ausnahmen ganz ab, und hiermit ist festgestellt, dass Schwedens Kohlenbergbau immer nur ein schwaches Aushilfsproduct liefern wird.

Ob und wie die einzelnen Kohlenfelder nach den eigenthümlichen Verhältnissen Schwedens grösserer Ausbeutung fähig sind, zeigt sich in dem folgenden Tableau:

Es wurden gefördert:

	1863	1873	1874	1875
	Cubikfuss à 25 Kilogramm			
Höganäs Sorte 1	427.644	516.192	434.342	435.304
Höganäs „ 2	677.490	893.629	727.422	882.552
Höganäs „ 3	345.150	437.863	337.659	332.715
Wallakra-Gesellschaft Sorte 1	.	219.372	615.468	844.603
„ „ „ 2 (seit 1865)	.	177.912		
Boserups Steinkohlenfeld Sorte 1 (seit 1866)		50.000	74.261	76.000
Boserups Steinkohlenfeld Sorte 2 (seit 1866)		8.000	12.779	13.500
Kropps-Gesellschaft (seit 1873) . . .		48.398	476.449	427.785
Eslöf-Gesellschaft (seit 1873)		22.320	40.730	47.406
Helsingborg-Steinkohlenwerk (seit 1866)	.	32.800	10.500	7.143
Zusammen	1,450.284	2,406.486	2,729.610	3,066.981
In metr. Tonnen	36.257	60.162	68.240	76.674

Im Jahre 1876 sind 3,694.074 Cubikfuss (92.352 metr. Tonnen) gefördert worden. Die officielle Publication liegt hierüber noch nicht vor.

Die Steinkohlen werden verbraucht von den im Besitze der Gruben befindlichen Eisenhütten oder zu anderen Zwecken in der unmittelbaren Nähe der Kohlenfelder. Sie haben wenig Bedeutung für den Bedarf des Landes, der hauptsächlich durch Import gedeckt wird. Die Preise der Steinkohle stellten sich nach den officiellen Notirungen der Börse zu Stockholm pro metr. Centner (100 Kg.) im Jahre

1863 = 1.99 Mark   1868 = 1.63 Mark   1872 = 2.71 Mark
1864 = 1.81   „   1869 = 1.58   „   1873 = 2.58   „
1865 = 1.72   „   1870 = 1.86   „   1874 = 2.03   „
1866 = 1.81   „   1871 = 1.36   „   1875 = 1.94   „
1867 = 1.81   „

Der Preisstand schloss sich also auch in Schweden den Oscillationen des allgemeinen Kohlenmarktes an, und besonders merkwürdig ist die Vertheuerung der Kohle von 1871 zu 1872. Noch immer ist der Preis höher als in der Zeit vor 1872.

Die Einfuhr fremder Steinkohle ist in fortwährendem Steigen, ein Beweis, dass einerseits die Unzulänglichkeit des Holzverbrauchs und der Nachhaltigkeit der Wälder immer mehr zum Bewusstsein kommt, andererseits die wirthschaftlichen Vortheile des Verbrauchs mineralischer Kohle sich immer mehr geltend machen. Hier nur die folgende Andeutung. Der Import von Steinkohlen, Coke, Cinders betrug

in den Jahren	1855	1864	1873	1874	1875	1876
metr. Tonnen	135.652	412.845	681.202	731.687	896.174	946.092

Die Einfuhr erfolgt fast ausschliesslich bis auf 200.000 oder 300.000 Kubikfuss (5.000 — 7.500 metr. Tonnen) aus England. Der kleine Ueberrest ist wahrscheinlich auch noch englischen Ursprungs, denn er kommt aus Dänemark, Schleswig-Holstein, Preussen etc.

Um die Verbrauchs-Gegenden wenigstens anzudeuten, genügt wohl schon folgende Zergliederung der Gesammt-Einfuhr von 35,846.982 Cubikfuss (896.174 metr. Tonnen) nach den einzelnen Häfen (neuere Daten für Schweden überhaupt liegen nur nach englischen Exportlisten vor). Laut „Sveriges officiela Statistik F. Utrikes Handel och Sjöfart for ar 1875" entfallen auf

metr. Tonnen		metr. Tonnen		metr. Tonnen	
Haparanda . . .	—	Söderköping.	579	Landskrona	31.698
Kanea.	—	Jönköping . .	—	Helsingborg	25.037
Pitea	266	Westervik . .	21.807	Halmstad . .	4.635
Umea	—	Oskarshamn .	8.477	Falkenberg .	548
Hernösand . . .	3.995	Kalmar	3.977	Warberg . .	560
Sundsvall . . .	8.368	Wisby	5.240	Göteborg . .	264.319
Hudiksvall . . .	1.744	Carlskrona . .	15.754	Kongelf . . .	569
Söderhamn. . .	1.790	Carlshamn . .	4.341	Marstrand. .	304
Gefle	47.010	Sölvesborg . .	1.398	Uddevalla .	18.965
Grisselhamn . .	751	Christianstad	8.232	Strömstad .	799
Stockholm . . .	238.047	Cimbrishamn	2.668	Carlstad . .	—
Nyköping. . . .	2.291	Ystad	16.888	Grenze Nor-	
Norrköping . .	39.886	Trelleborg . .	12.652	wegens . .	3.255
Linköping . . .	—	Malmö	99.324		

Von diesen Hafenstädten gehen die Kohlen, soweit sie nicht am Orte bleiben, zum Dampfmaschinenbetrieb in die nächste Umgegend nach den grösseren Industrie-Etablissements. Der Verbrauch von Steinkohlen für Stubenheizung etc. ist in Schweden ohne jegliche quantitative Bedeutung, ausser in den grösseren Hafenstädten Stockholm, Gothenburg, Malmö u. a.

Eisen.

Hinsichtlich der Eisenerze kann man Schweden geradezu das gesegnetste Land der Erde nennen, was Qualitätsvorzüge und Mannigfaltigkeit anbelangt. Die Erzlager fallen meist mit den Waldgegenden zusammen, haben demnach eine verhältnissmässig grosse Ausdehnung. Ausser dem ungeheueren Erzreichthum bei Gellivara und an einigen anderen Stellen hoch oben in Lappland befinden sich die grössten und mächtigsten Eisenerzlager innerhalb eines Gürtels, der von Osten nach Westen gehend, von Uppland und dem südlichen Gestrickland durch Westmanland und Nerike und das südliche Dalarne nach dem östlichen Theile von Wermland sich erstreckt. Ausser diesem Gürtel liegen dann noch Eisenerze in Södermanland und Ostergöllland, doch weit wenigere und geringere, und in Smaland am Südende des Wettersees, den Taberg bildend. Dies sind die Hauptlagerstätten der sogenannten „Bergerze". Zu diesen treten dann noch die Fundorte der See- oder Sumpf- und Rasenerze, welche jedoch nur in Smaland ausgebeutet werden. Die räumliche Ausdehnung dieser Erzlager ist bis jetzt nirgends genauer bestimmt. Ihre natürliche Beschaffenheit schliesst sich der allgemeinen geologischen Bildung Schwedens überhaupt an.

Die Eisenerze Schwedens bestehen eigentlich aus Magneteisenerz (Eisenoxydoxydul) und Eisenglanz (Eisenoxyd), welche in der Urformation als Lager oder Lagerstöcke in Gneiss, Eurit (in Schweden als „Hälleflinta“ bezeichnet), im Glimmerschiefer und Urkalk vorkommen. Die See- und Rasenerze haben natürlich andere Lagerformation und Qualität.

Den grössten Mangangehalt haben die Magneteisenerze vom Svartberge, meist 15 bis 20 %, Manganoxydul, dieselben werden von der Schisshütte in Koppaberg-Län zur Herstellung von Spiegeleisen verwendet. Das Magneteisenerz der Penninggrube in Gefleborg-Län enthält auch 12 bis 14 % Mangan.

Was dann die schwedischen Bergerze überhaupt auszeichnet, ist ihr geringer Phosphorgehalt von 0.05 % bis zu 0.003 % herab. Die See- und Rasenerze sind dagegen oft sehr phosphorhaltig.

Der Schwefelgehalt wird aus den Erzen durch sorgfältiges Rösten entfernt.[*]

Die Production an Eisenerzen betrug in schwedischen Centnern à 42.5 Kg.:

	1840	1850	1860	1866	1867
Bergerze			9,290.973	11,366.078	11,401,831
See- und Raseneisenerze	6,105.514	6,589.957	522.643	191.910	408.436

	1868	1869	1870	1871	1872
Bergerze	12,594.439	13,920.634	14,508.278	15,215.589	16,938.345
See- und Raseneisenerze	294.175	147.215	323.436	370.784	292.224

	1873	1874	1875	1876
Bergerze	19,458.339	21,692.998	18,996.654	18,528.505
See- und Raseneisenerze	126.147	101.122	351.354	211.788

Seit vier bis fünf Jahrzehnten ist die Erzeugung von Roheisen in Hohöfen in Schweden allgemein geworden und die Darstellung schmiedbaren Eisens unmittelbar aus den Erzen ausser Anwendung gekommen.

Als Brennmaterial sind, je nach Verschiedenheit der Erze und Eisensorten, ausschliesslich Holzkohlen oder Holzkohlen mit Holz (Eichenholz) oder auch Holzkohlen mit englischem Coke oder endlich Torf und Torf mit Holzkohlen in Gebrauch, und schwankt ebenso die Quantität des Verbrauchs. Diese beträgt pro Tonne (1000 Kg.) Roheisen 5 bis 8 Cubikmeter Holzkohle, im Durchschnitt 5.8 bis 6.6 Cbm., oder nach Gewicht pro 100 Kg. Roheisen 75 bis 85 Kg. Holzkohle. — Die Kohlen sind fast ausschliesslich von Fichten- und Tannenholz gewonnen; der Gehalt von wirklicher Kohle beträgt pro schwed. Tonne (0.165 Cbm.) nur 21.3 Kg.

Im Allgemeinen geben die Gattirungen 40 bis 50 % Roheisen und per Cbm. Kohle werden 260 bis 450 Kg. Erz und Kalk gegichtet. In den kleinsten Hohöfen werden wöchentlich 31—65 metr. Tonnen, in den mittelgrossen 65—86 und in den grössten 86—132 metr. Tonnen Roheisen dargestellt.

In Wirklichkeit haben sich in den unten angeführten Jahren folgende Durchschnittergebnisse der Hohofenbeschickung in Schweden herausgestellt:

---

*) Eine eben so reichhaltige, als die verschiedenen Eigenschaften der schwedischen Eisenerze genau angebende Uebersicht von Analysen enthält die auf Kosten des Eisen-Comptoirs veröffentlichte Monographie: „Ueber den Standpunkt der Eisenfabrication in Schweden zu Anfang des Jahres 1873 von Rich. Akerman, Adjunct an der Berg-Academie zu Stockholm“. S. 36 bis 53. Diese Schrift, ursprünglich schwedisch gedruckt 1873 zu Stockholm bei K. L. Beckman, ist in mehrere Sprachen übersetzt, namentlich auch in das Deutsche, Französische und Englische.

Es betrug im Jahre	1871	1872	1873
Windpressung nach der Quecksilbersäule, mm.	44.7	49	33
Windwärme, Grad Celsius	195	200	195
Holzkohlensatz, Hectoliter	12.97	12.17	.
Kalkzuschlag, %	11.8	.	.
Kohlenverbrauch pro 50 Kg. Roheisen, Hectoliter	3.20	3.50	3.623
Ausbringen der Beschickung %	46.65	46.33	44.12

Die Betriebsergebnisse der Hohöfen werden in Schweden mehrfach beeinträchtigt, nämlich durch die unregelmässige Zufuhr von Erzen und Brennmaterial*), durch Mangel an Betriebskraft, welche meist Wasserkraft versieht, durch Mangel an Arbeitern, indem diese namentlich zur Zeit der Ernte und der Ackerbestellung die Hohöfen in grosser Anzahl verlassen und ihren Landarbeiten nachgehen. — Daher ist der Hohofenbetrieb sehr schwankend nach Zeit und Leistung, wie die nachfolgende, der officiellen Montan-Statistik entnommene Zusammenstellung ersehen lässt:

Jahr	Zahl der Hohöfen		Zahl der Arbeiter	Auf 1 Hohofen		Production m. Ctr. à 100 Kilogramm	
	ausser Betrieb	im Betrieb		Betriebstage	pro Tag Product. m. Ctr. à 100 Kg.	pro Hohofen	auf 1 Arbeiter
1866	80	220	3.565	150	69.9	10.6	644.7
1867	81	220	3.586	158	73.0	11.5	705.9
1868	94	207	3.616	165	77.1	12.7	726.8
1869	102	199	3.590	188	78.1	14.7	813.9
1870	88	213	3.815	178	79.1	14.1	785.3
1871	92	207	3.812	181	79.7	14.4	784.1
1872	95	212	4.090	197	81.2	16.0	829.6
1873	100	213	4.206	202	80.2	16.3	806.2
1874	104	217	4.458	180	83.7	15.1	734.8
1875	101	224	4.854	184	85.2	15.7	722.5
1876	.	205	4.542	190	90.3	17.2	776.1

Die Verbreitung und Leistung der Eisen- und Stahlwerke ist aus der tabellarischen Uebersicht Seite 164 und 165 leicht ersichtlich. Es bleiben uns hier nur noch folgende Bemerkungen.

Die gewöhnlichste Methode des Eisen-Frischens in Schweden ist die Lancashire-Frische. Ihr Vorgang bestimmt durch die Eigenthümlichkeit des schwedischen Roheisens gegenüber auch die eigenthümlichen Ein- und Vorrichtungen. Die Luppen werden bei grösseren Werken unter 34 bis 43 metr. Ctr. schweren, aus Roheisen hergestellten Stirnhämmern, bei den kleineren unter mit hölzernen Stielen versehenen Brusthämmern von etwa 12 metr. Ctr. Gewicht, oder hier und da unter Dampfhämmern von 6 bis 8 metr. Ctr. Schwere zusammengeschlagen. Es gibt übrigens auch mehrere Luppen-Walzwerke. Wo diese nicht in der Nähe sind, wird auch das sogenannte Franche-Comté-Frischen angewandt und im Danemora-Bezirke ist das Wallonen-Frischen von altersher in Gebrauch.

---

*) Der Schneefall und die durch ihn geschaffene Schlittenbahn-Communication spielt noch immer für das Hüttenwesen in Schweden die Hauptrolle bei Beschaffung der Productionsmaterialien.

Das Puddeln kommt nur bei den, ihr Eisen selbst manufacturirenden Werken vor, so namentlich zu Motala, Surahammar, Guanebo, Kallinge, Nyby. Als Brennmaterial werden dabei englische Steinkohlen, nur zu Surahammar und Nyby wird Holz benutzt.

Von ganz besonderem Interesse für Schweden ist die Bessemer-Production.

Bei drei der ältesten Bessemerwerke, wo nie eine bedeutende Production stattfand, gibt es heute noch feste Converter, alle anderen haben bewegliche, und bei allen wird das Roheisen ohne Umschmelzung unmittelbar vom Hohofen genommen. In die Converter werden 50 bis 100 Ctr. (2100 bis 4200 Kg.) eingelassen; die Converter haben 7 bis 13 Düsensteine, von welchen jeder 7 bis 13 Oeffnungen von 4 bis 6 Linien (12 bis 18 mm.) Durchmesser hat. Die Windpressung wird im Allgemeinen auf 200 bis 300 Linien (6 bis 900 mm.) Quecksilberhöhe gehalten, und gewöhnlich wird eine Charge in 5 bis 10 Minuten beendet. Wenn man Sandviken ausnimmt, wo man theilweise Dampf benützt, arbeiten alle übrigen grösseren Bessemerwerke mit Wasserkraft; die Gebläsemaschinen haben im Allgemeinen ungefähr 500, aber mehrere der zuletzt angelegten zwischen 700 und 800 Pferdekräfte.

Bei der Mehrzahl der Bessemerwerke wird nach Schluss des Processes ein bis ein paar Procent Spiegeleisen zugesetzt, welches man bei Herstellung weichen Bessemermetalls in letzter Zeit anfängt, durch manganreichere Verbindung oder sogenanntes Manganeisen (Ferromanganese) zu ersetzen; aber bei einigen Werken, welche manganreichere Erze zu Gute machen, bedarf man überhaupt keines Spiegeleisenzusatzes, sondern es ist dabei möglich, ohne sich der Gefahr des Rothbruchs auszusetzen, Eisen, so weich man will, herzustellen.

In Form von Ingots erhält man bei der Production von weichem Eisen 80 bis 85 °/₀, bei solcher von Stahl 85 bis 90 °/₀ vom Gewichte des verwendeten Roheisens. Der Abbrand bewegt sich zwischen 9 und 15 °/₀, Schrot und Auswurf zwischen 0 und 5 bis 6 °/₀.

Seit dem Jahre 1868 wurde in Munkfors, welches der Uddeholms-Gesellschaft gehört, in einem Siemens'schen Regeneratorofen mit Lunden'schem Condensator Gussstahl nach Martin's Methode producirt, und später haben noch ein paar andere Werke das gleiche Verfahren angenommen, welches jedoch fast ausschliesslich für Herstellung von weichem Eisen benutzt wird.

Die Oefen sind klein, so dass sie nur 20 bis 80 schwed. Ctr. (850 bis 3400 Kg.) fassen. Als Brennmaterial wird theils lufttrockenes Holz, theils Maschinentorf verwendet, und ist der Aufwand von beiden Brennstoffen ungefähr gleich gross, nämlich 8 bis 12 Cub.-Fuss pro schwed .Ctr. Guss (5 bis 7.5 Cbm. per metr. Tonne).

Auf Vikmanshytta wird Gussstahl nach Uchatius erzeugt aus granulirtem Roheisen in Mischung mit reichem Eisenerzpulver und etwas Kohle. Die Schmelzung erfolgt in Graphittiegeln in mit Coke gefeuerten gewöhnlichen englischen Zugöfen. Der auf diese Weise hergestellte Stahl zeigt sich besonders für solche Zwecke als ausgezeichnet, welche neben nicht unbedeutender Härte eine besondere Stärke erfordern, als Stangen, Schlegel etc.

Von altersher wird im Allgemeinen ziemlich viel Brennstahl producirt, welcher ausgereckt und unter verschiedenen Namen als Gerb-, Kisten-Stahl etc. in den Handel gebracht wird. Auf ein paar Werken erzeugt man auch Puddelstahl und in Graninge wird noch ein wenig Rohstahl in Herden bereitet. Ferner producirt man in Osterby Tiegelgussstahl, welcher in Siemens-Lunden'schen Oefen mit Holz geschmolzen wird.

Die gesammte Eisen- und Stahlproduction Schwedens ist im nachfolgenden Tableau, getrennt nach den einzelnen Provinzen, ersichtlich gemacht.

Bezirke (schwedisch Län)		Norbotten	Wester-botten	Wester-Norrland	Jemt-land	Geße-borg	Upsala	Stock-holm	Koppar-berg	West-man-land
Eisen-erz-Pro-duction	im Jahres-durchschnitt { 1833-37 m. Tonnen	1.831	295	515	376	3.855	19.578	16.971	64.710	20.904
	1862-66 „ „	1.067	•	•	99	11.250	24.508	19.760	123.591	58.349
	im Jahre 1875 { m. Tonnen	714	•	1.066	54	22.734	45.261	20.609	224.097	123.054
	Zahl der Gruben	8	49	3	3	38	57	127	215	72
Von der Ge-sammt-Produc-tion	1833-37 } Procent	0.97	0.13	0.21	0.17	1.73	8.79	7.62	29.04	9.34
	1862-66 }	0.28	•	•	0.09	2.49	5.14	4.34	26.43	12.54
	1875 }	0.09	•	0.13	0.04	2.81	5.60	3.47	27.83	15.24
Zahl der Arbeiter		24	•	11	10	274	547	507	1.547	869
darunter Frauen und Kinder		•	•	1	•	•	35	132	102	•
Ausfuhr von Eisen-erzen	nach Lage der Häfen { 1873 metr. Ton.	•	•	•	•	1.185	•	22.638	•	•
	1874 „ „	•	•	•	•	•	•	24.423	•	•
	1875 „ „	•	•	•	•	•	•	27.188	•	•
Eisen- und Stahlproduction im Jahre 1875.										
I. Hoh-ofen-Betrieb	Zahl der Hohöfen { ausser Betrieb	4	1	•	•	8	4	3	20	12
	in Betrieb . . .	3	3	6	2	25	7	2	47	19
	Betriebszeit, Tage	305	406	851	64	4.732	1.178	329	7.742	3.210
	Roheisenproduction metr. Ton.	1.734	2.696	6.220	95	46.310	10.228	2.602	69.520	29.772
	Gusswaaren „ „	129	379	92	15	563	216	16	635	320
	zusammen „ „	1.863	3.075	6.312	110	46.873	10.444	2.618	70.155	30.092
	Arbeiterzahl	42	72	140	14	646	184	61	995	409
II. Eisen-gies-sereien	Zahl . . .	•	1	1	1	3	•	2	7	4
	Production metr. Tonnen . .	•	15	93	6	1.013	•	604	1.241	1.833
III. Stab-eisen-Werke etc.	ausser Betrieb { in	1	3	2	•	21	3	2	21	22
	Herde und Oefen	7	4	12	2	42	10	5	41	25
	„ „	9	7	21	2	108	38	11	84	78
	Production metr. Tonnen . .	371	1.079	3.140	48	19.014	6.063	3.418	19.499	28.449
	Arbeiterzahl	40	44	119	7	706	297	126	702	704
IV. Stahl-Pro-duction	Zahl der Werke	•	•	1	•	3	2	•	8	3
	Pro-duc-tion { Bessemer metr. Ton.	•	•	•	•	8.637	•	•	5.184	2.917
	Martin „ „	•	•	13	•	•	168	•	160	744
	anderer „ „									
	Ueberh. Stahl	•	•	13	•	8.637	158	•	5.344	3.661
V. Eisen- und Stahl-Fabri-cation	Eisenbahnschienen metr. Ton.	•	•	•	•	•	•	•	2.893	•
	Bleche, Platten „ „	•	•	•	•	•	•	•	1.184	1.392
	Draht, Nägel „ „	24	42	144	•	155	•	8	480	97
	Geräthschaften „ „	•	•	6	•	6	•	•	286	341
	andere Waaren „ „	61	51	529	14	5.526	32	4	13	2.478
	zusammen . .	85	93	679	14	5.687	32	12	4.866	4.138
	Zahl der Werke	4	3	12	2	10	1	2	19	7
	Arbeiterzahl	31	40	144	7	374	17	612	292	341

Schwedens Eisenbahnbau datirt erst seit 1856.

Mit Unterscheidung von Staats- und Privatbahnen vertheilt sich das Netz folgendermassen nach schwedischen Meilen (1 schwedische Meile = 10.6889 oder rund 10.69 Kilometer) (Vergl. die erste Tabelle, Seite 168.)

Die Staatsbahnen hatten hiernach 1876 eine Länge von 1574.43, die Privatbahnen von 2611.23 Kilometer, das ganze Bahnnetz also nur 4185.66 Kilometer. Seit November 1876 sind aber im Bau begriffen und theilweise im Jahre 1877 dem Betriebe übergeben noch 1856 Kilometer Privatbahnen, wovon 1180 Kilometer normalspurig und 676 Kilometer schmalspurig. Dazu tritt dann noch die Staatsbahn Oekelbo-Torpshammer-Norwegens Grenze mit 532 Kilometer, so dass das Eisenbahnnetz Schwedens binnen Kurzem eine Gesammt-Ausdehnung von 6574 Kilometer haben wird.

Stahl-Production

Oere-bro	Ska-ra-borg	Werm-land	Elfs-borg	Göte-borg-Bohus	Söder-man-land	Oester-götland	Calmar	Jönkö-ping	Krono-berg	Ble-kinge	Mal-mö-hus	Chri-stian-stad	Ueberhaupt Schweden
44.395	.	29.155	97	.	6.247	3.068	1.223	9.557	29	.	.	.	222.806
107.887	.	86.668	.	.	10.694	4.423	1.536	10.252	83	.	.	44	464.301
213.612	.	109.024	.	.	17.594	8.051	2.033	10.011	.	.	.	.	807.503
213	.	58	.	.	18	7	2	33	1	.	.	1	904 gestiegen von
19.99	.	13.00	0.4	.	2.80	1.88	0.13	4.30	0.01	.	.	.	100.0
23.30	.	18.47	.	.	2.34	0.93	0.93	2.30	0.02	.	.	0.01	auf 208.99
26.43	.	13.41	.	.	2.16	1.00	0.23	1.20	.	.	.	.	und auf 362.42
2.082	.	709	.	.	214	78	13	72	1	.	.	3	6.961
94	.	49	.	.	15	.	.	.	.	.	.	.	428
.	.	.	.	19	.	.	.	.	.	.	19	.	23.861
.	.	.	.	.	850	.	.	.	.	.	27	.	25.299
.	.	.	.	10	.	.	.	.	.	.	.	.	27.198
22	.	10	2	.	9	.	5	2	1	.	.	.	101
51	1	24	.	.	5	4	6	10	7	.	.	.	224
11.554	195	5.314	282	.	782	1.522	772	1.181	750	.	.	.	41.158
96.497	1.162	46.235	1.940	.	4.376	13.414	4.320	4.338	2.153	.	.	.	343.642
2.929	11	506	67	.	184	309	71	135	352	.	.	.	6.899
99.426	1.173	46.741	2.007	.	4.560	13.723	4.391	4.473	2.505	.	.	.	350.541
1.023	18	495	51	.	89	96	99	270	150	.	.	.	4.854
3	1	5	.	2	5	3	7	4	6	2	3	1	61
448	352	197	.	1.197	2.299	2.510	2.314	454	649	160	1.354	589	17.331
25	5	50	7	2	6	12	3	3	2	.	.	.	195
42	5	46	8	.	7	21	14	15	10	2	.	.	318
119	7	127	14	.	11	54	32	23	11	3	.	.	770
43.630	790	32.422	4.099	.	1.216	12.978	5.566	2.189	944	4.933	.	.	189.845
1.329	38	1.071	111	.	69	895	416	163	68	21	.	.	6.926
3	.	7	2	.	.	4	.	.	.	.	.	.	33
34	.	2.598	.	.	.	.	.	.	.	.	.	.	19.370
.	.	33	.	.	.	.	.	.	.	.	.	.	33
100	.	376	248	.	.	183	.	.	.	.	.	.	1.982
134	.	3.007	248	.	.	183	.	.	.	.	.	.	21.385
.	.	.	.	.	.	.	.	.	.	.	.	.	2.893
612	.	.	.	.	425	4.684	.	.	.	840	.	.	9.077
306	255	1.734	159	20	282	1.565	981	114	223	1.668	.	.	8.313
16	35	133	9	420	109	22	409	57	8	.	.	.	1.847
27	97	2.252	281	28	18	557	1.447	161	130	52	1.252	405	16.110
1.865	387	4.119	449	468	834	6.836	2.837	332	361	2.580	1.252	405	38.240
95	6	84	10	3	8	22	15	13	12	4	2	1	215
236	205	599	124	691	490	417	527	149	158	244	236	114	6.054

Die Ausdehnung der Zechen- und Werksbahnen ist nicht genau bekannt, doch mögen sie nach den vielen Neuanlagen seit 1871 wohl mindestens auf 100 Kilometer gestiegen sein. Für Wasserstrassen hat Schweden schon seit dem 16. Jahrhundert die bedeutendsten Anstrengungen gemacht, namentlich für das Canalsystem zur Verbindung der Ostsee und der Nordsee. Die Ausdehnung der vorhandenen Canäle beläuft sich auf 6 bis 700 Kilometer, wobei der Göta-, der Trollhätta-, der Strömsholm-, der Dalslandsche-, der Kinda-Canal die bedeutendsten sind. Wie beträchtlich der Wasserstrassen-Verkehr ist, geht schon aus der Anzahl der Fahrzeuge und der Einnahme von Schleusenabgaben hervor. Aus neuerer Zeit liegen umfassende Daten hierüber nicht vor. Doch wird für 1871 der Transit für 27 Canäle officiell beziffert folgendermassen: Zahl der Dampfschiffe 18.541, der Segelschiffe und Boote 43.820

Schwedens Aussenhandel in Eisen und

	Nor-wegen	Finn-land	Russ-land	Däne-mark	Preus-sen	Meck-lenburg	Lübeck
							metrische
							E i n -
Rohelsen	1.147	.	.	416	1.770	.	18
Stabeisen	18	.	.	1.122	56	.	20
Luppenstücke	.	.	638	.	.	.	.
Eisenbahnschienen	9	.	.	1.132	9	.	.
Blech, Platten { Eisen	9	.	.	285	.	.	35
Weissblech	.	.	.	35	.	.	.
Eisen- und Stahldraht	.	.	.	30	.	.	39
Band-, Kolben- und anderes Eisen	.	.	.	796	.	.	21
Nägel und Stifte	797	.	.	33	.	.	6
Eisenschrott	.	.	.	575	.	.	26
Gusswaaren	65	.	.	76	3	.	23
Schmiedewaaren	9	.	.	149	15	.	106
Messer- und Schneidewaaren	1	.	.	10	.	.	6
Stahl { unverarbeitet	.	.	.	106	.	.	12
verarbeitet	.	.	1	1	.	.	2
Dampfmaschinen	.						
Andere Maschinen und Geräthe	.						
Summa . . .	2.055	630	.	4.765	1.853	.	314
							A u s -
Rohelsen	1.932	6.114	2.387	156	1.380	.	261
Stabeisen	452	415	482	7.970	1.841	120	2.432
Luppenstücke	51	37	.	.	.	.	.
Eisenbahnschienen	8	52	.	.	.	.	.
Blech, Platten { Eisen	22	406	105	146	12	.	22
Weissblech							
Eisen- und Stahldraht	13	.	277	7	.	.	.
Band-, Kolben- und anderes Eisen	.	77	898	446	651	19	626
Nägel und Stifte	49	776	7	210	.	.	56
Eisenschrott	.	.	.	.	219	.	.
Gusswaaren	.	71	.	223	.	.	.
Schmiedewaaren	8	182	.	15	2	.	7
Messer- und Schneidewaaren							
Stahl { unverarbeitet	16	317	785	96	.	.	5
verarbeitet							
Dampfmaschinen					.		
Andere Maschinen und Geräthe							
Summa . . .	2.551	8.447	4.941	9.269	4.105	139	3.411

Nach der Lage der Häfen vertheilt

		Nor-botten	Wester-botten	Wester-Norrland	Gefle-borg	Stock-holm	Göte-borg Hebu-
				Eisen- und Stahl-Ausfuhr nach			
Rohelsen	metr. Ton.	916	199	2.132	8.841	17.811	18.333
Stabeisen	" "	1	218	2.635	21.916	33.135	43.976
Luppenstücke	" "	.	.	.	82	1.385	8.856
Eisenbahnschienen	" "	.	.	.	.	50	16
Blech und Platten	" "	.	1	2	2	560	64
Weissblech	" "	.	.	.	.	2	1
Eisen- und Stahldraht	" "	.	.	.	775	29	544
Band-, Nagel- etc. Eisen	" "	.	.	.	.	3.429	18.857
Nägel	" "	.	.	3	6	757	161
Schuhstifte	" "	.	.	.	.	58	67
Eisenschrott	" "	.	.	.	5	265	2.197
Gusswaaren grobe	" "	.	.	13	.	109	221
Schmiedewaaren (Messer- und Schneidewaaren)	" "	2	.	.	.	181	55
Stahl	" "	.	1	1	1.427	1.255	3.490
Dampfmaschinen	M.	.	.	.	.	6.556	20.556
Andere Geräthschaften	"	1.576	1.132	2.430	.	708.577	567.549

Stahl 1875 nach den Absatzländern.

Hamburg	Bremen	Nieder-lande	Belgien	Gross-britannien	Frank-reich	Vereinigte Staaten von Nord-Amerika	andere Staaten	überhaupt Schweden	Gesammt-Werth des Eisen- und Stahl-Verkehrs
Tonnen									**M.**
fuhr									
.	.	.	.	14.548	25	.	.	17.924	1,429.461
.	.	211	547	1.372	8	.	.	3.354	713.192
.	.	.	.	.	.	.	4	642	122.994
.	.	104	660	53.185	.	.	.	55.099	7,289.636
.	18	151	169	2.519	6	.	.	3.186	647.822
.	.	.	.	913	.	.	3	951	568.681
.	.	22	.	156	.	.	1	248	131.913
.	41	163	1.003	1.300	.	.	4	3.328	760.900
.	.	.	.	35	.	.	5	876	352.062
.	.	.	.	.	.	.	.	601	83.236
4	.	15	.	62	.	.	14	247	81.626
17	.	.	19	1.185	9	.	.	1.524	1,885.035
.	.	.	.	69	1	.	.	87	362.373
.	.	16	1	142	.	.	1	276	92.225
.	.	.	.	4	1	.	1	10	81.342
.	.	.	.	.	.	.	.	.	1,181.584
.	.	.	.	.	.	.	.	.	16,411.617
21	**54**	**682**	**2.399**	**75.490**	**49**	**.**	**33**	**86.355**	**32,395.696**
fuhr									
306	20	375	1.964	32.881	716	260	.	48.742	4,648.046
2.342	146	3.712	2.006	65.037	10.728	4.373	4.387	106.383	26,28 2.395
105	.	.	2.353	7.830	2.060	.	3	12.439	2,597.264
.	.	.	.	.	23	.	.	60	7.859
.	.	10	.	.	.	.	36	782	207.706
.	.	.	.	.	.	.	4	4	2.110
.	.	26	17	486	.	.	33	858	455.704
124	.	471	2.760	12.521	4.325	177	934	24.049	7,351.427
57	.	.	.	.	.	.	2	1.169	466.657
.	.	31	34	2.146	126	.	365	2.921	388.075
.	.	337	.	62	.	.	106	799	301.872
8	.	.	.	35	.	.	5	262	204.162
.	.	.	.	.	.	.	1	1	5.254
19	.	191	61	4.208	10	.	565	6.273	3,752.170
.	.	.	.	.	.	.	.	.	26.922
.	.	.	.	.	.	.	.	.	1,486.056
2.971	**166**	**5.152**	**9.205**	**125.229**	**17.965**	**4.810**	**6.391**	**204.752**	**49,965.576**

sich die Ausfuhr im Jahre 1875 wie folgt:

Södermanland	Oester-götland	Calmar	Jönköping	Blekinge	Malmöhus	Grenze gegen Norwegen	Ueberhaupt Schweden
Lage der Häfen im Jahre 1875							
.	299	204	.	.	7	.	48.742
71	1.299	1.186	.	172	1.779	3	106.339
.	1.974	162	.	.	.	.	12.493
.	.	.	.	.	.	.	60
.	5	.	.	3	145	.	782
.	.	.	.	.	1	.	4
.	.	276	1	.	8	.	858
.	199	643	.	.	146	.	24.049
.	65	.	.	.	32	.	1.044
.	.	.	.	.	.	.	125
.	81	51	.	.	372	.	2.921
8	403	.	.	.	45	.	799
.	.	.	.	.	22	.	263
.	3	.	.	1	96	.	6.273
.	.	.	.	.	.	.	26.922
12.394	183.466	77.684	9.102	25	116.510	7.380	1,486.056

Län's	Staats-Bahnen	Privat-Bahnen	Län's	Staats-Bahnen	Privat-Bahnen
Wester-Norrland ..	—	5.3	Westmanland	4.9	20.3
Gefleborg.......	5.2	10.1	Oerebro	12.2	32.1
Upsala	—	15.8	Skaraborg	21.6	13.5
Stockholm	11.6	3.5	Wermland	14.0	16.5
Kopparberg	9.4	12.9	Elfsborg	7.3	12.2
Göteborg-Bohus ...	0.8	0.9	Kronoberg......	9.3	15.9
Södermanland	12.5	12.9	Blekinge.......	—	5.4
Oestergötland	11.8	7.1	Malmöhus	5.0	25.7
Calmar........	—	10.5	Christianstad	5.5	9.8
Jönköping	16.2	13.9	Ganz Schweden ..	147.3	244.3

Einnahme an Schleussengeldern 869.075 Rdlr. (982.054 ℳ.) Der innere Verkehr auf Eisenbahnen und Wasserstrassen lässt sich schon nach unserer Uebersicht der Production und des Exportes beurtheilen. Dazu tritt dann noch der Import, so dass der Binnenverkehr im Verhältnis zu der geringen Ausdehnung der Eisenbahnen und Canäle als ein ganz enormer erscheint. Träte zu diesen grossen Verkehrsstrassen nicht noch die allgemein verbreitete, allerdings vom Winter und Schneefall sehr abhängige Schlittenbahn mit ihren unzähligen Fahrzeugen, so wäre der Güterverkehr Schwedens gar nicht zu bewältigen und besonders die Montanindustrie müsste ein kümmerliches Leben führen.

Leider liegen genauere Daten über den Waarenverkehr auf Eisenbahnen und Wasserstrassen Schwedens nicht vor; andernfalls liesse sich Absatz und Consumtion in und ausser den Productionsbezirken bestimmter angeben. Die Verkaufspreise regeln sich im Grossverkehr nach den Börsennotirungen in Stockholm. Diese liegen in Jahresdurchschnitten für die hauptsächlichsten Eisensorten vor. Für Kohlen haben wir sie bereits früher angegeben. Für den Export betrug der Mittelpreis an der Stockholmer Börse pro schwedischen Centner (42.5 Kg.):

	Roheisen.	Stabeisen.	Bandeisen.	Gärbstahl.	Anderer Stahl.
1869	2.99 ℳ	7.63 ℳ	10.17 ℳ	33.90 ℳ	11.30 ℳ
1870	2.68 „	7.35 „	10.17 „	31.64 „	11.30 „
1871	2.96 „	7.63 „	9.04 „	33.90 „	11.30 „
1872	4.80 „	11.30 „	12.43 „	31.64 „	13.56 „
1873	7.35 „	14.60 „	16.28 „	33.90 „	20.34 „
1874	4.52 „	12.43 „	13.28 „	37.29 „	18.08 „
1875	3.96 „	11.30 „	13.00 „	33.90 „	16.95 „

Diese Preise hätten sich in der That der allgemeinen Baisse auf anderen Eisenmärkten fast ganz entzogen, eine Thatsache, die bei der besonderen Qualität der schwedischen Eisensorten mehr oder weniger annehmbar ist. — Um die Auslandsmärkte, wohin Schwedens Eisenexport geht und woher seine Importe kommen, näher übersehen zu lassen, fügen wir hier bezüglich der verschiedenen Eisensorten vorstehende detaillirte Uebersicht an, in der die einzelnen Im- und Exportländer besonders beziffert werden. (Vergl. Seite 166 und 167.)

Was die Eingangszölle auf Eisen und Stahl anbelangt, so bestehen dergleichen für Roh- und Halbfabricate in Schweden nicht. Nur Eisen und Stahlfabricate, in anderen Zolltarifen als „ganz grobe, grobe und feine Eisen- und Stahlwaaren" bezeichnet, tragen Eingangszölle: 0.50 bis 50 Rdlr. (0.56 bis 56.5 ℳ. pro Centner (42.5 Kg). Bei einem Gesammtwerthe dieser Waaren von 8,627.231 Rdlr. (9,748.771 ℳ.) im Jahre 1875 betrug die Zolleinnahme 155.569 Rdlr. (175.792 ℳ.), also im grossen Durchschnitt der Werthzoll etwas mehr als 1.8 %, während die gesammte Zolleinnahme Schwedens 23,592.802 Rdlr. (26,659.866 ℳ.) erreichte, also vom Gesammtwerth des Importes 268,066.392 Rdlr. (302,915.022 ℳ.) = 8.8 % betrug.

Spanien.

(499.763 Quadrat-Kilometer. — 16,551.647 Einwohner.)

Kohle.

Die pyrenäische Halbinsel besitzt so bedeutende wichtige Kohlenlager, dass die noch sehr ungenügende Cultivirung des Bergbaues auf fossile Kohle in Spanien an und für sich höchst auffallend erscheinen müsste, wenn sie nicht in den ungünstigen politischen Verhältnissen des Landes ihre genügende Erklärung fände.

Die Flächenausdehnung der spanischen Kohlenreviere wird auf 906.720 Hectar angenommen. Die unterirdischen Kohlenvorräthe sind enorm zu nennen. Man hat dieselben auf 3.000 bis 3.500 Millionen Tonnen veranschlagt; aber selbst dann, wenn man nur die unter allen Umständen abbauwürdige Kohle in Betracht zieht, ergeben sich doch noch ganz gewaltige Ziffern. Der productive Kohlenvorrath berechnet sich nämlich nach den Schätzungen der Bergingenieure Schulz und Aldana wie folgt:

	nach Schulz:	nach Aldana:
Asturien	1.100	1.100 Millionen metr. Tonnen,
Leon und Palencia	550	500 „ „ „
Burgos und Soria	100	
Córdoba	220	
Sevilla	20	383 „ „ „ -
Gerona	23	
Cuenca	20	
Teruel (Braunkohle)	220	
Summa	2.253	1.883 Millionen metr. Tonnen.

Diese Kohlenschätze würden, den gegenwärtigen Kohlenconsum Spaniens (1.5 Millionen Tonnen jährlich) als Grundlage angenommen, auf 1.250 bis 1.500 Jahre dem Bedarfe des Landes genügen.

Mit dem Abbau der Kohle wurde in Spanien in der Mitte des 18. Jahrhunderts begonnen. Im Jahre 1742 wurde die erste Concession zur Errichtung eines Kohlenschachtes in Villanuevo del Rio bei Sevilla ertheilt. Bis zum Jahre 1825, als in Spanien ein neues Berggesetz in's Leben trat, war die Kohlenförderung gleich Null; erst von diesem Zeitpunkte an datirt eine Entwicklung der Production, deren grösste Zunahme von 109.314 auf 339.851 metr. Tonnen in die Jahre 1855 bis 1860 fällt. Seit dieser Zeit bis heute hat sich die Förderung nur etwas mehr als verdoppelt. Für einen Zeitraum von 27 Jahren muss diese Productionssteigerung als überaus gering bezeichnet werden.

Tableau I, Seite 170, gibt einen Ueberblick über die Kohlenproduction, die Kohleneinfuhr und den Kohlenconsum Spaniens.

Es zeigt sich hier ein langsames, aber fortdauerndes Steigen des Consums; während man aber erwarten sollte, dass dieser erhöhte Verbrauch durch eine in gleichem Verhältnisse erhöhte Production der eigenen Kohlenreviere gedeckt würde, zeigt es sich, dass die Einfuhr der englischen Kohle in den letzten Jahren dem Consum entsprechend gestiegen ist, während die Production seit dem Jahre 1872 sich constant auf etwa 700.000 Tonnen gehalten hat.

Der Antheil der einzelnen spanischen Provinzen an der oben ausgewiesenen Gesammtförderung des Jahres 1874 ist aus Tabelle II, Seite 170, ersichtlich.

I.

Jahr	Steinkohle Menge (metr. Tonnen)	Steinkohle Werth (Mark)	Braunkohle Menge (metr. Tonnen)	Braunkohle Werth (Mark)	Zusammen Menge (metr. Tonnen)	Zusammen Werth (Mark)	Einfuhr Menge (metr. Tonnen)	Einfuhr Werth (Mark)	Consum Menge (metr. Tonnen)
1830	10.524	99.968	.	.	10.524	99.968	.	.	.
1840	19.248	204.590	.	.	19.248	204.590	.	.	.
1845	36.201	642.796	500	6.534	36.701	649.331	.	.	.
1850	62.923	617.397	10.000	61.680	72.923	617.397	185.491	4,091.542	258.414
1855	91.314	895.023	18.000	155.192	109.314	1,050.215	138.103	3,045.602	247.417
1860	320.899	4,863.014	18.952	155.792	339.851	3,401.931	452.479	9,978.791	792.330
1865	461.396	5,479.455	34.359	351.677	495.755	5,831.131	394.806	8,706.864	890.561
1866	393.105	3,481.215	39.559	393.949	432.664	3,875.165	433.437	9,595.956	866.101
1867	511.550	3,962.026	37.640	394.103	549.190	4,356.129	428.811	9,500.593	978.001
1868	529.058	3,786.913	41.786	468.785	570.824	4,255.698	360.182	8,423.197	851.006
1869	550.388	5,535.993	39.420	487.830	589.808	6,023.823	431.730	10,109.556	1,022.538
1870	621.832	5,309.541	40.095	489.944	661.927	5,799.485	566.911	14,026.944	1,228.838
1871	589.707	6,026.330	43.824	518.766	633.531	6,545.096	534.897	15,292.452	1,168.428
1872	687.761	6,694.697	33.460	522.944	721.251	7,217.641	592.567	.	1,313.818
1873	658.744	7,386.173	20.938	350.532	679.682	7,736.695	619.248	.	1,298.960
1874	695.340	7,005.502	13.346	204.464	708.686	7,209.965	580.706	.	1,289.394
1875	628.810	6,264.255	25.689	299.745	654.499	6,564.000	704.287	10,879.776	1,358.786
1876	675.926	6,597.690	30.888	331.443	706.814	6,929.132	774.770	9,410.373	1,481.584
1877	699.500	7,408.496	.	.	.	.	837.063	9,770.317	1,536.563

II.

Provinz	Ausdehnung der im Betrieb befindlichen Werke in Hectaren	Anzahl der Arbeiter	Dampfmaschinen Anzahl	Dampfmaschinen Pferdekräfte	Production metrische Tonnen	Werth in Mark
Steinkohle:						
Oviedo (Asturien)..	21.002	3.883	6	144	374.914	3,062.297
Córdoba	716	1.066	14	272	176.336	2,376.520
Palencia	1.353	1.540	8	97	119.259	1,187.382
Sevilla	38	120	3	95	13.500	} 429.303
Gerona	303	42	1	50	6.380	
Leon	403	39	.	.	4.721	
Burgos	165	48	.	.	230	
Summa..	23.980	6.738	32	658	695.340	7,005.502
Braunkohle:						
Barcelona	1.864	165	1	10	7.516	122.786
Santander.........	80	66	.	.	2.022	16.516
Guipuzcoa	123	12	.	.	1.584	
Teruel	424	77	.	.	1.157	
Logroño	50	10	.	.	243	
Alicante	48	12	.	.	208	
Balearische Inseln..	114	51	.	.	200	65.162
Navarra	12	4	.	.	200	
Gerona	112	34	.	.	140	
Oviedo	105	29	.	.	56	
Castellon	110	27	.	.	20	
Summa..	3.042	587	1	10	13.346	204.464
Totalproduction..	27.022	7.325	33	659	708.686	7,209.966

Für die Kohlengewinnung in Spanien sind hiernach drei Provinzen ausschlaggebend, nämlich: Asturien, welches reichlich die Hälfte der gesammten Förderung liefert, und sodann Córdoba und Palencia, in der Höhe der Production einander ziemlich gleichstehend. Die Production der drei nach den erwähnten Provinzen benannten Kohlengebiete seit 1828 ist in folgender Tabelle beziffert:

Jahr	Asturien		Córdoba		Palencia
	Production an Kohle	davon verschifft	Production		Production an Kohle
			Kohle	Coke	
	metr. Tonnen				
1828	.	3.708	.	.	.
1838	21.500	13.261	.	.	.
1845	33.539	28.663	1.523	28	690
1855	65.024	47.980	5.000	.	6.720
1860	278.428	66.520	8.310	.	21.765
1865	339.328	65.480	12.287	92	88.518
1870	447.037	115.997	77.648	2.589	85.638
1871	370.967	130.214	119.238	4.707	82.505
1872	424.499	143.521	142.071	5.717	101.139
1873	375.014	120.135	144.855	.	113.678
1874	374.914	100.050	176.336	.	119.259
1875	376.649	101.000	133.083	.	133.213
1876	380.000	102.500	153.012	.	155.676
1877	357.000	100.340	158.000	.	160.000

Hiernach lässt sich nur in dem Becken von Palencia eine regelmässige Entwicklung der Production verfolgen.

Der Raum gestattet nicht, auf eine Beschreibung der einzelnen Kohlendistricte Spaniens einzugehen; in dieser Beziehung wird auf das vorzügliche Werk des Bergingenieurs Don Ramon Oriol y Vidal zu Mières in Asturien: „Carbones Minerales de España", Madrid, 1874, verwiesen.

Nach der officiellen Statistik für das Jahr 1873, — neuere Daten über den Bergbau wurden bisher von der spanischen Regierung noch nicht veröffentlicht, — standen zu Ende des genannten Jahres 239 Steinkohlengruben und 44 Braunkohlengruben im Betrieb; concessionirt waren im Ganzen 792 Steinkohlengruben und 231 Braunkohlengruben.

Wie schon weiter oben dargelegt wurde, beziffert sich der Kohlenconsum Spaniens heute auf etwa 1.5 Millionen Tonnen; in den Jahren 1872—1874, als derselbe durchschnittlich 1.3 Millionen Tonnen betrug, entfielen approximativ davon auf

die Eisen- und Metallindustrie . . . . 500.000 metr. Tonnen
den Eisenbahnbetrieb . . . . 190.000 „ „
die Leuchtgasfabrication . . . . 110.000 „ „
 „ Kriegsmarine . . . . 28.000 „ „
 „ Handelsmarine . . . . 110.000 „ „
diverse Industrien in Catalonien . . . . 146.000 „ „
 „ „ „ anderen Provinzen . . . . 216.000 „ „
Summa . . . 1,300.000 metr. Tonnen

Unter den industriebetreibenden Landschaften Spaniens sind Catalonien und Asturien die stärksten Kohlenconsumenten; jede dieser Landschaften benöthigt jährlich Alles in Allem etwa 300.000 Tonnen Kohle. Von den Städten haben Barcelona und Madrid den grössten Verbrauch aufzuweisen, nämlich 97.990 beziehungsweise 46.249 metr. Tonnen (im Jahre 1872). —

Es ist nicht undenkbar, dass die Kohlengebiete Spaniens einmal zu grossartiger Entwicklung gelangen werden. Denn was den Kohlenfeldern der pyrenäischen Halbinsel einen besonderen Werth verleiht, ist die ungemein günstige Lage von mehreren derselben unweit der See, ein Vorzug, dessen sich in Europa sonst nur die Kohlenreviere von Wales und Nordengland erfreuen. Durch diese Lage wären die spanischen Kohlenfelder befähigt, nicht nur bei billiger Küstenfahrt die Häfen der Halbinsel zu versorgen, sondern auch die an Kohlen so armen Länder am Mittelmeer, sowie vermittels des Canals von Suez die asiatischen Länder und ihre Kohlenstationen aufzusuchen und mit mineralischem Brennstoff zu versehen.

Gegenwärtig allerdings müsste zunächst dahin gearbeitet werden, dass die Einfuhr aus England, welche von jeher die Hälfte des Consums deckte, aufhört oder auf eine geringere Ziffer herabgedrückt wird.

Welches sind nun aber die Hindernisse, die einer ausgedehnteren Entfaltung des Kohlenbergbaues in Spanien bis jetzt entgegengestanden und selbst heute noch entgegenstehen? Es sind: der Mangel an Capital und an Unternehmungsgeist und sodann die Schwierigkeiten des Transportes. Sobald einmal die Gesetzgebung in Spanien die Vereinigung grösserer Capitalien ermöglichen wird, sobald überhaupt die wirthschaftlichen Verhältnisse des Landes sich gebessert haben werden, wenn endlich ein grösseres Eisenbahnnetz die Halbinsel durchziehen wird und die Verwaltungen der Bahnen sich die Aufgaben von Transportsinstituten klarer vor Augen halten werden, als es dermalen der Fall ist: alsdann wird zweifellos der Bergbau in Spanien zu einer Blüthe gelangen, welche den von Natur aus vorhandenen günstigen Vorbedingungen entspricht. —

Die Erbauung der ersten Eisenbahn im Königreich Spanien (Barcelona-Mataro 28 Kilometer) fällt in das Jahr 1848. Die Länge des Eisenbahnnetzes betrug

im Jahre 1855	474 Kilometer	im Jahre 1870	5.469 Kilometer
" " 1860	1.913 "	" " 1875	5.796 "
" " 1865	4.828 "	" " 1877	6.199 "

Die gesammte Kohlenverfrachtung der Eisenbahnen Spaniens belief sich im Jahre 1872 auf 363.386 metr. Tonnen, wovon 173.058 metr. Tonnen für den Bedarf der Bahnen selbst bestimmt waren.

Eisen.

Der grosse Reichthum Spaniens an den schönsten Eisenerzen ist bekannt. Die dortigen Lager der vorzüglichsten Spath-, Roth-, Magnet- und Brauneisensteine gehören zu den reichhaltigsten Europa's. Da das Land ausserdem reiche Kohlenlager besitzt, so würde bei mehr geordneten politischen Verhältnissen, regerem Gewerbfleisse und besser entwickeltem Eisenbahnnetze in Spanien die Entfaltung einer Eisenindustrie möglich sein, welche mit jener Englands concurriren könnte. In erster Reihe die unglücklichen politischen Verhältnisse haben indessen dieses Land gehindert, seiner Industrie jene Bedeutung zu geben, welche in den natürlichen Bodenverhältnissen des Landes begründet wäre.

In Spanien wurden an Eisenerzen, Roheisen, Schmiedeeisen und Stahl seit Mitte der sechziger Jahre nachstehende Mengen producirt: (Vergleiche Tabelle I, Seite 173.)

Speciell an der Eisenerz-Production haben in den Jahren 1874 bis 1877 die einzelnen Provinzen in folgender Weise theilgenommen: (Vgl. T. II, S. 173.)

Im Allgemeinen hat die Förderung der Eisenerze bis zum Jahre 1873 erhebliche Fortschritte gemacht; vom letzteren Jahre, wo sie bereits die Höhe von 811.926 metr. Tonnen erreicht hatte, sank sie aber infolge des Carlistenkrieges 1874 auf die Hälfte herab, erholte sich erst nach Beendigung der Unruhen 1876 und stieg 1877 auf 1,162.170 metr. Tonnen.

I

Jahr	Eisenerze		Roheisen	Stab-, Band- eisen etc.	Stahl
	Production	Ausfuhr			
			metr. Tonnen		
1864	.	.	50.775	44.564	201
1865	.	70.000	49.533	42.298	301
1866	.	73.000	39.259	32.338	577
1867	.	118.000	41.933	35.637	331
1868	.	.	43.161	36.151	369
1869	.	160.000	34.486	35.626	247
1870	.	.	54.007	36.162	231
1871	585.762	391.436	53.606	42.528	216
1872	781.468	745.802	56.462	41.464	272
1873	811.926	800.381	42.825	32.154	216
1874	402.952	.	.	.	.
1875	496.528	.	.	.	.
1876	908.899	.	.	.	.
1877	1,162.170	.	.	.	.

II.

Provinz	Ausdehnung der in Betrieb befindlichen Bergbaue in Hectaren (1874)	Anzahl der Arbeiter (1874)	Production an Eisenerzen				
			1874		1875	1876	1877
			metr. Tonnen	ℳ	metr. Tonnen		
Vizcaya	6.443	239	10.821	61.870	34.296	432.418	702.090
Murcia.	1.305	954	110.836	316.858	144.546	208.685	200.000
Oviedo.	3.374	484	75.276	184.455	61.304	60.245	59.400
Almeria	66	173	75.120	368.148			
Malaga.	13	460	52.645	430.003			
Santander . .	419	238	48.836	498.616			
Guipuzcoa . .	841	165	10.681	139.032			
Navarra	403	190	9.175	119.906			
Sevilla	35	60	3.320	14.101			
Burgos.	64	18	1.300	10.618	236.382	207.551	200.680
Badajoz	45	28	1.200	17.643			
Lagroño . . .	232	36	1.150	10.519			
Lugo	126	14	1.000	6.126			
Teruel	16	11	602	6.882			
Coruña.	12	12	600	3.921			
Leon	180	24	390	3.982			
Summa. .	13.574	3.112	402.952	2,192.680	496.528	908.899	1,162.170

Am Klarsten tritt der verderbliche Einfluss der inneren Kämpfe, welche sich insbesondere in den baskischen Provinzen abspielten, in den obigen Ziffern der Erzförderung von Vizcaya zu Tage. Die Production, welche hier in Folge dessen 1874 auf 10.821 metr. Tonnen gefallen war, betrug 1876 bereits 432.418 metr. Tonnen und 1877 sogar 702.090 metr. Tonnen, ein Resultat, welches die günstigen Chancen des Bergbaues hinreichend documentirt. Die genannte Provinz, in welcher namentlich im Thale von Somorrostro die Erze fast zu Tage liegen, ist von allen Provinzen Spaniens mit ausgezeichneten Eisenerzen am reichsten bedacht, denn sie lieferte 1877 nahezu ²/₃ der gesammten Production des Landes. Nach den Schätzungen des Sr. Ramon Adan de Yarza beträgt der Reichthum des Eisenerzlagers von Somorrostro allein 163,250.000 Tonnen.

Bis Ende 1873 waren im Ganzen 1.440 Bergbaue auf Eisen in einer Ausdehnung von 35.303 Hectar concessionirt. Davon waren aber in dem genannten Jahre nur 390 Gruben (mit 8.605 Hectar) in Betrieb. Die Anzahl der verwendeten Arbeiter belief sich auf 4.816.

Bis in den Anfang des vorigen Decenniums war die Gewinnung der Eisenerze überhaupt nur eine unbedeutende, da bei der niederen Entwicklungsstufe, auf welcher das Land sich befindet, der Bedarf sich nur in geringem Grade geltend macht und die Spanier den Werth der in ihrem Lande aufgespeicherten unterirdischen Schätze nicht genügend zu würdigen wissen. Die Förderung betrug bis zu dem angegebenen Zeitpunkte nur etwa 30.000 bis 50.000 Tonnen jährlich. Ein Aufschwung des Bergbaues trat erst ein, als mit 1. Januar 1863 in Spanien die Ausfuhrzölle für Minerale aufgehoben wurden und die Eisenerze zum Export gelangten. Es nahm keine lange Zeit in Anspruch, die englischen, französischen und deutschen Industriellen von der Güte der nordspanischen Erze zu überzeugen, und so stieg die Ausfuhr, wie gleichzeitig mit den obigen Productionsziffern ersichtlich gemacht wurde, zusehends. Rapid war die Zunahme der Ausfuhr nach der Einführung des Bessemerverfahrens, da dieses ein sehr reines Rohmaterial verlangt. In dieser Beziehung fand man namentlich die Eisenerze von Vizcaya, welche in dem Hafen von Bilbao zur Verschiffung gelangen, sehr convenabel. Heute geht der bei weitem grösste Theil der ganzen Erzgewinnung Spaniens in das Ausland.

Bekanntlich besitzt das Etablissement von Fried. Krupp in Essen bedeutende Eisenerzgruben bei Bilbao. Diese können der Fabrik jährlich 200.000 Tonnen Erz liefern. Zum Transport dieser Erze dienen ausser gemietheten Dampfern 4 eigene Dampfer von je 1.700 Tonnen Gesammtlast, während ein fünfter im Bau begriffen ist. Von den Gruben werden die Erze auf einer 14.5 Kilometer langen Eisenbahn nach dem Nervionflusse gebracht, wo sie von einer Bühne aus direct in die Dampfer verladen werden.

Die ausgezeichnete Qualität der spanischen Erze erhellt aus folgenden Analysen, welche in dem Laboratorium des Eisenwerkes El Carmen zu Baracaldo bei Bilbao mit Erzen von Vizcaya ausgeführt wurden.

	Vena dulce		Campanil			Mineral rubio	
	1	2	1	2	3	1	2
Eisenoxyd	82.26	80.78	80.75	84.01	73.90	79.14	83.75
Silicium	1.85	2.63	3.24	3.20	5.70	7.20	5.25
Aluminium	1.53	1.36	3.10	0.40	3.60	2.40	3.20
Manganoxyd	1.78	2.24	8.15	4.36	5.60	2.45	3.17
Kalk	9.27	6.39	0.92	0.40	0.45	2.23	1.36
Magnesium	Spur	0.46	1.04	0.80	1.25	0.71	Spur
Schwefel	.	.	.	.	.	Spur	0.04
Phosphor	.	.	.	.	.	.	.
Wasser, Kohlensäure und Gewichtsverlust	3.81	6.12	2.90	6.81	1.25	5.27	3.23
Summa	100.00	100.00	100.00	100.00	100.00	100.00	100.00
metallisches Eisen	.	.	56.52	58.80	51.73	55.40	58.62

Unter Vena dulce versteht man das reinste Erz (Oligisteisen); Campanil ist rothes Hämatiteisen, welches zumeist mit Kalkstein gemischt ist und besonders stark exportirt wird; Mineral rubio (blondes Mineral) ist Limonit- oder Hämatiteisen von brauner Farbe.

Da nur ein sehr geringer Theil der geförderten Eisenerse im Spanien selbst verarbeitet wird, so ist die Erzeugung an Roheisen nicht bedeutend. Sie reicht sonderbarerweise trotz der in Menge vorhandenen guten Kohle nicht einmal hin, um den schwachen Bedarf des Inlandes zu decken, sodass Spanien noch beträchtliche Mengen an Roheisen von auswärts, und zwar fast ausschliesslich von Grossbritannien, bezieht. Die Einfuhr von dort her erreichte im Jahre 1877 die hohe Ziffer von 25.819 metr. Tonnen.

Im Jahre 1873 — soweit reicht die bisher veröffentlichte officielle Statistik — wurden in Spanien aus 94.394 metr. Tonnen Erzen 42.825 metr. Tonnen Roheisen hergestellt, wovon 23.456 metr. Tonnen auf Oviedo und 9.006 metr. Tonnen auf Vizcaya entfallen.

Das Roheisen wird theils mit Holzkohle, theils mit Coken erblasen. Die ersten Hohöfen wurden 1828 bei Marbilla in Granada auf die Verhüttung der Magneteisensteine von Ronda angelegt.

Die Production an Schmiedeeisen, welches, und zwar wieder zumeist in den beiden Provinzen Oviedo und Vizcaya in nahezu gleichen Mengen fabricirt wird wie das Roheisen, genügt ebenfalls für den inländischen Bedarf nicht; vielmehr muss Schmiedeeisen in sehr starken Partien, wie die unten folgende Einfuhrtabelle zeigt, importirt werden. Nicht alles Schmiedeeisen wird aus Roheisen, sondern eine nicht unbeträchtliche Menge direct aus den Erzen nach der alten Methode auf catalanischen Herden gewonnen.

Mit der Erzeugung von Roh- und Schmiedeeisen befassten sich im Jahre 1873:

Hohöfen und Eisenwerke (ausserdem 42 kalt gelegt) 68
Arbeiter waren beschäftigt 4.009
Hydraulische Maschinen in Activität 120
Pferdekräfte derselben 1.092
Dampfmaschinen in Activität 113
Pferdekräfte derselben .... 2.721.

Einige bedeutende Etablissements, welche den Anforderungen der Jetztzeit entsprechen, finden sich nur in Pedroso bei Sevilla, in Mières bei Oviedo, in Alicante und an einigen wenigen anderen Orten.

Die Stahlproduction Spaniens ist verschwindend klein; sie betrug im Jahre 1873 nur 216 metr. Tonnen.

Der Bedarf an Eisenbahnschienen, Blech, Stahl, Eisen- und Stahlwaaren wird zum weitaus grössten Theile durch die Einfuhr gedeckt, wie die hier anschliessende Tabelle über den Import nachweist.

Jahr	Roh- und Alteisen	Stab- und Bandeisen etc.	Eisenbahn-schienen	Blech, Draht, Nägel, Röhren etc.	Stahl	Eisen- und Stahlwaaren
			metr. Tonnen			
1864	21.857	.	.	.	.	.
1865	12.929	19.575	.	1.335	539	421
1866	5.466	12.265	.	1.332	572	352
1867	10.479		.	.		.
1868	12.345	77.224	.	.	2.233	.
1869	8.622		.	.		.
1870	16.790	28.936	.	.	468	.
1871	18.013	37.147	.	.	1.101	.
1872	12.579	.	.	.	.	.
1873	13.995	27.385	13.438	5.224	1.931	8.494
1874	14.768	40.251	23.365	6.272	3.222	9.790
1875	19.008	.	11.360	5.904	.	5.483

Von einer Ausfuhr von Eisen (von den Erzen abgesehen) und Eisenwaaren ist in Spanien nach allem dem keine Rede, obwohl die Eisenindustrie
dieses Landes einer grossartigen Entwicklung fähig wäre.

Gewiss wird aber einmal, wenngleich die Zeit wohl noch in einiger
Ferne liegt, auch in Spanien bei den enormen Mineralschätzen des Landes
eine Aera des Aufschwunges eintreten!

Portugal.
(89.625 Quadrat-Kilometer. — 4,298.881 Einwohner.)

Die Kohlendistricte dieses Königreiches sind hinsichtlich ihrer Ausdehnung
ziemlich beschränkt; die Ausbeute der Kohlen ist wenig lohnend, weshalb sie
auch zeitweilig ganz sistirt wurde. Für das Jahr 1872 wurde die Production auf
12.387 metr. Tonnen beziffert, welche einen Werth von 2,974.205 ℳ. dar-
stellten. Es waren überhaupt nur 4 Schächte in Betrieb. Neuere Daten waren
nicht zu erlangen.

Der Kohlenbedarf wird unter solchen Umständen durch den Import
gedeckt. Im Jahre 1875 wurden nach Portugal, den Azoren und Madeira
allein aus Grossbritannien eingeführt:

265.276 metr. Tonnen Kohle im Werthe von 3,732.123 ℳ. und
3.398 „ „ Coke „ „ „ 65.752 „

Es sind nur zwei Kohlenbecken in Portugal, welche Erwähnung verdienen, nämlich das Anthracitbecken des Douro und das Steinkohlenbecken am
Cap Mondego in der Provinz Beïra. Das erstgenannte Revier dehnt sich auf
etwa 12.000 Hectar unweit der Mündung des Douro-Stromes zu beiden
Seiten desselben aus. Dieses Kohlengebiet, dessen Exploitirung schon im
Jahre 1801 in Angriff genommen wurde, liefert ein für Hauszwecke sehr gut
verwendbares Brennmaterial und hat den Hauptantheil an der oben ausgewiesenen Gesammtförderung des Landes. — Die Steinkohle von Mondego ist
stark mit Kies vermengt, lässt sich aber mechanisch präpariren. Die Production ist nur ganz unbedeutend.

Weitere Vorkommen von Kohle sind theils gänzlich unbenützt, theils
noch nicht genügend untersucht, scheinen indessen von keinem besonderen
Werthe zu sein. —

Eisenerze finden sich wohl in den meisten Provinzen, mitunter von
ziemlicher Mächtigkeit und besonderer Güte, — erwähnenswerth ist insbesondere das bis 20 Meter mächtige Lager brauner Hämatite und Hydrat-
oxyde von Quadramil in der Provinz Traz-os-Montes, — allein die Eisenge-
winnung in Portugal ist ohne jede Bedeutung. Im Jahre 1872 betrug die
gesammte Eisenproduction nur 2.423 metr. Tonnen im Werthe von 22.678 ℳ.
Der Bedarf an Eisen und Eisenwaaren wird fast ausschliesslich von England
bezogen. —

Mit dem Bau von Eisenbahnen wurde im Jahre 1854 begonnen. Es
bestanden:

1860 .... 131 Kilometer	1873 .... 874 Kilometer
1870 .... 772 „	1877 .... 968 „

ITALIEN.

(296.322.91 Quadrat-Kilometer. — 27,482.174 Einwohner.)

Kohle.

Italien ist im Allgemeinen ein kohlenarmes Land. Eigentliche Steinkohle findet sich nur in der Provinz Udine (Friaul), jedoch ist dieses Kohlenvorkommen von keiner Bedeutung. Auch die Anthracitlager, welche Italien besitzt, geben nur sehr schwache Ausbeute. Das bekannteste derselben liegt im Thale von Aosta (Piemont), doch werden aus demselben kaum 500 metr. Tonnen jährlich gefördert. Braunkohlenablagerungen hat dagegen Italien eine grössere Anzahl aufzuweisen, welche sämmtlich der Tertiärzeit angehören. Die ausgedehntesten Braunkohlenbecken sind in Toscana, Ligurien, in den Provinzen Vicenza, Verona und Bergamo und auf der Insel Sardinien. Die gesammte Fläche, welche von ihnen eingenommen wird, beläuft sich auf 13.500 Hectar. Ausserdem liegen am Fusse der Alpen ziemlich ansehnliche Torflager.

Die Höhe der Braunkohlen-Production ist aus folgenden Ziffern ersichtlich:

	metr. Tonnen	Werth in ℳ.
in den Jahren 1866 bis 1870 durchschnittlich	70.000	694.280
Im Jahre 1871	84.000	894.968
„ „ 1872	95.500	947.488
„ „ 1873	110.305	1,151.688
„ „ 1874	121.855	1,298.712
„ „ 1875	101.640	1,094.512

Die Torfproduction beläuft sich etwa auf 95.000 metr. Tonnen jährlich.
Die mit ausgesuchten Kohlenproben im chemischen Laboratorium des kgl. technischen Institutes in Florenz angestellten Analysirungen ergaben folgendes Resultat:

Bezeichnung	Fundort	Dichtigkeit	Kohlenstoff	Wasserstoff	Sauerstoff	Asche	Wärmeeinheiten
Braunkohle	Montebamboli	1.32	73.44	6.15	13.20	5.10	7.485
„	Tatti	1.66	73.10	5.88	15.89	2.50	7.220
Torf	Ghedi	.	55.60	6.72	33.83	2.80	5.353
präparirter Torf	„	1.28	50.00	6.80	32.43	8.77	4.978

Es ist evident, dass bei einer so schwachen Kohlenförderung des Landes, wie sie oben ausgewiesen wurde, die fast ausschliesslich aus Grossbritannien erfolgende Einfuhr an mineralischen Brennstoffen ungeachtet des nicht besonders hohen Consums doch eine ziemlich starke sein muss. Dies zeigen denn auch die nachstehenden Ziffern über die Ein- und Ausfuhr von Kohle in Italien.

im Jahre	Einfuhr		Ausfuhr	
	Tonnen	Werth in *M*	Tonnen	Werth in *M*
1866	524.042	17,121.493	1.879	61.382
1867	515.943	16,856.897	2.068	67.557
1868	580.388	18,962.448	3.934	128.525
1869	653.694	21,357.487	6.442	210.473
1870	941.789	30,770.127	11.456	374.288
1871	791.589	21,336.806	12.550	358.452
1872	1,039.724	42,462.327	5.902	197.089
1873	959.532	39,187.286	4.189	171.078
1874	1,032.035	33,718.647	4.778	156.106
1875	1,059.816	32,894.992	7.736	240.073
1876	1,454.542	38,018.236	5.794	151.441

Eisen.

Besässe Italien mineralischen Brennstoff in solcher Fülle und solcher Qualität, wie es Eisenerze besitzt, so würde es in Betreff der Eisenindustrie hinter anderen, von der Natur mehr begünstigten Ländern wohl kaum zurückstehen. Da es aber in Italien an billiger und guter Kohle mangelt, so ist die Eisenindustrie trotz des Reichthums des Landes an den schönsten Eisenerzen nur unbedeutend und macht wenig Fortschritte. An Brennmaterial wird von derselben beinahe ausschliesslich Holzkohle verwendet. In Folge des Kohlenmangels erscheint es bis jetzt auch rentabler, die Erze auszuführen, statt sie im Lande zu verarbeiten.

Die Production der Eisenerze, sowie die Ein- und Ausfuhr derselben ist aus nachstehender Aufstellung ersichtlich.

im Jahre	Production		Einfuhr		Ausfuhr	
	metr. Tonnen	Werth in M.	metr. Tonnen	Werth in M.	metr. Tonnen	Werth in M.
1850	64.000	774.921	.	.	.	.
1860	71.000	815.116	.	.	.	.
1866	145.000	1,688.325	392	12.823	18.110	591.701
1867	105.000	1,222.749	6.578	214.900	31.562	1,031.205
1868	102.000	1,188.444	6.263	204.635	24.513	800.819
1869	101.000	1,176.192	1	38	54.122	1,768.261
1870	74.000	861.724	1	31	40.711	1,326.389
1871	72.000	838.036	7	57	45.322	370.190
1872	167.000	1,705.060	45	367	168.472	2,064.118
1873	260.000	2,710.142	431	3.520	151.949	1,984.199
1874	265.000	3,178.168	12	98	203.397	2,159.750
1875	234.000	2,736.280	.	.	191.157	1,561.370
1876	248.000	3,201.856	53	432	197.697	1,614.789

Die Gewinnung der Eisenerze findet statt in den lombardischen Provinzen Bergamo, Brescia und Como, auf Sardinien und in den piemontesischen Provinzen Turin und Novara, am ausgiebigsten aber auf der Insel Elba, auf welche der weitaus grösste Theil der obigen Productionsziffern entfällt.

Der unerschöpfliche Eisenberg von Elba ist schon seit den ältesten Zeiten berühmt; er wurde bereits von den Etruskern und Römern ausgebeutet; die Verschiffung der Erze erfolgt im Hafen von Rio, in dessen Nähe auch die wichtigste Grube des Verrucano gelegen ist.

Seit 1872 hat sich die Erzeugung von Eisenerzen in Italien gegenüber den früheren Jahren ziemlich hoch gehalten, und in den letzten zwei Jahren betrug die Ausfuhr ⁴/₅ der Production. Der Export richtet sich vornehmlich nach Frankreich. Einige Schiffsladungen gehen selbst nach Amerika.

Wie aus den folgenden Tabellen hervorgeht, ist die Erzeugung an Roh- und Gusseisen, an Stabeisen, Stahl und diversen Eisenfabricaten — aus dem bereits angeführten Grunde — nur sehr gering. An Roheisen wurden in dem letzten Jahrzehnt durchschnittlich nur 20—25.000 metr. Tonnen jährlich erzeugt. Von 1866 bis 1871 waren gegen 20 Hohöfen in Activität, seit dieser Zeit ist die Anzahl derselben auf ungefähr 14 beschränkt. Obwohl die letzteren die Arbeiten forcirten, blieb die Roheisengewinnung doch ziemlich constant. Nur in einzelnen, den Export aber nicht begünstigenden Localitäten wird Eisenindustrie betrieben, und zwar namentlich am Südabhange der Alpen in den Bezirken von Bergamo und Brescia. Es concurrirt dort auffallender Weise noch der Rennfeuerprocess auf Stahl und Stabeisen mit der Roheisenfabrication.

im Jahre	Roheisen						Gusseisen und Gusswaaren					
	Production		Einfuhr		Ausfuhr		Production		Einfuhr		Ausfuhr	
	metr. Tonnen	Werth in M.	metr. Tonnen	Werth in M.	metr. Tonnen	Werth in M.	metr. Tonnen	Werth in M.	metr. Tonnen	Werth in M.	metr. Tonnen	Werth in M.
1866	durchschnittlich		14.593	1,549.523	1.983	208.431	durchschnittlich		5.655	2,036.601	171	69.655
1867			16.600	1,762.624	903	24.842			9.910	1,888.096	421	83.700
1868			12.850	1,364.532	87	6.304			3.657	650.182	146	32.277
1869	2.200	2,042.000	20.386	2,164.736	127	10.368			3.848	752.044	80	18.037
1870			20.318	2,157.468	1.116	91.137			3.066	863.365	435	94.890
1871			18.932	2,010.275	1.680	137.222	4.600	735.120	4.569	802.702	434	75.603
1872	26.000	2,719.944	21.874	2,680.003	3.722	547.223			6.229	2,021.312	439	147.677
1873	25.480	2,515.744	13.944	2,050.102	2.679	547.051			8.345	4,297.478	889	395.331
1874	21.054	2,201.276	30.186	3,698.388	868	127.616			7.767	3,754.299	710	337.501
1875	20.278	2,164.520	21.980	1,965.859	1.013	121.074			7.282	3,294.611	350	151.869
1876	.	.	22.535	1,656.592	744	75.406			5.352	2,345.780	313	142.388

Die Tabelle, Seite 180 und 181, macht die Production und Handelsbewegung in Stahl und Walzwerkserzeugnissen (Stabeisen, Luppen, Blechen, Rohschienen etc. mit Ausschluss von Eisenbahnschienen), sowie die Ein- und Ausfuhr an Eisen- und Stahlschienen ersichtlich; es ergibt sich aus dieser Tabelle, dass in den letzten Jahren allerdings nur durchschnittlich 2.500 metr. Tonnen Stahl fabricirt wurden, derselbe ist jedoch meistens von besonders guter Qualität. Die Einfuhr an Stahl ist gegenwärtig bei weitem grösser als die Production.

Weiter zeigen diese Ziffern, dass die Fabrication von Stabeisen und diversen Eisenproducten, welche in den verschiedenen Eisenhütten, namentlich der Lombardei und Central-Italiens, hergestellt werden, seit dem Jahre 1860 von 30.000 auf 50.000 metr. Tonnen gestiegen ist, dass sie also beträchtlich grösser ist, als die gesammte einheimische Production an Roh- und Gusseisen. Es erklärt sich dies damit, dass bei Herstellung der Eisenfabricate häufig auch englisches Roheisen verwendet wird und ausserdem seit kurzer Zeit einige Eisenwerke auch Alteisen verarbeiten.

Zum Schluss noch einige Ziffern über die Communicationsmittel des Landes.

Das Eisenbahnnetz hat sich in folgender Weise entwickelt. Italien besass Eisenbahnen in einer Länge

im Jahre 1840 von 21 Kilometer   im Jahre 1870 von 6.183 Kilometer
„ „ 1850 „ 609 „   „ „ 1873 „ 6.882 „
„ „ 1860 „ 2.189 „   „ „ 1875 „ 7.675 „
„ „ 1866 „ 5.091 „   „ „ 1877 „ 8.210 „

Die Anzahl der Locomotiven belief sich im Jahre 1876 auf 1.305 Stück gegen 1.172 im Jahre 1872.

12*

im Jahre	Stahl						Production	
	Production		Einfuhr		Ausfuhr			
	metr. Tonnen	Werth in M.	metr. Tonnen	Werth in M.	metr. Tonnen	Werth in M.	metr. Tonnen	Worth in M.
1860.......	.	.	.	.	.	.	30.000	11,026.800
1866.......			1.993	1,663.184	74	48.239	32.000	11,435.200
1867.......	durchschnittlich		2.216	1,827.543	227	192.316		
1868.......	650	265.460	2.270	1,552.425	140	95.977	durchschnittlich	
1869.......			2.370	1,626.506	116	73.017	38.000	13,477.200
1870.......	1.250	510.500	2.234	1,672.751	187	133.827		
1871.......	1.400	571.760	2.059	1,812.088	208	131.263		
1872.......	1.550	633.020	3.199	3,321.688	118	131.290		
1873.......	1.800	735.120	2.762	2,826.266	132	156.132		
1874.......	2.000	816.800	3.484	3,542.249	258	282.808	49.000	19,603.200
1875.......	2.000	816.800	3.478	3,512.721	131	131.906		
1876.......	2.800	1,143.352	4.853	4,087.389	109	102.100		

Der **Binnen-Schiffahrt** standen im Jahre 1876 3.016 Kilometer an schiffbaren Flüssen und Canälen zur Verfügung.

Der Stand der **Marine** war 1876 nachstehender:

I. **Handelsmarine:**

142 Dampfschiffe mit ...... 57.881 Tonnen Tragfähigkeit

10.903 Segelschiffe „ ...... 1,020.488 „ „

II. **Kriegsmarine:**

66 Dampfschiffe mit ...... 147.345 Tonnen Tragfähigkeit.

Die Zahl der stationären Dampfmaschinen ist nicht bekannt.

SCHWEIZ.

(41.389.8 Quadrat-Kilometer. — 2,680.000 Einwohner.)

Kohle.

Die Schweiz ist mit mineralischen Brennstoffen sehr dürftig ausgestattet. Steinkohlen finden sich in den Kantonen Wallis, Zürich, Freiburg, Bern, Waadt und Thurgau. Für das Jahr 1870 beziehungsweise für 1871 gibt eine Zusammenstellung des eidgenössischen statistischen Bureau in Bern die Gesammtproduction zu 17.367 metr. Tonnen im Gesammtwerthe von 255.000 (Frcs. 208.284 ℳ), das abzubauende Kohlenareal zu 73.6 Hectar, die Zahl der Arbeiter zu 180 an. Von Anthracit wurden in derselben Periode in 3 Gruben in Wallis 1813 metr. Tonnen durch 36

Walzwerkserzeugnisse				Eisen- und Stahlschienen			
Einfuhr		Ausfuhr		Einfuhr		Ausfuhr	
metr. Tonnen	Werth in M.	metr. Tonnen	Werth in M.	metr. Tonnen	Werth in M.	metr. Tonnen	Werth in M.
51.033	18,562.039	4.629	1,923.735	19.102	2,808.475	88	12.822
64.756	22,516.764	7.596	3.498.825	22.525	4,047.596	5.513	990.646
65.202	21,515.949	5.203	1,991.817	15.452	2,776.593	1.215	218.372
82.358	26,996.256	3.421	1,256.825	13.642	2,451.482	1.887	339.052
75.744	24,309.815	2.990	1,490.330	31.149	5,597.354	4.050	727.825
74.422	22,963.692	1.805	734.263	22.521	4,046.933	7.383	1,326.695
67.588	26,501.574	3.792	1,152.177	23.409	6,692.164	768	138.537
67.760	28,121.022	4.122	2,254.220	29.037	8,301.097	2.937	528.510
77.380	30,976.654	5.273	2,675.734	57.566	16,454.109	8.303	2,319.344
88.999	29,186.588	2.629	988.696	52.062	12,757.247	295	72.286
93.713	24,394.824	1.845	659.784	40.227	6,571.515	87	14.412

Arbeiter gefördert. Braunkohlen finden sich in den Kantonen Zürich, Waadt, St. Gallen und Freiburg. Im Jahre 1870 wurden nach derselben Quelle auf 13 Gruben mit circa 18.5 Hectar Abbau-Areal durch 280 Arbeiter 17.996 metr. Tonnen Braunkohlen gewonnen.

Berichten aus der Schweiz zufolge liegen neuere statistische Erhebungen nicht vor, doch wird hinzugefügt, dass ein nennenswerther Aufschwung des schweizer Kohlenbergbaues seit 1870 nicht stattgefunden habe.

Die geringe Production reicht selbstverständlich weder für den Hausbrand, noch weniger für die in manchen Branchen hochentwickelte schweizer Industrie aus, so vielfach sich auch für letztere in den vorhandenen reichen Wasserkräften vollster Ersatz für die anderswo anzuwendende Dampfkraft bietet. Vorzugsweise bleiben die Eisengiessereien und Maschinenbauanstalten der Schweiz, nicht minder die übrigen Metallbranchen neben der Wasserkraft auf grössere Bezüge ausländischer Brennstoffe angewiesen.

Eingeführt wurden:

	Steinkohlen	Braunkohlen, Coke und Torf
	1876	1876
	metr. Tonnen	metr. Tonnen
aus Frankreich	112.955	14.617
„ Deutschland	420.484	16.436
„ Oesterreich	4.334	1.380
„ Italien	4.557	74
Summa in 1876:	542.330 metr. Tonnen	32.507 metr. Tonnen
„ 1875:	465.195 „ „	26.177 „ „

Ausgeführt wurden (ausschliesslich auf den Grenzverkehr beschränkt) an Stein- und Braunkohlen, Coke und Torf

nach Frankreich .... 2.609 metr. Tonnen
„ Deutschland .... 871 „ „
„ Oesterreich .... 243 „ „
„ Italien .... 186 „ „

Summa in 1876: .... 3.909 metr. Tonnen
„ „ 1875: .... 3.168 „ „

Die Preise für mineralische Brennstoffe stellen sich in der Schweiz in Folge der Transportkosten für ausländische Kohlen sehr hoch. Gezahlt wurden loco Grube für Kohlen von mittlerer Qualität:

	1870		1877
Steinkohlen pro 100 Kg.	0.98 bis 1.55	$\mathcal{M}$.	0.90 bis 1.80 $\mathcal{M}$.
Anthracit „ „ „	0.65 „ 1.63	„	0.74 „ 2.12 „
Braunkohlen „ „ „	1.14 „ 2.46 bis 3.27	„	0.90 „ 2.62 „

Die auffallende Differenz in den Preisen zwischen Stein- und Braunkohlen erklärt sich theils aus der verhältnissmässig besseren Qualität einiger Braunkohlensorten, theils daraus, dass für manche Steinkohlengruben die Abfuhr sehr beschwerlich ist und die Consumenten vorziehen, die bequemer zu beziehende ausländische Kohle zu verbrauchen. Einige Braunkohlenwerke liegen dagegen in Gebirgsthälern, in denen in Folge der beschwerlichen Communication die Bevölkerung von dem Bezug ausländischer Kohlen so gut wie abgeschnitten und ausschliesslich auf den Verbrauch ihrer (dann aber auch im Preise hochgehaltenen) Braunkohlen angewiesen ist.

Der Preis der ausländischen Kohlen, nach dem sich auch die einheimischen Werke mit ihren Notirungen zu richten haben, hängt in der Schweiz vorzugsweise mit der Transportfrage zusammen, und verdient nach dieser Richtung hin die Entwicklung der Eisenbahnen und der Schifffahrt auf den Seen die vollste Beachtung. Vorhanden waren in der Schweiz an Eisenbahnen[*])
in 1860 . . . . 962 Kilometer | in 1869 . . . . 1.336 Kilometer
„ 1862 . . . . 1.132 „ | „ 1872 . . . . 1.501 „
„ 1865 . . . . 1.295 „ | „ 1877 . . . . 2.565 „
Ueber die Schifffahrt auf den Seen liegen neuere statistische Erhebungen nicht vor.

Die Binnenseen haben eine Gesammtausdehnung von etwa 2.000 Quadrat-Kilometer und werden von 90 Dampfschiffen befahren. Die Länge der Wasserstrassen beträgt gegen 800 Kilometer, wovon auf den Rhein und Bodensee 140 Kilometer entfallen.

Eisen.

Eisenerze finden sich in den Kantonen Bern, Solothurn, Neuenburg, Wallis und St. Gallen, vorzugsweise Bohnerze und Rotheisenstein von meist recht guter Qualität.

Die Production an Eisenerzen betrug:

	metr. Tonnen	Werth $\mathcal{M}$		metr. Tonnen	Werth $\mathcal{M}$
1847	14.959	164.296	1870	14.999	245.026
1850	16.571	180.382	1871	13.391	267.758
1855	28.984	394.337	1872	14.484	269.288
1860	21.020	343.385	1873	20.863	340.817
1866	21.826	356.656	1874	23.545	384.595
1867	17.676	288.755	1875	18.224	297.720
1868	18.656	304.605	1876	13.864	226.487
1869	15.845	258.851			

Die Förderung könnte erheblich gesteigert werden, wenn nicht die zur Verhüttung erforderlichen Brennstoffe fehlten. Dieser Umstand macht sich sofort bei der Production von Roheisen geltend, die seit mehr als 20 Jahren zwar bald auf-, bald abwärts steigt, jedoch über die niedrige Productionsziffer von 10.000 Tonnen nicht hinausgekommen ist.

---

[*]) Ausserdem befahren fremde Bahnen in einer Länge von 64 Kilometern Schweizer Gebiet.

Producirt wurden an Roheisen

metr. Tonnen	metr. Tonnen	metr. Tonnen
in 1854 .... 7.000	in 1868 .... 6.518	in 1873 .... 8.470
„ 1857 .... 9.000	„ 1869 .... 6.518	„ 1874 .... 9.979
„ 1860 .... 7.111	„ 1870 .... 6.454	„ 1875 .... 7.379
„ 1866 .... 8.218	„ 1871 .... 6.654	„ 1876 .... 6.334
„ 1867 .... 5.836	„ 1872 .... 6.987	

Nur wenig bedeutender ist die Production der Walzwerke, die zum Theil auf die Bearbeitung ausländischen Eisens basirt ist. An Stab- und Walzeisen aller Art wurden producirt:

	metr. Tonnen	Werth ℳ		metr. Tonnen	Werth ℳ
1860	2.876	1,168.228	1871	3.908	1,276.821
1866	2.876	1,127.184	1872	4.043	1,448.235
1867	2.971	1,128.776	1873	4.828	1,774.579
1868	3.211	1,049.097	1874	5.170	1,892.117
1869	3.427	1,054.325	1875	5.504	1,888.180
1870	3.392	1,042.890	1876	6.116	1,794.019

Dagegen sind in der Schweiz der Maschinenbau, die Fabrication von Waffen, schneidenden Werkzeugen und von Uhren recht gut entwickelt. Nach der Zählung von 1870 waren beschäftigt:

	Arbeitskräfte		
	männliche	weibliche	Summa
Im Maschinenbau und als Mechaniker	6.119	29	6.148
als Giesser und Schmelzarbeiter	1.443	2	1.445
als Hammer- oder Blechschmiede	783	1	784
in der Nagelschmiede- & Drahtstiftfabrication	1.101	6	1.107
als Büchsenmacher und Waffenschmiede.....	927	5	932
als Messerschmiede und chirurg. Instrumenten-macher	887	14	901
als Feilenhauer .... •	452	23	475
als Nadeln- und Haftenmacher..............	104	10	114
in der Uhrenfabrication..................	24.941	12.724	37.665
als Huf- und Zeugschmiede	8.167	21	8.188

Zur Deckung ihres Bedarfs ist die Schweiz genöthigt, grössere Quantitäten von Roheisen, Stab- und Walzeisen aller Art zu beziehen, und überwiegt in den sogenannten Massenartikeln der Eisenindustrie die Einfuhr sehr erheblich die Ausfuhr, während in Maschinen der Export den Import übersteigt. In 1877 hat eine beträchtliche Ausfuhr von Roheisen und Schienen stattgefunden, die indessen darauf zurückzuführen sein soll, dass für die Bauausführung der Gotthard-Bahn grössere Quantitäten Bauschienen etc. als nicht mehr nothwendig zum Verkauf gelangt sind.

Nach officiellen Quellen ist die Ein- und Ausfuhr in der ersten Tabelle, Seite 185, zusammengestellt.

Die Schweizer Statistik gibt für die einzelnen Posten der Ein- und Ausfuhr nur die vier Grenzländer Deutschland, Oesterreich, Italien und Frankreich an, und ist daraus nicht zu ersehen, in wieweit bei den Lieferungen und bei dem Bezug andere Länder betheiligt sind. Bekannt ist, dass namentlich bei der Einfuhr von Eisenartikeln aller Art nach der Schweiz England und Belgien stark betheiligt sind.

	Einfuhr in metr. Tonnen			Ausfuhr in metr. Tonnen		
	1875	1876	1877	1875	1876	1877
Roheisen und Rohstahl	29.363	31.069	20.279	3.191	2.817	4.402
Schmiede- und Stabeisen	18.912	16.774	14.504	1.131	891	359
Eisenbahn-Schienen incl. Stabschienen, eiserne Schwellen	44.426	16.724	11.487	.	.	3.838
Eisenblech für Maschinenbau	4.057	4.752	8.113			26
Eisenblech, rohes unter 1 Linie Dicke . . .	2.682	3.004	3.855	} 97	98	40
Eisenblech, verbleit, verzinnt u. Weissblech	3.004	3.521	3.118			10
Eisen- und Stahldraht	1.128	1.260	1.177	48	32	15
Eisengusswaaren	7.928	7.580	6.662	590	543	452
Eisen- u. Stahlwaaren, ordinäre	7.270	4.736	3.708	} 1.081	1.327	1.167
Eisen- u. Stahlwaaren, feine	475	436	283			48
Eiserne Röhren	1.904	1.906	1.829	.	.	253
Maschinen und Maschinentheile	10.424	7.662	4.681	9.477	9.425	11.836

Nach Belgiens Handelsstatistik hatte die Schweiz Import aus Belgien:

	1875	1876	1877
	metr. Tonnen		
Roh- und Alteisen (fonte brute et vieux fers) .	688	730	1.452
Eisenbahnschienen (rails)	13.055	5.924	1.899
Bleche (tôles)	2.196	2.147	1.659
Stab-, Walz- und anderes Eisen (fer battu, étiré et laminé)	6.273	4.568	3.041
Eisenwaaren, geschmiedet etc. (ouvrages de fer)	605	744	225
Gusseisenwaaren (ouvrages de fonte)	31	67	72
Zusammen	22.848	14.180	8.348

Niederlande.

(32.874.81 Quadrat-Kilometer. — 3,924.792 Einwohner.)

Abgesehen von Luxemburg, das mit Holland nur in Personalunion verbunden, als frühere Provinz des deutschen Reiches im deutschen Zollverein verblieben ist, ist das Land sowohl an Kohlen als an Eisenerzen sehr arm und dessen Production so unbedeutend, dass Holland unter der Reihe der Kohlen und Eisen producirenden Länder in der Regel gar nicht mit aufgeführt wird.

Kohlen finden sich in der Provinz Limburg als Ausläufer des belgischen Beckens, doch ist die Förderung nicht von nennenswerthem Belang. — Dasselbe gilt von den Eisensteinen der Provinzen Geldern und Ober-Yssel.

Dagegen hat in den letzten Jahrzehnten in den Niederlanden in und mit der Bearbeitung eingeführten (englischen, belgischen und deutschen) Roh- und Stabeisens die Production von Eisengussartikeln, von Nägeln, Drahtstiften, Waffen und andern Eisen- und Stahlwaaren Fuss gefasst, und sind namentlich die Eisengiessereien zu einer gewissen Bedeutung gelangt. Amsterdam, Utrecht, Herzogenbusch, Mastricht sind als die Hauptplätze dieser Industrie zu nennen, welche seit einigen Jahren auch exportirend auftritt. Zur Zeit ist indessen Hollands Einfuhr selbst in diesen Artikeln erheblich grösser als seine Ausfuhr. Wie hoch die einzelnen Posten der Ein- und Ausfuhr für Kohlen und Eisen sich belaufen, ist aus der amtlichen Handelsstatistik nicht zu ersehen, da die veröffentlichten Ziffern auch die sehr bedeutende Durchfuhr für den Handelsumsatz zwischen Grossbritannien und Deutschland mit enthalten.

In Bezug auf Luxemburg verweisen wir auf den Abschnitt „Deutschland". Der grösseren Vollständigkeit wegen mag jedoch speciell hervorgehoben werden, dass Luxemburg producirte:

Eisenerze.

	metr. Tonnen	Werth $\mathcal{M}$.
In 1866	498.974	1,322.196
„ 1867	667.026	1,647.723
„ 1868	722.059	1,454.850
„ 1869	924.382	2,439.051
„ 1870	911.695	2,762.913
„ 1871	985.479	2,698.587
„ 1872	1,170.939	3,448.227
„ 1873	1,331.743	3,856.788
„ 1874	1,442.666	3,937.620
„ 1875	1,052.405	2,929.868
„ 1876	1,196.000	2,667.000

Roheisen (in 1875: 21 Hohöfen in Betrieb, 8 ausser Betrieb).

	metr. Tonnen	Werth $\mathcal{M}$.
In 1866	46.460	2,787.657
„ 1867	79.306	4,144.788
„ 1868	105.408	4,811.691
„ 1869	124.039	6,734.598
„ 1870	129.440	7,198.824
„ 1871	142.852	8,025.300
„ 1872	180.549	10,641.210
„ 1873	257.411	23,836.089
„ 1874	246.054	16,250.036
„ 1875	270.337	17,923.590
„ 1876	231.658	

Für das kleine Land ist diese Production sehr bedeutend. Mit seiner Erzeugung von ca. 1.35 metr. Tonnen pro Kopf übertrifft Luxemburg selbst Grossbritannien um circa das Sechsfache und steht mit seiner Roheisenverhüttung unter allen Ländern der Erde obenan, wobei jedoch die sehr geringe Ausdehnung des Territoriums nicht ausser Betracht zu lassen ist.

Das Luxemburger Roheisen wird nur zum geringsten Theile im Lande weiterverarbeitet; in der Hauptsache geht dasselbe nach den deutschen Provinzen (siehe Abschnitt „Deutschland") und nach Belgien. Die Weiterverarbeitung erstreckt sich in Luxemburg selbst auf nur geringe Posten von groben Eisengussartikeln und Eisenschienen und belief sich in 1875 auf 5.091 metr. Tonnen im Werthe von 1.056.185 $\mathcal{M}$.

Dänemark.
(33.237 Quadrat-Kilometer. — 1,903,000 Einwohner.)

Eines der an mineralischer Kohle ärmsten Länder ist Dänemark.

Steinkohle kommt nur auf der Insel Bornholm vor, wo von einer Actiengesellschaft auf zwei Gruben eine qualitativ geringe Kohle producirt wird, welche indessen ausschliesslich auf der Insel, zumeist für die eigenen Werke und Ziegeleien der erwähnten Gesellschaft Verwendung findet. Die Ausbeute ist eine nur geringe; sie betrug früher 6.000 bis 7.500 metr. Tonnen, wovon 3.000 metr. Tonnen dem eigenen Bedarfe dienten, in letzterer Zeit ist dieselbe aber noch gesunken.

Braunkohle findet sich wohl an mehreren Stellen, in Jütland sowohl wie auf den Inseln; die Production ist indessen eine sehr unbedeutende und bestreitet nur den Bedarf der nächsten Umgebung.

Mithin ist Dänemark auf die Einfuhr angewiesen, deren Umfang aus der nachstehenden Tabelle ersichtlich ist.

Jahr	Einfuhr		Aus- (Durch-) fuhr	
	metr. Tonnen	Werth in ℳ	metr. Tonnen	Werth in ℳ
1866	355.815	.	40.567	.
1867	346.730	.	43.524	.
1868	411.204	.	35.348	.
1869	357.820	.	43.155	.
1870	433.060	.	49.852	.
1871	449.778	.	49.635	.
1872	430.520	.	45.355	.
1873	435.227	16,513.249	53.484	2,038.649
1874	470.040	13.283.988	57.158	1,622.232
1875	552.456	15,610.166	56.602	1,606.569
1876	583.075	14,646.256	49.644	1,252.524

Eigene Production von Eisen weist Dänemark überhaupt nicht auf. Ueber Einfuhr und Ausfuhr (Wiederausfuhr, Durchfuhr) von Eisen- und Stahlwaaren, Eisen und Stahl zum Verarbeiten, sowie von Roh- und Alteisen gibt die folgende Tabelle Aufschluss:

	Einfuhr							
Jahr	Gesammteinfuhr von Eisen- und Stahlwaaren, Eisen und Stahl zum Verarbeiten	Darunter						Ausserdem Roh- und Alteisen
		Stahl		Walzwerks-Erzeugnisse		Eisen-Schienen		
	metr. Tonnen	metr. Tonnen	Werth in ℳ.	metr. Tonnen	Werth in ℳ.	metr. Tonnen	Werth in ℳ.	metr. Tonnen
1866	22.405	502	.	.	.	874	.	10.016
1867	34.050	685	.	17.487	.	9.853	.	9.982
1868	28.598	744	.	18.731	.	3.479	.	9.815
1869	29.836	645	.	14.931	.	8.212	.	9.708
1870	30.613	658	.	16.657	.	5.682	.	10.701
1871	30.802	1.020	.	19.482	.	3.127	.	10.572
1872	35.813	805	.	19.392	.	7.781	.	9.830
1873	48.469	928	424.715	19.076	7,418.924	16.790	4,223.943	11.610
1874	51.827	1.091	396.529	23.956	7,562.004	11.967	2,988.989	14.110
1875	51.203	1.207	383.693	24.927	7,109.577	10.345	1,445.533	17.599
1876	48.720	1.323	450.539	26.176	7,305.586	7.065	802.147	19.032

Zum Schlusse mögen hier noch einige Daten über die Verkehrsmittel Platz finden. An Eisenbahnen hatte Dänemark:

Jahr	Kilometer	Jahr	Kilometer	Jahr	Kilometer
1860	79	1869	669	1874	1.037
1866	474	1870	763	1875	1.250
1867	474	1871	869	1876	1.250
1868	588	1873	869	1877	1.466

Schiffbare Flüsse, Canäle oder Seen besitzt Dänemark nicht. Die Handelsmarine bestand Ende 1876 aus:

180 Dampfschiffen mit 43.720 Tonnen Tragfähigkeit
3.083 Segelschiffen „ 216.460 „ „

mithin aus 3.263 Schiffen überhaupt, von denen 3.144 zu dem eigentlichen Königreiche Dänemark, 119 zu den Rhedereien auf Island, den Faröern und in Westindien gehörten. —

Island. An einheimischen Brennstoffen gibt es Torf und Braunkohlen. Der Torf wird in einem einzigen Moor bei Reykjavik gestochen. Braunkohlen kommen blos im äussersten Nordwesten der Insel vor, wo sie überdies qualitativ und quantitativ so ungenügend sind, dass sie nur von den nächsten Ansiedlern benützt werden können. Ein Bergbau existirt nicht An Eisen wurden jährlich eingeführt: 8.000 metr. Tonnen, an Steinkohlen 7.000. metr. Tonnen.

———   -

Gesammtausfuhr von Eisen- und Stahlwaaren, Eisen und Stahl zum Verarbeiten	Darunter						Ausserdem Roh- und Alteisen
	Stahl		Walzwerks-Erzeugnisse		Eisen-Schienen		
metr. Tonnen	metr. Tonnen	Werth in M.	metr. Tonnen	Werth in M.	metr. Tonnen	Werth in M.	metr. Tonnen
2.313	72	.	.	.	294	.	625
2.650	125	.	1.010	.	902	.	2.382
2.540	129	.	982	.	219	.	3.429
2.055	91	.	900	.	332	.	2.079
2.027	82	.	1.076	.	40	.	2.518
3.220	283	.	1.967	.	30	.	3.816
5.530	124	.	2.495	.	65	.	6.560
4.393	115	52.768	2.544	979.018	490	123.289	3.102
4.772	171	62.162	2.427	809.422	173	43.185	4.358
6.115	283	102.954	2.367	710.306	1.833	256.104	2.443
5.262	190	71.141	2.740	783.011	361	40.914	4.626

Norwegen.
(316.694 Quadrat-Kilometer. — 1,802.882 Einwohner.)

Kohlenproduction findet in diesem Lande nicht statt. Die Bohrungen auf Steinkohle, wie beispielsweise auf den Jadaren zwischen Stavanger und Egersund, haben durchwegs ungünstige Resultate ergeben und wurden deshalb bald wieder eingestellt. Im Jahre 1876 fand man einige Steinkohlenlager auf der kleinen Insel Andö an der Westküste. Dieselben sollen zwar von nur mässiger Mächtigkeit sein, aber eine ganz gute und leicht abzubauende Kohle enthalten, so dass dieser neue Fund vielleicht nicht ganz ohne Bedeutung bleibt. Norwegen ist auf den Bezug ausländischer Kohle angewiesen. Die Einfuhr, zumeist aus englischer Steinkohle bestehend, repräsentirte folgende Ziffern:

im Jahre 1864 .... 161.100 metr. Tonnen
    „   „   1874 .... 275.000 „   „
    „   „   1875 .... 347.130 „   „

Die Einfuhr steigt demnach zusehends.

Dagegen gewinnt man in Norwegen ein ganz vorzügliches Eisen. Allein die Production beläuft sich jährlich nur etwa auf

6.250 metr. Tonnen .... Roheisen.
1.750   „   „   .... Gusswaaren und
4.000   „   „   .... Stabeisen.

Zur Eisenfabrication wird ausschliesslich Holz und Holzkohle verwendet.

Bei den immer mehr steigenden Preisen des Holzes ist es für die norwegischen Hütten nur sehr schwer, die Concurrenz mit der billigeren Production der ausländischen Eisenwerke auszuhalten. Es hat daher gegenwärtig ein grosser Theil der früher sehr zahlreichen Eisenwerke seine Thätigkeit eingestellt, und die meisten Gruben werden nur ausgebeutet, um die geförderten Erze direct auszuführen. Daher kommt es denn, dass nicht nur Roheisen, sondern auch die diversen Fabricate aus Eisen in beträchtlichen Mengen importirt werden. —

Eisenbahnen Ende 1877: 802 Kilometer.

Türkei.
(532.728 Quadrat-Kilometer. — 15,140.000 Einwohner.)

Es lässt sich nicht leugnen, dass der Bergbau in der Türkei berufen wäre, eine grosse Rolle zu spielen und eine der ergiebigsten Quellen des Wohlstandes zu werden, wenn der wirthschaftliche Aufbau jener Gebiete ernstlich in Angriff genommen werden sollte. Denn die Mineralschätze des Bodens sind in der That bedeutend, und unter ihnen ragen namentlich die Kohlen-, Eisen- und Kupferlager durch ihre Mächtigkeit, wie nicht minder wegen der Leichtigkeit des Abbaues hervor.

Was zunächst die Kohle anbelangt, so existirt bis jetzt im ganzen türkischen Reiche nur ein einziges aufgeschlossenes Kohlenlager, nämlich jenes von Eregli an der asiatischen Küste des Schwarzen Meeres, zwischen dem Bosporus und Ineboli, dessen seit 20 Jahren von dem Staate betriebene Ausbeutung den gehegten Erwartungen aber nicht entsprochen hat. Im Uebrigen ist von einem Kohlenbergbau in der Türkei derzeit nicht die Rede.

Um so grössere Anerkennung verdient das Streben einer deutschen Gesellschaft, welche dem noch ganz jungfräulichen Boden der Türkei in montanistischer Richtung ihre Thätigkeit und ihre Capitalskraft zuwendet. Diese Gesellschaft hat sich zur Aufgabe gemacht, die Kohlenlager der Insel Imbros mit Hilfe von steiermärkischen Arbeitern auszubeuten. Da die Insel unweit des Curses aller von und nach dem Marmara-Meere und dem Schwarzen Meere gehenden Schiffe liegt, so gewinnt die Kohle möglicherweise eine grössere Bedeutung, wenn auch ihre Brennkraft der der englischen Kohle nicht gleichkommt. Dafür kommt sie auch nur auf etwa 16 *M.* pro metr. Tonne zu stehen, während die englische Kohle, welche bis jetzt die zahlreichen Dampfschiffe im Bosporus, die Arsenale und sonstigen Regierungs-Etablissements allein versorgte, in Constantinopel zwischen 40 und 45 *M.* im Preise schwankt.

Die Einfuhr englischer Coke in der Türkei belief sich

im Jahre	1875	auf	247.361	metr.	Tonnen	im Werthe	von	3,644.602	*M.*	
„	„	1876	„	295.102	„	„	„	„	„	3,316.473	„
„	„	1877	„	217.643	„	„	„	„	„	2,321.141	„

In Macedonien wurden schon an vielen Stellen Kohlenlager nachgewiesen. In den im Sommer trocken liegenden Flussbetten der in den Vadar einmündenden Seitenthäler treten Braunkohlenflöze in einer Mächtigkeit bis zu einem halben Meter offen zu Tage, beispielsweise in der Umgebung von Köprülu und Üsküb. Nach den Aeusserungen der Einwohner des Landes ist auf grössere und zahlreichere Vorkommen zu schliessen. Auf der Bahn von Saloniki nach Mitrovitza wurden mit dieser Braunkohle, gemischt mit englischer Kohle, unter günstigen Erfolgen Versuche zur Beheizung der Locomotiven angestellt. An eine Gewinnung der Kohle konnte aber noch nicht gedacht werden, weil die Regierung den Abbau nicht im Geringsten unterstützte und auch die mohamedanischen Einwohner der Ausbeutung der mineralischen Schätze des Landes feindselig entgegentraten.

In Bosnien sind reiche und mächtige Braunkohlenflöze, welche indessen bei dem vorhandenen Reichthum an Holz bisher ganz unbeachtet gelassen wurden. Ebenso hat Serbien im Kreise Tschuprija bei dem Dorfe Senje ein grossartiges Steinkohlenlager, welches für die zukünftige Bahn Belgrad-Alexinatz-Nisch von der grössten Wichtigkeit ist.

Im Balkan-Gebirge findet sich gleichfalls Kohle; erst neuerdings, während des russisch-türkischen Krieges, wurden daselbst wieder Kohlenflöze aufgedeckt.

Einen grossen Reichthum an Kohle hat die asiatische Türkei, welche unter „Asien" zur Behandlung gelangt. —

An Eisenlagerstätten ist Bosnien besonders reich. Die noch erhaltenen, wenn auch theils gar nicht mehr, theils ganz ungenügend betriebenen Minen haben eine Geschichte von Jahrhunderten; allein der Abbau, die Oefen, der ganze Hüttenbetrieb haben auch seit Jahrhunderten keine Fortschritte gemacht. Man kann nur staunen, dass aus der Production noch ein Gewinn gezogen wird. Die Eisenerze haben nahezu 60 % Eisengehalt, man gewinnt aber in Folge der primitiven Methoden nur 10 bis 12 %. An Roheisen werden jährlich etwa 5 bis 6.000 metr. Tonnen erzeugt. Abgesehen von allen politischen und socialen Verhältnissen ist es ein Umstand, welcher den kargen Bergbau in Bosnien zum allmäligen Stillstand bringen wird, nämlich der Mangel an geeignetem Brennmaterial für den Hüttenbetrieb. Die Verwüstung der Wälder geht von jeher in der unvernünftigsten Weise und, ohne für Nachwuchs zu sorgen, vor sich. Die Bergleute verbrauchen bei dem gänzlich primitiven Betriebe stets die zunächst gelegenen Holzvorräthe rings um den Productionsort, so dass sie die Holzkohlen aus immer grösser werdenden Entfernungen herbeischaffen mussten. Bei dem völligen Mangel an Communicationsmitteln ist einem derartigen Betriebe umsomehr eine natürliche

Grenze gesteckt, als dabei die Kosten des Feuerungsmaterials sehr bald in übertriebener Weise die Productionskosten erhöhen und damit die Unmöglichkeit der Marktconcurrenz nach sich ziehen müssen.*) Das bedeutendste Hüttenwerk liegt bei Starimaidan und hat 125 sogenannte Wolfsöfen, welche das Flammeisen liefern, aus welchem der Bedarf an Waffen und Werkzeugen gedeckt wird.

Auch in anderen Gebieten der Türkei wird noch etwas Roheisen und Schmiedeeisen erzeugt; so namentlich in Samakow, Raoutcha, Palanka und anderen Orten des Balkans. Wie in Bosnien und Serbien ist die Fabrication daselbst jedoch höchst primitiv. In Samakow beträgt dieselbe jährlich etwa 12.000, in Raoutcha 5.000 metr. Tonnen.

Im Allgemeinen steht die Eisenindustrie in der Türkei auf der denkbar niedersten Stufe der Entwicklung. Fast der ganze Eisenbedarf des Landes wird aus England, Frankreich und Deutschland bezogen und diese Einfuhr durch den mässigen Eingangszoll von 8 % wesentlich begünstigt. —

In Rumänien wird gegenwärtig weder Kohle noch Eisen gewonnen. Eigentliche Steinkohle findet sich hier gar nicht; dagegen wurden Braun- oder Glanzkohlen an zahlreichen Orten am Fusse der Karpathen entdeckt. Die Kohle tritt hier überall zu Tage, und die schönen Proben, welche auf der Wiener Weltausstellung 1873 zu sehen waren, sind im wahren Sinne des Wortes zusammengeklaubt, ohne dass man sich bisher um den Werth derselben bekümmert hätte. Viel verspricht man sich von dem Vorkommen bei Bachna nördlich von Orsova, wo 8 Flöze von einer durchschnittlichen Mächtigkeit von 0.85 Meter festgestellt wurden. Die Kohle enthält 70.85 % Kohlenstoff; die mit ihr vorgenommenen Proben zur Locomotivfeuerung entsprechen allen Anforderungen. Im Februar 1878 ging Herr Dr. Nicolaidi daran, auf seiner Besitzung zu Marcascu bei Buzeu eine grössere Quantität Kohle (4.000 Tonnen) zu Tage zu fördern, welche er der Bahn Bukarest-Giurgewo zum Preise von 30 Frcs. (24 ℳ) pro metr. Tonne offerirte. Die genannte Linie verbraucht gegenwärtig Briquets der Donau-Dampfschiffahrts-Gesellschaft, und es ist alle Wahrscheinlichkeit vorhanden, dass bei etwas billigerem Preise die neue Kohle sich auf allen Bahnlinien Rumäniens einführen wird.

Von geringerer Qualität, aber in reichen Mengen vorhanden, ist auch die Kohle des Neogenbeckens nördlich von Ploesti. —

An Eisenbahnen besass

	die Türkei	Rumänien
im Jahre 1860	66	— Kilometer
„ „ 1870	286	245 „
„ „ 1871	333	865 „
„ „ 1872	805	939 „
„ „ 1873	1.311	939 „
„ „ 1875	1.537	1.233 „
„ „ 1877	1.537	1.233 „

*) Pressel, Die Situation der Türkei. (Manuscript.)

Griechenland.

(50.123 Quadrat-Kilometer. — 1,457.894 Einwohner.)

Schon aus dem Alterthume ist bekannt, dass es in Griechenland an Eisen, Blei und Kupfer nicht fehlt. Bis in die neueste Zeit hatte aber der Bergbau nur eine geringe Ausdehnung. Kohlen und Eisenerze treten mannigfaltig auf.

Braunkohle findet sich in Euböa in einer Beschaffenheit, welche sie zu metallurgischen Zwecken geeignet macht, ferner an der Ostseite von Attika, bei Korinth und an der Westküste des Peloponnes. Früher wurde dieselbe, allerdings in unbedeutenden Mengen nur auf Euböa und in Attika gewonnen, neuerdings aber auch auf der Insel Antiparos. In Attika werden Braunkohlengruben bei dem Dörfchen Markopulo von einer hellenischen Gesellschaft ausgebeutet. Das Material gilt für besser, als das von Kumi auf Euböa und wird in allen Fabriken des Piräeus und auf Syra, sowie auch auf den Dampfschiffen der hellenischen Compagnie gebrannt. An Ort und Stelle kostet die Tonne 22 Frcs. (17.6 $\mathscr{M}$), im Piräeus 28 Frcs. (20.4 $\mathscr{M}$), Newcastle-Kohlen dagegen 75 Frcs. (60 $\mathscr{M}$), so dass sich die Braunkohlen noch empfiehlt, auch wenn sie nur die halbe Heizkraft wie englische Kohlen haben sollte.

Steinkohlenlager besitzen auch die Ionischen Inseln.

Im Jahre 1875 wurden von England nach Griechenland exportirt:

64.705 metr. Tonnen Kohle im Werthe von 1,021.939 $\mathscr{M}$
18.367 „ „ Coke „ „ „ 342.300. „

Eisenerze finden sich namentlich auf Seriphos in so grosser Menge, dass man diese kleine Insel füglich das Elba Griechenlands nennen könnte. Die Alten haben sehr stark auf diese Erze (Braun- und Rotheisenstein, Glanzeisenerz) gebaut, aber an die Magneteisenstein-Lager haben sie sich mit ihren beschränkten Hilfsmitteln nicht herangewagt. Wie viel sie indess auch gewonnen haben, dem vorhandenen grossen Reichthum konnte es wenig Abbruch thun, und so bieten diese Lagerstätten noch ein höchst werthvolles Object. Die in England mit diesen Erzen angestellten Versuche haben deren vorzügliche Eignung zur Bessemerstahlfabrication dargethan. Eine griechische Gesellschaft hat im Jahre 1870 begonnen, diese Erze mit Braunkohle von Euböa zu verschmelzen.

Braun- und Roheisenerz-Lager kommen ausserdem auf Andros, an mehreren Orten der Maina, in der Nähe vom Cap Matapan, auf Thamia, Zea und Euböa, Raseneisenstein bei Korinth vor. In der Landschaft Böotien wurde das Eisen schon sehr frühzeitig gewonnen und verarbeitet.

Im Jahre 1874 bestanden 7 Eisenfabriken und 1 Nadelfabrik.

Griechenland besitzt eine einzige 12 Kilometer lange Eisenbahn, welche Athen mit dem Hafen Piräeus verbindet.

———————

AMERIKA.

Vereinigte Staaten von Nord-Amerika.

(9,333.680 Quadrat-Kilometer. — 38,925.598 Einwohner.)

Die Vereinigten Staaten von Nord-Amerika, welche wir bisher vornehmli als eine ergiebige Quelle auf dem Gebiete der technischen Erfindungen zu schätzen gewohnt waren, sind uns nunmehr in Folge der Centennial-Ausstellung zu Philadelphia auch auf dem montanistischen Felde nahe gerückt und die Erfolge der dortigen Bestrebungen im Bergbau und Hüttenwesen so klar gelegt worden, dass es nicht zweckentsprechend wäre, uns hier auf weitläufige Darlegungen aus der ungemein reichhaltigen Literatur der jüngsten Zeit einzulassen, welche die Vereinigten Staaten in Bezug auf die Montanindustrie vorgeführt hat. Auf diese nach Fassung und Inhalt gleich vortreffliche Literatur verweisend*), begnügen wir uns, hier nur einige Hauptpunkte behufs charakteristischer Kennzeichnung des Kohlenbergbaues und der Eisenindustrie hervorzuheben, wobei wir besonders auf das Kohlengeschäft, als einen sicheren Gradmesser für das nationale Wohlergehen, hinweisen.

---

*) Als Autoritätsquellen für unsere statistischen Mittheilungen citiren und empfehlen wir hier:

The American Iron Trade in 1876. Politically, historically and statistically considered. By James M. Swank, Secretary of the American Iron and Steel Association. Annual report to January 1, 1876. Philadelphia.

The Ironworks of the United States. A Directory of the furnaces, rolling mills, steel works, forges and bloomaries in every state. Prepared by the American Iron and Steel Association. No. 265 South Fourth Street, Philadelphia. Centennial Edition. 1876.

Statistics of the American and Foreign Iron Trades. Annual report of the Secretary of the American Iron and Steel Association, containing statistics of the American iron trade to January 1, 1877, and a review of the present condition of the iron industry in foreign countries. Presented to the members, June 15, 1877. Philadelphia.

Report on the Progress of the Iron and Steel Industries in Foreign Countries, by M. Julien Deby, C. E., Brussels, in: The Journal of the Iron and Steel Institute. London 1877.

Ferner die Publicationen der Herren Chr. Mosler, F. Althaus, Dr. H. Wedding über ihre amtlichen Commissionsreisen zur Centennial-Ausstellung; und

Die Industrie Amerika's (Vereinigte Staaten von Nord-Amerika), ihre Geschichte, Entwicklung und Lage etc. etc. von Dr. Hermann Grothe. Berlin, Burmester & Stemell, 1877.

Bericht über die Weltausstellung in Philadelphia 1876. Herausgegeben von der Oesterreichischen Commission etc. IV. Heft: Das Hüttenwesen mit besonderer Berücksichtigung des Eisenhüttenwesens in den Vereinigten Staaten Amerika's. Von Franz Kupelwieser. Wien, 1877.

Die Wasserstrassen in den Vereinigten Staaten von Amerika in ihrer commerciellen und industriellen Bedeutung. Im Auftrage Sr. Exc. des Herrn Ministers für Handel etc. verfasst von Chr. Mosler. Berlin, 1877.

Höfer, Die Kohlen- und Eisenerz-Lagerstätten Nord-Amerika's, ihr Vorkommen und ihre wirthschaftliche Bedeutung, Wien, 1878.

Kohle.

Ueber Lage, Ausdehnung und natürliche Beschaffenheit der Kohlenfundgebiete Nord-Amerika's sind in der unten folgenden statistischen Uebersicht (Tabelle I, Seite 195) die nöthigen Notizen gegeben worden. Eine Eigenthümlichkeit in der horizontalen Vertheilung der verschiedenen Kohlensorten ist gewiss die, dass beiläufig der hundertste Grad westlicher Länge von Paris eine Scheidelinie zieht, so dass die Osthälfte Nord-Amerika's nur Steinkohlen, die Westhälfte nur Tertiär- und Kreidekohlen führt. Der Flächeninhalt, welcher von den Kohlenfeldern der Vereinigten Staaten belegt wird, ist nicht ganz genau zu bestimmen, indem einerseits die genaue Begrenzung der productiven Steinkohlenformation bisher nicht überall durchgeführt ist, andererseits es dort, wo jüngere Schichten die flözführende Gruppe überdecken, unmöglich ist, anzugeben, wie weit sich letztere abbauwürdig erstreckt. Es liegen mehrfache Angaben über die Flächenausdehnung der Steinkohlenfelder vor; die meisten geben die Summe der von der gesammten Formation bedeckten Area an, sind deshalb grösser als die nachfolgenden, bei welchen nur jene Flächen in Rechnung gebracht wurden, welche mit aller Wahrscheinlichkeit flözführend sind:

1. Das Anthracit-Gebiet von Neu-England ...	1.295	Quadrat-Kilometer
2. die Anthracite Pennsylvaniens	1.217	"
3. das appalachische Kohlenfeld	152.804	"
4. das Bassin von Michigan	17.352	"
5. das centrale Gebiet	121.725	"
6. das Missouri-Feld	202.012	"
zusammen	496.405	Quadrat-Kilometer

Es steht hiernach der Industrie ein solch enormer Reichthum an vorzüglichen Kohlen aller Art zur Verfügung, dass deren Entwicklung, unterstützt von allen jenen Factoren, die bisher zum raschen Aufschwunge beitrugen, eine ganz ausserordentlich grossartige sein wird. Zu jenen wichtigen Factoren gehören vor allem der amerikanische Unternehmungsgeist, die geringere Besteuerung und die leichte und billige Communication. Die Qualität und Verwendbarkeit des Productes hängen ab von der Art des Vorkommens der Kohle als Anthracit und bituminöse Steinkohle und als Braunkohle wie in anderen Ländern. Unter den drei Kohlensorten bilden die vercokbaren Kohlen Pennsylvaniens die wichtigste Grundlage des sich entwickelnden Eisenhüttenwesens, obwohl der Anthracit voraussichtlich noch auf lange Zeit hinaus eine ziemlich gleichberechtigte Stelle einnehmen wird. Die Coke sind an sich ein günstigeres Brennmaterial für die Hohofen als der Anthracit. Welche Rolle die Blockkohlen und die vercokbaren Kohlen der Südstaaten und des Illinois-Beckens, namentlich die des letzteren an den Ufern des Mississippi, in Zukunft spielen werden, ist jetzt noch nicht abzusehen. Die grosse Verschiedenheit der Cokekohlen macht eine sorgfältige Auswahl für den Hohofenbetrieb nothwendig. Im Durchschnitt beträgt der Aschengehalt dieser Kohlen nur 4.7 %, doch bei vielen steigt er auf 5.3 bis 5.5 und bei einigen sogar auf mehr als 19 %. Die Bestandtheile der Asche sind, mit den Nebenbestandtheilen der Erze verglichen, günstig. Das Cokeausbringen ist sehr verschieden, doch nie unter 50 % und selten über 70 %. Der Kohlenstoff beträgt beim Anthracit im grossen Durchschnitt 89 bis 92 %. Was diese Kohlensorte vor der bituminösen Steinkohle aber vorzüglich auszeichnet, ist ihre Härte und grosse Cohäsion, welche zur Folge haben, dass sie weder beim Transport leidet, noch durch Liegen an der Luft zerfällt. Zum Hohofenbetrieb eignet sich der amerikanische Anthracit besser als der englische, weil er nicht so wie dieser im Feuer zerspringt. Der Kohlenstoffgehalt der bituminösen Kohlen variirt in den verschiedenen Lagerstätten bedeutend; von 40 bis 78 % finden sich alle Abstufungen, während der Aschengehalt bis 17 % steigt, aber auch bis 2 % und noch tiefer sinkt. Abgesehen von dem grossen Reichthum an Anthracit ist Nord-Amerika in seinen Kohlensorten nicht besser gestellt als alle übrigen Hauptkohlenländer, auch in Bezug auf seine Braunkohlen (Lignite) und Kohlen der Trias- oder Juraformation nicht. Letztere beiden Sorten sind übrigens für die Eisenindustrie ohne alle Bedeutung.

Ueber Zahl und Anlage der Productionsstätten bieten unsere sonst so vorzüglichen Quellen nur Spärliches, namentlich fehlt eine genaue Bezifferung der Gruben und Arbeiter.

Die Productionskosten sind sehr niedrig, weil der Bergbau noch in sehr mässigen Teufen umgeht und in umfassendster Weise mit Maschinenkraft arbeitet. Eigentliche Productionskosten erreichten noch vor einigen Jahren pro gross ton (1016 Kilogramm) kaum $1/_2$, selten 1 Dollar ($f.$) [2.07 bis 4.13 $\mathcal{M}$.]. In neuester Zeit haben dieselben sich jedoch erhöht durch die allgemeine Preis- und Lohnsteigerung, sowie durch die Unbotmässigkeit und Leistungslässigkeit der Arbeiter, deren ebenso einseitig selbstsüchtige als bis zu Gewaltthätigkeiten und Verbrechen ausschreitende Coalitionen, sowie die häufigen Unglücksfälle und Betriebsstörungen, auf den Kostenpunkt des Kohlenbergbaues sehr nachtheilig eingewirkt haben. Im grossen Durchschnitt erreichen die Productionskosten jetzt nahezu 2 f (8.28 $\mathcal{M}$.) pro gross ton.

Trotzdem liessen die Productionskosten bei dem hohen Preisstande der Kohlen aller Sorten einen verhältnissmässig hohen Gewinn, wenn derselbe nicht sehr herabgedrückt würde durch die hohen Transportkosten, durch die coalitionsmässig geleitete Concurrenz der Kohlenproducenten und durch die grossen Schwankungen der Nachfrage. So sank Anthracit von 7 f (28.91 $\mathcal{M}$.) pro gross ton im Jahre 1820 bis auf 3.40 f (14.04 $\mathcal{M}$.) im Jahre 1860, stieg bis 1865 auf 7.86 f (32.46 $\mathcal{M}$.), um bis 1872 auf 3.74 f (15.35 $\mathcal{M}$.) zu sinken. Dies ist nun freilich der niedrigste Stand in den letzten Jahren, aber die Preise sind auch nur nominell, und man kämpft in Nord-Amerika ebenso merkbar wie in anderen Ländern mit dem Preisdrucke, den Ueberproduction gegenüber derzeitiger Mindercousumtion stets mit sich bringt.

Die Entwicklung der Production, wie sie in dem unten folgenden Tableau der einzelnen Staaten und in der chronologisch-statistischen Uebersicht näher dargestellt ist, datirt in ihren ersten Anfängen nicht aus den Anthracitfeldern, wie gewöhnlich angenommen wird, sondern es hat die Kohlenförderung schon früher an verschiedenen Punkten begonnen, allerdings nur im Umfange örtlichen Bedarfs und ohne förmliche Bergbau-Anlagen. Bezüglich der Anthracit-Förderung bietet die Uebersicht die vorliegenden statistischen Daten. Von der Förderung der bituminösen Steinkohlen und der Lignite liegen bis auf die neueste Zeit genaue Angaben nicht vor, indem alle Bezifferung derselben nur auf Schätzung beruht. Sichergestellt ist jedoch, dass beispielsweise im verflossenen Jahre die Production so stark war, dass der Markt bald überfüllt wurde und nur mehrfache Arbeitseinstellungen, welche die theilweise Auswanderung von Bergleuten zur Folge hatten, das Gleichgewicht zwischen Angebot und Nachfrage wieder herstellten. (Vgl. Seite 195, I. T.)

Ausser Coke werden auch Briquets in Nord-Amerika fabricirt, namentlich durch die Anthracit-Fuel-Compagnie zu Rondout, New-York, und zwar aus Anthracitstaub, der am Orte der Fabrik nur auf 1.50 f (6.20 $\mathcal{M}$.) pro gross ton zu stehen kommt, und 8 bis 10 % Theer, wovon 1 ton 10 f (41.30 $\mathcal{M}$.) kostet. Verkauft wird dieses Fabricat zu 4.50 bis 5 f (18.59 bis 20.65 $\mathcal{M}$.) pro ton, und soll dasselbe einen um 20 % höheren Brennwerth als die besten bituminösen Kohlen Nord-Amerika's (Cumberland-Coal) haben.

Gruppirt man die Productionsziffern der letzten Jahre nach den einzelnen grösseren Kohlengebieten der Unionsstaaten, so erhält man folgendes Bild*): (Vergl. Seite 195, II. Tabelle.)

---

*) Höfer, Die Kohlen- und Eisenerz-Lagerstätten Nord-Amerika's, Wien, 1878.

I.

Nord-Amerika's Vereinigte Staaten und Gebiete	Flächen-raum im Ganzen	Production 1875		Verkehrsstrassen	
		Steinkohle * Braun-kohle	Anthracit	Eisen-bahnen	Canäle und slak waters
	Qu.-Kilm.	metr. Tonnen		Kilometer	
1 Maine	90.646	60.960	.	1.588	81.27
2 New Hampshire ..	24.034	.	.	1.516	17.91
3 Vermont	26.448	.	.	1.304	1.71
4 Massachusetts	20.201	.	.	2.940	10.70
5 Rhode Island	3.382	.	11.176	293	.
6 Connecticut	12.302	.	.	1.488	8.85
7 New York	121.725	.	.	8.893	1.331.72
8 New Jersey	21.548	.	.	2.565	267.91
9 Pennsylvania	119.135	10,668.000	20,973.805	9.518	1.921.20
10 Delaware	5.491	.	.	459	20.83
11 Maryland	28.810	2,380.257	.	1.757	369.84
12 Virginia...	99.317	* 80.467	.	2.652	} 347.58
13 North Carolina ...	131.318	} 101.600	.	2.206	
14 Georgia	150.214	}	.	3.714	45.06
15 Alabama	131.365	.	.	2.771	83.30
16 Texas	710.553	.	.	3.335	.
17 Arkansas	135.187	9.144	.	1.267	.
18 Washington Territ.	181.277	* 90.322	.	177	.
19 West Virginia	59.568	1,117.600	.	927	.
20 Kentucky	97.587	381.000	.	2.356	1.236.76
21 Tennessee	118.099	365.760	.	2.636	1.604.49
22 Ohio	103.503	4,416.199	.	7.538	729.02
23 Indiana	87.562	812.800	.	6.553	164.15
24 Illinois	143.506	3,556.000	.	11.277	1.21
25 Michigan	146.202	12.192	.	5.531	.
26 Wisconsin	139.657	.	.	4.144	.
27 Missouri	169.250	762.000	.	4.854	.
28 Oregon	246.750	* 29.261	.	404	.
29 Utah	218.784	* 35.560	.	782	.
30 Minnesota	216.337	.	.	3.257	.
31 Wyoming Territory	253.507	* 282.448	.	738	.
32 Nebraska	196.819	1.321	.	1.901	.
33 Jowa	142.560	1,624.000	.	6.336	.
34 Kansas	210.605	279.400	.	3.582	.
35 California	489.441	* 168.758	.	2 992	.
36 Colorado	270.644	* 152.400	.	1.526	.
33 Nevada...........	269.673	* 1.016	.	1.149	.
38 Die übrigen Staaten	2,066.614	.	.	6.396	140.93
Vereinigte Staaten ...	7,659.621	26,448.234	20,984.981	123.322	8.383.44
		* 840.232			

II.

Kohlengebiet	1870	1874	1875
	metr. Tonnen		
Anthracit-Gebiet von Pennsylvanien .	14,197.035	22,014.064	20,973.805
Appalachisches Kohlengebiet........	11,733.357	18,999.443	19,101.063
Central-Gebiet	2,282.108	4,153.403	4,657.514
Missouri-Becken	834.373	2,149.520	2,575.865
Die jüngeren Kohlenfelder des Westens	70.887	737.514	759.765

Als das wichtigste Kohlenfeld erscheint hiernach das Anthracit-Gebiet Pennsylvaniens, welchem sowohl räumlich, als in wirthschaftlicher Bedeutung, das appalachische Kohlenfeld zunächst steht. Die Entwicklung dieser beiden Kohlengebiete hatte einen nahezu gleichen Verlauf, weil die Productions- und Absatzverhältnisse vielfach dieselben sind.

Die Becken von Neu-England, Michigan und Virginia sind für den grossen Kohlenmarkt nur von untergeordneter Bedeutung.

Die beiden im Herzen der Vereinsstaaten liegenden grossen Kohlengebiete, das centrale und jenes am Missouri, zeigen dagegen ein rasches Steigen der Productionsziffern, bedingt durch die rasch vorwärts schreitende Entwicklung der betreffenden Staaten, welchen sich die Einwanderung und Speculation in neuerer Zeit mit besonderer Vorliebe zuwendet. Das Gleiche gilt besonders auch von den Kohlenfeldern des Westens, vornehmlich der Staaten Wyoming, Californien, Colorado und Washington. Alle die zahlreichen Kohlenfelder zwischem dem Missouri und der Küste des Stillen Oceans erhielten durch die sie überschreitenden Pacificbahnen, durch den raschen Aufschwung des Bergbaues auf edle Metalle und den hiermit verbundenen regen geschäftlichen Verkehr grössere Bedeutung und werden einer weiteren Entwicklung entgegengehen.

Auch in Alaska, früher russisch, jetzt Eigenthum der Vereinigten Staaten, wurden an mehreren Punkten Kohlenfunde gemacht.

Die Circulation der Producte der verschiedenen Kohlen-Bassins und Felder hängt natürlich von den Bedarfstätten und den dahin führenden Transportwegen ab. Auf den vielen und guten Wasserstrassen ist der Kohlenverkehr ein sehr lebhafter, und auch die Eisenbahnen, welche die Kohlenproductionsstätten mit den Sitzen der Grossindustrie und des Grosshandels, namentlich der Eisenindustrie, verbinden, befördern grosse Kohlenmassen. Bedauerlicher Weise liegen über den Kohlenverkehr im Innern des Landes nur Specialübersichten vor, welche denselben nur theilweise übersehen lassen*). An einer guten Statistik des Binnenverkehrs auf Wasserstrassen und Eisenbahnen fehlt es auch in den Vereinigten Staaten noch. Nur für einzelne Regionen hat man vortreffliche Arbeiten. Im Allgemeinen ist die Transportbewegung von Kohle auf den Wasserstrassen weit geringer als auf den Eisenbahnen, eine Erscheinung, die sich auch in anderen Ländern bemerkbar macht und nicht zu Gunsten künstlicher Wasserstrassen spricht, wo Eisenbahnen mit ihnen concurriren. Eine Besserung in der Kohlenverschiffung hat fast nur der Eriecanal aufzuweisen. Einen sehr beträchtlichen Theil des Kohlenverkehrs zu Wasser besorgen die Dampfschiffe auf den Binnenseen, namentlich als Rückfracht**). So sind auch auf dem Chesapeake- und Ohio-Canal Schraubendampfer mit bestem Erfolge in Verkehr. Trotzdem wird die Kohlenbewegung auf den Eisenbahnen mindestens auf 500 Millionen Centner (zu 50 Kg.) geschätzt, während derselbe auf den Canälen kaum 250 Millionen erreichen kann. Beiderlei Verkehr wird ermöglicht und erleichtert durch ein sehr weit ausgesponnenes Netz von schmalspurigen Eisenbahnen, welche gerade als Zufuhradern weit besser gediehen und gedeihen, als die Hauptstrassen des Verkehrs, deren bedeutende Anlage- und Unterhaltungskosten einen verhältnissmässig nur geringen Gewinn übrig lassen. Die schmalspurigen Bahnen, welche circa 0.9 Meter Spurweite besitzen, hatten schon im Jahre 1874 eine Ausdehnung von 996 engl. Meilen (1.603 Km.), seitdem sind noch hinzu getreten im Bau und projectirt 8714 engl. Meilen (14.024 Km.), sodass Nord-Amerika jetzt

---

*) Zu den trefflichsten Organen, welche den Kohlen- und Eisenhandel Nord-Amerika's controliren und statistisch darstellen, gehört das zu New York erscheinende Fachblatt „The Coal and Iron Record".

**) Vergl. hierüber: „Die Wasserstrassen in den Verein. Staaten von Amerika etc. von Chr. Musler". Berlin, Ernst & Korn. 1877.

Jahr	Production				Einfuhr		Ausfuhr	
	Steinkohle	Anthracit	Stein-kohle	An-thra-cit	Quan-tum	Werth	Quan-tum	Werth
	metr. Tonnen		Durchschnitts-preis p. Tonne ℳ.		metr. Tonnen	ℳ.	metr. Tonnen	ℳ.
1830	1,119.801	212.970	.	24.78	.	.	.	.
1840	2,117.222	1,024.351	.	30.26	.	.	.	.
1850	1,850.781	3,925.179	.	15.03	.	.	.	.
1860	5,239.183	9,964.032	14.33	14.04	435.169	3,466.449	160.687	3,059.434
1866	7,888.231	14,318.322	24.53	23.95	444.174	3,611.098	227.670	4,627.351
1867	11,338.516	14,575.174	20.53	18.05	492.775	6,009.332	375.158	7,624 802
1868	12,647.010	16,063.433	19.78	15.94	397.234	4,869.935	285.750	6,171.950
1869	12,082.915	16,637.689	20.53	21.83	430.349	4,792.303	258.112	6,031.617
1870	17,930.843	18,104.815	19.49	18.13	464.270	4,777.807	271.711	5,851.054
1871	24,389.233	17,657.425	19.49	18.42	479.697	4,910.942	305.489	6,143.140
1872	23,705.841	22,437.428	19.25	15.45	467.256	5,724.411	510.897	10,113 399
1873	28,573.714	23,247.016	20.03	17.54	502.575	8,021.505	708.559	14,445.600
1874	25,652.663	22,014.064	19.12	18.79	505.996	8,262.003	775.616	13,461.545
1875	*)26,448.234	20,984.981	18.26	18.13	448.666	7,428.619	527.655	12,002.457
1876	.	19,304.000	16.23	15.98	414.379	6,640.590	366.855	11,234.199

oder binnen Kurzem ein schmalspuriges Eisenbahnnetz von fast 10.000 engl. Meilen (16.100 Km.) haben wird. Unter diesen Bahnen sind Zechen- und Werksbahnen in grosser Ausdehnung, doch lassen die-selben sich nach vorliegenden Quellen nicht genauer beziffern.

Absatz- und Marktverhältnisse sind in Nord-Amerika weit schwankender als in anderen Ländern. Abgesehen von den Coalitionen der Producenten, wie sie unter dem Namen „Ring" besonders in der Anthracit-Region dem freien Verkehr sehr hemmend entgegen gewirkt haben, abgesehen von den Arbeiter-Strikes und Coalitionen, stehen Angebot und Nachfrage oder besser gesagt, Vorrath und Bedarf in Nord-Amerika, in Folge der weiten Transportstrecken zwischen beiden Consumtionsfactoren und des bald hier, bald dort die Calculationen der Producenten kreuzenden Unternehmungsgeistes, der nirgends unberechenbarer ist als in den Vereinigten Staaten, in weit locke-rerem Causalnexus als in anderen Ländern. Die ungeheueren Preisschwankun-gen an den einzelnen Absatzmärkten beweisen diese Thatsache. Es besagt dies auch die Preiscolonne, welche in die obige Tabelle aufgenommen ist. Die grossen Auctionsverkäufe, die dort üblich sind, drücken die Preise selbst-verständlich herunter; dagegen erscheint die Errichtung einer Kohlenbörse zweckmässiger.

Zur Steigerung der Verkaufspreise trägt übrigens eine Verschwen-dung des Kohlenklein (Kohlenstaub, Kohlengruss, Staubkohle, Grusskohle) bei, welche den Vereinigten Staaten ganz eigenthümlich ist. Es ist dies nicht etwa eine Folge nachlässiger Sortirung der Kohlen, — im Gegentheil, Nord-Amerika steht in dieser Beziehung durch Anwendung ausgezeichneter Maschi-nen anderen Ländern voran, — es ist das Bewusstsein unerschöpflicher Koh-lenvorräthe, das den Kohlenstaub oder das Kohlenklein als werthlos auf der

---

*) An Braunkohle 840.232 metr. Tonnen.

Halde liegen und zu wah.en oberirdischen Kohlengebirgen sich häufen lässt. Mindestens ein Drittheil der gesammten Kohlenförderung Nord-Amerika's soll so als nutzloser Dünger, namentlich in den Anthracit-Regionen die oberirdischen Kohlenfelder belasten und durch seine Anhäufung schon jetzt einem geordneten Förderungs- und Abfuhrsbetriebe unbequem und hinderlich werden. Ein so bedeutender „Haldenverlust" muss natürlich auch die Verkaufspreise steigern und einen wirthschaftlichen Kohlenbergbau erschweren und merkbaren Theiles illusorisch machen.

Ein- und Ausfuhr. Der Aussenverkehr in Kohlen hält sich in Nord-Amerika noch immer in engen Schranken, wie die statistische Uebersicht (Seite 197) ersehen lässt. Der sehr grosse eigene Bedarf des Landes lässt einen bedeutenden Aussenverkehr nicht zu, und insofern haben England und die übrigen Staaten, welche bedeutenderen Kohlenaussenhandel treiben, von Nord-Amerika bezüglich der Concurrenz wohl noch auf längere Zeit hin nichts zu besorgen. Die Verbrauchscentren sind durch unsere Zusammenstellungen der einzelnen Staaten nach Kohlenproduction (Seite 195) und Eisenindustrie (Seite 201—203) genügend bezeichnet. Die letztere nimmt mindestens 60 % der gesammten Kohlenförderung in Anspruch, wenn man ihr auch den Bedarf der Eisenwaarenfabriken zuzählt.

Eisen.

Die Vereinigten Staaten vertreten gegenüber der Eisenindustrie Europa's die Eisenindustrie der neuen Welt jenseits des Oceans und sind bei ihrem grossen Reichthum an Kohlen und Erzen selbst zum Export von Eisenproducten aller Art berufen und berechtigt. Von diesem Standpunkte aus kann man die ungeheure Ausdehnung, welche diese Industrie dort in neuester Zeit erreicht hat, nicht als Ueberproduction ansehen, so sehr auch jetzt der Bedarf hinter derselben zurückbleibt.

Anders steht es mit einzelnen Zweigen der Production. Hier werden eigenthümlich qualificirte Materialien verlangt, und wenn, wie z. B. für die Bessemer-Industrie, in Nord-Amerika das erforderliche Erzmaterial nicht in genügender Menge und Güte vorhanden ist, so lässt sich ein natürlicher Beruf für das Land zu einer Production in grossen Massen nicht begründen.

So reich die Vereinigten Staaten an Erzen mit verhältnissmässig hohem Eisengehalt sind, so haben dieselben doch zu häufig auch einen bedeutenden Phosphorgehalt, der sie für Stahlerzeugung untauglich macht. Ebenso fehlt es auch an Erzen mit grösserem Mangangehalt, wogegen die meisten Erze viel Kieselerde enthalten und deshalb bei der Verschmelzung eine grössere Menge von Zuschlagskalk erfordern.

Der stetigen und gleichmässigen Entwicklung der Eisenindustrie ungünstig ist dann ferner die grosse Entfernung der Eisenerze, namentlich der reicheren und reineren, von den grossen Kohlenbecken, eine Thatsache, die trotz der guten und wohlfeilen Transport-Wege und Mittel und selbst bei der Reichhaltigkeit der Erze und bei der Güte der Kohlen die Herstellungskosten aller Eisensorten erhöht und gleichzeitig den Betrieb von allen jenen Zufällen und Unfällen abhängig macht, welche weite Transporte auf Land- und Wasserwegen unvermeidlich begleiten. Dieser Umstand nöthigt den Nord-Amerikaner, ohne alle Rücksicht auf den Zukunftsbedarf und die Ansprüche der Nachwelt stets das Beste für sich zu erwerben und zu verwenden und das Minderwerthe als nutzlos bei Seite zu werfen. Dies gilt namentlich von Kohlen und Eisenerzen, deren minderwerthe Sorten sich auf den Halden zu Bergen häufen, die bezüglich des freien und schnellen Verkehrs bereits Verlegenheiten zu bereiten beginnen.

Eisenerze finden sich fast in allen Staaten Nord-Amerika's, doch sind sie sehr verschiedener Qualität. Die Grundlage der Eisenindustrie, namentlich in ihrem neuesten und bedeutendsten Zweige, in der Bessemerei, bilden die Erze des Staates Michigan, des Erzreviers des Lake Superior. Die Förderung dieser Erze betrug 1856 erst 7.225 metr. Tonnen, 1866 dagegen schon 302.323, 1870 870.174, 1873 1,186.057 metr. Tonnen. Seitdem ist sie in Folge des Rückschrittes der Eisenproduction um 20 % gesunken und betrug 1876 992.869 metr. Tonnen. Nur ein geringer Theil dieser Erze wird in der Nähe des Gewinnungsortes mittels Holzkohlen oder Coke verschmolzen, im Uebrigen kommen sie zum Export nach den Hauptsitzen der Eisenindustrie. Die Lagerstätten erstrecken sich bis in den Staat Wisconsin. Der Sorte nach werden diese Erze unterschieden: Red specular ores, harte, feste Hämatite, die reichsten unter ihnen; black magnetic und slate ores, Magneteisensteine; soff haematites, weiche oder milde Rotheisensteine; flag ores, eine minder reiche Sorte der ersten Gruppe. Als wichtigste Bestandtheile mögen Phosphor und Eisen hier notirt werden; sie betragen: Phosphor von $0._{091}$—$0._{294}$ %; Eisen $49._{19}$ bis $66._{51}$ %. Der Preis der Erze stand 1872 und 1873 auf 7 bis 8 $ ($28._{91}$—$33._{4}$ $\mathcal{M}$.) pro gross ton, ist seitdem aber gefallen auf $4._{5}$ bis 5 $ ($18._{59}$ bis $20._{65}$ $\mathcal{M}$.) currency values und zwar loco Marquette im Hafen. Die Productionskosten stellen sich $2._{70}$ bis 3 $ ($11._{15}$—$12._{50}$ $\mathcal{M}$.), einschliesslich Fracht bis Marquette, nach Chicago, Toledo, Cleveland etc. noch $1._{50}$ bis $1._{70}$ $ ($6._{20}$—$7._{02}$ $\mathcal{M}$.) so dass die Erze den Hütten an den südlichen Seeufern 6 bis 7 $ ($24._{78}$—$28._{91}$ $\mathcal{M}$.) kosten.

Magneteisensteine hat der Staat New-York am westlichen Ufer des Lake Champlain schon seit 1800 gefördert. Die Production wird auf etwa 375.000 Tonnen angegeben. Die Erze enthalten Eisen-Oxyd und Oxydul 62 bis 94 % neben $0._{12}$ bis 0.55 Mangan-Oxydul und 0.020 bis $0._{082}$ Phosphor. Der Preis steht in den Champlain-See-Häfen auf 4 $ (16.52 $\mathcal{M}$.).

Auch Pennsylvanien hat reiche, aber nicht reine Magneteisensteine, da sie mehr oder weniger Kupfer- und Eisenkies enthalten. Ihr Eisengehalt steigt von 62 bis 92 %, dabei sind sie sehr arm an Phosphor. Ihr Preis steht niedrig in Folge sehr mässiger Gestehungskosten.

Im Staat Missouri lagern reiche Erze, deren Förderung gegen den grossen Lagervorrath noch sehr gering ist (etwa 370.000 Tonnen), und ebenso im Staate New Jersey (etwa 670.000 Tonnen). Die Missouri-Erze sind von vorzüglicher Qualität, indem sie reich an Eisen und arm an Phosphor sind. Ihr Schwefelgehalt wird durch Rösten und Auslaugen beseitigt. Mangan fehlt ihnen fast ganz. Nicht so gut sind die Erze von New Jersey, doch wohl geeignet, einer bedeutenden localen Eisenindustrie als Grundlage zu dienen. Franklinite und Zinkabbränder aus den Rothzinkerzen dieser Reviere haben für die Spiegeleisen-Erzeugung wegen ihres Mangangehaltes Werth.

Der Staat Ohio führt nur arme, aber sehr viel Erze, selten Hämatite, überwiegend Black-Band und Sphärosiderite. Vermischt mit Erzen aus Missouri und vom Lake Superior werden sie hauptsächlich zur Erzeugung von Giesserei-Roheisen verschmolzen. Ihr Eisengehalt variirt von 30—70 % und geröstet noch höher. Im Staate Tennessee lagern vorzugsweise Magneteisensteine von vorzüglicher Qualität, aus denen Roheisen von besonderer Festigkeit, z. B. auch zu Schalengussrädern geeignet, erblasen wird. Die Production ist jedoch noch gering. Die Erze enthalten Mangan, wenig Phosphor, und eignen sich auch zu Bessemer-Roheisen.

Der Staat Kentucky hat grossen Reichthum an Limoniten, Thoneisensteinen, Black-Band, theils auch rothe Hämatite, die zu Giesserei-, auch Qualitäts-Roheisen geeignet sind.

West-Virginia ist ebenfalls reich an Erzen mit geringem Phosphorgehalt, die zu Bessemer-Roheisen verwendbar sind.

Alabama hat gleichfalls reiche Erzlager, auch von rothen Hämatiten, rein und manganhaltig, zu Spiegeleisen geeignet. Dieses Erzgebiet hat eine hoffnungsvolle Zukunft, da die Erze mit geringen Kosten gewonnen werden, z. B. in den Red Mountains zu 12 Cents ($0._{50}$ $\mathcal{M}$.) pro ton (1016 Kg.).

Gewiss haben die Vereinigten Staaten viele und mächtige Lager reicher und guter Erze, doch fehlt es ihnen an solchen, welche reich an Mangan und arm an Phosphor sind. Sie bedürfen deshalb des Imports fremder Erze, und dieser ist auch im Steigen begriffen. Eingeführt werden Erze aus Algier, Spanien und Canada, um im nördlichen Theile von New-York und im Westen des Landes die phosphorreichen und manganarmen Erze zu ergänzen. Die gesammte Erzproduction der Vereinigten Staaten wird folgendermassen in neuester Zeit geschätzt:

    I. Oestliche Magneteisenerzzone = 1,320.800 metr. Tonnen, wovon Lake Champlain Region 335.280, New Jersey 629.920, Cornwall 254.000, andere Fundorte 101.600 metr. Tonnen liefern;

    II. Oestliche Brauneisenerzzone = 304.800 metr. Tonnen;

    III. Lake Superior Region = 1,016.000 metr. Tonnen;

    IV. Missouri Region = 335.280 metr. Tonnen;

    V. Andere Erz-Regionen zusammen 579.120 metr. Tonnen;

Diese Productionsziffern haben die Voraussetzung zur Stütze, dass die Roheisen-Production aus Erzen mit durchschnittlich 60 % gewonnen werde.[*]) Dieser Procentsatz ist jedoch zu hoch und wird sich nach anderen eingehenden Ermittelungen um 15 bis 20 % ermässigen, damit aber die gesammte Erzproduction der Vereinigten Staaten um 2 bis 3,000.000 Tonnen erhöhen müssen. Nach den Census-Angaben von 1850 wurden zu 573.791 metr. Tonnen Roheisen 1,622.866 metr. Tonnen Eisenerze verbraucht, das Ausbringen der letzteren betrug also nur 35.36 %. Die Census-Aufnahmen von 1860 ermittelten für die Roheisenproduction von 898.626 metr. Tonnen einen Erzverbrauch von 92,554.510 metr. Tonnen, das Ausbringen betrug also auch da nur 35.18 %. Nimmt man nun an, dass seitdem durch technische Fortschritte in der Ausnützung der Erze das Ausbringen auf 40 bis 45 % gesteigert worden ist, so wären zu der Roheisen-Production von 1876 = 1,898.984 metr. Tonnen etwa 3.8 bis 4.5 Millionen Tonnen Erze verbraucht worden, daher bei weitem mehr, als oben ausgewiesen wurde.

Was nun die verschiedenen Zweige der Eisenproduction anbelangt, so haben die Angaben über dieselben in den später folgenden statistischen Tabellen ihre übersichtliche Zusammenstellung und Würdigung gefunden. Noch näher hier auf dieselben einzugehen, verbietet uns einerseits der uns zur Disposition stehende nur mässige Raum, andererseits ist die darüber veröffentlichte Literatur so reichhaltig und erschöpfend und dabei so neu und verbreitet, dass eine Verweisung auf dieselbe genügen muss.

Nur der ersten Anfänge in diesem Productionszweige sei mit wenigen Worten gedacht. Das erste im Jahre 1620 zu Falling Creek errichtete Eisenwerk ging sofort im nächstfolgenden Jahre zu Grunde, weil die Indianer das gesammte Personale dieses Werkes tödteten. Im Jahre 1643 wurde zu Lynn im Staate Massachusetts ein neues Eisenwerk errichtet, und hier soll der erste Eisenartikel, ein kleines, eine Quart haltendes eisernes Kochgeschirr, verfertigt worden sein. Nun entstanden in rascher Aufeinanderfolge neue Eisenwerke in New Haven, Rhode Island, New Jersey u. s. w. Im Jahre 1750 zählte Massachusetts bereits 3 Eisenhämmer und einen Hohofen. Der aus dieser Zeit stammende Hohofen in Oxford soll der älteste unter den gegenwärtig in den Vereinigten Staaten vorhandenen sein; dagegen behaupteten der von Samuel Waldo in Rhode Island im Jahre 1735 errichtete Hohofen und die Schmelzhütte in Bezug auf Wichtigkeit den ersten Platz unter den Eisenwerken während des verflossenen Jahrhunderts. Die Production der Eisenwaaren war bis in's letzte Viertel des verflossenen Centenniums eine ziemlich primitive;

---

*) Vergl. „Dr. Wedding, Das Eisenhüttenwesen der Vereinigten Staaten von Nord-Amerika" in der „Zeitschrift für Berg-, Hütten- und Salinenwesen etc". Jahrg. 1876 II, S. 349.

so wurde beispielsweise in den langen Winterabenden, wenn andere Arbeit ruhte, in einer Ecke des Kamines eine Schmiede improvisirt, und es wurden aus Stabeisen von Kindern Nägel fabricirt. Erst die Revolutionszeit führte einen enormen Aufschwung in der Eisenindustrie herbei, indem zahlreiche Werke durch Erzeugung von Kanonen, Kugeln und anderem Kriegsbedarf in Anspruch genommen waren, während die Zufuhr aus Europa gänzlich stockte; daher begünstigte die unverhältnissmässig gesteigerte Nachfrage nach Eisenwaaren für den Privatbedarf das Entstehen neuer Eisenwerke. Um ein Bild von dem grossen Aufschwunge der Eisenindustrie zu jener Zeit zu geben, wollen wir nur beispielsweise erwähnen, dass in Rutland, wo im Jahre 1785 die erste Erzgrube erschlossen wurde, bis 1794 schon 14 Eisenwerke, 3 Hohöfen und ein Schneidwerk in Thätigkeit waren. In Boston bestand im Jahre 1790 ein Walz- und ein Schneidwerk und in Dover 1792 ein Walzwerk; bis zum Jahre 1800 jedoch hatte sich die Zahl der dortigen Etablissements auf 3 Walz- und Schneidwerke, 2 Hohöfen und 40 Eisenwerke gehoben, von welch letzteren zwei mit je 4 Feuern arbeiteten. Selbst in Pennsylvanien, einem der in der Eisenindustrie am meisten zurückgebliebenen Staaten, waren um's Jahr 1789 schon 14 Hohöfen und 34 Eisenwerke in Thätigkeit.

Der heutige Stand der Etablissements der Eisenindustrie ist in den folgenden Tabellen dargestellt:

Hohöfen-Production 1876

Nord-amerika's Vereinigte Staaten und Gebiete	Zahl	Der Hohöfen 1875 Productionsfähigkeit (capacity) metr. Tonnen	Anthracit-Hohöfen In Betrieb Ende 1876	aus ser	Production metr. Tonnen	Kohlen- und Coke-Hohöfen in Betrieb Ende 1876	aus ser	Production metr. Tonnen	Holzkohlen Hohöfen in Betrieb Ende 1876	aus ser	Production metr. Tonnen	Gesammtproduction metr. Tonnen
Maine	1	5.160	.	.	.	.	.	.	1	.	2.723	2.723
Vermont . .	2	6.350	.	.	.	.	.	.	.	2	498	498
Massachusetts	6	22.907	.	1	.	.	.	.	1	4	4.572	4.572
Connecticut.	10	31.760	.	.	.	.	.	.	4	6	9.216	9.216
New York .	57	480.360	18	23	157.431	.	.	.	5	11	7.334	164.765
New Jersey.	18	166.560	4	14	22.997	.	.	.	.	.	.	22.997
Pennsylvania . . .	270	2.054.717	82	102	534.185	35	41	360.770	16	23	20.960	915.915
Maryland . .	24	89.540	1	2	5.455	.	6	.	4	11	12.756	18.031
Virginia . .	34	65.680	.	1	773	1	4	4.394	5	22	6.667	11.834
North Carolina	8	15.873	.	.	.	.	1	.	.	7	363	363
Georgia . . .	12	39.370	.	.	.	1	2	9.078	1	7	454	9.542
Alabama . .	14	75.296	.	.	.	1	1	1.284	4	7	21.158	22.442
Texas	1	1.360	.	.	.	.	.	.	.	1	386	386
West Virginia . . .	12	90.176	.	.	.	1	5	37.070	.	6	272	37.342
Kentucky . .	23	125.466	.	.	.	2	2	15.850	2	17	15.616	31.466
Tennessee .	22	90.176	.	.	.	2	2	13.154	3	17	9.123	22.277
Ohio	99	783.204	.	.	.	27	36	321.464	11	26	44.390	365.854
Indiana . . .	9	64.884	.	.	.	2	6	11.670	1	.	1.522	13.192
Illinois . . .	12	170.554	.	.	.	3	9	49.141	.	.	.	40.141
Michigan . .	34	243.273	.	.	.	1	3	11.521	6	24	74.828	86.349
Wisconsin .	14	90.520	.	.	.	.	3	22.880	5	6	23.824	46.504
Missouri . .	19	202.759	.	.	.	2	6	40.010	4	7	21.878	61.888
Oregon . . .	1	3.628	.	.	.	.	.	.	.	1	1.587	1.587
Utah	1	1.360	.	.	.	1	.	.	.	1	59	59
Minnesota .	1	4.538	.	.	.	.	.	.	1	.	.	.
Vereinigte Staaten . .	713	4,934.489	85	143	720.841	78	128	898.036	73	207	280.006	1,898.883

Nordamerika's Vereinigte Staaten und Gebiete	Zahl der		Productions-fähigkeit (Capacity) inclusive Schienen (rails)	Walzwerks-			
						Production von	
	Werke	Pud-del-öfen		Walzwerk-producte aller Art. (Bar, angle, hoop, rod, plate, sheet iron)	Nägel etc. (cut nails and spikes)	Productions-Fähigkeit der Schienenwerke	Schie-nen-Pro-duction über-haupt
				metr. Tonnen			
Maine	2	26	22.680	3.007	.	13.608	6.805
New Hampshire	1	.	5.443	1.723	.	.	.
Vermont	1	14	18.144	.	.	18.144	8.332
Massachusetts	22	173	162.479	42.804	20.260	36.288	8.220
Rhode Island	2	12	15.604	6.260	448	.	.
Connecticut	7	14	20.775	9.175	.	.	.
New-York	23	309	326.955	63.342	3.248	153.317	51.987
New Jersey	16	172	128.187	31.795	15.532	13.608	220
Pennsylvania	137	2.153	1,473.746	364.628	62.060	620.979	321.082
Delaware	8	34	27.216	15.965	.	.	.
Maryland	5	99	83.009	11.192	.	52.617	17.095
Virginia	4	46	43.963	10.282	5.418	.	.
Georgia	2	13	21.320	2.042	681	13.608	8.165
Alabama	1	4	907	907	.	.	.
West Virginia	8	181	103.875	3.312	41.228	22.681	488
Kentucky	10	160	94.349	22.128	4.499	13.608	1.382
Tennessee	4	31	37.558	1.315	390	25.402	19.409
Ohio	46	669	575.709	108.734	26.001	264.902	91.445
Indiana	10	129	91.264	14.664	8.814	64.411	26.656
Illinois	9	98	293.026	9.002	9	276.696	164.647
Michigan	3	31	29.030	3.380	.	16.330	1.451
Wisconsin	1	34	55.158	7.892	.	40.642	19.305
Missouri	6	68	85.277	17.046	.	45.360	18.963
Wyoming Territory	1	.	13.608	.	.	13.608	11.177
Kansas	2	.	40.824	.	.	40.824	13.342
California	1	5	22.680	6.201	.	13.608	7.828
Vereinigte Staaten	332	4.475	3,792.786	756.796	188.598	1,760.241	797.999

Die Entwicklung der Production, sowie der Umfang der Ein- und Ausfuhr der verschiedenen Eisensorten ist aus der Tabelle Seite 204 zu ersehen.

Die Ausfuhr an Gusswaaren ist in der erwähnten Uebersicht nicht ersichtlich gemacht, da dieselbe in den Handelslisten nur dem Werthe nach eingestellt wird. Dieser Werth belief sich

1875 auf .... 512.185 $ (2,115.324 ℳ.)
1876 „ .... 397.982 $ (1,643.665 ℳ.)

Die Einfuhr von Giessereiproducten ist dagegen ganz unbedeutend und in den letzten Jahren in stetiger Abnahme begriffen.

Was nun die Preise betrifft, so stellten diese sich im Jahre 1877 folgendermassen:

Roheisen in Philadelphia .... 18.00 $ (74.34 ℳ.)
Ger. Stangen in Philadelphia........... 44.80 „ (185.03 „)
Stahlschienen ab Fabrik .... 40.50 „ (167.27 „)
Gew. Eisenschienen ab Fabrik.......... 32.54 „ (134.39 „)

Vergleicht man diese Preise mit jenen früherer Jahre, so wird man die Ueberzeugung gewinnen, dass die Klagen von jenseits des Oceans über das

Betrieb 1876							Stahlproduction		Production von	
Walzeisen, Eisen- und Stahlschienen							ausser Bessemerstahl		Herd-Frischeisen (bloomaries)	Catalanischer Rennarbeit (catalan forges)
Schienen-Production 1876							Tiegelstahl	Puddel-, Herd-, Blasenstahl		
davon schwere Eisen- und Bessemer Stahlschienen	Bessemerwerke			Stahl- u. Stahlkopfschienen ausser Bessemer	Strassenschienen					
	Zahl der Werke	Zahl der Converter	Capacität der Converter		überhaupt	davon Bessemer Stahlschienen				
metr. Tonnen							metr. Tonnen			
6.805	·	·	·	·	·	·	} 996	5.520	·	·
8.332	·	·	·	·	·	·			·	·
8.220	·	·	·	·	·	·			·	·
·	·	·	·	·	·	·	·	·	·	·
40.475	1	3	11.5	11.523	·	·	2.087	126	18.855	·
51	·	·	·	·	168	·	6.174	591	·	·
310.844	5	10	50.8	90	9.150	3.233	25.598	13.743	·	21.631
17.095	·	·	·	·	·	·	235	bei Tennessee	·	·
·	·	·	·	·	·	·	·	·	·	·
8.165	·	·	·	·	·	·	·	·	·	·
·	·	·	·	·	·	·	·	·	·	·
488	·	·	·	·	·	·	·	·	·	·
871	·	·	·	·	512	·	·	·	·	·
19.366	·	·	·	·	42	·	bei Maryland	194	·	·
90.564	1	4	20.9	·	882	·	636	8.671	·	·
26.567	·	·	·	·	88	·	·	·	·	·
164.270	3	6	30.5	·	377	·	·	·	·	·
1.451	·	·	·	·	·	·	·	·	·	·
19.305	·	·	·	·	·	·	·	·	·	·
18.471	1	2	10.2	·	485	·	·	·	·	·
11.176	·	·	·	·	·	·	·	·	·	·
13.343	·	·	·	·	·	·	·	·	·	·
7.668	·	·	·	·	159	·	·	·	·	·
853.752	11	25	123.5	11.613	11.861	3.233	35.726	28.845	18.855	21.631

allmähliche Zurückgehen des Eisengeschäftes, über „niedrige Löhne, kleine oder gar keine Profite, Bankerotte und Entmuthigung der amerikanischen Eisenfabricanten und Eisenarbeiter" nur zu begründet sind. Es kostete

Roheisen .... in 1861 $ 18.92 gegen jetzt $ 18.00 (74.54 ℳ.)
Gereinigtes Stangeneisen...... „ 1852 „ 52.50 „ „ „ 44.80 (185.02 „)
Stahlschienen .... „ 1868 „ 165.— „ „ „ 40.50 (167.27 „)
Eisenschienen .... „ 1862 „ 36.50 „ „ „ 32.54 (134.39 „)

Das sind Ziffern, welche keines Commentars bedürfen.

Bestand und Entwicklung der nordamerikanischen Eisenindustrie beruhen mehr auf technischen, maschinellen und commerciell-politischen Grundlagen und Voraussetzungen, als auf natürlichen Reichthümern und Vorzügen. Besonders zwei Thatsachen sind es, welche hier in Betracht kommen als schwer zu beseitigende Schranken: es fehlt in den Vereinigten Staaten an genügend manganhaltigen und phosphorarmen Erzen und an jener glücklichen Annäherung und Vereinigung der Erze und Kohlen, wie sie in England und Schottland so vortheilhaft auf die Production einwirkt

Jahr	Production					Einfuhr				Ausfuhr			
	Roheisen	Walzwerk-Erzeugnisse	Stahl excl. Schienen	Eisenschienen	Stahlschienen überhaupt	Roheisen	Walzwerk-Erzeugnisse	Eisenschienen	Stahlschienen überhaupt	Roheisen	Walzwerk-Erzeugnisse	Stahl	Eisenschienen
					metr. Tonnen								
1800	.	.	.	.	.	.	.	.	.	193	540	.	.
1810	54.867	.	.	.	.	.	.	.	.	94	605	.	.
1820	20.321	.	.	.	.	.	.	.	.	.	.	.	.
1830	167.651	.	.	.	.	.	.	.	.	.	.	.	.
1840	320.060	.	.	.	.	.	.	.	.	.	.	.	.
1850	573.823	252.241	.	39.992	.	.	.	.	.	.	.	.	.
1860	834.415	368.593	.	146.010	.	72.646	175.304	124.138	.	.	.	.	.
1866	1,225.031	540.067	17.212	390.802	.	104.027	81.210	79.260	.	.	.	.	.
1867	1,325.987	526.029	17.237	416.911	2.314	113.841	103.388	107.708	.	.	.	.	.
1868	1,454.242	542.785	19.504	453.136	6.554	113.934	93.843	153.550	.	.	.	.	.
1869	1.738.777	582.803	20.868	529.717	8.754	139.164	104.442	187.089	.	.	.	.	.
1870	1,691.928	639.576	31.751	531.619	30.845	155.747	90.805	272.357	.	.	.	.	.
1871	1,734.211	644.112	33.586	689.044	34.700	181.000	114.520	465.414	.	3.598	2.520	7	223
1872	2,580.655	854.575	36.288	821.860	85.340	251.505	132.291	428.529	111.545	2.058	2.230	30	67
1873	2,602.101	976.461	47.174	666.506	140.972	218.957	97.282	218.185	145.180	2.861	3.180	8	1.285
1874	2,439.835	1,007.196	45.070	514.816	146.808	93.519	40.808	184.878	132.823	9.796	5.825	307	347
1875	2,056.242	995.985	55.350	437.484	281.513	54.295	29.303	1.994	40.784	18.040	10.634	58	1.777
1876	1,898.984	945.395	64.491	412.211	385.788	80.732	31.394	268	4.515	4.901	13.270	61	1.018

und die Möglichkeit gewährt und erhält, jede Concurrenz des Auslandes zu beherrschen oder mehr oder weniger zu beschränken.

Alle Fortschritte in Technik und Chemie, alle Vollkommenheit der Maschinen-Einrichtung und Arbeit, alle Erz- und Kohlenreichthümer können die Eisenindustrie der Vereinigten Staaten nur so lange halten und fördern, als ein nun schon lange erprobtes Schutzzollsystem die Landesindustrie vor der Invasion fremder überlegener Concurrenten sichert, und die wohlthätige Interessen-Solidarität besteht, welche die Eisenindustrie und die Factoren des Verkehrs auf Wasserstrassen und Eisenbahnen Hand in Hand zu geben veranlasst, die Entfernungen zwischen Kohlen und Erzen und Eisen aufhebt oder möglichst vermindert und in ihren schädlichen Einwirkungen auf den Höhenstand der Productionskosten abschwächt.

Gewiss ist es, dass die Eisenbahnfracht auf das Aufblühen der Eisenindustrie in Amerika einen gewaltigen Einfluss übt. Lange übt dieser Industriezweig unter hohen willkürlichen Frachtsätzen, bis der Zusammenbruch des Schwindelgebäudes unreeller Gebahrung der Eisenbahngesellschaften die Legislative zum Eingreifen zwang, sodass nunmehr auch das Eisenbahn-Tarifswesen einer gesetzlichen Regelung unterliegt. Während das Gesammtnetz der amerikanischen Eisenbahnen im Jahre 1875 132.322 Kilometer und Ende des Jahres 1877 128.187 Kilometer betrug, wurden in den verflossenen zwei Jahren in den Vereinigten Staaten 84 Eisenbahnen mit einer Bahnlänge von 12.500 Kilometer und einem Actiencapitale von rund 417 Millionen $ (1.793 Millionen ℳ) im Zwangswege verkauft, wobei das Anlagecapital theilweise gänzlich, in der Mehrzahl der Fälle jedoch mit über 50% verloren ging. Weitere 60 Bahnen mit einem Anlagecapital von 575 Millionen $ (2.472 Millionen ℳ) werden noch zum Verkaufe gelangen. Es ist nunmehr die Gewissheit vorhanden, dass eine reellere, unter die Aufsicht des Staates gestellte Verwaltung den Interessenten durch entsprechend billige Frachtsätze Rechnung tragen und dadurch namentlich auch die Eisenindustrie fördern wird.

Nur in wenigen Fällen ist in den Vereinigten Staaten der Erzbergbau, der Kohlenbergbau und die Hütte in denselben Händen. Die Theilung der Arbeit, damit aber auch des Lohnes und der Interessen, ist hiermit für die Eisenindustrie der Vereinigten Staaten gewissermassen natürliche Thatsache. Aber die Productionskosten werden dadurch gewiss nicht ermässigt und wird schon durch

deren hohen Stand jede übermächtige Concurrenz nach irgend einem Eisenmarkte Europa's ausgeschlossen. Allerdings ist mit dem gegenwärtigen Stande
der Eisenindustrie deren weitere Entwicklung noch nicht abgeschlossen; es
werden namentlich noch andere Staaten und Territorien, in denen die Bedingungen zur Eisenerzeugung im vollsten Masse vorhanden sind, zu den schon
jetzt Eisen producirenden Ländern hinzutreten, wodurch die Verhältnisse wesentlich modificirt werden können. Aber einer Concurrenz nach dem Auslande werden immer jene Hindernisse entgegentreten, welche oben näher bezeichnet worden
sind, und namentlich ist eine Ueberschwemmung der europäischen Eisenmärkte
mit transatlantischen Producten, wie sie in neuester Zeit anlässlich einiger Export-
bestrebungen und Erfolge nordamerikanischer Eisenproducenten in England,
Belgien und auch in Deutschland profezeit wurde, unter den jetzigen Verhältnissen der Eisenindustrie in Nord-Amerika nicht zu befürchten. Aber selbst
die Anfänge dieser Concurrenz sollen nicht verkannt werden in ihrer Bedeutung
für die Möglichkeit der Zukunft und schliessen wir deshalb mit Kupelwieser's weiser Mahnung:
    „Auf keinen Fall darf Europa die Entwicklung der Eisenindustrie in
„den Vereinigten Staaten Nord-Amerika's von nun an aus den Augen ver-
„lieren oder sie als allzu gering schätzen!"

Nach dem inzwischen ausgegebenen Bericht der Iron and Steel Association
betrug die Gesammtproduction von Roheisen im Jahre 1877 in den Vereinigten Staaten 2,351.618 metr. Tonnen, das ist gegen 1876 mehr 224.972
metr. Tonnen, wogegen der Bestand (stock) von 697.787 metr. Tonnen Ende
1876 auf 652.629 metr. Tonnen Ende 1877 gesunken ist. Danach hätte der
Consum im Jahre 1877 um 270.099 metr. Tonnen sich vermehrt gegen das
Vorjahr. Die Production bestand fast ausschliesslich in Bessemer-Roheisen.
    Die Production von Eisenbahnschienen belief sich in 1877 auf
776.944 metr. Tonnen, nämlich aus Eisen 337.860, aus Stahl 439.084, während
im Vorjahre 893.703 metr. Tonnen (474.643 metr. Tonnen eiserne und 419.060
metr. Tonnen aus Stahl) producirt wurden.

Dominion of Canada.

(9,203.255 Quadrat-Kilometer. — 3,833.502 Einwohner.)

Eigentliches Canada. Die Kohlenfelder liegen 'an der Ostküste des südlichen Theiles von Canada, haben eine Gesammtausdehnung von 5.700 Quadrat-Kilometer und werden unter dem Namen Acadisches Kohlenbassiu zusammengefasst. Dasselbe zerfällt naturgemäss in drei Gruppen und zwar in die Becken von Neu-Braunschweig, von Neu-Schottland und vom Cap Breton. Das Kohlenbecken von Neu-Braunschweig ist ohne irgend welche Bedeutung. Die Flöze, deren es sehr viele gibt, sind auf weite Erstreckung hin ganz horizontal gelagert, doch gewöhnlich nur wenige Zoll mächtig; nur an einer einzigen Localität ist ein unbedeutender Abbau eingeleitet.

In Neu-Schottland sind mehrere Flöze bituminöser Kohle bekannt, aber auch hier die meisten wegen ihres hohen Schiefer- und Aschengehaltes nicht abbauwürdig. Nur zwei Flöze kommen für die Ausbeutung in Betracht; in denselben zeigt die brauchbare gute Kohle eine Mächtigkeit von 7.2 beziehungsweise 3.6 Meter. Die Kohlenförderung von Neu-Schottland concentrirt sich auf Picton County, wo die Albion-Mine die erste Stelle einnimmt, da ihre Jahresförderung 1875 mit 607 Arbeitern 130.069 metr. Tonnen betrug. Die mit ausgesuchten Kohlenproben angestellten Analysen ergaben folgendes Resultat:

	Oberes Flöz	Tief-Flöz
Kohlenstoff	66.50 %3	68.50 %
Gase	24.28 „	20.46 „
Wasser	1.48 „	2.54 „
Asche	7.74 „	8.50 „

Im Allgemeinen ist aber der Kohlengehalt geringer, und Asche wurde schon bis zu 14 % constatirt. Wegen dieses hohen Aschengehaltes vertragen die Kohlen keinen weiten Transport und würden in den atlantischen Häfen eine Concurrenz mit anderen bituminösen, aber besseren Kohlen auch dann nicht bestehen können, wenn die Vereinigten Staaten einen Eingangszoll nicht erheben würden. Die Kohle von Neu-Schottland kommt vorwiegend als Dampfkohle in den Handel; nur von einigen Gruben ist die Kohle cokbar, gelangt aber nirgends in der Form von Coke zur Verwendung.

Das dritte Kohlenbecken liegt in der Nähe des Cap Breton und Sidney-Harbour an der nordwestlichen Spitze der Halbinsel Neu-Schottland. An horizontaler Ausdehnung steht es hinter den vorhergehenden Becken zurück, überragt dieselben aber weitaus in qualitativer Hinsicht. Von den vielen Flözen werden nur zwei von einer Mächtigkeit von 1.8 und 2.4 Meter abgebaut. Im Durchschnitt enthält diese Kohle

Kohlenstoff	62.98 %,
Flüchtige Bestandtheile	33.12 „
Asche	3.82 „

Sie ist als Gaskohle gesucht und wird als solche trotz eines Eingangszolles von 0.75 ƒ (3.15 ℳ) pro metr. Tonne nach Boston und New-York verfrachtet. Eine metr. Tonne liefert durchschnittlich 280 Cubikmeter Gas und an 0.67 metr. Tonnen Coke.

In Canada selbst unterliegt die metr. Tonne Kohle einer Besteuerung von 10 Cents (0.42 ℳ).

Nachstehend folgt eine Uebersicht der Gesammtproduction des acadischen Kohlenbeckens.*)

---

*) Höfer, Die Kohlen- und Eisenerz-Lagerstätten Nord-Amerika's. Wien, 1878.

metr. Tonnen		metr. Tonnen		metr. Tonnen
1827 ...... 11.491		1855 ...... 216.338		1872 ...... 880.950
1830 ...... 25.240		1860 ...... 304.129		1873 ...... 1,051.467
1835 ...... 57.813		1865 ...... 635.586		1874 ...... 1,872.720
1840 ...... 98.267		1870 ...... 625.769		1875 ...... 781.165
1845 ...... 137.908		1871 ...... 673.242		1876 ...... 709.646
1850 ...... 163.728				

Im Betriebe waren 1875 16 Gruben, welche 3083 Arbeiter beschäftigten. Ebensowenig entwickelt wie die Gewinnung von fossilen Brennmaterialien ist auch die Verarbeitung der Erze des Landes, vorzüglich der Eisenerze. Jedenfalls scheint Canada sehr reich an Eisenerzen der verschiedensten Gattungen zu sein. Magnet- und Titaneisen findet sich namentlich in den Bezirken von Beauce und Vaudreuil, Chromeisen bei Bolton. Die Magnetite haben einen Eisengehalt von 52.72—67.94 %, die Hämatite von 54.36—68.35 %; die ersteren zeichnen sich durch einen sehr geringen Gehalt an Phosphor aus, während die letzteren ziemlich viel Phosphorsäure enthalten. Ausserdem werden noch Ilmonite, Limonite und Sumpferze gefunden.

Die Production an Eisenerzen betrug im Jahre 1871 nur 129.363 metr. Tonnen, von welchen nur ein geringes Quantum in Canada selbst verarbeitet wurde. An Manganerzen wurden in demselben Jahre 635 metr. Tonnen erzeugt. Von den im Eisenhüttenwesen verwendbaren Materialien ist noch der canadische Graphit vorzüglich desshalb zu erwähnen, weil Amerika sehr arm an Graphit ist und einen Theil seines Bedarfes aus Europa und von Ceylon bezieht.

Auf der Ausstellung zu Philadelphia war weisses Roheisen als pig iron ausgestellt, welches aus canadischen Magneteisensteinen mittelst Petroleum und Dampf erzeugtes Eisen sein sollte. Es war jedoch nichts Näheres hierüber zu erfahren.

Bedenkt man, dass in Canada bis zum Jahre 1874 nicht mehr als 17 meist sehr kleine Holzkohlen-Hohöfen erbaut wurden, von denen mehrere ausser Betrieb schon Ruinen geworden sind, so kann man daraus folgern, dass die Roheisenproduction Canada's sehr gering sein muss; sie dürfte schwerlich mehr als 10.000 Tonnen betragen. Der Ueberschuss an Erzen wird theilweise nach den Vereinigten Staaten von Nord-Amerika verkauft. Den grössten Besitz hat die „Steel Company of Canada" zu Londonderry in Neu-Schottland, nämlich 3 Hohöfen, 2 Giessereien, 1 Walzwerk und 1 Stahlwerk. Dieselbe producirte 1876 15.274 metr. Tonnen Eisenerze. Der Bedarf an Eisen wird noch jetzt fast ausschliesslich von England eingeführt; im Jahre 1870 153.575 metr. Tonnen, 1874 163.576 metr. Tonnen.

Zweifellos sind die Hauptbedingungen zur Entwicklung einer bedeutenden Eisenindustrie: gute Eisenerze, grosse Wälder und Kohlenablagerungen, in Canada vorhanden, wahrscheinlich fehlt es aber an Capital, an dem erforderlichen Schutz oder den nothwendigen Communicationsmitteln.

Immerhin bestanden Ende 1877 schon 7.985 Kilometer Eisenbahnen. —

Neu-Foundland. Auf dieser britischen Insel sind neuerdings nicht unbedeutende Steinkohlenlager entdeckt worden.

Manitoba. In diesem erst in den letzten Jahren besiedelten Gebiete existiren Braunkohlenlager am Saskatschewan-Flusse. Auch das weite angrenzende Nordwestgebiet soll Kohlen an verschiedenen Punkten aufweisen.

Britisch-Columbia. Diese Colonie ist reich an Gold, Kupfer, Eisen und Kohle. Besonders mit Kohle bedacht ist die Vancouver-Insel, an deren östlicher Küste sich ein 210 Kilometer langes und 21 Kilometer breites Becken findet, in welchem man an vielen Orten Braunkohle angetroffen hat. Die Gewinnung derselben erfolgt namentlich auf zwei Gruben in der Umgebung von Nanaimo im südlichen Theile der Mulde. Im Norden derselben bei Comox wird ein 3 Meter starkes Flöz abgebaut, doch ist über die Production nichts bekannt. Die Kohle von Vancouver-Island, welche zum grossen Theil auch cokbar ist, enthält 51.46 bis 68.27 % Kohlenstoff und 2.86 bis 10.10 % Asche.

Die Förderung bezifferte sich
          im Jahre 1870 auf 29.863 metr. Tonnen
              „   „   1874 „   81.546 „   „
              „   „   1875 „   110.145 „   „
              „   „   1876 „   140.185 „   „

Ebensowenig wie in Canada hat sich hier eine grössere Industrie entfaltet; die Kohle dient hier wie dort in erster Linie dem Verkehre, den Dampfern,
welche in den britischen Häfen landen. Ein beträchtlicher Theil der Erzeugung wird nach San Francisco, dem Stapelplatz für Kohle am Stillen Ocean,
verschifft. Daselbst wurde diese Kohle Ende Juni 1876 mit 8 bis 9 $ (33.6 bis
37.8 ℳ.) pro metr. Tonne gehandelt.

Auf den benachbarten Queen-Charlotte-Inseln sind Eisenpyrite
überall in grösster Menge verbreitet. Bei Harriet-Harbour auf Moresby, westlich von Burnaby, finden sich ganze Felsenhügel, die aus einer einzigen soli-
den Masse reinen magnetischen Eisens bestehen, welches $82^1/_2$ % Prooxyd und
4.60 % Protoxyd enthält. Im Süden der Meerenge Trapp wurden auch Kohlen
entdeckt. Poole sah Proben von Anthracit, nach denen er glaubt, dass für
Hohöfen dieser Anthracit dem berühmten pennsylvanischen gleichkomme.

England exportirte im Jahre 1875 nach Britisch-Nord-Amerika
          140.789 metr. Tonnen Kohle im Werthe von 1,616.978 ℳ.
   und   1.327   „   „   Coke   „   „   „   26.526 „

Mexico.
(1,921.240 Quadrat-Kilometer. — 9,276.079 Einwohner.)

Steinkohlen hat man in grösseren Lagern bisher in Mexico nicht entdeckt, dagegen findet sich Eisen in den meisten Staaten. Ein grosser, über
180 Meter hoher Eisenberg vom schönsten, 60 % haltenden Erz liegt im Thale
von Durango. Die Spanier hörten einst von diesem Metallberge. Sie glaubten,
er enthalte Gold, und im Jahre 1552 erhielt Don Ginez Vasquez del
Mercado den Befehl, ihn in Besitz zu nehmen. Der Spanier untersuchte
den Berg, fand aber nur Eisen, das er als für seine Landsleute unnütz un-
berührt liess. Erst in neuester Zeit hat man angefangen, diesen gewaltigen
Schatz auszubeuten.

Ausserdem findet sich Eisen namentlich in den Staaten Mexico, Guer-
rero, Mechoacan, Jalisco, Oaxaca, Puebla und im Gebiete Tlascala. Das
Eisen ist theils Brauneisenstein, theils Magnet- und Meteoreisen. Alexander
von Humboldt schrieb vor 70 Jahren: „Ueberblickt man den ungeheuren
Flächenraum, den die Cordilleren einnehmen und die immense Zahl der noch
nicht angegriffenen Erzlagerstätten, so begreift man, dass Neu-Spanien mit einer
besseren Administration und mit einer industriösen Bevölkerung, allein was
die edlen Metalle betrifft, dereinst die 130 Millionen ℳ. in Gold und Silber
liefern könnte, welche gegenwärtig das gesammte Amerika producirt.“

Eisenwerke besitzt das Land gegenwärtig sieben. Die bedeutendste Hütte
ist die von Comanjo, wo ebenso, wie in jener von Tula, die vorzüglichen
Eisenerze der Provinz Jalisco verarbeitet werden. Die Qualität des daselbst
erzeugten Eisens ist eine ganz gute. Im Staate Hidalgo bestehen zwei Eisenhütten zu Zacualtipan, welche Hämatite verschmilzt und die Ferreria de la
Encarnacion, welche das in zwei Holzkohlen-Hohöfen aus Magnetiten erblasene Roheisen in Frischfeuern aufarbeitet und zu currenten Stabeisensorten

auswalzt und ausschmiedet. Die übrigen drei Hütten Mexico's sind Terro Mercado im Staate Durango, Ferreria de la Trinidad im Staate Puebla und Temascaltepec im Staate Mexico.

Ueber die Grösse der Eisenproduction in Mexico existiren keine bestimmten Daten; dieselbe wird auf etwa 7.500 Tonnen jährlich geschätzt.

Der Gesammtwerth der Montan-Production, ausschliesslich des Ertrages der Gold- und Silberminen, wird auf 1.6 Millionen ℳ veranschlagt.

England importirte 1875 Eisen und Eisenwaaren im Werthe von 927.170 ℳ, doch wird mehr als das doppelte Quantum aus den Vereinigten Staaten eingeführt.

Mit Schluss des Jahres 1877 zählte Mexico erst 623 Kilometer Eisenbahnen.

Central-Amerika.

(569.633 Quadrat-Kilometer. — 2,828.164 Einwohner.)

Guatemala. An Schätzen des Mineralreiches scheint der Staat nicht reich zu sein. Nur an der Grenze von Honduras (im Departement Chiquimula) hat man Gold, Silber, Kupfer und Blei gefunden. Eine Exploitation von Kohle und Eisen findet nicht statt. Eine grössere Industrie, die erstere erfordern würde, fehlt. Die Dampfer werden von Nord-Amerika versorgt. Eine Bahn ist im Bau. Alle Eisenwaaren, wie Stab-, Band-, Rundeisen etc., werden von England und den Vereinigten Staaten bezogen.

Honduras. Edle Metalle finden sich reichlich vor, auch Eisen und Steinkohlen, doch liegt der Bergbau noch gänzlich darnieder. 1877 bestanden 90 Kilometer Eisenbahnen.

San Salvador. Im Districte Metopam, im Thale des Rio Lampo, wird sehr gute Steinkohle und insbesondere viel Eisen gefunden.

Die Ausbeute beider Minerale ist aber nur eine sehr beschränkte und dient fast ausschliesslich dem Consum des eigenen Landes, da die Fundorte, im Innern gelegen, den Transport zur Küste schwierig und ganz unverhältnissmässig theuer gestalten.

Nicaragua. Zu Beginn der sechziger Jahre wurden im District Chantales in der Nähe des Nicaraguasee's Steinkohlen entdeckt. Auch Eisen ist in diesem Staate vorhanden. Der Bergbau liegt noch in der Kindheit.

Costarica. Die Berge enthalten wohl Eisen, Kohlen, Kupfer und Blei, aber noch wird nichts davon ausgebeutet. Ende 1877 existirten hier 59 Kilometer Eisenbahnen.

West-Indien.

(245.509 Quadrat-Kilometer. — 4,316.178 Einwohner.)

Auf der Insel Cuba gewinnt man Braunkohlen; die sich daselbst findenden Steinkohlenlager werden indessen noch nicht ausgebeutet. An Eisenerzen ist Mangel.

14

In den Bergzügen des Nordens von San Domingo kommen häufig Kohlenlager vor, deren gründlichere Untersuchung und Bearbeitung bisher nur der unsichere Zustand des Landes verhindert hat.

Die französische Insel Guadeloupe birgt Magneteisensteine, welche 74.8 % reines Eisen enthalten.

Im Jahre 1875 wurden in West-Indien 475.099 metr. Tonnen englischer Kohlen im Werthe von 6,540.320 ℳ eingeführt. — Eisenbahnen existiren dermalen

auf Cuba .... 640 Kilometer,
„ Jamaica .... 43 „
„ Portorico .... 34 „
„ Barbados .... 10 „

Brasilien.
(8,337.218 Quadrat-Kilometer. — 11,108.291 Einwohner.)

Der südamerikanische Continent galt bisher als sehr arm an mineralischen Brennstoffen, und die unentbehrlichen Steinkohlen mussten entweder aus Nord-Amerika oder aus England eingeführt und zu gewaltigen Preisen bezahlt werden (in den Hafenplätzen mit 29.25 ℳ für die englische Tonne, die in England selbst 5 ℳ kostet). Diese Thatsache genügt, um das Interesse neben anderen südamerikanischen Ländern auch an den südlichen Theil Brasiliens, die Provinzen Santa Catarina und Rio Grande do Sul zu fesseln, in denen im letzten Jahrzehnte mehrere Steinkohlenlager aufgefunden wurden.

Das erste Kohlenfeld in der Provinz Santa Catarina, auf dem rechten Ufer des Tubarao, etwas über 50 Kilometer von der Mündung dieses Flusses in den Atlantischen Ocean entfernt gelegen, ist durch mehrfache Schürfe auf einer grösseren Fläche untersucht worden. Es wurden im Ganzen 6 Schürfe vorgenommen, von denen der tiefste 3½ Meter tief war. Man fand hierbei 2, 4, 9, auch 12 Kohlenflöze, welche nur durch ganz schwache Zwischenschichten von Schieferthon getrennt waren. Die Kohlen zeigten sich mehrfach verunreinigt, und namentlich beeinträchtigte ein bedeutender Gehalt von Schwefelkies ihre Brauchbarkeit. Im Uebrigen sind die Kohlen schwarz und glänzend, haben jedoch bei längerem Liegen an der Luft die Neigung, in würfelförmige Stücke und Stückchen zu zerfallen. Wie von einer so jungen Steinkohle nicht anders zu erwarten ist, so ist sie reich an Bitumen und gibt darum wenig Coke; auch ist ihre Heizkraft geringer als die der englischen Steinkohle aus der eigentlichen Steinkohlenformation.

Das zweite Kohlenfeld in der Provinz Santa Catarina liegt weiter westlich, an den Abhängen der Serra Geral, an den Quellwässern des Jaguarao. Es soll 170 Quadrat-Kilometer umfassen und hinsichtlich der Lagerung der Flöze, ihrer Beschaffenheit und der begleitenden Gebirgsschichten dem Kohlenvorkommen auf dem rechten Ufer des Tubarao sehr ähnlich sein. Ueber die Anzahl und Mächtigkeit der Kohlenflöze ist jedoch nichts Näheres bekannt geworden.

Das dritte Kohlenfeld Südbrasiliens befindet sich, von dem soeben besprochenen südlich und an 300 Kilometer entfernt, in der Provinz Rio Grande do Sul, zwischen den Nordabhängen der Serra Erval und dem schiffbaren Jacuhy.

Ein über 2 Meter mächtiges Flöz, öfter durch Schieferthonschmitze getheilt, lässt sich regelmässig verfolgen, ebenso mehrere andere, weniger mächtige, zwischen Sandstein- und Schieferthonschichten eingelagerte. Auch diese Kohle gleicht der am Tubarao geförderten. Sie ist verunreinigt durch Schwefelkies, Sandstein, Thonschiefer und Letten, und es müssen daher die bessern Bänke ausgehalten werden. Am Gleichmässigsten in der Führung guter Kohle ist das erwähnte, über 2 Meter mächtige Flöz. Ihm sind alle jene Kohlen entnommen, welche seitens der brasilianischen Regierung zu Versuchen auf Dampfschiffen verwendet wurden.

Da man nirgends in eine nennenswerthe Tiefe gedrungen ist, lässt sich die Bedeutung auch dieses Kohlenlagers für jetzt noch nicht klar übersehen. Es ist jedoch nicht ganz unwahrscheinlich, dass die Güte der tieferen Kohle besser ausfallen wird; auch ist die Annahme nicht ungerechtfertigt, dass die Flöze an Mächtigkeit mit der grösseren Tiefe zunehmen werden. Unter diesen Umständen drängt sich die Frage auf: Ist der Abbau dieser Steinkohlenlagerstätte unter den gegenwärtigen Verhältnissen lohnend, d. h. wird diese Kohle entsprechend billiger auf die Märkte Süd-Brasiliens gelegt werden können, als die bessere importirte nordamerikanische oder englische?

Da die Flöze in hügeligem und zum Theil bergigem Territorium zu Tage treten, so ist reichliche und günstige Gelegenheit zu Stollenanlagen vorhanden, und können, was für jene Gegenden höchst wichtig ist, auf längere Zeit hinaus wenigstens, die kostspieligen Maschinen zur Fortschaffung der Grubenwässer entbehrt werden. Die örtlichen Verhältnisse sind daher der bergmännischen Gewinnung günstig, auch bieten die schiffbaren Flüsse, der Jacuhy und der Tubarao Gelegenheit zur Versendung per Schiff nach den Märkten am südatlantischen Ocean. Ebenso können den Transport in das Innere des Landes, namentlich nach den deutschen Colonien San Leopoldo, Santa Maria, Boa Bista etc., die schiffbaren Ströme Taquary, Cahi und Sino vermitteln, die mit dem Curral alto in Verbindung stehen.

Man hat nun auch schon den Versuch gemacht, diese grossen Schätze des Erdinnern zu verwerthen, und einige Bergwerke angelegt. In der Provinz Rio Grande do Sul sind zwei Minen in Betriebe: die von Candiosa, im Besitze einer englischen Gesellschaft, welche im Begriffe steht, eine Eisenbahn für den Kohlentransport herzustellen, und jene von Arroio-dos-Patos, die gleichfalls einer englischen Gesellschaft gehört und bereits durch eine Eisenbahn mit dem Flusse Lagôa-dos-Patos verbunden ist. Die gewonnene Kohle wird von den Dampfschiffen gern consumirt. Auch zur Ausbeutung der Kohlenlager von Santa Catarina ist eine Concession ertheilt worden.

Brasiliens Einfuhr an englischer Kohle belief sich

im Jahre 1875 auf 369.882 metr. Tonnen im Werthe von 5,993.617 *ℳ*
„   „   1876   „   331.777   „   „   „   „   „   4,438.226 „
„   „   1877   „   345.524   „   „   „   „   „   4,207.031 „

Unter ebenso günstigen Bedingungen wie die Kohle findet sich in Brasilien auch das Eisen vor. In der ganzen Kette des Itabira-Gebirges, in der Umgebung der Stadt Uro-Preto, in den Espinhaso-Bergen, bei den Hügeln von Piedade und an vielen anderen Stellen der Provinz Minas-Geras erscheint das Eisen in unermesslichen Mengen. Auch in den Nord-Provinzen, dann in San Pedro, Rio Grande do Sul und Parana trifft man Eisen in Ueberfluss, zumeist von ausserordentlicher Qualität. Das ;viel vorkommende Magneteisen enthält bis 72.5 % reines Eisen. Ungeachtet dieser günstigen Bedingungen liegt die Eisenindustrie Brasiliens noch in den ersten Anfängen. In der Provinz Minas-Geras hat sich eine Gesellschaft zur Ausbeutung dieses Productes gebildet. Ueber ihre Erfolge ist bisher nichts bekannt geworden. Die wichtigste Grube in Süd-Amerika befindet sich in der Provinz San Paulo auf dem linken Ufer des Flusses Ipanema, 191 Kilometer vom Hafen von Santos, 425 Kilometer von der Hauptstadt der Provinz und etwa 2 Kilometer vom Fusse des Arassoiava-Gebirges entfernt. Dieses Bergwerk ist im Besitze des Staates und beschäftigt 100 Arbeiter. In einer Entfernung von 33 Kilometern hat man ein Kohlenlager entdeckt und verspricht sich hiervon für die Zukunft dieser Eisenindustrie eine günstige Förderung.

Chile.*)
(328.175 Quadrat-Kilometer. — 2,138.800 Einwohner.)

Das Vorhandensein von Braunkohle in Chile ist seit dem Jahre 1825 bekannt. Die wichtigsten Kohlenfelder liegen im tertiären Gebilde in der Provinz Concepcion, südlich vom Biobio, bis etwa zum 37. Grad südlicher Breite. Namentlich stehen die Gruben von Lota, Coronel, Lebié und Colchurn in ausgedehntem Betriebe.

Ausserdem werden nur noch und zwar erst neuerdings im Territorium der Magellan-Strasse Kohlen gefördert. Die Entstehungszeit der Kohlenfelder schwankt offenbar zwischen der Kreide- und Melasseperiode.

Die ziemlich geringen Sorten sind bald Russ- oder Faserkohle, bald Pechkohle oder Lignit und unterscheiden sich wesentlich beim Verbrennen von den englischen Steinkohlen durch unangenehmen Harzgeruch und Qualm.

Das Lager der Magellan-Strasse befindet sich am Rio de las Minas ungefähr 9,7 Kilometer landeinwärts von der chilenischen Colonie Punta Arenas. Das im Abbau befindliche Flöz guter Braunkohle variirt von 2½ bis 3 Meter Mächtigkeit. Die Production aller Minen daselbst beträgt über 10.000 metr. Tonnen jährlich. Man rechnet auf 1 Pfund Rostkohle 5 Pfund Dampferzeugung gegenüber 7—8 Pfund bei Anwendung englischer Kohlen. Zu einem schwunghafteren Betriebe der Kohlengruben haben sich in neuester Zeit chilenische Capitalisten vereinigt. Punta Arenas wird jetzt regelmässig von den Schiffen der englischen wie der Hamburger Schiffahrtslinie nach Valparaiso angelaufen um daselbst Kohlen einzunehmen.

Vornehmlich concentrirt sich aber, wie bereits erwähnt, die Gewinnung chilenischer Kohle in der Provinz Concepcion. Die Kohleminen von Lota wurden 1841 unter den Auspicien der Liverpooler Dampfschiffahrts-Gesellschaft begonnen. In der Nähe wurde eine bedeutende Kupferschmelze errichtet. Etwa 7 Kilometer nördlich davon liegt Coronel. Mit den Kohlenwerken daselbst steht eine in grossartigem Massstabe angelegte Ziegel- und Glasfabrik, sowie eine Maschinenwerkstätte und eine ansehnliche Giesserei in Verbindung.

Ausser diesen Fundorten ist namentlich noch Lebié zu erwähnen, 350 Kilometer südlich von Lota gelegen. Der Ort ist erst seit den sechziger Jahren bekannt.

Die Gesammtproduction der Kohlengruben der Republik Chile (mit Ausnahme der Colonie Punta Arenas)

betrug im Jahre 1872 .... 300.000 metr. Tonnen und
stieg „ „ 1875 auf .... 360.000 „ „

*) Quellen: Estadistica comercial de la Republica de Chile, Valparaiso 1877. Memoria del Ministro de Hacienda. Santiago 1877. Die Kohlen- und Kupferminen Chile's v. B. Flemming, Globus, Bd. XXXII.

Die Existenz der chilenischen Kohlenlager erweist sich als wesentlich für die enorme Kupfergewinnung des Landes, welche schon jetzt mehr als die Hälfte der gesammten Kupferausbeute der Erde ausmacht, und diese wiederum für das Prosperiren der ersteren. Wenn sich nun auch Kupfer und Kohle in Chile in ganz getrennten Gebieten finden, so ergibt sich doch eine Erleichterung des Verkehres dadurch, dass fast alle Kupferwerke gleich den Kohlengruben an oder in der Nähe der Küste liegen.

Allerdings reicht die heutige Kohlenproduction Chile's nicht aus, um den bedeutenden Consum der Kupferschmelzen, sowie den übrigen Bedarf des Landes zu decken, und es ergibt sich deshalb die Nothwendigkeit, noch beträchtliche Mengen von Kohle zu importiren, die fast ausschliesslich aus England und nur zu einem ganz unbedeutenden Theile aus den Vereinigten Staaten stammen.

Den Kohlenhandel Chile's veranschaulichen folgende Ziffern:

| Jahr | Einfuhr | | | | Ausfuhr | | Küstenschiff-fahrt in inländischer Kohle |
| | Im Ganzen | | auf Grossbritannien entfallend | | | | |
	metr. Tonnen	Werth in *M.*	metr. Tonnen	Werth in *M.*	metr. Tonnen	Werth in *M.*	metr. Tonnen
1872	60.737	1,728.335	60.600	1,724.432	64.582	2,179.083	181.469
1873	125.324	4,156.965	125.020	4,148.333	28.138	1,141.701	205.212
1874	115.662	3,286.732	114.517	3,254.143	43.147	1,698.293	339.704
1875	127.226	3,620.176	120.794	3,437.176	38.436	1,010.665	261.640
1876	116.759	3,361.176	115.243	3,317.947	47.020	1,311.858	303.716

Auffallend ist bei diesen Ziffern, dass, während sich die Einfuhr fremder Kohle im Jahre 1873 um 58°/₀ des im Vorjahre eingeführten Quantums vergrösserte, die Ausfuhr inländischer Kohle im gleichen Jahre auf mehr als die Hälfte der Vorjahrsziffer sank; es findet dies seine Erklärung darin, dass im Jahre 1873 der Zoll auf Kohle aufgehoben wurde, was der englischen Kohle massenhaft Eingang verschaffte.

Die Ausfuhr der Kohle richtet sich vornehmlich nach Peru, Bolivia und der Argentinischen Republik. In den bezüglichen Ziffern ist indessen die Ausfuhr der Colonie an der Magellan-Strasse nicht mit inbegriffen.

Chile hat an dem Ausbau eines Eisenbahnnetzes schon fleissig gearbeitet. Es handelt sich in diesem Lande vornehmlich darum, die im Innern und am Westabhange der Cordilleren liegenden Fundorte von Metallen und Mineralien mit der Küste beziehungsweise den zahlreichen Häfen des Landes in Verbindung zu bringen. Am Schlusse des Jahres 1877 standen 1.689 Kilometer Eisenbahnen im Betrieb. —

Eisen wird nur in geringen Quantitäten gewonnen, obwohl es sich in der Gegend von Atacama in fast gediegenem Zustande findet. Es bleibt Chile in dieser Beziehung vorläufig noch ausschliesslich auf das Ausland angewiesen. Die Einfuhr an Eisen betrug in den Jahren 1875 und 1876:

| | 1875 | | 1876 | |
	metr. Tonnen	Werth in *M.*	metr. Tonnen	Werth in *M.*
Roheisen..............	4.586	856.422	4.388	861.687
Eisen in Platten......	420	127.753	621	180.568
Verzinktes Eisen	1.006	438.184	2.013	974.701
Reifeisen.............	1.043	267.484	602	161.582

Hiervon entfallen allein 98°/₀ auf England, der unbedeutende Rest auf die Vereinigten Staaten und Deutschland.

Die übrigen Staaten Süd-Amerika's.
(8,988.307 Quadrat—Kilometer. — 13,062.600 Einwohner.)

Columbien (Neu - Granada). Steinkohlen sind in grosser Menge vorhanden, aber es ist bis jetzt noch nichts geschehen, diese Schätze zu heben. In neuerer Zeit wurde der Abbau der Kohlenfelder am Rio Hacha in Angriff genommen. Sonst finden sich Steinkohlen noch in den Provinzen Cartagena, Bogotá, Chiriqui, Soata und Panamá.

Aus England wurden im Jahre 1875 4.993 metr. Tonnen Kohle im Werthe von 58.660 ℳ eingeführt.

Bemerkenswerth sind auch die Eisensteinlager bei Pacho und Panamá.

Länge der Eisenbahnen Ende 1877: 106 Kilometer.

Venezuela. Eigentlicher Bergbau findet in Venezuela noch nicht statt. Selbst die Gewinnung von edlen Metallen beschränkt sich auf oberflächlich betriebenes Waschen von goldhaltigem Flusssand. Reiche Kohlenlager, sowie die Eisenminen werden gar nicht ausgebeutet. Von industrieller Thätigkeit ist in Venezuela kaum noch die Rede. Der Besitz von genügenden Bau- und Nutzhölzern setzt die wenigen Brennereien und Zuckerraffinerien in die Lage, die Kohle entbehren zu können. Eingeführt werden verhältnissmässig nur geringe Quantitäten von Kohle (1875 aus England 426 metr. Tonnen im Werthe von 6.020 ℳ), dagegen Eisen- und Stahlwaaren in grossen Mengen.

Ende 1877 waren 126 Kilometer Eisenbahnen in Betrieb.

Guayana. Im holländischen Guayana kennt man reiche Brauneisensteinlager. Eisenbahnen 1877: 96 Kilometer.

Ecuador. Die Gebirgsketten sind von Eisenerzgängen durchzogen, die in geringem Maase ausgebeutet werden. Die Eisengiesserei ist ziemlich vorgeschritten.

An Eisenbahnen besass Ecuador Ende 1877 41 Kilometer.

Peru. Dieses Land ist durch seinen Mineralreichthum, namentlich an edlen Metallen, seit Alters berühmt. Der theuere Transport war bisher der Ausbeutung der vielen Steinkohlenlager Peru's hinderlich. Letztere finden sich in grösserer Anzahl im Innern des Landes, theilweise bis 5.6 Meter mächtig. Die Kohle des Departements Huaylas ist von bester Qualität und und hat man seit der Eröffnung der Bahn von Chambote nach Huaraz mit der Förderung derselben begonnen. Gelegentlich des Baues der letztgenannten Bahn wurden noch andere mächtige Steinkohlenlager erschlossen, deren Kohle an Güte der besten englischen gleichkommen soll und letzterer daher eine gefährliche Concurrenz bereiten dürfte. Von Wichtigkeit sind ferner die Kohlenlager bei Huallanca und Cerro de Pasco. Ausser den im Lande selbst producirten Kohlen gelangen noch englische (1875: 115.854 metr. Tonnen Kohle im Werthe von 1,795.340 ℳ und 1756 metr. Tonnen Coke im Werthe von 35.460 ℳ,) sowie auch chilenische zur Verwendung.

In der Küsten-Codillera und in deren westlichen Armen wird auf Eisen, das in erstaunlicher Menge vorkommt, nicht gebaut, weil im Vergleich zu den Edelmetallen und dem Kupfer sein Preis zu niedrig ist. England importirte 1874 Roheisen und Eisenwaaren im Werthe von 6,407.380 ℳ Im Jahre 1875 sank diese Einfuhr auf 4,219.220 ℳ

In Peru hat sich in den letzten Jahren schon ein ganz ansehnliches Eisenbahnnetz entwickelt, dessen Ausdehnung Ende 1877 bereits 1.582 Kilometer betrug und in den nächsten Jahren noch eine beträchtliche Erweiterung erfahren dürfte.

Bolivia. Die Exploitation der Edelmetalle bildet eine Hauptbeschäftigung der Bevölkerung, doch fehlt es an Capital und Maschinen, um selbst diesen Bergbau rationeller zu betreiben.

Auf den Inseln von Queboya im Titicaca-See hat D'Orbigny zur Kohlenformation gehörige Schichten in der Art des englischen Kohlenkalksteines entdeckt.

Steinkohlen wurden im Jahre 1864 gleichfalls in der Nähe des Titicaca-See's, gute Braunkohlen in der Provinz Tarija gefunden, wo auch Petroleum in reichlicher Fülle vorhanden ist. Der Consum an englischer Kohle betrug im Jahre 1875: 4.133 metr. Tonnen im Werthe von 47.880 ℳ. Auch an Eisen fehlt es nicht.

Eisenbahnen Ende 1877: 130 Kilometer.

Argentinien. In der Provinz San Juan sind neuerlich (1872) ausgedehnte Lager bituminöser Kohle entdeckt worden. Bisher war das Land mit seinem Kohlenbedarf ausschliesslich auf Grossbritannien angewiesen, welches im Jahre 1875 50.725 metr. Tonnen im Werthe von 808.040 ℳ. einführte. Auch Eisen findet sich in der Provinz San Juan.

Ausser Kohle, Baumwollen- und Wollenwaaren, sowie Maschinen importirt die Republik vornehmlich Eisen. Die Einfuhr von Roheisen und Eisenwaaren aus England bewerthete sich im Jahre 1875 mit 11,598.300 ℳ.

Stand der Eisenbahnen Ende 1877: 2.240 Kilometer.

Paraguay. Das Land bietet an allen Naturproducten den reichsten Ueberfluss. Der Ackerbau bildet die Hauptbeschäftigung der Einwohner. Die bestehende Metallindustrie ist ganz unbedeutend. Kohle wurde bis jetzt noch nicht gefunden.

Stand der Eisenbahnen Ende 1877: 72 Kilometer.

Uruguay. Vorwiegende Beschäftigung der Einwohner ist die Viehzucht. Ackerbau und Gewerbfleiss liegen noch in der Kindheit.

An Kohle und Eisen fehlt es hier gänzlich. Englische Kohlen wurden im Jahre 1875 118.720 metr. Tonnen im Werthe von 1,868.540 ℳ importirt, Eisenwaaren für 2,374.980 ℳ.

An Eisenbahnen besitzt Uruguay 376 Kilometer.

Patagonien. Entgegen der Ansicht, dass nutzbare Mineralien im Osten der Andes sich nicht finden, berichtet Musters, dass er zu wiederholtenmalen auf Eisen gestossen sei.

Allgemeines. Die Tertiärbildungen haben in Süd-Amerika eine ungeheure Ausdehnung. Das tertiäre Becken der Pampas erstreckt sich von der Mündung des Rio de la Plata bis zur Magellanstrasse und senkt sich unter den Atlantischen Ocean. Die untere Lage dieser Tertiärbildungen besteht im Allgemeinen aus drei Schichten: die erste ist ein eisenschüssiger Sandstein mit Kugeln von rothem Eisenoxyd oder Eisenoxydhydrat; er ist in seiner grössten Entwicklung 90 Meter mächtig. Die zweite Schicht ist ein weisslicher Mergel-Kalkstein mit abgerundeten Körnern von Eisenhydrat gefüllt. Seine grösste Dicke beträgt etwa 3.₈ m. Die dritte Schicht besteht aus gypshaltigem Thon ohne Eisenhydrat; sie bildet den oberen Theil dieser Formation und misst ebenfalls 3₉. m.

Das Klima des südlichen Theiles von Amerika scheint für die Hervorbringung von Torf besonders geeignet. Auf den Falkland-Inseln wird fast jede Pflanzenart in diese Substanz umgewandelt. Einige von den Lagern sind von beträchtlicher Dicke, einige bis zu 3.7 Meter; der Torf in dem unteren Theile ist erdig und wird, wenn er trocken ist, so fest, dass er ohne Schwierigkeit brennt. Als nördliche Grenze, in welcher das Klima diese Zersetzung zulässt, dürfen die Chinas-Inseln unter dem 38. Grade südlicher Breite bezeichnet werden.*)

---

*) Darwin, Naturwissenschaftliche Reisen, Band I, S. 307, II. S. 42.

ASIEN.

Asiatisches Russland.[*]

(15,809.280 Quadrat-Kilometer. — 8,079.213 Einwohner.)

Die Productionsziffern sind bereits in dem Abschnitte über das europäische Russland gegeben worden. Man kennt im asiatischen Russland bis jetzt 17 verschiedene Ablagerungen von Kohle, die theils der Steinkohlen-, theils der Juraformation angehören. Die Steinkohlenlager am östlichen Abhange des Ural. Für die sibirischen Bahnprojecte ist es von grösster Wichtigkeit, dass man nicht blos am Westabhange, sondern auch am Ostabhange des Ural neuerdings Steinkohlenlager entdeckt hat, die nicht wenig versprechen. G. v. Helmersen schreibt darüber, dass bei der Hütte Reshewskoi, nordöstlich von Jekaterinburg, vier Anthracitflöze, bei der Hütte Kamenskoi, östlich von Jekaterinburg, mehrere Steinkohlenflöze, und bei Suchoi-Log ebenfalls bauwürdige Kohlenflöze aufgeschlossen wurden, und dass alle Hoffnung vorhanden sei, noch viel mehr zu finden. Die nothwendigen Schürfungen sind von der Oberbergverwaltung angeordnet.

Das Kohlenrevier von Kusnetzk am Altai im Gouvernement Tomsk (Sibirien). Schon seit längerer Zeit (seit 1850) gewinnt man am nördlichen Fuss des Altai-Gebirges in der Gegend von Kusnetzk Kohlen, die nach den Pflanzenabdrücken, welche in den begleitenden Sandsteinen und Schieferthonen gefunden werden, den Bestimmungen von Prof. Dr. Geinitz in Dresden zu Folge der echten Steinkohlenformation Westeuropa's entsprechen. Diese Formation nimmt hier, wie Cotta sagt, einen sehr grossen Flächenraum ein, ist aber grösstentheils von diluvialen und recenten Ablagerungen bedeckt, unter denen sie sich bis in die Gegend von Tomsk fortsetzen dürfte. Den besten Aufschluss geben die Schächte und Schürfe in der Gegend von Batschask nordöstlich von Salair. Die Ausbeute war aber bisher nur eine geringe (nach v. Bock im Jahre 1870 5.730 metr. Tonnen, 1871 3.735 metr. Tonnen). Das Kusnetzk'sche Bassin gehört der Krone, und die aus demselben gewonnenen Kohlen, die sich sehr gut vercoken lassen, wurden bisher nur auf den kaiserlichen Werken, der Silberhütte von Gawrilowsky und auf dem Eisenwerke

---

[*] Nach v. Hochstetter's „Asien, seine Zukunftsbahnen und Kohlenschätze", Wien, 1876.

Gurzewsky verwendet. Die Eisenproduction beträgt per Jahr durchschnittlich 2.460 metr. Tonnen. Die Steinkohlenlager bei Kolywan wurden erst in neuerer Zeit erschlossen und sind von so ausserordentlicher Mächtigkeit, dass der mineralische Brennstoff dort die bisher gebrauchte Holzkohle bald ganz verdrängen wird.

Dieselbe Steinkohlenformation tritt auch in der Gegend von Kurin am nördlichen Fusse des Altai auf.

Ueber das Kohlenterrain an der Nischne-Tugunska (im Jenissei-Gebiet), wo die Steinkohlenformation nach Lopatin über der Silurformation lagert, sind nähere Daten nicht bekannt.

Das Bassin der Kirgisensteppe. Die Umgebung von Semipalatinsk hat in neuerer Zeit durch die Entdeckung ausgedehnter Steinkohlenlager erhöhte Wichtigkeit erlangt. Die Steinkohlen kommen hauptsächlich vor im Becken Permykinsk in einer Grube etwa 100 Kilometer von Semipalatinsk, ferner im Becken des Pawlodar-Districtes in den Gruben Talldykulsk, Maukobensk, Kysyltawsk und Dschemantysk, endlich im Becken des Karkalinskischen Districtes in 2 Gruben. Ausserdem wurde noch eine Grube eröffnet bei Ermensk, etwa 141 Kilometer westlich von den Alexandrowski'schen Hüttenwerken. Sämmtliche Gruben sind Eigenthum der Familie Popow und lieferten seit dem Jahre 1840 über 49.140 metr. Tonnen Steinkohlen.

Die Russ. Revue enthält über die Kohlenlager bei Semipalatinsk Folgendes: Dem Bassin der Kirgisensteppe gehören an: die Steinkohlenlager der Akmolinskischen, Bajan-Aulschen, Karkalinskischen und Pawlodar'schen Bezirke des Akmolinsk'schen Gebietes und des Semipalatinsk'schen Bezirkes des Gebietes Semipalatinsk. Im Gebiet Akmolinsk geschieht die Ausbeutung nur in den Karagantin'schen Gruben, welche zur Spasski'schen Metallfabrik der Herren Rjasanow und Uschakow gehören. Hier wurden 1870 6.721 metr. Tonnen und 1871 6.626 metr. Tonnen Kohlen gewonnen. Im Gebiete Semipalatinsk werden Steinkohlen in 4 Bergwerken gewonnen: In dem Maukobensk'schen und Kysyltawsk'schen (der Herren Popow), in dem Spasski'schen (Permykinsk) und dem zu Dungulek-Sor (der Irtysch-Dagestan'schen Gesellschaft). Bei den Kysyltawsk'schen Gruben sind von den Herren Popow Kupfer- und Silberschmelzereien eröffnet worden. Die Steinkohlengewinnung betrug im Jahre 1864 875 metr. Tonnen, 1869 2.922 metr. Tonnen, 1871 12.480 metr. Tonnen. Die Production dieses Minerals wird noch ungleich mehr zunehmen als bisher, wenn die Untersuchungen, mit welchen der Generalmajor Beswassikoff in den letzten Jahren sich befasst hat, die Anlegung einer Eisenbahn im westlichen Theile der Steppe von Orenburg bis zum Aralsee als ausführbar erscheinen lassen.

Die Kohlenlager im Kaukasus und in Transkaukasien sind noch wenig erforscht und spielen in der Industrie noch keine Rolle. Folgende Vorkommnisse sind bekannt: 1. Bei Tquirbul unweit Kutaïs; 2. die Humarin'schen Lager am Flusse Kuban; 3. ein Lager unweit der Festung Grosnaja hinter dem Terek; 4. ein Lager unweit von Bambar; 5. ein Lager im Engpasse Kaua-Syrga des Gouvernements Derbend; 6. eines in der Nähe von Achalzich; 7. eines auf dem Vorgebirge Tekie.

Das Becken von Tquirbul (Tquibuli) am südlichen Abhange des Gebirges, 48 Kilometer unweit Kutaïs am Rion, ist wegen des gleichzeitigen Vorkommens von guten Eisenerzen und der im Jahre 1872 eröffneten Eisenbahnlinie Poti-Tiflis, an der es liegt, von einiger Wichtigkeit. Die in diesem Becken lagernden Kohlenflöze, deren Erstreckung auf 16 Kilometer nachgewiesen ist, sind bis zu 14 Meter mächtig und wird ihr Inhalt auf $1\frac{1}{4}$ Millionen Tonnen berechnet; es wurde aber bis jetzt noch nicht ernstlich zu einer geregelten Ausbeutung derselben geschritten, sodass selbst die erwähnte Bahn ihre Maschinen gegenwärtig noch immer mit Holz heizt.

Die Steinkohle von den Quellen des Kuban bei Ghumara an der Nordseite des Gebirges ist wahrscheinlich von gleichem Alter. Die Grube wird von der Krone bearbeitet und lieferte in den letzten Jahren circa 2.450 metr. Tonnen jährlich. Die Kohle wird zur Zimmerheizung bis Pjatigorsk und Stawropol verführt.

Ausserdem sind noch im Betriebe befindliche Braunkohlengruben in der Nähe von Tiflis gelegen.

Ueber das Vorkommen von Kohle auf der Halbinsel Mangyschlak am östlichen Ufer des Kaspischen Meeres hat G. v. Helmersen berichtet und auch diese Kohle der Liasformation zugerechnet. Jedoch sollen die Kohlen von sehr geringer Qualität sein, namentlich sollen sie sehr schwefelkiesreich und zur Selbstentzündung geneigt sein. Sie werden daher bis jetzt nicht ausgebeutet.

Uebrigens liegt es auch im Interesse der an der Naphta-Industrie in Baku Betheiligten, die ihre Naphta-Rückstände verwerthen wollen, keine Concurrenz in billiger Kohle aufkommen zu lassen. Nach den Mittheilungen Dr. Tietze's werden fast alle auf dem Kaspischen Meere laufenden Dampfer, deren Feuerung eigens dazu eingerichtet ist, jetzt mit Naphta-Rückständen geheizt, die zu 5½ Kop. per Pud (1.1 ℳ. pro metr. Ctr.) verkauft werden, während die Kohle aus dem Donetz-Becken loco Baku 55—60 Kop. per Pud (11—12 ℳ. pro metr. Centner) kostet.

Die Kohlenvorkommnisse im Lande der Orenburg'schen Kirgisen bei Uralsk und in dem erst neuerlich gebildeten Turgai'schen Districte der Kirgisensteppe, besonders an den Quellen des Dschilantschik werden als Braunkohlen beschrieben. Sie scheinen aber bis jetzt gar nicht, oder nur ganz unbedeutend ausgebeutet zu werden.

Das Turkestan'sche Kohlenbassin am Karatau im Sir-Darja-Gebiet. Herr A. S. Tatarinow, welcher Jahre lang das Gebiet des Sir-Darja bergmännisch durchforschte, berichtet, dass die 1867 in den Gebirgen (Ala-und Karatau) zwischen Aulie-ata und Tschemkend (nordöstlich von Taschkend) aufgefundenen Kohlenlager sich als ungemein ergiebig erwiesen haben. Einstweilig dienen sie nur zur Heizung der Dampferflotille auf dem Aral-See. Die Kohlenproduction im Ak-tasty-bulak wird gleichen Schritt halten mit der Thätigkeit der Eisen und Kupferschmelzerei, deren Gründung des befruchtenden Capitals und Unternehmungsgeistes harrt. Die Natur hat hier Alles für das Aufblühen einer grossartigen Industrie gethan, neben Kohle lagern Eisen-, Kupfer- und Bleierze. Allein das Volk hat diese Schätze noch nicht zu heben verstanden. Bei den Ackergeräthen in Turkestan sind Eisentheile bisher sehr spärlich verwendet und werden dieselben mit einer Sorgfalt geschont, welche den hohen Preis dieses unedlen Metalles sehr deutlich zeigt. Der Pflug besitzt in der Regel ein gusseisernes Pflugmesser. Ueberraschend unbeholfen sind die Bewohner Turkestans in der Herstellung der einfachsten eisernen Werkzeuge. Mit der Kunst, Eisen zu schmelzen, wurden sie schon im ersten Jahrhundert vor Christus durch die Chinesen bekannt gemacht. Das Schmiedeeisen ist spröde, die daraus gefertigten Gegenstände eignen sich nur für ein Volk auf ganz niederer Culturstufe.

v. Bock bemerkt über das Turkestan'sche Kohlenterrain: Die in demselben auftretenden Kohlenlager gehören theils der Krone, theils Privatpersonen. In den Tatarinowsk'schen Kohlengruben wurden in den letzten Jahren 1.150 bis 1.300 metr. Tonnen jährlich, und in zwei Privatgruben, der Babatin'schen und Hodschen'schen (Fawitzkis), sind im Jahre 1869 850 metr. Tonnen Steinkohlen gewonnen worden.

Weitere Kohlenfunde, die bereits vor mehreren Jahren durch russische Bergingenieure im russischen Turkestan gemacht wurden, liegen topographisch leider so ungünstig, dass sie bei dem Mangel an guten Wegen und bei den ungenügenden Transportmitteln — nur auf dem Rücken von Pferd oder Kameel — nicht benützt werden können.

In dem Gebiete Ton-Tau im Osten von Samarkand hat schon im Jahre 1841 der Dorpater Reisende Alexander Lohmann gute Kohle aufgefunden, und im oberen Sarafschanthal (im südlichen Grenzgebirge von Chokand) hat derselbe Reisende brennende Steinkohlenlager angetroffen. Fedschenko erwähnt die Localität als Kan-Tag, ein Berg, auf welchem Schwefel gewonnen wird (brennende Steinkohlenschichten).

Es kann daher keinem Zweifel unterliegen, dass in den ausgedehnten Gebieten Central-Asiens noch reiche Kohlenschätze lagern, von denen aber bis jetzt wenig bekannt geworden ist.

Ueber die Kohlenvorkommnisse bei Sergiopol im District von Semirjetschinsk und über die Kohlenlager bei Kuldscha am Ili, die schon von den Chinesen ausgebeutet wurden, fehlen nähere Daten.

Ausser den beschriebenen Lagerstätten sind im asiatischen Russland noch mehrere Kohlenvorkommnisse bekannt, so an mehreren Punkten des Gouvernements Irkutsk, im Nertschinskischen Bezirke des transbaikalischen Gebietes am Argun, und unweit der Mündung des Amur. Aus einer der Bergreihen, dem Gebirge Zagajan, welche den Amur einsäumen, steigt an einzelnen Stellen schwarzer Rauch auf, der vermuthlich durch Selbstentzündung von Steinkohlenschichten entsteht. Nach den Berichten des seinerzeitigen Statthalters Grafen Murawieff besitzt das ganze Amurland einen ungeahnten Reichthum an Eisen und Kohle. Allein der Bergbau soll erst begonnen, eine Schmelzhütte erst gebaut werden.

Die Insel Sachalin. Auf der früher zum Inselreiche Japan gehörigen, gegenwärtig aber russischen Insel Sachalin werden schon seit dem Jahre 1853 an der Westküste bei Dui Steinkohlen von den Russen gewonnen. An 12 Orten dieses Küstenstriches wurden bisher Kohlenflöze aufgeschlossen; eine Ausbeutung derselben findet aber ausser bei Dui nur noch bei Sertunai statt. Die Kohle ist zwar nur Lignit, nichtsdestoweniger aber von vorzüglicher Beschaffenheit, da sie im Durchschnitt 70 °/₀ reinen Kohlenstoff enthalten soll. Die Kohle wird mit 28.9 ℳ. die metr. Tonne verkauft und der japanesischen Kohle vorgezogen. Die Production ist in den letzten Jahren erheblich gestiegen. In Petersburg hat sich eine aus grossen Capitalisten und angesehenen Industriellen bestehende Actiengesellschaft zur Ausbeutung der Kohlenlager von Sachalin gebildet. Ein Theil der Kohle wird nach China exportirt.

Asiatische Türkei.*)
(1,925.550 Quadrat-Kilometer. — 13,141.641 Einwohner.)

Das einzige Steinkohlenbergwerk der Türken, dessen schon bei der europäischen Türkei Erwähnung geschah, ist jenes von Eregli oder Bender-Eregli (Heraclea pontica der Alten, Penderachia des Mittelalters) in Klein-Asien, am südlichen Ufer des Schwarzen Meeres gelegen. Im Jahre 1834 wurde in der Nähe dieser Stadt die Kohle entdeckt, aber erst im Jahre 1841 die Ausbeutung derselben durch österreichische Croaten und Montenegriner begonnen. Die verschiedenartigsten Schürfungen, die seitdem vorgenommen wurden, haben nachgewiesen, dass das Kohlenbecken bis Amassra (Amastris der Alten), etwa 105 Kilometer weit, sich erstreckt und landeinwärts eine Ausdehnung desselben von 8 bis 11 Kilometer angenommen werden kann, in Höhen bis zu 300 Meter. Die ergiebigsten und reichsten Lager sind bei Armudschik und Kozlu aufgeschlossen. Ein Flöz ist 4 Meter mächtig, und fünf oder sechs andere haben eine Mächtigkeit von 1¹/₂ bis 2

---

*) Vergl. Schwegel „Volkswirthschaftliche Studien über Constantinopel und das umliegende Gebiet".

Meter. Die Minen sind gegenwärtig Krongut. Obgleich eines der reichhaltigsten Kohlenbecken, ist die Production doch eine äusserst geringe, und überdies wird der unverantwortlichste Raubbau getrieben. Auf Grund eines Teskere, den man sich beim Marine-Departement leicht verschaffen kann, erhält man das Recht, Kohle zu suchen und beim eventuellen Fund die Ausbeute auf Rechnung der Regierung zu bewerkstelligen. Die Regierung zahlt den Bergleuten für jeden geförderten metr. Centner Kohle 0.30—0.40 ℳ. und hat das ausschliessliche Recht der Gewinnung, so dass die ausgegrabene Kohle an keinen Zweiten verkauft werden darf.

Durch diese Art des Abbaues verlieren die Minen täglich an Werth, denn die Bergleute suchen die Kohle höchstens bis zu einer Tiefe von 80 bis 100 Meter, und wenn sie dann durch eintretende schlechte Wetter und Tagwässer gestört werden, so geben sie den Bau auf, um in nächster Nähe einen neuen zu beginnen. So wird das ganze Gebiet durchwühlt. Man nahm sich auch nicht die Mühe, Verkehrswege anzulegen. Der Transport erfolgt auf die primitivste Art in Körben, die auf dem Rücken getragen werden, obgleich bei der äusserst günstigen Lage Heraclea's, welche jener von Cardiff und Newcastle gleichkommt, und bei der Nähe des Meeres ohne grosse Kosten die Communication mit den Küstenpunkten hergestellt werden könnte.

In der Qualität ist die Kohle von Eregli der englischen Steinkohle ebenbürtig. Es ist eine Schwarzkohle von schiefriger Structur. Die beste Sorte wird in Sanguldagh gewonnen.

Die jährliche Production beläuft sich auf 100 bis 125.000 metr. Tonnen. Die Kohle, die bei ihrer Ankunft in Constantinopel in Folge der verschiedenen Umladungen als Kleinkohle sich darstellt, wird zu 8 Piaster per Centner verkauft. Da 18 türkische Centner einer englischen Tonne gleich sind, so würde diese Kohle auf 144 Piaster (ca. 28 ℳ.) per metr. Tonne zu stehen kommen, während die beste Cardiff- oder Newcastle-Kohle gleichfalls mit 28 bis 32 ℳ. im Hafen verkauft wird. Hierbei ist jedoch zu bemerken, dass die Steinkohle von Eregli gegenwärtig nicht auf den Markt kommt, sondern nur den Bedarf des Arsenals, ihres einzigen Consumenten, zu decken berufen ist.

Da in der ganzen Türkei kein zweites so reichhaltiges Kohlenbecken in unmittelbarer Nähe des Meeres sich findet, so sind die Ansprüche, welche die Regierung an die Concession zum Betriebe dieses Bergwerkes knüpft, für jede sich etwa bildende Gesellschaft unerschwinglich. Es steht aber ausser Zweifel, dass bei einem gut geleiteten Betriebe jene Kohlenlager nicht allein Constantinopel, sondern auch die Küstengebiete des Schwarzen Meeres ganz mit Kohlen versehen könnten.

Weiter angestellte Nachforschungen ergaben die Fortsetzung der Steinkohlenformation bei Sinope, Kerasund, Bujuk-Liman und bis Kowata östlich von Trapezunt, ohne dass jedoch in diesen Gegenden eine nennenswerthe Ausbeute stattfinden würde. —

Das vom Ingenieur Černik im Jahre 1873 auf seiner Traçirungsreise von Bagdad herauf entdeckte Vorkommen von Kohlen befindet sich abseits der herkömmlichen Handels- und Karawanenwege im Chaburthale des centralen Kurdistan. Das Thal ist 22 Kilometer lang und endet mit einer Gabelung, welche die beiden Quellbäche des Chabur, eines Zuflusses des Tigris von Osten her, bilden.

Der Hauptort des Thales, Zacho, hat 2.000 Einwohner. Die Mächtigkeit der Kohlenschichten beträgt 3 Meter (zu Tage liegend). Das Gebirgsmaterial ist Sandstein (in Zwischenschichten von 2 Decimeter). Nur das Thälchen von Scheramisch hat Kohle, im Djebel Herbol findet sich dagegen Erdpech, welches auf Schlauchflössen Tigris abwärts bis Bagdad exportirt wird. Das Tragvermögen eines solchen, „Kellek“ genannten Flosses ist gleich 6000 Okken (à 2¼ Pfund = 6.75 metr. Tonnen). Eine Exploitation der Scheramischen Kohle findet nicht statt. —

Die vom Ingenieur Černik projectirte Kohlenbahn (normalspurig) geht von Feysch-Chabur, einem Nestorianerstädtchen mit 2.000 Seelen, ab. Die

Hauptbahn überbrückt hier den Tigris (das einzige Mal) und ist über Mosul nach Bagdad projectirt. Die Bewohner des Chaburthales sind Kurden.

Der noch ganz unausgebeutete Reichthum des Kohlenbeckens von Zacho müsste die Kupferproduction von Diarbekir und Erzerum ausserordentlich befördern. Aber wer denkt heutzutage daran in der Türkei? Obwohl sich das gedachte grossartige Kohlenlager nur 33 Kilometer vom linken Ufer des schiffbaren Tigris und 80 Kilometer oberhalb Mosul befindet, wird für die Dampfschifffahrt auf dem Tigris zwischen Bagdad und Bassora Kohle via Suez aus England herbeigeschafft. Auch im Libanon soll sich Kohle finden, welche besonders leicht abgebaut werden könnte.

Die asiatische Türkei ist auch reich an Eisenerzen. Schon zu und vor Herodot's Zeiten war am Schwarzen Meer berühmt „das Volk der Schmiede, die Chalyber", die in den an Eisenerz reichen Thälern am Pontus-Gestade bei Kerasus und Trapezunt wohnten und welche die Härtung des Eisens zu Stahl erfunden haben sollen.

Ein anderes altes Eisen-Eldorado ist der District von Sivan Maaden, am Flusse Murad, im Gebiete des Euphrat, „in welchem Berge und Thäler weit und breit mit grossen schwarzen Blöcken, die 75 % Roheisen enthalten, besäet sind". Sie wurden seit ältesten Zeiten von den Völkern Mesopotamiens ausgebeutet, liefern noch heutigen Tages für Jahrhunderte Material zum Schmelzen und Schmieden und sind die reichsten Eisenminen im türkischen Orient.[*])

Colossale Eisenlagerstätten, welche aber ebenfalls noch gänzlich unbenützt blieben, befinden sich hinter Brussa, östlich und südöstlich vom bythinischen Olymp.

Im Libanon werden hochhaltige Eisensteine in primitiven Holzkohlenhohöfen verschmolzen und zu Hufeisennägeln und anderen Dingen verarbeitet.

An Eisenbahnen besass Klein-Asien im Jahre 1877 395 Kilometer.

Arabien.

(2,507.410 Quadrat-Kilometer. — 3,720.000 Einwohner.)

Maltzan theilt mit, dass Süd-Arabien den Markt von Aden mit Kohle versieht.

In dem Terrain zwischen dem Wadi Hadjar und dem Plateau von Hadramaut fand Ad. v. Wrede einen Eisensandstein, der von Eisenocker und Eisenoxydhydrat durchdrungen ist, Nester von Thoneisenstein eingeschlossen enthält und in unzähligen Klüften Eisenocker und Eisenoxyd führt. Dieser Sandstein dehnt sich auf einer Strecke von etwa 30 Quadrat-Kilometer aus und füllt das Thal zwischen den Djebel Mulk und Djebel Noman. Im Wadi Mayfaah am östlichen Gehänge setzt sich ein 1.5 Meter mächtiges Lager von quarzigem, sehr reichhaltigem Eisenerz auf und fällt wie die Schichten der Grauwacke unter einem Winkel von 47° nach Westen ab. Weiter unten durchschneidet der Wadi El Hadnuah ein Vorgebirge, bestehend aus einem Conglomerat von Gesteinen, in welchem ein sehr fester Thoneisenstein auffällt.

Im Ganzen ist die Gewinnung von Eisen in Arabien noch eine sehr unbedeutende.

---

*) J. G. Kohl, Die natürlichen Lockmittel des Völker-Verkehrs. Bremen, 1878.

Persien.

(1,647.070 Quadrat-Kilometer. — 5 Millionen Einwohner.)

Da Persien wohl botanisch, nicht jedoch geologisch durchforscht ist, — wenigstens hat Bergrath Dr. Tietze das Ergebniss seiner Beobachtungen, ausser einer kurzen Mittheilung in Hochstetter's „Asien" noch nicht veröffentlicht, — so lässt sich über seinen Reichthum an fossilem Brennstoff noch kein endgiltiges Urtheil abgeben.

Ein mächtiges Kohlenlager findet sich etwa 114 Kilometer nordwestlich von Teheran, ausstreichend beim Dorfe Hif, südöstlich von Kaswin; dieses Lager setzt sich gegen die Hauptstadt fort, denn man findet von demselben eine Ader bei Kent (23 Kilometer von Teheran) und bei Ferezât (15 Kilometer), geht dann nördlich hinter die erste Kette des Elburz, erscheint als gutes Lager 38 Kilometer nördlich von Teheran bei Scheristanek und wendet sich hierauf gegen den Pik Demawend, welcher Vulcan die Kohlenformation durchbrochen hat. Es wird daher in seinen Seitenthälern, so am Laarfluss, als auch in Diwasia gute Kohle gefunden.

Dieses Kohlenlager von Hif ist für die Zukunft von grosser Wichtigkeit, weil es ausserordentlich leicht zugänglich ist, dann weil es knapp an der Traçe liegt, welche die zukünftige Bahn von Tiflis über Täbris, Teheran, Schahrud, Meschhed, Herat und Kabul nach Indien verfolgen muss. Die Kohle von Hif wird übrigens schon seit Jahren ausgebeutet und ein Chalvar (circa 0.3 metr. Tonnen) kostet an der Grube trotz der mangelhaften Gewinnungsmethode nur 6.4 bis 6.8 ℳ.

In derselben Elburzkette finden sich reichlich Kohlen nahe Astrabad, etwa 23 Kilometer davon entfernt auf dem Karawanenweg nach Schahrud. Diese Kohle dürfte einst für die Schiffahrt auf dem Caspi-See von Wichtigkeit werden, wenn die Urwälder an den Ufern derselben erschöpft sind.

Weitere Kohlenlager sind in der Nähe von Meschhed bei Kelat-Nadiri, und in der Nähe von Täbris liegen die reichen Braunkohlenlager von Ainal und Zainal. Endlich sollen sich Kohlen bei Gerus in Kurdistan finden.

Die Steinkohlen finden in Persien im Allgemeinen wegen des schwierigen Transportes wenig Anwerth, nur die Engländer lassen hier und da aus Gewohnheit einige Ladungen (mittels Esel) kommen. Der Preis stellt sich dann etwa auf 0.75 ℳ. per 50 Kg.

Dass kein regelrechter Abbau stattfindet, versteht sich von selbst. Man gräbt einen Brunnen, fördert einige Centner, und ist eine gewisse Tiefe erreicht, so verlässt man ihn und gräbt einen neuen.

Nach der jurassischen Formation unterliegt es keinem Zweifel, dass zwischen Kaswin, Astrabad und Meschhed an vielen Punkten noch Kohlen existiren, da diese Formation in Persien kohlenführend ist. —

Es gibt in Persien ausserordentlich reiche Eisenlager mit vorzüglichen Erzen, so z. B. in der Nähe von Kaswin und namentlich in Masanderan; allein wegen des mangelnden Brennstoffes wird Eisen nur in Masanderan und auch hier in geringer Quantität gewonnen.

Der Verbrauch an Eisen ist in Persien ein relativ sehr geringer, weil es noch keine Eisenbahnen, keine Wagen und keine Fabriken gibt. Fast alles Eisen kommt vom Ural über die Wolga nach dem Caspi-See und wird von den Hafenplätzen mittels Karawanen weiter befördert. Gutes Eisen kostet loco Hafen per Pud 6 1/2 Karan (17.63 ℳ.) per metr. Centner. Der Import beträgt per Jahr circa 3.000 metr. Tonnen; wie verlautet, gewinnt Russland wenig bei dem Eisenimport und hält ihn nur aufrecht, um die Uralwerke zu beschäftigen.

Etwas Eisen wird auch via Bushir und Bender Abbas über den Persischen Meerbusen von England importirt. Eisendraht sowie fast alle ordinären Eisenwaaren, als Schlösser, Riegel, Nägel etc. kommen ausschliesslich aus Russland. Eisenblech wird jährlich im Werthe von 24.000 bis 40.000 ℳ. aus England bezogen; es vertritt bei den Persern, seit die gemalten Fenstergläser wegen ihrer Kostspieligkeit ausser Gebrauch gekommen sind, häufig die Stelle des weissen Fensterglases, muss also sehr glänzend sein; die Solidität der Waare ist Nebensache.

Stahl kommt zumeist aus England und aus Oesterreich-Ungarn über Triest. Die jährliche Einfuhr betrug in den letzten Jahren durchschnittlich 150—200 Kisten im Gesammtwerthe von 16.000—20.000 ℳ. Der Import an Waffen repräsentirt einen jährlichen Werth von 48.000 ℳ. Am gesuchtesten sind die englischen Fabricate*).

Für gute Damascenerklingen wird noch etwas präparirter Stahl von Indien nach Schiraz und Meschhed eingeführt, wo noch eine, allerdings jetzt dahinsiechende Damascener-Fabrication besteht.

Zu Zeiten der Kaijoniden, also vor Alexander dem Grossen, scheint das Eisen in Persien sehr selten gewesen zu sein, weil die unzähligen Pfeilspitzen, die in der Nähe von Persepolis gefunden werden, sämmtlich aus Bronce sind.

Central-Asien.
(1,971.600 Quadrat-Kilometer. — 4,341.000 Einwohner.)

In dem noch selbstständigen Bochara wurden in neuerer Zeit grosse Kohlenlager aufgefunden, was für dieses Land von besonderer Wichtigkeit ist.

Die Einwohner des bis jetzt so wenig bekannten Fürstenthums Karategin im Gebiete des Hindukush treiben lebhaften Bergbau und erzeugen namentlich vortreffliches Eisen.

Das Hauptgeschäft der Stadt Faisabad in Badakschan, in der Nähe der Dscher-Mündung im Flussgebiete des Koktscha, ist die Eisengiesserei, welche namentlich ausgezeichnetes Kochgeschirr liefert, eine Kunst, die hier wahrscheinlich von Indien eingeführt wurde.

In Ost-Turkestan produciren die Provinzen Aksu und Turfan Kohle. Die in ersterer Gegend gefundene soll sehr schwarz und von ausgezeichneter Güte sein, während die Turfaner Kohle von röthlich brauner Farbe und sehr untergeordneter Heizkraft ist wegen ihrer kiesigen und erdigen Beimengungen.

Die Kohle von Aksu soll aus der Umgegend von Karabagh kommen, die von Turfan aus den Bergen bei Siukip nahe Ghotschang. Der türkische Name dieses Minerals ist Tash-kumur oder steinerne Holzkohle. Kohle soll sich auch im Gebirge Kuen-Luen finden, wird aber seit dem Ende der chinesischen Herrschaft nicht mehr abgebaut. Seit der Vertreibung der Chinesen sind überhaupt fast alle in Kaschgarien betriebenen Industriezweige zurückgegangen. Die Kohle von Aksu und Turfan wird durch Landleute auf der Erdoberfläche gesammelt und nach den Städten verkauft, aber ihre heutige Consumtion kann sich mit der während der chinesischen Herrschaft stattgefundenen nicht mehr vergleichen. Nach den neuesten Mittheilungen befindet sich das Land wieder in dem Besitze der Chinesen.

---

*) Dr. J. E. Polak, Officieller Ausstellungsbericht „Persien", Wien 1873.

Eisen liefern in Ost-Turkestan der Kisil-Tagh und der Tumur-Tagh ("rother Berg" und "Eisen-Berg") an den Quellen des Schahuas-Flusses.

Auch in Bar-Roschan am Pandschah unterhalb Wamar wird Eisen in grossen Mengen gefunden. Ferner producirt ein 25 Kilometer oberhalb letztgenannter Stadt an der Wamar-Ravine gelegenes Bergwerk ein reiches Erz.

Heute sind die Eisenbergwerke von Schahuas die einzigen noch im vollen Betriebe befindlichen. Das Sammeln des Erzes, das in Kisili geschieht, ernährt etwa 400 — 500 Familien. Das Metall, welches von hervorragender Güte sein soll, versorgt den Markt sämmtlicher westlichen Städte und wird ausserdem für den einheimischen Consum in Anspruch genommen.*)

Ost-Indien.
(8,221.148 Quadrat-Kilometer. — 313,043.500 Einwohner.)

Vorder-Indien. Die Kohlenfelder von Indien**) liegen fast alle in einer Region, welche nördlich vom Ganges begrenzt ist und südlich bis über den Godáveri sich erstreckt, während sie in ostwestlicher Richtung von der Umgegend von Calcutta bis zum Nerbudda (Narbada) reichen. Ausserhalb dieses Gebietes liegen nur die Kohlenfelder von Kutsch-Behar (in den Darjeeling Territories) am Südabhange des Himálaya im oberen Flussgebiete des Tista (eines Zuflusses des Brahmaputra) und die Kohlenvorkommnisse in Ober-Assam, im Ditrugarh- und Sibsagar-District.

Mr. Blanford theilt die Kohlenterrains der ersteren Region in vier Gruppen:

1. Die der Rajmahal-Hills und des Damuda-Thales (das Hauptgebiet).
2. Die in Rewah, Sirgújah, Choda Nágpur, Tálchir am Brahmani-Flusse etc.
3. Die Kohle des Narbada-Thales und der Satpura-Hills.
4. Die neuen Felder in den Thälern des Wardha und Godáveri.

In den Rajmahal-Hills sind kleine Kohlenbassins in jedem grösseren Thal, welches die Kette durchsetzt, mit Flözen von 0.9 — 3.6 Meter Mächtigkeit. Das Hauptterrain ist aber das von Raniganj am Damuda oder Damodar, südlich vom Ganges, nordwestlich von Calcutta, und nahezu alle Kohle, die in Indien gewonnen wird, kommt von dort. Im Jahre 1868 wurden daselbst 493.000 metr. Tonnen gewonnen, von allen übrigen Kohlenfeldern kamen nur 40.000 metr. Tonnen. Die Production ist aber seither rasch gestiegen.

Das Kohlenfeld beginnt 192 Kilometer nordwestlich von Calcutta. Es ist 29 Km. lang von Nord nach Süd, und 64 Kilometer breit, und besitzt eine Oberfläche von 1300 bis 1550 Quadrat-Kilometer. Die Flöze sind zahlreich und von 1.3 bis 10.5 Meter mächtig, sie haben eine Gesammtmächtigkeit von 30—36 Meter. Die abbauwürdige Kohle wird auf 14.000—16.000 Millionen Tonnen geschätzt.

Die Kohle selbst ist sehr verschieden von europäischen Steinkohlen, sowohl nach Qualität, als nach ihrem äusseren Ansehen. Der Hauptunterschied besteht darin, dass die indische Kohle sehr schiefrig ist und 10—30 % Asche enthält, bei durchschnittlich 52 % (selten mehr als 60 %) Kohlenstoff

---

*) Ost-Turkestan und das Pamir-Plateau. Petermann's Mittheilungen, Gotha, 1877.
**) Vergl. das bereits Seite 216 angeführte Werk v. Hochstetter's.

Englische Kohle enthält dagegen durchschnittlich 68 % Kohlenstoff und nur 2.7 % Asche. Indische Kohle leistet deshalb nur $^1/_8$—$^2/_3$ von dem, was englische Kohle leistet. Das an Naturschätzen reichste Land entbehrt daher, so weit bis jetzt bekannt, einer vollkommen guten Kohle.

Schon 1775 wurde diese Kohle theilweise ausgebeutet. Gegenwärtig sind 44 Kohlenwerke mit 61 Dampfmaschinen in Betrieb, und Eisenbahnen führten bis zu den Hauptwerken.

Die bengalischen Bahnen gebrauchen jetzt durchaus die Kohle von Raniganj, allein die Madras- und Bombay-Bahnen heizen ihre Maschinen noch immer mit englischen Kohlen. Die Ostindische Eisenbahn-Gesellschaft besitzt einen Complex von Kohlengruben, aus dem sie jetzt bereits täglich 800 metr. Tonnen Kohlen fördert — in Indien die grösste von einer Gesellschaft gelieferte Tagesleistung. Die Eisenbahn verbraucht nur etwa die Hälfte dieses Quantums und verkauft den Rest. Sie befindet sich in der glücklichen Lage, ihre Kohlen zu etwa nur ein Achtel des Kostenpreises anderer Bahnen zu haben. Die vorhandenen Schätze haben eine Tiefe von durchschnittlich 30 Meter, an einigen Stellen aber wird die Kohle steinbruchartig und über Tag gefördert.

In Calcutta kostet englische Kohle 40 $\mathcal{M}$. pro metr. Tonne, die einheimische 7 $\mathcal{M}$., also fast 6 mal weniger.

Mit den übrigen Kohlenfeldern des Damuda-Thales (Iherria, Bokaro, Rámgarh, Karanpura, Kurhurbari, Deogarh, Chopé, Itkuri) wird die Gesammtausdehnung der Kohlenformation des Damuda-Thales auf 4.000 Quadrat-Kilometer geschätzt, und wenigstens in der Hälfte dieses Areals kommen bauwürdige Flöze von ansehnlicher Mächtigkeit in nicht grösserer Tiefe als 300 Meter unter der Oberfläche vor.

Die zweite Gruppe der indischen Kohlenterrains besteht aus einer Anzahl von Becken (Daltonganj, Risrampur, Talchir u. s. w.), die über ein immenses Gebiet der wildesten Gegenden Indiens zerstreut liegen und noch nicht genügend erforscht sind.

Die dritte Gruppe liegt im Nerbudda- (Narbada-) Thale und den Satpura-Hills, welche dessen südliche Grenze bilden. Das Flöz, welches auf den Mopani-Werken abgebaut wird, hat eine durchschnittliche Mächtigkeit von 7.5 Meter und ist in Qualität der Raniganj-Kohle gleich.

Die vierte Gruppe von Kohlenfeldern liegt an der Grenze des grossen Sandsteingebietes des Godáveri-Thales mit den Seitenthälern des Wardha und Pranhita, von der Gegend von Nágpur bis Ellor. Nach den Untersuchungen von Mr. Blanford und Mr. Hughes kommt abbauwürdige Kohle an mehreren Localitäten vor. Ebenso wurde im Chanda-Districte, in den Centralprovinzen, in Berár und wieder im Nizam-Territorium in grosser Verbreitung ein Flöz bis zu 15 bis 21 Meter Mächtigkeit nachgewiesen. Auf den Wurrorawerken im Chanda-District wird der Reichthum auf 5 Millionen Tonnen geschätzt.

Die Kohle aus Ober-Assam ist nach Mr. Medlicott von etwas jüngerem Alter als die Damuda-Kohle und noch wenig ausgebeutet. Sie enthält 53 bis 61 % Kohlenstoff, 43 bis 36 % Wasserstoff und Sauerstoff und 1.7 bis 3.7 % Asche nach Proben, welche von drei verschiedenen Localitäten genommen wurden.

In Bezug auf das geologische Alter der Steinkohlen führenden Schichten in Indien war man früher der Ansicht, dass sie sämmtlich einer und derselben Formation angehören, die man für identisch mit derjenigen der australischen Kohlenformation und nur wenig verschieden von der europäischen Steinkohlenformation hielt. Neuerdings jedoch hat Mr. Henry F. Blanford nachgewiesen, dass die Pflanzen- (Kohlen-) führenden Schichten Indiens von sehr verschiedenem Alter sind, von der Permischen Formation angefangen bis zum oberen Jura. Speciell für die Schichten der Rajmahal-Gruppe hat Dr. O. Feistmantel den Nachweis geliefert, dass sie dem Lias angehören.

15

Die Eingeborenen brennen fast nirgends Kohle, sondern Holz oder getrockneten Kuhdünger.

Die Einfuhr englischer Kohle in den britischen Besitzungen betrug im Jahre 1875 .. 625.190 metr. Tonnen im Werthe von 9,369.880 *M.*

| „ | „ | 1876 .. 772.013 | „ | „ | „ | „ | „ | 9,327.100 | „ |
| „ | „ | 1877 .. 910.513 | „ | „ | „ | „ | „ | 10,094.627 | „ |

ist demnach noch immer bedeutend im Steigen begriffen. —

Uralt ist der Bergbau auf **Eisen** in einigen Partieen Indiens. Indisches Eisen wird schon von dem Griechen Ktesias 400 v. Chr. erwähnt, und die aus ihm geschmiedeten Schwerter waren berühmt. Eisenstein wird überhaupt noch häufiger in Indien angetroffen als Kohle. Die Eingeborenen verstehen aber das Schmelzen nur schlecht und bedienen sich zur Herstellung von Schmiedeeisen äusserst einfacher Apparate, der sogenannten Rennöfen. Erst in neuester Zeit haben sich europäische Gesellschaften mit Projecten zur Hebung der mineralischen Schätze beschäftigt.

Grossartige Ablagerungen an Eisenerzen sind in Madras, im Distrikte Salem bei Godumulay, zu Karnul. Kadapeh, zu Kunjamullay bei Sooramunglam und an mehreren anderen Orten bekannt, aber wenig oder gar nicht ausgebeutet. Die Eisenerze von Madras sind stark magnetisch, enthalten 70 % metallisches Eisen und stehen an Qualität dem schwedischen Erze gleich. Ein interessantes Beispiel des Vorkommens ist der 120 Meter hohe Magneteisenberg von Kunjamullay, der viele weithin sichtbare Lager dieses Erzes enthält, welche bis 30 Meter dick sind.

Das in Gondwana in Hindostan von den Kurrukporebergen, dem Ganges und den Rajmahalbergen eingeschlossene Land (8.100 Quadrat-Kilometer) enthält ebenfalls neben Kohle auch Eisen. Letzteres wird besonders in den erwähnten Kurrukporebergen in rohgebauten Hohöfen geschmolzen.

Auch Nepal im Himâlaya-Gebirge hat reiche Lager von Eisenerzen. Der Maharaja ist Eigenthümer und eifersüchtiger Wächter der Minen. Der Bergbau ist Raubbau.

Es existirten bereits die Anfänge einer grösseren Eisenindustrie in Indien, aber alle Unternehmungen gingen nach und nach zu Grunde, weil sie vermuthlich von Seite Englands wenig Unterstützung fanden, sodass gegenwärtig nur die Ruinen der bereits bestandenen Hohöfen zu finden sind. Die Eisenproduction ist, so günstig bei den Kohlenschätzen des Landes die Bedingungen für ihre Entwicklung wären, gegenüber den von England eingeführten Eisenwaaren 1874: 1,772.848 £ (35,477.960 *M.*) und 1875: 1,638.506 £ (32,770.120 *M.*) unbedeutend; sie beschränkt sich auf die Gewinnung von Stabeisen und Stahl direct aus Erzen nach den primitivsten ältesten Methoden.

Merkwürdig ist nur der berühmte indische Stahl, der den Namen „Wootz" erhalten hat. Die Herstellung desselben besteht darin, dass Stabeisen in kleine Stücke zerhackt und diese mit etwa 10 % trockener Holzspäne von Cassia auriculata und einigen grünen Blättern von Asclepias gigantea oder Convolvulus laurifolia in kleinen Tiegeln einer entsprechenden Hitze ausgesetzt werden. Die chemischen Untersuchungen haben bisher nichts ergeben, was die vorzüglichen Eigenschaften dieses Stahles erklären würde. Die Erzeugung des Wootzstahles ist auf wenige Bezirke von Missore und auf Salem in Madras beschränkt.

Die in Indien gefertigten Schutzwaffen, namentlich die Schuppenpanzer und Ringelhemden sind von vorzüglicher Schönheit und übertreffen bei weitem ähnliche Fabricate der Circassier, Kurden, Japanesen und Sudân-Völker. Rangoon, Gwalior, Vizianagram, Nellemasla, Scalkote und Goajerat sind berühmt durch ihre Waffenschmieden.

Man gibt sich der sicheren Erwartung hin, dass sowohl die Kohlen- als auch die Eisenindustrie in Indien in nächster Zeit eine grossartigere und zeitgemässere Entwicklung erfahren, und dass namentlich die Erzeugung des Eisens mit Kohlen und Coke sich einführen wird. Besondere Erwähnung verdienen die Bemühungen der Bengal Ironworks Company, deren Besitz im Burrakur-Distrikt 160 Kilometer von Calcutta entfernt liegt. In den beiden grossen Hohöfen dieser Gesellschaft werden die Erze mit der in unmittelbarer Nähe gefundenen Kohle verschmolzen, die sich als gut cokbar erwiesen hat. Die nicht weit davon ansässige Bengal Coal Company, welche ebenfalls 2 Hohöfen errichtet hat, erzeugt täglich 25 metr. Tonnen Roheisen. Die Erze liegen überall offen zu Tage, ebenso ist Kohle dort leicht zu gewinnen.

Eine gute Zukunft scheint das Wardha-Thal im Gebiete der Centralprovinzen in Bezug auf seine Kohlen- und Eisenindustrie zu besitzen. Man glaubt, dass diese Gegend einst ein wahres „schwarzes Indien" (Indian Black Country) werden wird. —

Die vorderindische Halbinsel hatte Ende 1877 bereits ein Eisenbahnnetz von 11.164 Kilometer Länge aufzuweisen, wozu noch 146 Kilometer ausgebaute Bahnen auf der Insel Ceylon zu rechnen sind.

H i n t e r - I n d i e n. An Eisen ist die hinterindische Halbinsel ziemlich reich, an Kohle weniger, denn man hat abbauwürdige Kohle nur in Birma und neuerdings in Tongking nachgewiesen. Die vorzüglichen Kohlenlager von B r i t i s c h - B i r m a liegen bei Kjukphju. Eisenerze werden auf Ramri und Tscheduba gefunden, doch lohnen sie den Abbau nicht, weil sie die Concurrenz mit dem eingeführten englischen Eisen nicht bestehen können. In T o n g k i n g liegen neben Eisenminen unberührte Kohlenlager an der Oberfläche, darunter einige in der Nähe der Meeresküste, welche leicht erschlossen und ausgebeutet werden könnten.

O s t i n d i s c h e r A r c h i p e l. Auf J a v a, der Centralbesitzung der Niederländer im Archipel, birgt die neptunische Formation an verschiedenen Stellen der Insel Mineralkohle. Solche Kohlenflöze aber, die im Hinblick auf technische Verwerthung Beachtung verdienen, kommen nur in den östlichen Gegenden von Süd-Bantam vor, da, wo quarzige, nicht kalkige Sandsteine vorherrschen. Sie sind auf einen schmalen Gebirgsstrich beschränkt; innerhalb desselben sind jedoch die Kohlen rein, hart, schwarz, stark glänzend und reich an Kohlenstoff, vielmehr der eigentlichen Steinkohle als der Braunkohle gleichend. Die Kohlenflöze in Bantam stimmen ihrer Beschaffenheit nach fast alle mit einander überein. Sie enthalten bituminöse Pechkohlen mit lebhaftem Fettglanz. Entdeckt wurden diese Kohlen im Jahre 1826 von dem Botaniker S p a n o g h e.

Bei Gelegenheit des Eisenbahnbaues hat man ganz neuerdings noch zahlreiche Kohlenflöze aufgeschlossen, zu deren näherer Untersuchung die Regierung Fachmänner entsendet hat. Man verspricht sich ziemlich viel von diesen neuentdeckten Kohlenlagern.

Im Jahre 1875 bezog Java von England 72.952 metr. Tonnen Kohle im Werthe von 1,094.246 ℳ. und 1.297 metr. Tonnen Coke im Werthe von 31.488 ℳ.

An Metallen, wie Magneteisen, Brauneisenstein und Titaneisen sind die Gebirge Java's sehr arm. Die Insel hat bereits 260 Kilometer Eisenbahnen.

S u m a t r a besitzt auf seiner Westküste reiche Kohlenlager.

In unerschöpflichen Lagern ist die Steinkohle über das gesegnete Eiland B o r n e o, dessen Grund von Gold-, Kupfer- und Eisenadern ganz durchzogen ist, verbreitet, namentlich in Brunai, auf der dicht, an der Nordwestküste Borneos gelegenen britischen Insel Labuan, und in Banjermasing: sie ist leicht zu gewinnen, wird aber noch wenig ausgebeutet. In besonders grossen Quantitäten findet sich auf Borneo, namentlich im Süden, das Eisen. Die Eingeborenen verfertigen aus demselben ihre vortrefflichen Klingen. Wegen Mangel an genügenden Arbeitskräften und noch mehr an dem nothwendigen Capitale schlummern diese Schätze aber noch im Innern der Erde, und es wird wohl auch noch langer Zeit bedürfen, ehe man sie den Bedürfnissen der Menschen dienstbar macht. Auch die Insel Billiton zwischen Borneo und Banka hat schönes Eisen, das neuerdings ausgebeutet wird.

Im Archipel der Philippinen sind zahlreiche Inseln mit Kohle versehen. Den hervorragendsten Platz nimmt die Insel Cebu ein, deren Steinkohle schon seit längerer Zeit gefördert wird und an Qualität für besser erkannt wurde als die Kohle von Labuan (Borneo) und Australien, welche jetzt in den englischen Besitzungen China's (Hongkong) importirt wird. Die Kohlen von Cebu, welche nur auf 4 ℳ. per metr. Tonne zu stehen kommen, während die englischen Kohlen, deren 1875 10.466 metr. Tonnen im Werthe von 150.373 ℳ. eingeführt wurden, in Manila 12—13.5 ℳ. kostet, enthält durchschnittlich:

46.16 % Kohlenstoff,
42.00 „ Wasser und flüchtige Bestandtheile,
11.81 „ Asche.

Ausserdem kommen noch die reichen Braunkohlenlager von Caramuan auf der Hauptinsel Luzon in Betracht. — An Eisen mangelt es den verschiedenen Inseln der Philippinen ebenfalls nicht.

China.*)

(10,290.600 Quadrat-Kilometer. — 433,694.000 Einwohner.)

Weitaus die grössten Kohlenschätze auf dem asiatischen Continent besitzt China. Alle 18 Provinzen des Reiches sowie die südliche Mantschurei sind mit Steinkohlen gesegnet, und wenn auch die Grösse der Kohlenfelder, Alter und Güte der Kohlen sehr verschieden sind, so kann doch schon jetzt China als eines der reichsten Steinkohlenländer der Welt bezeichnet werden.

Es ist unbekannt, wie weit bei den Chinesen ein wirklicher Kohlenbergbau zurückreicht, doch dürfte derselbe schon sehr früh bestanden haben, denn Marco Polo fand daselbst im 13. Jahrhundert eine ausgedehnte locale Benützung der Steinkohle, welche die Chinesen „Mei" nennen, vor. Sogar schon im 3. Jahrhundert v. Chr. lässt sich der Gebrauch der Kohle in China nachweisen. Trotzdem ist die Art und Weise der Gewinnung heute noch ebenso primitiv wie vor Jahrhunderten oder Jahrtausenden. Es werden einfach schiefe Stollen in die Hügelseite getrieben, und sobald Wasser kommt, wird das Bergwerk aufgegeben. Erst im Jahre 1876 sollten die ersten Dampfmaschinen in den Peking zunächst gelegenen Kohlenwerken aufgestellt werden, und damit würde also eine neue Periode in der Ausbeutung der immensen Kohlenschätze China's beginnen. Neuestens (Mai 1878) verlautete, dass einem Mandarinen sogar die Erlaubniss zur Bildung einer Art Actien-Gesellschaft zu dem Zwecke ertheilt wurde, um etwa 180 Kilometer westlich von Tschifu ein Kohlenwerk mit allen modernen wissenschaftlichen Hilfsmitteln auszurüsten und zum Behufe des Transportes der gewonnenen Kohle eine Tramway-Linie zum Meere herzustellen.

Jeder, dem es beliebt, darf ein Kohlenlager abbauen. Der Preis wird aber durch eine Reihe von Zwischenhändlern und den kostspieligen Transport so hoch hinaufgetrieben, dass in den Seestädten englische Kohle billiger

---

*) Unter Benützung des schon mehrfach erwähuten Buches v. Hochstetter's „Asien, seine Zukunfts-bahnen und Kohlenschätze", und der unschätzbaren Publicationen v. Richthofen's.

kommt als einheimische. Schiffe laden daher jetzt noch vortheilhafter Kohle aus Europa; neuerdings macht japanesische Kohle Concurrenz. Der Regierung fehlt noch jegliche Einsicht von dem Werthe dieses Materials. In der Haushaltung werden die Kohlen vorwiegend nur im Norden, ungern in den im Süden gelegenen Provinzen gebraucht.

Gegenwärtig ist die Dampfschifffahrt an den chinesischen Küsten und auf den chinesischen Strömen fast ausschliesslich noch auf fremde Kohle angewiessen, die aus England, den Vereinigten Staaten von Nord-Amerika, Australien, Japan und Formosa eingeführt wird. Die Einfuhr geschieht nach den Häfen von Hongkong und Shanghai. Im Jahre 1875 wurden in China (incl. Hongkong) 59.332 metr. Tonnen Kohle im Werthe von 949.203 ℳ. und 1.529 metr. Tonnen Coke im Werthe von 58.544 ℳ. aus England eingeführt. Die Preise loco Shanghai sind nach dem Durchschnitte der letzten Jahre für beste englische Cardiffkohle 24 ℳ. per metr. Tonne, für amerikanischen Anthracit 24—26 ℳ. per metr. Tonne, für australische Kohle (hauptsächlich von Newcastle) 20 ℳ. per metr. Tonne, für japanesische Kohle harter Qualität (Anthracit) 16 ℳ. per metr. Tonne, weicher (bituminöse Kohle) 12 ℳ. per metr. Tonne, für Kohle von Formosa 12 ℳ. per metr. Tonne. Infolge der eigenthümlichen Zollverhältnisse besteht für den Handel mit inländischer Kohle ein Missverhältniss, welches den Transport chinesischer Kohle von einem Hafen zum anderen auf europäischen Schiffen gegenwärtig rein unmöglich macht. —

Das Scheidegebirge zwischen dem Becken des Yang-tsze-kiang und des Hwang-ho ist die bis 3.300 Meter hohe Kette des Tsing-ling-schan*), aus Granit, krystallinischen Schiefern und den ältesten Formationen bestehend, die als Fortsetzung des Kuen-luen in Central-Asien wie ein mächtiger Keil gegen Osten in China eindringt und den Norden China's vom Süden scheidet, das Becken des Gelben Flusses, des Hwang-ho, von jenem des Yang-tsze, oder die Regionen, welche grossentheils mit Löss bedeckt sind, von jenen, in welchen diese auffallende Formation Nord-China's nicht oder weniger vorkommt.

Die südlichen Kohlenfelder. In den Provinzen südlich von der Wasserscheide zwischen dem Hwang-ho und dem Yang-tsze-kiang-Gebiete, also in den Provinzen am unteren und mittleren Yang-tsze, haben Kohlen führende Schichtensysteme zwar kaum eine geringere Verbreitung als in den Nord- und Nordostprovinzen, aber dennoch ist mit Ausnahme von Hunan das Kohlenvorkommen in den südlichen und südwestlichen Provinzen nicht von derselben Bedeutung.

Verhältnismässig die grösste Ausdehnung besitzt das auf allen Seiten von hohen Gebirgsketten (im Osten aus silurischen und devonischen Schichten bestehend, im Westen aus Urgebirge) umschlossene Kohlenbecken der Provinz Sz'-tschwand. i. des „Vier-Strom-Landes". Nach v. Richthofen hat dasselbe eine Ausdehnung von wenigstens 250.000 Quadrat-Kilometer. Die Kohlenlager treten in den tief eingerissenen Flussthälern am Rande des Beckens zu Tage und werden ausgebeutet. Im Westen und Norden des Beckens ist die Kohle bituminös und von besserer Sorte, gegen Süden und Osten hingegen eine geringe Sorte von Anthracit. An einen Export dieser Kohle nach den Regionen des unteren Yang-tsze-kiang kann nicht gedacht werden; dagegen kann dieses Kohlenterrain die Bewohner der ausgedehnten Provinz mit einem billigen Brennmaterial sehr leicht versorgen, da nahezu alle Flüsse der Provinz von ihrer Mündung in den Yang-tsze bis an die Grenzen

---

*) Die Hauptkette, auf unseren Karten fälschlich Peling genannt, führt in ihren einzelnen Theilen verschiedene Namen, der höchste Theil heisst nach einem der wichtigsten Pässe T'sing-ling-schan.

des Kohlenbeckens schiffbar sind. Die Provinz Kwéi-tschóu participirt an ihrer nördlichen Grenze noch an dem Kohlenbecken von Sz'-tschwan, und auch in Yünnan, der südwestlichen Grenzprovinz China's gegen Hinter-Indien, finden sich ausgedehnte und mächtige Lager eines guten Anthracites, der hier unmittelbar in der Nachbarschaft von Kupfer, Zinn, Zink und Bleierz vorkommt und daher die Entwicklung eines schwunghaften Erzbergbaues und einer bedeutenden Metallgewinnung ermöglicht. Nach v. Richthofen gehören die Kohlenlager von Sz'-tschwan, Kwéi-tschóu und Yünnan nicht der productiven Steinkohlenformation, sondern der Trias oder dem Lias an, hätten also ungefähr dasselbe Alter wie die indischen Kohlenfelder.

Dagegen tritt die echte Steinkohlenformation in den östlicher gelegenen Theilen des südlichen China auf, namentlich in der Provinz Hunan; ausserhalb derselben nur in einer Anzahl kleinerer und von einander getrennter Gebiete der Küstenprovinzen. Unter diesen dürfte das Vorkommen bei Schautschóu-fu in Kwangtung vielleicht bei grösserer Ausbeutung für Canton und Hongkong von einigem Nutzen sein; doch ist die Qualität der Kohle gering und die Lagerstätte unbedeutend. Aehnliches gilt von den anderen Vorkommen.

Weit günstiger sind die Verhältnisse in der Provinz Hunan, und diese Provinz war auch bis vor wenigen Jahren die einzige, von deren Kohlenreichthum man hörte, denn eine ganze Flotte von Frachtbooten, mit Kohle von Hunan beladen, belebt fortwährend den Yang-tsze und seine Nebenflüsse; und das Städte-Trio Wu-tschang, Hankau und Hanyang, mit seinen 1½ Millionen Einwohnern am Einfluss des Hankiang in den Yang-tsze, sowie die dichte Landbevölkerung der Provinz Hupéi beziehen ihren Bedarf an fossilem Brennmaterial ausschliesslich aus Hunan.

Der Kohlenreichthum lagert im südöstlichen Theile der Provinz. v. Richthofen, der die Kohlenfelder von Hunan 1870 besucht hat, schätzt sie auf ¹/₈ der Oberfläche der Provinz, d. i. auf 47.300 Quadrat-Kilometer und stellt sie den pennsylvanischen Kohlenfeldern an die Seite. Sie erstrecken sich zu beiden Seiten des Siang-Flusses, von dessen Quelle bis zur Stadt Siang-tan, einer Stadt mit einer Million Einwohnern und führen in ihrer südlichen Hälfte — dem Lui-River-Kohlenfelde — ausgezeichneten Anthracit, sog. harte Kohle, in ihrer nördlichen Hälfte — dem Siang-River-Kohlenfelde — bituminöse oder weiche Kohle. Eine beschränkte Eisenindustrie steht mit den Kohlenwerken in Verbindung.

Die Hunan-Kohle ist dazu bestimmt, einen grossen Theil Central-China's mit Feuerungsmaterial zu versorgen, während die Seehäfen, solange die Kohlenfelder nicht mit Canton durch eine Eisenbahn verbunden sind, keinen Nutzen von dem Reichthum Hunans ziehen werden, da sie leichter von den Nordprovinzen Schansi und Schantung versorgt werden könnten. Der beste Lui-Yang-Anthracit kann nach Hankau (693 Kilometer) um den Preis von 7.₂ ℳ per metr. Tonne gestellt werden. Die Flöze sind 0.₉—1.₈ Meter mächtig, und die Ausbeute betrug 1870 circa 150.000 metr. Tonnen.*)

Die nördlichen Kohlenfelder. Im Norden von China, im Stromgebiet des Gelben Flusses, wendet sich die Aufmerksamkeit alsbald dem ungeheuren Kohlenreichthum in den beiden Provinzen Schansi und Schensi zu, der sich einerseits in westlicher Richtung bis an die Wüstengebiete Hoch-Asiens, andererseits in nordöstlicher Richtung bis in die Mantschurei und an die Grenzen von Korea erstreckt. Die Provinzen, welche an diesem Kohlen-

---

*) Die Kohlenvorkommnisse am unteren Yang-tsze-kiang, zwischen Wutschang und Nanking sind nach v. Richthofen von keiner Bedeutung, und über einzelne weitere Kohlenvorkommnisse in den Seeprovinzen Fokiën und Tschekiang besitzen wir nur unsichere Nachrichten von Missionären. Margary fand auf seiner Reise durch China 1875 bei Tsching-Pink-Hsien Steinkohlen zum Verkauf ausgestellt, woraus er schloss, dass sich in der Nähe Steinkohlengruben befinden.

reichthum Theil nehmen, sind: im Osten an der Küste des Gelben Meeres die Provinzen Schantung und Tschili, im Nordosten Schönking (oder Liaotung) und die Mantschurei, im Centrum Schansi und Schensi, im Süden Honan und im Westen Kansu. Dieses ganze Gebiet, im Süden von der Kette des Tsing-ling-schan und Fu-niu-schan, im Norden von den Abfällen der Hochebenen der Mongolei und im Osten theils vom Meere, theils von der grossen Tiefebene des Gelben Flusses und des Peiho eingeschlossen, ein Gebiet, das von Kansu im Westen bis an die Grenze von Korea eine Ausdehnung von 25 Längengraden besitzt, kann als ein einziges ungeheures Terrain kohlenführender Schichten betrachtet werden, wenn auch die Kohle selbst in diesem ausgedehnten Gebiete nicht überall in gleich guter Qualität vorkommt und der einstige Zusammenhang der Kohlenfelder jetzt vielfach durch die gewaltigen Resultate des ununterbrochen durch Millionen von Jahren fortdauernden Denudationsprocesses des Festlandes aufgehoben und gestört ist. Trotzdem sind die Reste dieser nordchinesischen Kohlenformation noch gross genug, um sich, mit Einschluss der Kohlenfelder von Sz'-tschwan und Hunan, selbst mit den ausgedehntesten Kohlenfeldern der Erde, die man bis jetzt kennt, mit den nordamerikanischen, messen zu können.

Vor Allem ist es die Provinz S c h a n s i, welche nicht blos als die Kohlen-, sondern auch als die Eisen-Provinz von China par excellence bezeichnet werden kann. In keiner anderen Provinz wird die Kohle schon seit den ältesten Zeiten in so hervorragendem Masse zu häuslichem Verbrauch und zu industriellen Zwecken verwendet. v. Richthofen hat nachgewiesen, dass der grössere Theil der südlichen Hälfte dieser Provinz in einer Ausdehnung von ungefähr 91.000 Quadrat-Kilometer ein continuirliches Kohlenfeld von unglaublichem Reichthum bildet, welches zudem für die Gewinnung der Kohle Verhältnisse bietet, wie sie in gleich vortheilhafter Weise kein anderes Kohlenlager von ähnlicher Ausdehnung in irgend einem Theile der Erde aufweist. Läge es in Europa, meint v. Richthofen, so würde sich der materielle Fortschritt unseres Continentes jeder Schätzung entziehen. Ueberdies finden sich bei den Kohlenlagern ausgezeichnete Eisenerze im Ueberfluss.

Der Ho-schan, eine von Norden nach Süden ziehende, hauptsächlich aus Gneis gebildete Bergkette, welche sich bis 2.400 Meter erhebt, theilt das Kohlenfeld in zwei Flügel. Der östliche Flügel führt ausschliesslich Anthracit, der westliche, gegen den Gelben Fluss zu, nur bituminöse Kohle. Die Anthracit-Region, welche sich von Tse-tschóu-fu bis Ping-ting-tschóu ohne Unterbrechung ausdehnt, ist das grösste und reichste der bekannten Kohlenfelder und das dort gewonnene Product von der besten Qualität. Eines der Lager, dessen Ausbeissen längs des Abhanges des Tai-hang-schan mit Unterbrechungen auf eine Distanz von 320 Kilometer verfolgt werden kann, hat eine constante Mächtigkeit von 6 bis 9 Meter. Der Anthracit, der sehr grosse Festigkeit und Reinheit besitzt, wird in grossen cubischen Stücken gebrochen, welche an verschiedenen Gruben zu 6 Pence (0.5 $\mathcal{M}$) per metr. Tonne verkauft werden. Der Preis der bituminösen Kohle in den westlichen Theilen des Kohlenfeldes ist noch niedriger. In der Nähe von Tai-yuen-fu beträgt er nicht mehr als 3 bis 4 Pence per metr. Tonne (0.25 bis 0.33 $\mathcal{M}$). Für die Fülle, in welcher Kohle dort vorkommt, sowie für die Leichtigkeit, mit der dieselbe gewonnen wird, können wohl keine sprechenderen Beweise als die eben genannten Ziffern gegeben werden.

Die Provinz H o n a n theilt in gewissem Masse die Vortheile, welche die Provinz Schansi geniesst, und obschon von der Natur, was die Ausdehnung des Kohlengebietes anbelangt, weniger begünstigt, übertrifft Honan in Bezug auf die Vortheilhaftigkeit der geographische Lage seiner Kohlenfelder die benachbarten Provinzen. In Folge einer Faltung der Schichten, welche dort vorkommt, wo die Hochebene von Schansi an die Ebene des Gelben Flusses grenzt, erscheinen die Anthracitlager des östlichen Schansi in den niedrigen Hügeln wieder, welche sich nördlich vom Hwang-ho über der Ebene von

Hwai-king-fu erheben, und geben Veranlassung zu einem ausgedehnten Bergbau in mehr als 100 Minen. Dieses Kohlenfeld von Honan wird in Zukunft eine äusserst wichtige Stellung einnehmen, weil es an einem der Thore des Verkehres von Ost-China mit Central-Asien liegt.

In Honan befinden sich überdies noch einige Kohlenlager von geringerer Bedeutung. Das verhältnismässig ausgedehnteste derselben ist das von Lu-chau und Ju-chau mit guter bituminöser Steinkohle in Flözen von 1.4 bis 2.8 Meter. Dieses Kohlenfeld dürfte in Zukunft eine nicht unbedeutende Rolle spielen, indem es den Kohlenbedarf einer wichtigen Eisenbahnlinie, welche eventuell das Han-Thal mit den Regionen des Gelben Flusses einmal verbinden wird, decken und auch zum Schmelzen der Eisenerze, die dort in Verbindung mit Kohle vorkommen, dienen könnte.

An der südwestlichen Fortsetzung des westlichen Flügels des grossen Steinkohleufeldes von Schansi nimmt auch noch die Provinz Schensi Theil. Allein obschon die Steinkohlenformation bei weitem vor allen übrigen Bildungen vorzuherrschen scheint, dürfte sie dort weniger günstig entwickelt sein. Kohle wird an verschiedenen Orten gewonnen, doch hat dieselbe nirgends eine mehr als locale Bedeutung.

Die Provinz Kansu dagegen vereint, nach den Informationen, die v. Richthofen in den Grenzgebieten eingezogen hat, mit dem Vortheile eines weiten Vertheilungsgebietes seiner Kohlenlager günstige Bedingungen für deren Abbau, und verschiedene seiner Bergbaudistricte liegen für den Brennmaterialbedarf an den Verkehrsstrassen der Gegenwart und Zukunft leicht zugänglich. Die Kohle soll sich mit der besten von Schansi vortheilhaft messen können und in Schichten von bedeutender Mächtigkeit vorkommen.

Unter den zahlreichen und ausgedehnten Kohlenfeldern von jüngerem geologischen Alter, welche im Nordwesten des grossen Kohlenfeldes von Schansi in der nördlichen Hälfte der Provinz längs deren Nordwestgrenze und der grossen Chinesischen Mauer entlang einen vielfach unterbrochenen Zug bilden, ist das bedeutendste das schöne Kohlenfeld von Tatung-fu. Alle natürlichen Verhältnisse sind hier ausserordentlich günstig, die Lagerungsverhältnisse für den Abbau, die Qualität der Kohle, die ein ausgezeichneter Anthracit ist und die Mächtigkeit der Flöze, die 6 Meter erreicht. Dieses Kohlengebiet gehört nach v. Richthofen der räthischen Formation an.

In der Nähe von Peking, der jetzigen Hauptstadt des Chinesischen Reiches, wird Anthracit von mittlerer Qualität gewonnen, der das Hauptbrennmaterial in Peking ist und auf Kameelen und Eseln nach der Stadt gebracht wird. Einige der Gruben liegen in den Hügeln, welche im Norden und Westen die Ebene von Peking begrenzen (z. B. im Thale von Tschai-tang 80 Kilometer westlich von Peking), die meisten jedoch im höheren Gebirge und an schwer zugänglichen Localitäten. Ausserdem besitzt die Provinz Tschili einerseits in dem Terrain zwischen Peking und dem Plateau der Mongolei gegen Westen, andererseits in den östlichen, der Küste näher gelegenen Gebieten noch eine grosse Anzahl von kleineren Kohlenterrains, welche der Trias oder dem Lias angehören. Seiner günstigen Lage halber ist besonders das Kohlenfeld von Kai-ping in den Ching-schan-Hügeln erwähnenswerth, welche sich 128 Kilometer östlich von Tien-tsin isolirt aus der Alluvialebene erheben; und durch vorzüglichen Anthracit zeichnet sich die Localität Schi-men-tsai unmittelbar an der grossen Mauer und nur unweit von der Stelle, wo diese das Meer erreicht, aus.

Die schöne Provinz Schantung enthält nach v. Richthofen jene Kohlenfelder, welchen es vor Allem beschieden sein dürfte, zu einer Bedeutung für die Bedürfnisse der Seehäfen und der Seedampfer zu gelangen. Die Kohlen lagern am Fusse der Hügel in den westlichen Theilen der Provinz, in nächster Nähe der Küste, die aber hier leider jedes Hafens entbehrt. Dagegen ist die Kohle von guter Qualität, regelmässig geschichtet und über bedeutende Strecken ausgedehnt. Nirgends wären die Verhältnisse — sowohl die Oberflächengestaltung des Terrains, als auch die Dichtigkeit der Bevölkerung — für die Anlage einer Eisenbahn günstiger.[*])

Endlich bestehen auch in Schöngking oder der südlichen Mantschurei an verschiedenen Orten Kohlenminen; einige davon liegen in der Nähe der Seeküste, unweit ziemlich guter Häfen, wie Tschifu, wo daher die Kohle in grosser Menge consumirt wird; andere liegen zwischen dem Liao-Flusse und Korea. Doch sind alle diese Vorkommnisse von keinem grösseren Belang, da die Ausdehnung der Kohlenterrains nur eine unbedeutende ist. —

So gelangt man, geführt von Richthofen, zu der Ueberzeugung, dass das Reich der Mitte, was Reichthum an fossilen Kohlen anbelangt, zu den am meisten begünstigten Gebieten der Erde gezählt werden muss. Wahrscheinlich übertrifft das Areal der Kohlenfelder in China noch die Ausbreitung der nordamerikanischen, und mit dem grössten, dem von Schansi, welches v. Richthofen „gigantisch" nennt und dessen Producte die bisher bekannt gewordenen Vorkommen von Anthracit, dieser heizkräftigsten und werthvollsten aller Kohlensorten, weit hinter sich zurücklassen, kann sich in der Vereinigung der günstigsten Bedingungen in Hinsicht auf Lagerung, Qualität und Quantität kein anderes Kohlengebiet messen. Nirgends, glaubt v. Richthofen, wäre der Abbau einer vorzüglichen Kohle so leicht und billig in grösstem Massstabe einzurichten, wie in diesen Kohlenfeldern, wo man Eisenbahntunnels meilenweit direct durch die Kohlen- und Anthracitflöze führen könnte, und mit den Kohlen gleichzeitig ausgedehnte Lager von vorzüglichen Brauneisenerzen und Thon erschliessen würde. Seit alter Zeit wurde von hier aus China mit Eisen versorgt. Das Anthracitbecken von Süd-Schansi enthält 730 Billionen Tonnen Kohle, sodass es bei einer jährlichen Ausbeute von 300 Millionen Tonnen allein den ganzen gegenwärtigen Bedarf der Welt für etwa 2.400 Jahre decken könnte!

Die Ausbeutung der chinesischen Kohlenfelder ist indess noch vollständig in der Kindheit; trotz so günstiger Bedingungen beträgt sie gegenwärtig nur erst ungefähr $\frac{1}{18}$ der Kohlenproduction von Deutschland oder den Vereinigten Staaten. v. Richthofen berechnet die Steinkohlenproduction China's auf jährlich gegen 3 Millionen Tonnen, nämlich:

	metr. Tonnen
Provinz Schansi, Anthracit	1,000.000
„ „ bituminöse Kohle	700.000
„ Hunan, Kohle im Allgemeinen	600.000
Kohlenfeld von Loping in Kiangsi	75.000
Der Rest von Kiangsi und die Provinzen Kwangsi, Kwangtung, Fokiën, Tschekiang, Kiangsu, Nganhwéi, Hupéi und Kwéitschóu, zusammen	20.000
District Tsing-hwa in Honan	60.000
Der Rest der Provinz Honan	40.000
Die Provinzen Sz'-tschwan und Yünnan	50.000
„ „ Schensi und Kansu	40.000
„ Provinz Schantung	200.000
„ „ Tschili	150.000
„ „ Schöngking (südliche Mantschurei)	20.000
Zusammen	2,965.000

---

[*]) Die Kaufleute von Tien-tsin haben sich seit Langem bemüht, diese Kohlenfelder nach europäischem Muster geöffnet zu sehen. Sie wollten Strassen bauen und die Kohle nach Tien-tsin bringen. Auch hätten die Grundbesitzer das Land für die Minen gegen Entschädigung gern abgetreten. Allein die Regierung erlaubte es nicht. In Folge dessen müssen die Dampfer zwischen Shanghai und Tien-tsin ,englische Kohle zu 24 M. per metr. Tonne kaufen, während sie die inländische um 12 M. hätten herbeischaffen können.

oder gegen 3 Millionen Tonnen für die 18 Provinzen des Reiches und die südliche Mantschurei.*)

Eine genauere Statistik dürfte wahrscheinlich die Gesammtsumme noch erhöhen.

Der Durchschnittslohn der Arbeiter beträgt 0.50—0.60 ℳ, der Preis der Tonne besten Anthracits an der Grube, je nach der leichteren oder schwierigeren Förderung, 0.50—4.50 ℳ. Der Transport beläuft sich oft auf das 15fache des Kohlenpreises; von einem weiteren Transport ist überhaupt nicht die Rede.

v. Richthofen zweifelt nicht, dass sich die Kohlenproduction in China schon in der nächsten Zukunft erheblich steigern wird, und da nirgends so billiges Brennmaterial mit einer so unerschöpflichen Fülle billiger und zugleich intelligenter und effectiver Arbeitskraft vereinigt ist wie in China, so können sich, falls die Chinesen nur wollen, in kurzer Zeit Productionscentren ersten Ranges bei den Kohlenfeldern bilden. —

Ein kleines Kohlenfeld findet sich auch an der Nordküste der Insel Formosa, bei den Häfen von Kilung, Nuan-nuan und Sikk'on im Districte von Tamsui, der unter chinesischer Herrschaft steht. Die Art der Gewinnung durch die auf Formosa angesiedelten Chinesen ist eine äusserst primitive. Wo ein Flöz an der Seite eines Hügels zu Tage ausstreicht, oder wo die Lage der Schichten ein Flöz vermuthen lässt, da beginnen die Arbeiter einen Stollen zu treiben, entweder in horizontaler Richtung oder nach innen wenig ansteigend, so dass das Wasser ablaufen kann. Diese Stollen werden am Eingang bis 6 Meter hoch angelegt und 90 bis 450 Meter weit geführt. Am Ende sind sie gewöhnlich so niedrig, dass man darin kriechen muss. Die Kohle wird in Körben hinausgetragen. Ein Korb und eine Spitzhaue ist daher der ganze Apparat, den ein chinesischer Bergmann braucht. Schlagende Wetter scheinen in den Formosa-Kohlenwerken nicht vorzukommen. Im Jahre 1875 hatten die Chinesen bereits 192 Schächte angelegt, deren Ertrag sehr reichlich ist.

Diese Kohlenminen Nord-Formosa's sind von grosser Wichtigkeit, da ihr Product, besonders mit englischen Kohlen vermischt, ein ganz vorzügliches Heizmaterial abgibt, sodass die fremden Handelsdampfer sich schon ganz daran gewöhnt haben, Kilung anzulaufen, um Kohlen einzunehmen. Die Kohle ist tertiärer Lignit, brennt rasch und gibt bedeutende Hitze. Obwohl die chinesischen Behörden sich alle Mühe geben, der Production entgegenzuarbeiten, so stieg dennoch die Ausfuhr derselben aus den beiden nördlichen Häfen Tamsui und Kilung von 1869 bis 1873 von 14.730 metr. Tonnen auf 45.177 metr. Tonnen. Sobald nur diese reichen Lager erst rationell betrieben und die hohen Zölle ermässigt werden, wird auch die Kohlenausfuhr Formosa's sich mächtig heben und die ihr gebührende Wichtigkeit für den Handel der ostasiatischen Gewässer erlangen.

Die Kohle kostet in Shanghai 12 ℳ pro metr. Tonne; die Production betrug 1871 18.790 metr. Tonnen und stieg 1872 schon auf 75.000 metr. Tonnen. Neuere Productionsziffern liegen nicht vor.

Auch nordwärts in der Gegend von Takow fand ein amerikanisches Geschwader unter Commodore Perry ein Kohlenlager, welches sehr ausgedehnt zu sein schien und eine brauchbare Kohle führte. —

Schon bei der Schilderung der Kohlenfelder wurde erwähnt, dass mächtige Lager von Eisenerzen im Zusammenhang mit den Steinkohlen vorkommen, so in den Provinzen Schansi, Honan, Yünnan und Sz'-tschwan. Auch sonst ist Eisen in China sehr verbreitet. Eine grosse Menge Menschen findet in den Eisenwerken, namentlich Schansi's, Beschäftigung, aber die bergmän-

---

*) F. v. Richthofen, Die gegenwärtige Kohlen-Production in China und die voraussichtlichen Folgen ihrer zukünftigen Entwicklung. Oesterr. Monatsschrift für den Orient, 1878 Nr. 1.

nische Bearbeitung der Felder wie die Schmelzung des Erzes ist noch höchst einfach und ursprünglich. Eigentliche Hohofenanlagen und rationelle Einrichtungen zur Verarbeitung des Eisens und Stahles dürften kaum irgendwo in China anzutreffen sein. Die obenerwähnten Eisenwerke sind ebenfalls noch ganz primitiv eingerichtet. — An Eisen soll auch Formosa grosse Quantitäten produciren.

Wie bekannt, wurde in China am 30. Juni 1876 die erste, allerdings nur 13 Kilometer lange Eisenbahn von Wusung nach Shanghai eröffnet, welche auch allerseits stark benützt wurde. Die Regierung kaufte im Jahre 1877 diese Bahn an, nicht aber, um weitere Bauten hieran zu knüpfen, sondern um diese erste Bahn zur grossen Verwunderung der Europäer wieder zu zerstören!

Unter solchen Verhältnissen ist der Ausbau von Eisenbahnen im chinesischen Reiche im Allgemeinen in weite Ferne gerückt. Die Realisirung des grossen Eisenbahnprojectes v. Richthofen's, das seit Kurzem russische Jli-Thal in Central-Asien mit den chinesischen Provinzen an der Küste des Gelben Meeres durch eine Eisenbahn zu verbinden, wird daher wohl noch lange auf sich warten lassen. Es ist ein merkwürdiges Zusammentreffen, dass die ganze Strecke, welche diese Zukunftsbahn durchlaufen soll, mit Kohlen gut versehen ist.

Japan.
(407.772 Quadrat-Kilometer. — 33,299.014 Einwohner.)

Den grössten mineralischen Reichthum Japans bilden die zahlreichen und mächtigen Kohlenlager des Landes, obgleich dieselben derzeit nur höchst ungenügend erforscht sind und nur sehr primitiv ausgebeutet werden. Es findet sich, abgesehen von Torf, sowohl Braunkohle als auch magere Steinkohle, Anthracit und Graphit, und zwar Braunkohle in 16 Districten (Ken), Steinkohle in 11 und Anthracit in 2 Districten dieses Inselreiches. In den übrigen „Ken" ist das Vorkommen mineralischen Brennstoffes wohl nachgewiesen, aber hinsichtlich der Beschaffenheit desselben noch nichts Näheres bekannt.

Die erste Tabelle, Seite 236, gibt ein Bild von der Ausdehnung und dem Character der wichtigsten Kohlenbecken Japans.

Rechnet man hierzu auch jene Kohlenbecken, deren Ausdehnung noch unbekannt ist, so kann mit viel Wahrscheinlichkeit die durch die Kohlenfelder Japans eingenommene Fläche auf 13.000 Quadrat-Kilometer beziffert werden. Die durchschnittliche Mächtigkeit der Kohle ist mit 4.5 Meter anzunehmen.

Die wichtigsten, gegenwärtig aber noch wenig erforschten Kohlenfelder sind unstreitig jene der Insel Yesso; denselben ist eine grosse Zukunft nicht abzusprechen. Dermalen kommt in erster Reihe die Kohle von Takashima im Hafen von Nagasaki in Betracht, deren weiter unten noch Erwähnung geschehen wird.

Eine Beschreibung aller Kohlendistricte des Inselreiches, soweit dieselben überhaupt bekannt, findet sich in dem werthvollen Berichte des Mr. Henry S. Munroe, Professor der Geologie und des Bergbaubetriebes an der kaiserlichen Universität von Tokio (Jedo): „La richesse minérale du Japon", aus dem Englischen in das Französische übertragen von Mr. Léon Thonard, Bergingenieur in Lüttich; Revue universelle des Mines, 1877.

Insel	Kohlenbecken	Ausdehnung in Quadrat-Kilometer	Anzahl der abbaufähigen Flöze	Mächtigkeit der Flöze (Meter)	Mächtigkeit der Kohle (Meter)	Gattung der Kohle
Yesso	Becken von Ishikari, obere Formation ..	1.554	6—12	0.4—5.8	13.7	trockene u. fette bituminöse
"	Becken von Ishikari, untere Formation ..	6.215	4	0.4—1.2	3.0	trockene bituminöse
"	Becken von Kayanoma	2	12	0.4—2.3	15.7	trockene und fette bituminöse
"	" " Akkeshi..	.	4	0.4—0.4	3.0	trockene bituminöse
Nippon	" " Iwaki ...	517	2	1.4—1.4	3.0	" "
"	" " Niigata ..	.	.	.	.	
"	" " Kii.....	.	.	.	.	Anthracit
Shikoku	" " Awa....	517	.	.	.	trockene und fette bituminöse
Kiushiu	" " Chikuzen ..	776	.	.	.	trockene bituminöse
"	" " Karatsu, obere Formation ...	} 906 {	3	0.7—1.2	3.0	trockene und fette bituminöse
"	Becken von Karatsu, untere Formation ..		10	0.2—0.4	4.4	trockene bituminöse
"	Becken von Nagasaki, einschliesslich Takashima und andere Inseln im Hafen von Nagasaki	5	13	0.4—4.4	15.2	fette bituminöse
"	Becken von Miike...	64	3	1.4 2.4	4.4	- "
"	" " Amakusa.	25	2	0.4—0.4	1.4	Anthracit

Bisher verstanden es die Japanesen nicht, tiefe Schächte in die Berge zu senken; sie gewannen daher nur, was von Kohlen und Metallen sich auf der Oberfläche befand. Sobald sie von den Europäern die Kunst gelernt haben werden, tiefer in die Berge einzudringen und das Wasser herauszupumpen, werden sie ohne Zweifel an die Ausbeutung der vielen Metall- und Brennstoff-Lager herantreten, die sich weit im Lande verbreitet finden.

Nachstehend folgen die Daten über die Kohlenproduction Japans für das Jahr 1874:

Insel Takashima im Hafen von Nagasaki ... . 73.589 metr. Tonnen
Becken von Miike .... 67.385 " "
District von Imabuku, Becken von Karatsu .... 33.088 " "
　" 　" Taku 　" 　" 　" .... 22.553 " "
　" 　" Karatsu 　" 　" 　" .... 59.221 " "
　" 　" Hirado 　" 　" 　" .... 64.171 " "
Das übrige Japan schätzungsweise .... 76.233 " "

Zusammen..... 396.240 metr. Tonnen,

welche einen Werth von 8,053.500 *M.* repräsentirten.

Seit dem Jahre 1871, wo die Kohlenproduction sich auf 112.369 metr. Tonnen bezifferte, hat demnach eine Steigerung der Förderung um das dreifache stattgefunden. In den jüngsten Jahren dürfte die Production in gleicher Weise gestiegen sein.

Besonders gross ist dieselbe in dem Bezirk von Nagasaki; zu Beginn der siebziger Jahre wurde auf einer Insel bei Nagasaki ein Kohlenwerk eröffnet, dessen Exploitation einem englischen Hause (Glover & Co. übertragen ist. Dieser Vorgang war bisher von den Chinesen sowohl wie von den Japanesen streng perhorrescirt worden. Die letzteren haben dadurch den ersten Schritt zu einem Unternehmen gethan, welches zur Erleichterung der Dampfschiffahrt und zur Bearbeitung der Metalle beitragen und auch die Staatseinkünfte um ein Bedeutendes vermehren wird. Im Jahre 1866 exportirte Nagasaki nur 10.348 metr. Tonnen, 1872 aber bereits 139.700 metr. Tonnen Kohle. Im Jahre 1876 betrug allein die Förderung zu Nagasaki bereits über 200.000 metr. Tonnen, da täglich gegen 600 metr. Tonnen Kohle gewonnen wurden. Im Ganzen waren dort 4000 Arbeiter Tag und Nacht beschäftigt. Die

Arbeitslöhne, Transport- und Unterhaltungskosten betrugen monatlich nur 20.000 ℳ., sodass die Gesellschaft, welcher die Gruben gehören, ein gutes Geschäft macht; denn die Steinkohle wird in China und Japan theuer bezahlt. Obige Ziffern bekunden einen raschen Fortschritt, aber selbst wenn man annimmt, dass der Kohlenhandel sich im ganzen Lande im gleichen Verhältniss entwickeln würde, so könnte doch diese Ausdehnung auch nicht einmal annähernd die Leistungsfähigkeit Japans erschöpfen. Nicht nur sind, bei angemessener Leitung, die vorhandenen Gruben einer weit grösseren Abgabe fähig, sondern es existiren, wie nachgewiesen wurde, noch unendlich viele Flöze von grösserer oder geringerer Dimension, an die sich der Unternehmungsgeist noch nicht herangewagt hat. Was die bereits angedeutete mangelhafte Art der Ausbeutung anbelangt,*) so besitzt eine Grube gewöhnlich nur einen Stollen von 1.₂ Meter Breite und 1 Meter Höhe mit Seitengalerien von 0.₉ Meter Höhe und 9 Meter Länge. Gegen Unglücksfälle sind keinerlei Vorkehrungen getroffen. Die Beleuchtung erfolgt durch offene Oellampen. Das Dach kann jeden Moment einstürzen, denn es wird nicht gestützt. Nicht besser sieht es mit dem Gewinnungsprocesse selbst aus. Die Arbeiter bedienen sich zur Aushebung der Kohle kleiner Brechstangen und Spitzhauen; die Kohle wird in Bambuskörbe geworfen, welche mit Schiebern versehen sind, die auf eine Art leiterartiges Holzwerkes passen, eine Einrichtung, welche unseren Schienen entspricht. Vor die Körbe werden 12—14jährige Knaben gespannt, deren Aufgabe es ist, dieselben an die Oeffnung der Grube zu schleppen. Von Ventilation ist keine Rede; nicht weniger primitiv ist die Bewässerungsmethode. Auf der Erde werden die Kohlen nicht besser behandelt als unter derselben. Die Körbe werden an der Mündung ausgeleert, worauf ihr Inhalt stückweise auf einfache Karren geladen wird, die durch Arbeiter an den gewöhnlich nahe gelegenen Fluss gefahren werden. Dort erfolgt abermals eine Ausladung und sodann eine Füllung in kleine Körbe, in denen sie auf das Schiff kommen. Infolge dieser unentwickelten Procedur vertheuert sich der billige Preis der japanesischen Kohlen von kaum 7 ℳ. auf über 8 ℳ. per metr. Tonne durchschnittlich. Trotzdem sind die Aussichten für die Entwicklung der Montanindustrie derartige, dass man schon jetzt voraussagen kann, Japan werde früher oder später grosse Partieen Ost-Asiens mit Brennstoff versehen.

Der Hauptfehler der Gesetzgebung in Japan bestand, wie gleichfalls schon angedeutet, darin, dass sie ausländisches Capital vom japanesischen Bergwerkswesen ausschloss. Ein Ausländer durfte weder an dem Besitz einer Mine betheiligt sein, noch durfte er Geld auf der hypothekarischen Grundlage von Minen ausleihen. Mit dem Abgehen von dieser principiellen Erschwerung, wie es thatsächlich bereits erfolgt ist, wird ein mächtiger Aufschwung gewiss nicht lange auf sich warten lassen.

Nicht ohne Interesse dürften die auf Seite 238 mitgetheilten Analysen japanesischer Kohlen sein.

Mit Eisen ist das japanesische Inselreich im Ueberfluss bedacht, dagegen ist die Production noch gering. Für das Jahr 1874 wurde sie mit 5.080 metr. Tonnen im Werthe von 619.500 ℳ. angegeben, während sie im Jahre 1871 9.375 metr. Tonnen betragen haben soll.

Diese geringen Mengen von Eisen werden hauptsächlich aus im aufgeschwemmten Lande gefundenen und dann durch Waschen gereinigten Magneteisenstein-Sand, namentlich von der Insel Yesso, seltener aus Magnet- und Hämatiteisensteinen aus anderen Theilen des Reiches erblasen. Der Aggregatzustand des Magneteisenstein-Sandes ist sehr fein und wird der Sand so gut gewaschen, dass der Eisengehalt 60 % erreichen oder etwas übersteigen dürfte. Man glaubt, dass derselbe etwas titanhaltig ist. Dieser Eisensand wird

---

*) L. Katscher, Das Mineralreich Japans. Globus, Bd. XXXI.

	Sorachi, Becken von Kayanowa, Insel Yesso	Karatsu	Takashima, Hafen von Nagasaki	Gaskohle von Miike	Durchschnitt von 12 Japanesischen Kohlensorten
Feuchtigkeit...................	2.9	2.7	1.3	0.5	4.6
Kohlenstoff...................	77.0	69.4	78.6	69.3	67.6
Wasserstoff...................	5.7	5.2	5.8	5.5	5.0
Sauerstoff und Stickstoff.......	11.0	11.9	8.7	4.9	10.8
Schwefel	0.6	1.2	0.7	3.5	1.6
Mineralische Bestandtheile	2.8	1.6	4.9	16.3	10.4
Summa	100.0	100.0	100.0	100.0	100.0
Wasserverbindungen...........	11.0	12.1	8.5	4.1	10.8
Freier Wasserstoff.............	4.5	3.8	4.9	5.1	3.8
Wärme-Einheiten	7.782	6.927	8.035	7.342	6.764
Gewicht des durch Kohle verdampften Wassers...........	14.0	12.4	14.4	13.2	12.1
Temperatur der Verbrennung ..	2.627° C.	2.581° C.	2.644° C.	2.615° C.	2.566° C.

mittels Holzkohlen in kleinen Stucköfen verschmolzen. Die Qualität der Producte, welche bei dieser Arbeit erhalten werden, ist offenbar sehr verschiedenartig.

Zur Erzeugung von Gusswaaren wird auch englisches Roheisen eingeführt. Die verwendete Holzkohle ist von vorzüglicher Qualität, meist Eichenkohle. Die aus dem eingeschmolzenen Roheisen erzeugten Gusswaaren bestehen hauptsächlich aus Hausgeräthschaften, wie Kesseln, Pfannen, Schaufeln etc., welche recht hübsch gearbeitet zu sein pflegen.

Ausser Handhämmern waren sie vor Kurzem keinerlei Werkzeuge und maschinelle Vorrichtungen zur Bearbeitung des Eisens bekannt. Die Qualität des letzteren ist eine vorzügliche: die aus Eisen und Stahl erzeugten Werkzeuge sind gut ausgeführt.

Ein sehr ausgedehntes und reiches Eisenerzlager von 2.1—5.4 Meter Mächtigkeit befindet sich bei Naka kosaka in der Provinz Hitachi unweit Tokio (Jedo). Daselbst liess eine japanesische Gesellschaft durch zwei englische Ingenieure einen Holzkohlenhohofen errichten. Im März 1876 wurde in dieser Anlage mit der Erzeugung von Roheisen begonnen.

Eine andere wichtige Erzlagerstätte ist bei Heigori in Riklishiu. Die dortigen magnetischen Eisenerze lagern in einer Mächtigkeit von 3.6—4.5 Meter und enthalten 60 % metallisches Eisen. Hier wurden von der japanesischen Regierung zwei Holzkohlenhohöfen sowie ein Walzwerk angelegt, welches 12 Puddel- und 7 Flammöfen, einen Dampfhammer und alle sonstigen neuesten technischen Einrichtungen aufzuweisen hat.

Eine grosse Maschinenbauanstalt, die erste im Reiche, war 1877 in der Errichtung begriffen.

Eisen wurde auch auf Yesso gefördert, doch hat die Regierung die Bearbeitung der meisten Minen wegen nicht lohnenden Ertrages aufgehoben. Der Seesand der Südküste der Vulcan-Bai und bei Cap Ison ist sehr eisenhaltig und wird aus demselben noch bei Nedanai Eisen gewonnen. —

Japan besass Ende 1877 Eisenbahnen in einer Länge von 105 Kilometer; die erste Linie Jokohama—Jedo wurde am 12. Juni 1872 eröffnet.

AFRIKA.

—

(29,932.948 Quadrat-Kilometer. — 199,921.600 Einwohner.)

Zweifellos ist Afrika der mit Kohlenschätzen am geringsten bedachte Erdtheil; es darf entschieden als sehr kohlenarm bezeichnet werden. Wohl ist Afrika in seinen sonst zwar schon bekannten Theilen in geologischer Beziehung noch sehr ungenügend studirt worden, in seinen Aequatorialgebieten finden sich grosse Länderstriche, welche noch jetzt eine terra incognita sind: aber selbst ein nur einigermassen reichliches Vorhandensein mineralischer Brennstoffe hätte gewiss mehr Entdeckungen von Kohlenlagern zur Folge haben müssen, als bisher aufzuweisen sind.

An Eisen dagegen scheint Afrika im Allgemeinen ziemlich reich zu sein. Man kennt in diesem Erdtheile zahlreiche einheimische Völkerstämme, die seit urältester Zeit das Eisen zu schmelzen und zu schmieden verstehen.

Der Kordofaner wie der Hottentotte, der Batoka wie der Ovampo und der Bewohner des Sudân wissen aus Erzen auf die einfachste Weise treffliches Eisen und auch vorzüglichen Stahl zu gewinnen und zu verarbeiten. Eine ziemlich bedeutende Eisenindustrie hat sich bei den Batoka am Sambesi, rings um die grossen Quellseen des Nils und in Usanga an der Ostküste entwickelt.

In Afrika waren Ende 1877 3.255 Kilometer Eisenbahnen ausgebaut, nämlich in Aegypten.................... 1,763 Kilometer

„ Tunis	60	„
„ Algerien	682	„
im Capland	644	„
und auf Mauritius	106	„
Zusammen...	3.255 Kilometer,.	

Neuerdings sind Projecte aufgetaucht, welche die Erbauung einer Eisenbahn von der Nordküste nach Central-Afrika, also die Durchkreuzung der Sahara zum Gegenstande haben, um die an Naturproducten überaus reichen weiten Ländergebiete des Sudân zugänglicher zu machen. Das eine der beiden Projecte nimmt Algerien als Ausgangs- und Timbuktu als Endpunkt für die Linie an während das andere offenbar günstigere, welches besonders von dem Afrika-Reisenden R o h l f s gepflegt wird, die Städte Tripolis und Kuka miteinander verbinden will. Die enorme Bedeutung, welche die Realisirung eines so grossartigen Projectes für den Handelsverkehr zwischen Europa und dem inneren Afrika hat, kann nicht verkannt werden, doch dürfte man wohl noch lange auf den jetzigen Karawanentransport angewiesen sein, da der Ausführung einer solchen centralafrikanischen Bahn in erster Reihe der gerade in den hier in Betracht kommenden Gegenden ausnahmslos vorhandene Kohlenmangel und sodann auch, wenn auch nicht in so hervorragender Weise, der Wassermangel, die Sanddünen und die Feindseligkeit der Bewohner wesentliche Hindernisse bereiten.

Aegypten nebst Vasallenstaaten.

In Aegypten ist der Bergbau, abgesehen von den Natron-, Salpeter- und Alaunauslaugungen, den Steinbrüchen und der Schwefelgewinnung, gleich Null.

In den vierziger Jahren entdeckte man in der Oase von Ghenne Kohlenlager; dieselben gelangen aber nicht zur Ausbeutung. Der Kohlenverbrauch ist aber ein sehr bedeutender. Die Einfuhr, welche 1865 in Alexandrien circa 125.000 metr. Tonnen betrug,*) war 1870 auf circa 200.000 Tonnen gestiegen; in Port-Said wurden 1870 allein 125.000 metr. Tonnen eingeführt. Alle diese Kohlen wurden fast ausschliesslich von England geliefert; ihr Preis in Alexandrien bei gewöhnlicher Fracht, alle Spesen inbegriffen, war 35.2 bis 36.7 *M.* per metr. Tonne.

Eisen producirt Aegypten nicht selbst, sondern verarbeitet nur eingeführtes Eisen; die Quantitäten sind aber verschwindend klein. Beispielsweise erzeugten 1872 83 Giessereien in Kairo und 6 Giessereien in Alexandrien zusammen nur 360 metr. Tonnen, und die Waffenfabrik an letzterem Orte verarbeitete nur 52 metr. Tonnen Eisen. Eisenwaaren wurden nach den am detaillirtesten vorliegenden Angaben des Jahres 1865 eingeführt für 8,563.004 *M.*, davon 85% durch England oder durch Vermittlung Englands.

In Nubien, in der Nähe des ersten Nil-Kataractes, will man mineralischen Brennstoff gefunden haben. Für Nord-Kordofan ist der dort vorkommende eisenschüssige Sand und Thon voll Raseneisenstein von Wichtigkeit, indem die dortigen Eingeborenen ihr Eisen daraus gewinnen.

Schweinfurth gelangte auf seiner Reise zu den Niam-Niam und Monbuttu im Gebiete der westlichen Nilzuflüsse 1870—1872 wiederholt zu kahlen weit ausgedehnten Flächen ebenfalls grosskörnigen Raseneisensteines. Dieselben sind dem ganzen Gebiete des Gazellenstromes im Süden der weiten, von den Dinka bewohnten Alluvial-Niederung eigen und erscheinen häufig auf stundenweiten Strecken. Ebenso traf er grosse Lager von Brauneisenstein. Magneteisensteinlager finden sich im Bergland der Bari.

Dar Fur liefert Eisen und Kupfer.

Abessynien.

Eine sehr glaubwürdige Persönlichkeit, Major W. Cornwallis Harris, welcher sechzehn Monate in diesen Gegenden zubrachte, hat schon vor Jahren das Vorkommen von Kohle, etwa 650 Kilometer vom Hafen Tadschurra am Rothen Meere entfernt, in überzeugender Weise nachgewiesen. Dieser Reisende versichert, dass sich die Kohlenbecken längs der östlichen Grenze von Schoa erstrecken, dass indessen den Eingeborenen die Brennbarkeit dieses Fossils nicht bekannt sei. Sehr beträchtliche Braunkohlenlager, die jedoch nicht ausgebeutet werden, finden sich im Goängthale zwischen Dembra und Tschelga. Auch Eisen kommt in beträchtlichen Massen in diesen Länderstrichen vor, besonders in Tigrié und Schoa am Tschatschaflusse.

Ost-Afrika.

Der berühmte Afrika-Reisende Livingstone fand am Flusse Ruvuma im Niare-Districte Steinkohlen, augenscheinlich vom Wasser abgeschwemmt und mitgeführt, in Menge zerstreut umherliegen. Ebenso entdeckte derselbe am Sambesi-Strome bei Tete an vielen Punkten Steinkohlenflöze, welche offen zu Tage liegen. Der Reisende schloss aus beiden Vorkommen auf das Vor-

---

*) Genau: 117.722 metr. Tonnen im Werthe von 4,572.048 *M.*, darunter aus England 103.403 metr. Tonnen für 8,839.097 *M.*

handensein eines ausgedehnten productiven Kohlenfeldes im Norden des Sambesi. Livingstone constatirte in den von ihm durchzogenen Gebieten auch einen Ueberfluss an Eisenerzen. Auch in Moçambique findet sich Kohle.

Süd-Afrika.

Im Capland wurden schon an zahlreichen Stellen sowohl Braunkohlen- als Anthracitlager aufgefunden. Ebenso sind im Basutolande, welches bekanntlich vor Kurzem den britischen Besitzungen in Süd-Afrika einverleibt wurde, nahe der Vereinigung des grossen und kleinen Caledon, von dem durch seine Forschungen im Caplande bekannten Richard Bright im Sommer 1873 Steinkohlen entdeckt worden. Die zwischen Schiefer und Sandstein gelagerte Kohle ist allerdings nicht mächtig genug für eine gewinnbringende Ausbeutung, liefert beim Verbrennen auch wenig und schlechten Coke, doch knüpft sich an dieses Vorkommen die Hoffnung auf weitere und bessere Aufschlüsse. In der Gasanstalt zu Capstadt wurden die Kohlen einer genauen Prüfung unterworfen. Auch bei Pieter-Maritzburg in Natal wurden Kohlenflöze aufgeschlossen. — An Eisen und Eisenwaaren importirte England in den britischen Besitzungen Süd-Afrika's im Jahre 1875 für 12,319.345 ℳ

West-Afrika.

Nicht nur die portugiesische Provinz Angola, sondern ganz Nieder- und Ober-Guinea, sowie auch Senegambien sind mit Eisenerzen reichlich bedacht.

In dem letztgenannten Ländergebiete ist vorzüglich das Bergland der Mandingo am oberen Senegal, sowie die Landschaft Bondu besonders reich an Eisen. Bei dem Volke der Fan am Gabun (Süd-Guinea) bewunderte Du Chaillu die Geschicklichkeit derselben in der Bearbeitung des Eisens. An vielen Stellen im Lande steht dort Eisenerz zu Tage. Die Fan bauen aus Erz und Holzkohlen einen Meiler auf, den sie in Brand stecken und solange in Brand erhalten, bis Gusseisen zusammensickert. Durch vielfaches Glühen und Hämmern verwandeln sie das Roheisen in Schmiedeeisen und Stahl, die sie den europäischen Rohstoffen sogar vorziehen.

Marokko.

In seinen geognostischen Verhältnissen stimmt Marokko mit dem südlichen Spanien vollkommen überein. Namentlich ist die Aehnlichkeit zwischen dem Felsen von Gibraltar und der gegenüberliegenden afrikanischen Küste eine ganz ausserordentliche. Das Rif (Küstenland) besteht zumeist aus Kalkfelsen. Der schiefrige und leicht verwitternde Mergel ist die Ursache der grossen Fruchtbarkeit der Ebenen. An den südlichen Küstenpunkten des Atlantischen Meeres nimmt man viele gelbe Sandsteine wahr. Die Steinbildung des Atlas kennt man so gut wie nicht.

Ueber das Vorkommen von Kohle verlautet nichts. Zudem ist ein grosser Theil des Atlas wie das Rif mit unermesslichen Urwäldern bedeckt, die den mineralischen Brennstoff vorläufig gänzlich entbehrlich machen.

Das Eisen scheint das am weitesten verbreitete Metall zu sein. Man findet es in gediegenen Stücken an vielen Orten, und der ganze Atlas hat Ueberfluss daran. In der Nähe des Flusses Wad un ausud entspringt eine eisenhaltige Quelle.

Eisenerze wurden in Marokko schon lange vor der Herrschaft der Carthager abgebaut; man kann die Spuren dieser alten Bergwerke noch jetzt am Fusse des Djebel Hadyd, 25 Kilometer von Mogador entfernt, verfolgen. In England tauchten Projecte auf, welche die Ausbeutung der reichen Eisenlager des Landes in Aussicht nahmen, allein bis jetzt hat von einer practischen Ausführung derselben nichts verlautet.

Algerien.

Die geologische Beschaffenheit Algeriens lässt das Vorkommen von Kohlenbecken in den cultivirten Theilen als sehr zweifelhaft erscheinen. In neuerer Zeit indessen ist es einigen, von der französischen Regierung abgesandten Geologen geglückt, in den entlegeneren Provinzen Kohle zu entdecken. Speciell für Algier ist die Thatsache von enormer Bedeutung. Bekanntlich hat das Land einen Ueberfluss an Eisen, und zwar finden sich zwei verschiedene Gattungen in der Qualität des schwedischen und in jener des Elba-Eisens. Im Jahre 1870 waren in Algerien 70 Gruben auf Eisenerze concessionirt, wovon jedoch nur 10 im Betriebe, und diese lieferten für 1,6 Millionen *M.* Ausbeute. Für die Entwicklung dieser Industrie wäre demnach der Besitz genügender Kohlenlager ganz unerlässlich.

Ausgedehnte Braunkohlenbecken befinden sich in Smendu in der Provinz Constantine, sowie in Golcah. Das Smendu-Becken liegt 140 Kilometer von Constantine und 273 Kilometer vom Meere entfernt. Die Kohle von Golcah scheint von guter Qualität zu sein; doch ist der Reichthum dieses Beckens kein sehr grosser. Dieselbe französische Gesellschaft, welche bei Bona auf Eisenerze baut, förderte auch Kohle und exportirte im Jahre 1875 86.448 metr. Tonnen. —

Der Eisenbergbau in Algerien concentrirt sich in Ain-Mokta (Mokta-el-Hadid) am See Fezzara, etwa 30 Kilometer von Bona entfernt. Die Anlagen daselbst werden von einer französischen Gesellschaft verwaltet. Im Hinblick auf die unerschöpflichen Eisenlager im nördlichen Spanien, welche jetzt, nach Beendigung der inneren Unruhen in diesem Lande, der erfreulichsten Entwicklung entgegengehen, stimmt man den Ansichten des M. Rocour bei, welcher glaubt, dass die Eisenausfuhr Algeriens nach den Mittelmeerhäfen in kommender Zeit etwas beschränkt werden wird. Dies gewinnt noch mehr an Wahrscheinlichkeit, wenn in Berücksichtigung gezogen wird, dass der bisherige Abbau der Erze auf die einfachste Weise bewerkstelligt wurde, indem diese Schätze offen zu Tage lagen. Bei fortgesetzter Massenproduction müssten kostspielige Anlagen geschaffen und die Hebung der weiter in der Tiefe liegenden Erze ausgeführt werden. Da die oben erwähnte französische Gesellschaft im Ganzen an 3 Millionen Tonnen Erze gefördert, hat sie auch im Jahre 1874 schon mit dem Tiefbau beginnen müssen.

An Eisenerzen wurden zu Mokta gefördert

im Jahre 1875 .... 418.868 metr. Tonnen
„   „   1876 .... 388.802   „   „

Ein grosser Theil dieser Erze gelangte im Hafen von Bona zur Verschiffung nach Frankreich. Im März 1877 belief sich der Vorrath an geförderten Erzen zu Mokta auf 126.000 metr. Tonnen. Wahrscheinlich wird die Gesellschaft, wenn in einigen Jahren der Abbau der Erze schwieriger und daher nicht mehr so lohnend sein wird wie jetzt, die gegenwärtig betriebenen Bergwerke verlassen und andere Orte aufsuchen, wo die Gewinnung der Erze unter günstigeren Bedingungen stattfinden kann. Dies wird ihr nicht schwer fallen, da das Vorkommen von vorzüglichen Eisenerzen in ausgedehntem Masse noch an vielen anderen Orten der Colonie nachgewiesen ist.

Auch noch andere Gesellschaften haben sich die Förderung von Eisenerzen in Algerien zur Aufgabe gestellt, doch wurden ihre Bestrebungen nicht überall von dem gleichen Erfolge gekrönt. Im Allgemeinen hat aber die Thätigkeit auch dieser Gesellschaften im Jahre 1876 einen Aufschwung erfahren.

Nach officiellen Angaben wurden die in der ersten Tabelle Seite 243 angeführten Quantitäten von Eisenerzen aus Algerien exportirt.

Man schätzt die Gesammtförderung Algeriens in 14 Gruben auf etwa 600.000 Tonnen jährlich; die Anzahl der Arbeiter wird für das Jahr 1876 auf 4.311 Köpfe angegeben.

Für die Eisenindustrie Frankreichs sind die algerischen Erze von grösster Wichtigkeit, da sie dort das Hauptmaterial für die Erzeugung des Qualitätseisens bilden. Ausser in Frankreich finden die algerischen Erze auch in England, Belgien, Deutschland und in den Niederlanden Absatz, ja zu einem allerdings geringeren Theile selbst in den Vereinigten Staaten Nord-Amerika's.

Eisenerz-Ausfuhr Algeriens.

Jahr	Menge	Werth
1850	89.125 metr. Tonnen	307.308 $\mathcal{M}$.
1860	69.391 „ „	566.792 „
1870	84.714 „ „	6,919.480 „
1871	86.166 „ „	7,038.063 „
1872	195.594 „ „	15,976.179 „
1873	210.347 „ „	5,497.985 „
1874	230.136 „ „	6,015.213 „
1875	261.315 „ „	6,830.147 „

Die einzige nennenswerthe Eisenhütte Algeriens befindet sich in Atélik bei Bona, wo aus Spatheisensteinen mit Coken aus der Kohle von Edough und Ben Salah Roheisen erzeugt wird.

Eisen und Stahlwaaren gelangten im Jahre 1875 9.134 metr. Tonnen im Werthe von 3,321.400 $\mathcal{M}$. zur Einfuhr.

Die Länge der Eisenbahnen in Algerien belief sich im Jahre 1877 auf 682 Kilometer, wozu noch 325 Kilometer Bahnen kommen, welche sich damals im Bau befanden.

Die Sahara.

Was das ungeheuere Gebiet der Sahara anbelangt, so ist dasselbe ganz frei von Eisen und Kohle. Die Sahara besitzt nämlich folgende geologische Beschaffenheit: Gypsplateau's, mit Erde untermischt in horizontalen Lagen, kleine Hügel, bedeckt mit gypsartigem Gestein von fester compacter Structur, Crystallplättchen von glasartigem Gyps, Mergel, Thonerde und vor allem feiner Sand, welcher nur eine ganz geringe Beimengung von Eisenoxyd zeigt.

Sudân.

An Eisenerzen sind hier vorzugsweise die Mandara-Berge im Süden des Tsad-See's sehr reich. Aus diesen Erzen wird ein recht gutes Eisen hergestellt, das einen namhaften Handelsartikel im Sudân bildet. Die anliegende Landschaft Mora wird wegen ihrer vortrefflicher Eisenwaaren von den umwohnenden Völkern vielfach besucht.

Die Inseln.

Madagascar soll Kohle und Eisen im Ueberfluss besitzen.

Mauritius hat eisenhaltigen Sand, doch existirt weder Bergbau noch Hüttenindustrie. Die für die Zuckerproduction erforderlichen Kohlen werden von England geliefert. —

Im Jahre 1875 exportirte England folgende Kohlenmengen nach Afrika:

Bestimmungsort	Menge in metr. Tonnen	Werth in $\mathcal{M}$.
Aegypten	535.692	8,105.984
Tripolis und Tunis	2.914	44.801
Algerien	25.842	323.575
Marokko	264	4.737
West-Afrika	56.110	890.169
Insel Ascension	3.492	51.826
„ St. Helena	1.526	24.790
Britisches Süd-Afrika	48.345	754.192
Ost-Afrika	11.549	190.294
Abessynien	1.964	25.525
Madagascar	457	6.432
Mauritius	25.566	47.179

AUSTRALIEN.

(8,865.684 Quadrat-Kilometer. — 4,748.600 Einwohner.)

Kohle und Eisen finden sich über das ganze Festland Australiens zerstreut, freilich in sehr verschiedener Ergiebigkeit und sehr verschiedenem Werthe. Dort, wo die Erde unerschöpfliche Vorräthe an edlen Metallen birgt, wird der Kohlen- und Eisenbergbau naturgemäss vernachlässigt, und an jenen Orten, wo diese gefährliche Concurrenz nicht existirt, standen noch immer andere Hemmnisse einer ausgedehnteren Entwicklung der Kohlen- und Eisenindustrie im Wege.

Mit Schluss des Jahres 1877 besass das australische Festland an Eisenbahnen:

Neu-Südwales	920	Kilometer
Victoria	1.292	„
Süd-Australien	597	„
West-Australien	61	„
Queensland	451	„
Zusammen	3.321	Kilometer.

Neu-Südwales.

Wenn Süd-Australien oft die Kupfer- und Victoria die Goldcolonie genannt wird, so verdient Neu-Südwales den Namen der Kohlencolonie.

Das Areal der Ablagerung dieses Minerals dehnt sich in einer colossalen Ausdehnung von der nördlichen Grenze der Colonie bis zum 35. südlichen Breitegrade aus, liegt nahe der Meeresküste, reicht westlich bis an den östlichen Abhang der Blauen Berge und ist auf nicht weniger als 64.250 Quadrat-Kilometer berechnet worden.

Dieses grosse Kohlengebiet durchschneiden auf 156 Kilometer zwei Eisenbahnen, die Grosse Süd- und die Westeisenbahn, welche beide von Sidney auslaufen, und zwar durchzieht die erstere dieses Becken bis Marulan, die letztere bis Rydal. Die von Newcastle ausgehende Nordbahn endlich bestreicht diese reichhaltigen Kohlenlager bis Murrurundi in einer Ausdehnung von 193 Kilometer.

Die Flöze haben einschliesslich der Bergemittel eine Mächtigkeit bis zu 3 Meter. Die hier gefundene Kohle ist von anerkannt vorzüglicher Qualität, eignet sich auch zur Vercokung und steht der besten englischen nicht nach. Besonders die Dampfschiffe gebrauchen sie gern; von der in Australien stationirten englischen Flotte wird sie ausschliesslich verwendet. Ausser nach den australischen Colonien wird sie nach der Südsee (Neu-Seeland), nach Californien, Valparaiso, China, Japan, Manila, Singapore, Bombay, Calcutta, Java, Ceylon und Mauritius in Menge exportirt.

Erst im Jahre 1829 findet man zum ersten Male unter den Erzeugnissen der Colonie auch Kohle angeführt; im Districte von Newcastle waren 780 metr. Tonnen im Werthe von 7880 ℳ gefördert worden. Damals besorgte noch ein einziger Kutter von 80 Tonnen den ganzen Verkehr zwischen Sidney und Port Hunter. Heute ist der Hafen von Newcastle nach jenem von Sidney der bedeutendste in der Colonie, und es laufen, die Küstenfahrer nicht eingerechnet, jährlich an 1050 grosse Schiffe mit Kohlen für andere Häfen der Colonien und fremde Plätze aus demselben aus.

Unter den Kohlenbergwerken nehmen jene, welche sich von Newcastle bis Maitland und Singleton am Hunterflusse hinaufziehen, den ersten Rang ein. Ihre Zahl beträgt gegenwärtig 11.

An Kohlen wurden von Newcastle ausgeführt

im Jahre	1870	743.795	metr. Tonnen		im Jahre	1874	1,117.345	metr. Tonnen	
„	„ 1871	768.676	„	„	„	„ 1875	1,160.278	„	„
„	„ 1872	870.700	„	„	„	„ 1876	1,130.683	„	„
„	„ 1873	963.510	„	„					

Es stehen gegenwärtig 7 Kohlenbergwerke im südlichen und 4 im westlichen District in Betrieb. Die letzteren werden sich infolge der jetzt schon bis Orange (312 Kilometer) ausgebauten Grossen Westeisenbahn voraussichtlich rasch entwickeln.

Die in den Jahren 1829 bis 1876 gewonnene Kohlenmenge beziffert sich auf 15,036.776 metr. Tonnen im Werthe von 165,562.340 ℳ. Aus nachstehenden Productionsdaten ist der rasche Fortschritt in der Entwicklung der Minen ersichtlich:

Jahr	Quantum metr. Tonnen	Werth ℳ	Jahr	Quantum metr. Tonnen	Werth ℳ
1830	4.000	36.000	1870	868.564	6,336.720
1835	12.392	109.660	1871	898.784	6,326.800
1840	30.256	329.960	1872	1,012.426	7,933.960
1845	22.324	175.380	1873	1,192.862	13,314.940
1850	71.216	467.500	1874	1,304.567	15,804.480
1855	137.076	1,781.640	1875	1,329.729	16,388.580
1860	368.862	4,529.860	1876	1,319.918	16,066.000
1865	585.525	5,486.060			

Die Arbeiterzahl in den australischen Gruben betrug im Jahre 1872 3.407 Köpfe.

In den amtlichen Berichten der Colonie wird gewiss mit vollem Recht die Behauptung aufgestellt, dass Neu-Südwales die reichsten, leichtest zugänglichen und ausgedehntesten Kohlenfelder auf der südlichen Halbkugel besitzt, und dass dieselben diese Colonie schliesslich zur grössten und reichsten unter den australischen Colonien erheben müssen. Die bituminösen und halbbituminösen Splitter-, Anthracit- und Cannelkohlen, die man hier gewinnt, heisst es dort weiter, werden an Qualität von keinen anderen der Erde übertroffen, und die zahlreichen Lager von Petroleum-Cannelkohle, aus welcher sowohl Gas als auch ein sehr brauchbares Mineralöl erzeugt wird, finden nirgends ihres gleichen.

Auf dem Hartley-Schachte an der Grossen Westbahn, 136 Kilometer nordwestlich von Sidney, wird die vorzüglichste Petroleum-Cannelkohle der Erde gewonnen; eine metrische Tonne dieser Kohle liefert 681—727 Liter rohes Oel und 576 Cubikmeter Gas mit einer Leuchtkraft von 40 Kerzen. Grosse Mengen dieser Kohle werden nach den Gasanstalten nicht blos der anliegenden Colonien, sondern auch nach China, San Francisco u. a. O. ausgeführt, um die gewöhnliche Kohle, zur Erhöhung der Leuchtkraft, damit zu vermischen.

Im Jahre 1876 wurden in Neu-Südwales überhaupt 15.998 metr. Tonnen Cannelkohle und Brandschiefer im Werthbetrage von 947.880 ℳ. gefördert, wovon der bei weitem grösste Theil auf die Hartley-Mine entfiel. —

Die Schätze welche Neu-Südwales an Eisen birgt, sind nach den Forschungen der Geologen geradezu unerschöpflich; der Abbau dieses Erzes ist aber noch in der Kindheit begriffen.

Einige Eisenlager sind bereits angebrochen worden und werden, sobald hinlängliche Arbeitskräfte zur Verfügung stehen, gute Ausbeute liefern. Die Eisenlager sind entschieden werthvoll. Die Erze der Mittagong-Minen sind fast reine Oxyde wie die schwedischen und von vorzüglicher Qualität.

Unweit Wallerawang an der Grossen Westbahn, 245 Kilometer westlich von Sidney gelegen, befinden sich innerhalb eines Kreises von 6 Kilometer im Durchmesser massenhafte Lager der reichsten Eisenerze (besonders Hämatit) sowie Kalkstein. Die Ausbeutung dieser werthvollen Lager hat sich die in neuerer Zeit constituirte Wallerawang-Iron and Coal Company zur Aufgabe gesetzt.

Von nicht minderer Wichtigkeit ist die neuerdings gemachte Entdeckung von Erzlagern an der südlichen Küste, etwa 30 Kilometer von Jervis-Bay entfernt. Die dortigen Erze enthalten bis zu 51¹/₂ % metallisches Eisen und sind mit Kalkstein- und Kohlenlagern verbunden.

Dem ebenfalls an der Südküste gelegenen North Bulli-Coal- and Iron-Estate steht eine colossale Ablagerung von Thoneisen mit 32 bis 55 % Eisengehalt zur Verfügung. Auch bei Carcoar am Belubula-Flusse, 282 Kilometer westlich von Sidney, wurden hinter Kupfererz mächtige Lager von Eisenerzen entdeckt.

Die Eisenminen der Fitzroy-Bessemer-Steel, Haematite-Iron and Coal Company bei Nattai an der Grossen Südbahn, 126 Kilometer von Sidney, sind die bedeutendsten und wichtigsten der ganzen Colonie. Der dortige District zeigt einen wahren Ueberfluss von Lagern reicher Eisenerze, sowie an Kohle und Kalkstein. Bei der in dem Hohofen zu Nattai vorgenommenen Verschmelzung der Erze wurden aus 18.₈ metr. Centnern (à 100 Kg.) der letzteren 10 metr. Centner metallisches Eisen gewonnen. Als Brennmaterial dienten Coke und Anthracit gemischt. Der erwähnte Hohofen producirte 1876 2.679 metr. Tonnen Roheisen im Werthe von 267.980 ℳ, welches Quantum leicht vervielfacht werden kann. Von diesem Roheisen gingen 50 metr. Tonnen nach San Francisco. Die Arbeiteranzahl belief sich auf 70. In neuester Zeit beabsichtigte die genannte Gesellschaft, auch ein Walzwerk zu errichten.

Die Ausfuhr von Eisen erreichte allerdings im Ganzen erst die Ziffer
von 40 metr. Tonnen zu 10.040 ℳ. im Jahre 1875
und 482 „ „ „ 68.880 „ „ „ 1876.
gewiss aber werden schon die nächsten Jahre eine ganz erhebliche Steigerung des Eisenexportes aufweisen.*)

Victoria.

Der Bergbau auf Gold hat das Interesse für die reichen Schätze dieser Colonie an Kohle und Eisenerzen in den Hintergrund gedrängt. Im Jahre 1876 wurde aus England Eisen (roh und bearbeitet) im Werthe von 1,174.374 £ (23,980.717 ℳ.) nach Victoria importirt. Die ganze Förderung an Eisenerzen beschränkte sich 1874 auf 130 metr. Tonnen.

Castlemaine, 223 Kilometer südlich von Bendigo, die drittgrösste Stadt der Goldregion, besitzt eine Eisengiesserei, welche über 100 Arbeiter beschäftigt. Melbourne umschliesst eine ganze Reihe flott betriebener Eisengiessereien.

---

*) H. Greffrath, Die Colonie Neu-Südwales in ihrer mineralischen Bedeutung. „Aus allen Welttheilen," Jahrgang 1878.

Süd-Australien.

Der unermessliche Reichthum an Kupfer verhindert jeden anderen Bergbau. Im Jahre 1877 verlautete von der Auffindung bedeutender Kohlenlager. Bisher beruhten jedoch alle ähnlichen Ankündigungen auf Selbsttäuschung.

Süd-Australien soll auch reiche und ausgedehnte Lager von Eisenerzen besitzen, zweifellos ist Eisen aber bisher nur in der Nähe des Hafens Walleroo nachgewiesen. Noch in neuester Zeit schloss die Regierung von Süd-Australien mit England einen Vertrag auf Lieferung von 26.000 metr. Tonnen Eisen- und Stahlschienen ab.

West-Australien.

Hinsichtlich ihrer Mineralschätze ist diese Colonie noch wenig bekannt. Besonders wichtig ist der Nordbezirk. Zwischen dem Murchisonfluss in 27° 50' südlicher Breite und dem oberen Irwin, 300 Kilometer von der See gelegen, enthält der Nordbezirk der Colonie unter Anderem Steinkohle und Eisen in Menge. Schon im Jahre 1846 wurden zwei Kohlenflöze von 2 und 2.5 Meter Mächtigkeit gefunden. Neuerdings sind Steinkohlen 300 Kilometer weit von der Champion-Bai entdeckt worden.

Queensland.

Eisen und Kohle finden sich an verschiedenen Stellen, aber Gold, Kupfer, Zinn und Galena, an denen das Land reich ist, lenken das Interesse davon ab. Die Kohlenwerke förderten im Jahre 1875 33.500 metr. Tonnen.

Im Jahre 1875 wurde am Flusse Logan ein sehr ergiebiges Lager vortrefflicher Steinkohlen aufgefunden. Mit der Moretonbai in Verbindung gebracht, könnten diese Kohlen leicht zur See ausgeführt werden.

Tasmanien.

Die Insel besitzt reiche Kohlenfelder, die sich fast über das ganze Land erstrecken; ihre Förderung gehört der jüngsten Zeit an, indem erst zu Beginn der 60er Jahre ein junger Geologe, Gould, die Lager untersuchte und ihre Ausdehnung feststellte. Vor dieser Zeit waren nur einige offen zu Tag liegende Lager, nahe der Hauptstadt der Insel, in Betrieb. Gould stellte jedoch fest, dass bei weitem reichere Lager sich in den Höhenzügen von Nicholas und Killymoun finden, von denen einzelne eine Ausdehnung von 15 bis 20 Kilometer und mehr als 2 Meter Mächtigkeit haben. Auch ist ihre Lage in unmittelbarster Nähe der Hafenplätze die vortheilhafteste. Im Jahre 1875 besass Tasmanien 4 Gruben, welche 7.719 metr. Tonnen förderten.

Ebenso besitzt die Insel Eisenerze. Die Tamar-Haematite-Iron Company setzte mit gutem Erfolge Anfang 1875 einen Hohofen in Betrieb, weshalb sogleich eine zweite Anlage in Angriff genommen wurde.

An Eisenbahnen besass Tasmanien Ende 1877 250 Kilometer.

Neu-Seeland.

Auch hier schädigt die Goldwäscherei jeden anderen Bergbau. Kohlenlager sind an mehreren Punkten der Nord- und Südinsel bekannt, so im nordöstlichen Theile der Provinz Auckland und im Nordwesten von Nelson, wo kohlenführende Schichten bereits die Erschliessung von Kohlengruben veranlasst haben. Auch der Kohlensandstein der Papahaua-Berge an der Westküste der Südinsel umschliesst bedeutende Kohlenflöze. Der südliche Theil des Paparohagebirges enthält werthvolle Kohlengruben. Endlich findet sich auch im östlichen Theile der Südalpen und an der ganzen Südküste der Provinz von Otago Kohlensandstein mit reichen Kohlenlagern.

Eisenerze fehlen Neu-Seeland gleichfalls nicht. Die Titanic-Steel Company errichtete zu Taranki ein Eisenwerk, über dessen Production aber noch keine Daten vorliegen. England exportirte nach Neu-Seeland im Jahre 1875 für 1,265.000 £ (25,831.000 ℳ) Eisen.

Das Eisenbahnnetz dieser Colonie war mit Ende des Jahres 1877 1.137 Kilometer lang. —

Kohle soll sich auch auf den Neu-Seeland benachbarten **Chatam-Inseln** finden.

Neu-Caledonien.

Die Brigg „Prony", welche im Mai 1854 im Namen Frankreichs die Besitznahme von Neu-Caledonien vollzog, entdeckte an der schön gelegenen Bai von Moaré ein Steinkohlenlager, aus welchem sie ihre Vorräthe ergänzte. Die Kohlen waren von der besten Qualität; dennoch wird noch gegenwärtig Kohle von Frankreich importirt.

Eisen findet sich in Menge an der Südbai auf der Insel Uen, sowie überhaupt im Süden der Hauptinsel bei Unia, an der Massacrebai u. a. O. Man glaubt, dass die hier gefundenen Eisenerze eine grosse Bedeutung erlangen werden, weil der aus ihnen hergestellte Stahl, obwohl die Erze 2 % Chrom enthalten, von letzterem frei bleibt, an Dehnbarkeit nichts verliert und von einer ungemeinen Härte ist.

Arctische Gebiete.

Das nördlichste bisher entdeckte Kohlenlager der Erde ist jenes, welches die „Discovery" der englischen Nordpolexpedition 1875 in der nach ihr benannten und an der Westseite des Robeson-Canals im äussersten Norden von Grönland liegenden Bai unter 84° 44′ nördl. Breite und 65° 3′ westlicher Länge auffand. Die Kohle ist glänzend, etwas pecharig und sehr spröde. Ihre Analyse ergab dieselben Resultate, wie jene sehr guter bituminöser Kohle. Sie ist manchen englischen Kohlenarten, insbesondere jener von Chesterfield ähnlich, und liefert 65 Procent Coke. Die kleinen Quantitäten dieser Kohle, welche von der Expedition verbraucht wurden, waren steinbruchmässig durch Tagbau gewonnen. Für zukünftige Expeditionen kann dieses Kohlenlager von grosser Wichtigkeit werden, zumal als Material zur Gasgewinnung, falls die schon wiederholt vorgeschlagenen Ballonfahrten zur Ausführung gelangen sollten.

Auch auf **Spitzbergen** ist das Vorkommen von Steinkohlen schon von Alters her bekannt. Genauere Angaben darüber aber haben erst die letzten wissenschaftlichen Expeditionen zu Tage gefördert. Man hat nun Kohlen an fünf verschiedenen Punkten in ziemlicher Mächtigkeit in der Kingsbai anstehend gefunden.

Endlich hat auch J. Payer im **Kaiser Franz-Josef-Land** das Vorkommen von tertiärem Braunkohlensandstein nachgewiesen. Braunkohlen selbst fanden sich allerdings nur in geringen Aufschlüssen.

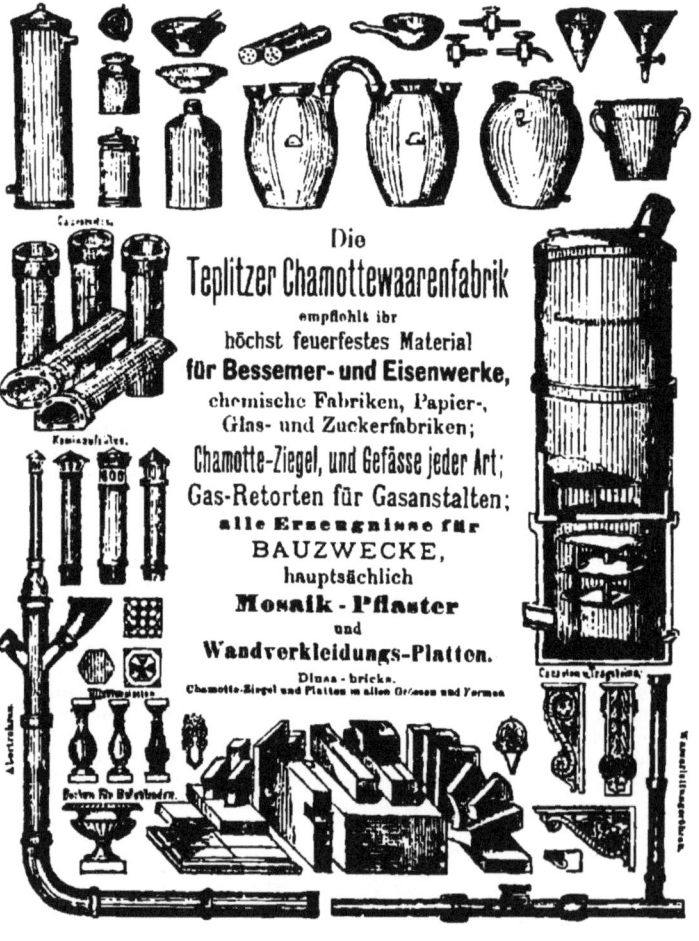

HENRY SIMON

JNGENIEUR

7. St. Peter's Square

MANCHESTER

TECHNISCHES BUREAU

etablirt seit nahezu 20 Jahren.

— — —

Auskünfte über und Lieferung zweckmässiger Maschinen und Apparate für die verschiedenen Industrieen.

Anlage von industriellen Etablissements — Pläne — Kostenanschläge — Technische Berichte.

Verwerthung von Erfindungen in England.

Ueberwachung der Ausführung, Inspection und Abnahme in England bestellter Lieferungen.

Erste Referenzen in den meisten Ländern.